Prag

Walter M. Weiss

DUMONT
Reise-Taschenbuch

Reiseinfos, Adressen, Websites

Panorama – Daten, Essays, Hintergründe

Unterwegs in Prag

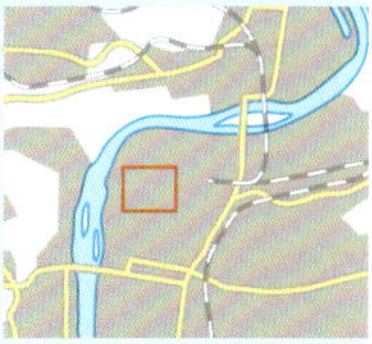

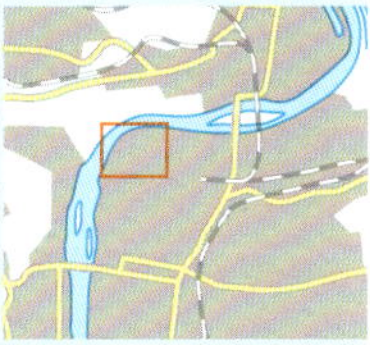

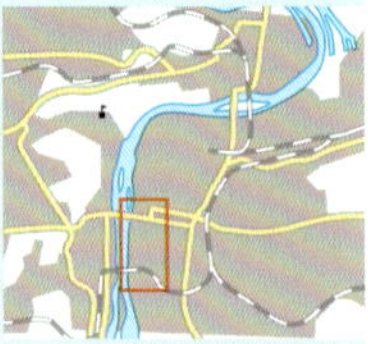

Mělník
Prag
Kutná Hora
Karlštejn

Auf Entdeckungstour

Karten und Pläne

▶ Dieses Symbol im Buch verweist auf die Extra-Reisekarte Prag

Schnellüberblick

Hradschin
Den Kernbereich jeder Besichtigungstour bildet jene imposante Burganlage, von der aus Böhmens Herrscher seit alters das Land regieren. Unverzichtbar sind St.-Veits-Dom und Alter Königspalast, aber auch die Kunstmuseen, die Burg- und Palastgärten und Hradschin-Vorstadt. S. 202

Malá Strana und Prags Südwesten
Beim Spaziergang durch das Geflecht der Kleinseitner Gassen und Plätze hinauf Richtung Hradschin offenbart Prag seine besonders malerische Seite. Erstrangige Kunsterlebnisse, aber auch viel Grün und herrliche Ausblicke warten auf der Kampa-Insel, im Kloster Strahov und auf dem nahen Petřín. S. 180

Südliche Altstadt
Wo Jan Hus predigte und Böhmens Könige zur Krönung Richtung Hradschin zogen, präsentiert sich Prag noch mittelalterlich. Die schmalen Gassen zwischen Karlova, Železná und Národní sind gespickt mit kostbaren Sakral- und Profanbauten, deren Geschichte in die Frühgotik, ja Romanik zurückreicht. S. 162

Obere Neustadt
Der südliche Teil der Nové Město wartet mit interessanten Kirchen, schönen Gärten und, entlang dem Fluss, reizvollen Spazierwegen auf. Abends pulsieren zwischen Karlsplatz und Národní sowohl die Hochkultur als auch die Bar- und Clubszene. Ein lohnendes Ausflugsziel ist der sagenumwobene Burgfels von Vyšehrad. S. 250

Ausflüge in die Umgebung
Abwechslung zur Großstadt gefällig? Voilà – kulturgeschichtliche Juwele an der Peripherie wie das Kloster Břevnov und Schloss Troja oder, als Tagesausflugsziele, der Winzerort Mělník, Karlštejn und das einstige Bergbauzentrum Kutná Hora warten. Zum Pflichtprogramm gehört ein Besuch der NS-Gedenkstätte Theresienstadt. S. 266

Josefov
Die ehemalige Judenstadt gilt als Kernzone des viel beschworenen ›magischen‹ Prag. Die meisten Gebäude, etwa die eleganten Jugendstilhäuser in der Pařížská, sind kaum älter als 100 Jahre. Doch dazwischen stößt man auf kostbare Synagogen und den legendären Jüdischen Friedhof. S. 146

Altstädter Ring und östliche Altstadt
Am Staroměstské náměstí schlägt seit alters das Herz der Stadt. Ihn säumen das berühmte Rathaus, Teyn- und St.-Nikolaus-Kirche sowie prächtige Bürgerhäuser und Adelspalais. Auch das angrenzende Dreieck Teynhof, Ständetheater, Gemeindehaus bildet eine zentrale Sightseeing- und Einkaufszone. S. 122

Rund um den Wenzelsplatz
Das Nervenzentrum der Neustadt verströmt weltstädtische Weite und lädt zwischen Büro- und Hotelpalästen, Kauf- und Kaffeehäusern zum Flanieren ein. Auch in den Seitenstraßen und Nachbarbezirken Vinohrady und Žižkov locken hochkarätige Musentempel, z. B. das Nationalmuseum. S. 226

Mit Walter M. Weiss unterwegs
Reiseführer fallen nicht vom Himmel. Sie werden bei DUMONT von Menschen geschrieben, die eine ganz besondere Beziehung zu ihrem Thema haben. Walter M. Weiss, der im wenige Bahnstunden entfernten Wien lebt, kennt Prag von unzähligen Aufenthalten wie seine Westentasche und hat in den bald schon 30 Jahren seiner Tätigkeit als freier Autor sehr viel über die Stadt an der Moldau geschrieben. Insgesamt veröffentlichte er bislang an die 80 Reise- und Sachbücher – für DuMont u. a. über Wien, Niederösterreich, Salzburg, Kärnten, Venedig und Syrien. Details unter: www.wmweiss.com

Der Autor

Gold und hundert Türme

In der Rangliste jener europäischen Städte, die auf Touristen die stärkste Magnetkraft ausüben, schickt sich Prag mit seinen fast vier Millionen ausländischen Gästen pro Jahr an, zu den Top-Playern in Europa aufzuschließen. Diese Leistung ist der Lohn für eine radikale Verjüngungskur, die 1990 abrupt einsetzte und schon wenige Jahre danach volle Wirkung zeigte. Ein halbes Jahrhundert lang hatte Prag, paralysiert durch ein ihm aufgezwungenes politisches System, hinter dem Eisernen Vorhang geschlummert. Gewiss, Nostalgiker mit einer Vorliebe für das Unzeitgemäße, Morbide und unverdrossene Kunstliebhaber pflegten es auch seinerzeit zu besuchen. Sie sahen über die Tristesse und das Grau der Fassaden hinweg und genossen jene innere, über Jahrhunderte gewachsene Schönheit, der selbst die konsequenteste denkmalschützerische Vernachlässigung nichts anhaben konnte. Manche genossen sogar die abgrundtiefe Schwermut, die Prag damals verströmte. Von Urlaubern jedoch auf der Suche nach Lebenslust und praller Gegenwart wurde es tunlichst gemieden.

Wie ein Phönix aus der Asche

Als nach der Samtenen Revolution schlagartig der Touristenboom über die Stadt hereinbrach, tünchten die Prager zunächst eilends ihre Häuser und vervielfachten die Hotelpreise. Manch einer nutzte die Gunst der Stunde auch für eine schnelle Krone. Und scharenweise strömten neugierige Westler herbei: Businesspeople, die sich in dem jungen, verheißungsvollen Markt ein Standbein sichern oder von den ruck, zuck vollzogenen Privatisierungen profitieren wollten; und Urlaubsreisende, die mit eigenen Augen sehen wollten, was an dem Gerücht stimmte, an der Moldau steige gerade ein künftiger Star des Städtetourismus wie Phönix aus der Asche.

In der Generation, die seit jener Goldgräberphase vergangen ist, hat

Ebenso prägend für das Stadtbild wie die Türme sind die Moldaubrücken

sich Prag außerordentlich weiterentwickelt. Mehr denn je ist die Hauptstadt von Tschechien, das seit 1999 der NATO und seit 2004 der EU angehört, der ökonomische Motor des Landes.

Für Urlauber vordergründig wohl am wichtigsten: Die ›Goldene‹, wie Prag seit alters auch genannt wird, empfängt ihre Gäste heute wieder in strahlendem Glanz und mit einer faszinierenden Vielfalt an urbanem Leben. Dies gilt selbstverständlich zuallererst für das architektonische Erscheinungsbild der Stadt – ob in den mittelalterlichen Winkeln rund um den Altstädter Ring oder den romantischen Gassen und Gärten der Kleinseite, ob inmitten der pariserischen Elegance der Jugendstilbauten oder der aufwendig polierten imperialen Pracht oben auf der Burg. Es gilt aber auch für die Alltagsatmosphäre: Da begegnet man, etwa im ehemaligen Judenviertel, der viel beschworenen Magie und ein paar Ecken weiter kühler Postmoderne, da herrscht auf einem Platz biedermeierliches Idyll und nur wenige Schritte entfernt pulsierendes Großstadtgetriebe.

Vielfältig und menschlich

Besonders betört die kulturelle Vielfalt: 52 Theater, davon fast ein Drittel von der Stadt betrieben, zwei Opernhäuser, 38 Museen, 139 Galerien und 197 Bibliotheken haben eifrige Statistiker gezählt. Kaum noch zählbar sind die Konzertsäle, Lounges, Jazzclubs etc. Und noch kunterbunter ist das Angebot an kulinarischen Genüssen. Denn neben den klassischen, niedrigpreisigen Kneipen mit dem Standardrepertoire Schweinebraten, Knödel, Kraut und Bier ist in den letzten Jahren eine ungemein abwechslungsreiche Lokalszene entstanden, die – von der fernöstlichen Snackbar bis zum französischen Gourmettempel reichend – alle nur erdenklichen Geschmäcker zufriedenstellt. Und was an all den Prager Schätzen zusätzlich erfreut: Sie lassen sich bequem zu Fuß entdecken. Denn das Gros der Attraktionen ist, zwischen Hradschin und Pulverturm, den Synagogen der Joseph- und den Passagen der Neustadt, in einer leicht überschaubaren Landschaftsmulde ausgelegt – in einem uralten urbanen Raum von wohltuend menschlichen Dimensionen.

Surreale Atmosphäre – im Keller der Nationalen Gedenkstätte, S. 248

Geschichte ironisch betrachtet – in der Lucerna-Passage, S. 230

Lieblingsorte!

Den Märtyrern Reverenz erweisen – am Jan-Palach-Grab, S. 240

Auf gräflichem Terrain wandeln – Schloss Kačina, S. 274

Die Farben der Freiheit – an der John-Lennon-Mauer, S. 190

Wo schon Königin Anna Erholung suchte – Belvedere, S. 224

Sich vom Smetana-Kai aus am Prachtpanorama von Karlsbrücke, Kleinseite und Hradschin ergötzen oder im Reduta Jazz Club gepflegten Rhythmen hingeben; das John Lennon gewidmete Wandgraffiti besichtigen oder von Königin Annas Lustschloss über die Dächer von Malá Strana schauen; dem Märtyrer Jan Palach an seinem Grab die Reverenz erweisen; in der Lucerna-Passage über David Černýs bronzene Persiflage auf das Wenzelsdenkmal schmunzeln oder im ehemaligen Mausoleum der KP-Führer über deren hohlen Pathos staunen ... Jeder dieser Orte, die ich immer wieder ganz gezielt aufsuche, bringt mir in Erinnerung, was Prags Atmosphäre so einzigartig und erlebenswert macht.

Prag für die Ohren – im Reduta Jazz Club, S. 178

Das traumhafte Panorama genießen – am Smetana-Kai, S. 170

Reiseinfos, Adressen, Websites

Verkehrsmittel mit Charme: ein Oldtimer der Prager Straßenbahnen

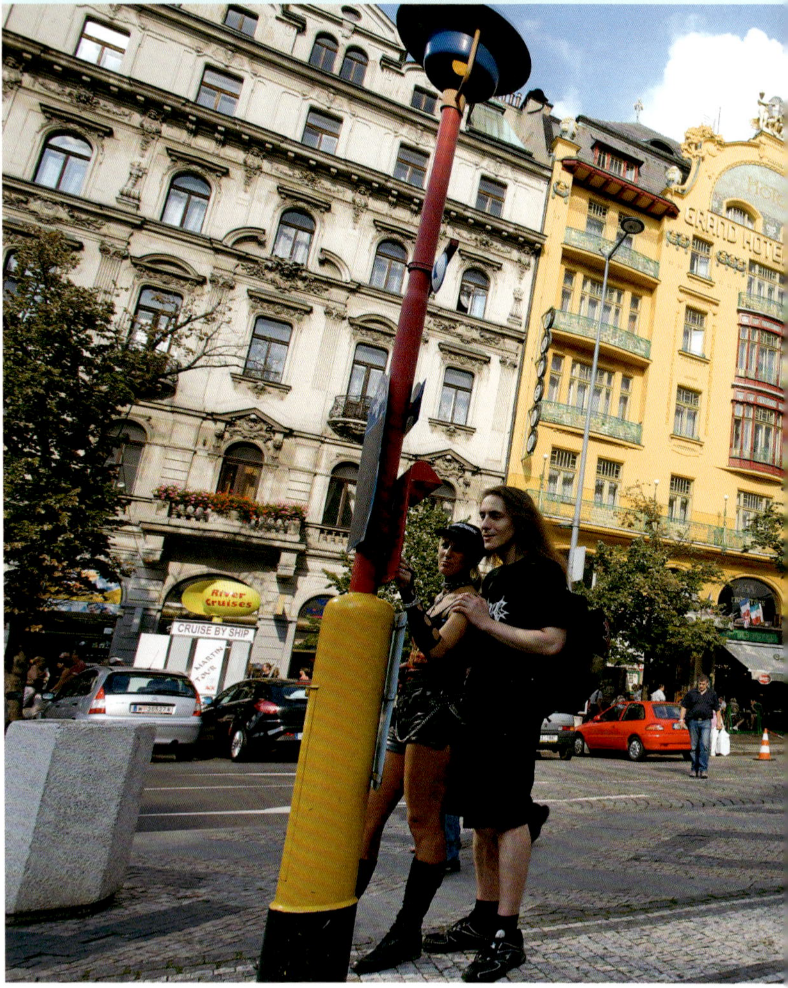

11
2077

Informationsquellen

Infos im Internet

Die Landeskennung für Tschechien lautet **cz.** Folgende Websites stellen aktuelle Tipps und nutzbringende Hinweise für die Vorbereitung einer Prag-Reise sowie den Aufenthalt in der Stadt bereit:

www.praguewelcome.cz/de
Die offizielle Website des Prager Informationsdienstes (PIS) ist im Internet die zentralste und zugleich informativste Anlaufstelle für Prag-Einsteiger. Übersichtlich gegliedert umfasst sie neben wichtigen Grundfakten zur Stadt Informationen zu allen nur erdenklichen Aspekten, von Hotellerie und Gastronomie bis zu Shopping und öffentlichem Nahverkehr, jeweils mit reichem Adressmaterial, dazu Wissenswertes zu mehr als 200 Sehenswürdigkeiten sowie nützliche Hinweise – von Geld und Gesundheit bis zu Reisezeit und Notfallhilfe. Ein detaillierter Veranstaltungskalender mit Online-Ticketbuchung sowie Links zu Dutzenden einschlägiger Websites vervollkommnen das Angebot.

www.prag-cityguide.de
Der Prag-Cityguide des Online-Reisemagazins »Akrizo« enthält aktuelle Hotelangebote, eine Unmenge an Tipps zu Gastronomie, Sightseeing, Shopping etc. – und vor allem: detaillierte Übersichten zu den Monatsprogrammen der meisten relevanten Kulturveranstalter samt Möglichkeit zum Online-Ticketkauf.

www.a-prague.com
Gut aufgebaute Seite eines Zimmerreservierungssystems, praktisch auch zur Buchung von Stadtführungen und Anmietung von Leihwagen.

www.dpp.cz
Fahrplanauskünfte, Liniennetze, Fahrpreise, Info- und Fahrscheinverkaufsstellen, aber auch Infos zu Besonderheiten wie Nostalgiefahrten, Kinobus,

Prag kostengünstig entdecken – die Prague Card
Wer sich nur kurz in Prag aufhält, aber viel unterwegs sein und mehrere Museen besuchen möchte, für den ist die vom städtischen Informationsdienst vermarktete Prague Card genau richtig. Sie gilt für zwei, drei oder vier aufeinanderfolgende Tage und berechtigt zum Eintritt in mehr als 50 Sehenswürdigkeiten, darunter die Prager Burg sowie die wichtigsten Palais, Schlösser und Museen. Die Karte kostet für zwei Tage 32 €, für Kinder und Studenten 22 € (für 3 Tage 40 €/28 €; für 4 Tage 48 €/34 €). Der Preis schließt jeweils ein 150-seitiges Booklet ein. Nur wer online bucht, hat die Möglichkeit, die Prague Card in Kombination mit einem für den gleichen Zeitraum gültigen Nahverkehrsticket zu kaufen (für 2 Tage 41 €/31 €; für 3 Tage 54 €/42 €; für 4 Tage 66 €/52 €). Die Prague Card gibt es bei allen Infostellen des Prague Information Service (PIS, s. S. 16) sowie in den Büros von Čedok (Na Příkopě 18), am Bahnhof Holešovice, im Terminal 2 des Flughafens Ruzyně und in ausgewählten Hotels. Detaillierte Informationen unter www.praguecitycard.com und www.praguecard.biz.

Verkehrsmuseum, Sessellift und Seilbahn im Stadtgebiet – kurz alles, was den Nutzer öffentlicher Verkehrsmittel interessieren könnte (u. a. auf Deutsch).

www.mapy.cz
Extrem detaillierter Online-Stadtplan, mit dessen Hilfe man so gut wie jede Adresse im Stadtgebiet ausfindig machen kann (»Praha« eingeben).

www.pragerzeitung.cz
Das deutschsprachige »Wochenjournal aus der Mitte Europas« bietet online zahlreiche interessante Artikel zu aktuellen und historischen Themen aus Politik, Wirtschaft, Kultur, Kunst und Tourismus, allerdings nur vereinzelte Empfehlungen zu Veranstaltungen.

www.praguepost.com
Die Website der englischsprachigen Wochenzeitung liefert neben aktuellen Nachrichten einen ausführlichen Kulturkalender, Restaurant-, Ausstellungs- und Filmkritiken und manches mehr.

www.inyourpocket.com
Die alle zwei Monate erscheinende, kleinformatige Publikation »Prague in your pocket« bietet auch in ihrer Online-Ausgabe vielerlei wertvolle, stets sorgsam aktualisierte Tipps zu Kultur-, Society-, Sport- und anderen Veranstaltungen in der Stadt.

www.musica.cz
Die zentrale Adresse für – englischsprachige – Musikliebhaber. Infos zu allen wichtigen Komponisten, Opernhäusern, Ensembles, Festivals. Mit aktuellen Veranstaltungsprogrammen und Links zu allen Ticketagenturen.

www.bohemiaticket.cz
Ergiebige – allerdings nur englischsprachige – Info- und vor allem Ticketquelle, insbesondere für Staatsoper, Stände- und Nationaltheater, Laterna Magika und diverse Bühnen für Schwarzes Theater.

www.hrad.cz
Umfangreiche Hintergrundinformationen zur Prager Burg: Geschichte und Museen, Administration und Präsidialkanzlei sowie alle nötigen praktischen Infos zur Besichtigung (nur auf Englisch).

www.prague.gayguide.net
Schwule Besucher der Stadt finden auf dieser Website einen umfassenden Überblick über Hotels, Bars, Clubs, Restaurants, Discos, Styling und Beauty (nur auf Englisch). Alternativ: **www.praguesaints.cz** oder **www.patroc.de/prague.**

www.czechtourism.com
Die offizielle Website der Tschechischen Tourismuszentrale hält für Reisende, die ihren Prag-Aufenthalt mit Ausflügen ins Umland oder vielleicht sogar einer Rundreise durch Böhmen und Mähren kombinieren, umfassende praktische sowie Hintergrundinformationen parat.

Fremdenverkehrsämter

Tschechische Zentrale für Tourismus
CzechTourism
www.czechtourism.com
info@czechtourism.cz

... in Deutschland
10117 **Berlin**
Wilhelmstr. 44, Tel./Fax 030 204 47 70
info1-de@czechtourism.com
Mo 15–18, Di–Fr 9–13, 14–18 Uhr
Besucherzentrum und kostenloser Prospektservice

60313 **Frankfurt am Main**
Große Friedberger Str. 6
(kein Servicetelefon)
Mo–Fr 10–13, 14–18 Uhr

… in Österreich

1010 **Wien**
Herrengasse 17
Tel. 01 53 32 19 33
Fax 01 53 32 19 34
info-at@czechtourism.com
Mo–Mi 10–17, Do 10–18, Fr 10–16 Uhr

… in der Schweiz

8049 **Zürich**
Wildenstr. 9 (kein Servicetelefon)
info-ch@czechtourism.com

… in Prag

CzechTourism Informationszentrum – Česká centrála cestovního ruchu
1, Staroměstské náměstí 5
Schwerpunkt: Prager Umland und übrige Regionen des Landes; Infos zu Prag s. Prager Informationsdienst
staromestska@czechtourism.cz
www.czechtourism.com
Mo–Fr 9–18, Sa 10–17, So 10–15 (im Sommer bis 17 Uhr), Jan., Feb. So geschl.
Filiale: 2, Vinohradská 46
Tel. 221 580 611, info@czechtourism.cz
Mo–Fr 8.30–16 Uhr

Prager Informationsdienst – Pražská informační služba (PIS)
Tel. 221 714 444
tourinfo@pis.cz
www.praguewelcome.cz/de
Mo–Fr 9–12, 13–16 Uhr
In nachfolgend genannten Büros sind alle Arten von Auskünften und diverse Info-Broschüren erhältlich. Außerdem kann man hier Zimmer buchen und Tickets für Kulturveranstaltungen, Stadtrundgänge und -rundfahrten sowie die Prague Card kaufen (s. S. 14).
Altstädter Rathaus (Staroměstská radnice): Mo–Sa 9–19, So 10–19 Uhr.
Hauptbahnhof (Hlavní nádraží): zzt. geschl., Wiedereröffnung voraussichtlich 2011.
Kleinseitner Brückenturm (Malostranská mostecká věž): nur April–Okt. tgl. 10–18 Uhr.
Rytířská 31: April–Okt. Mo–Sa 9–19, Nov.–März Mo–Sa 9–18.30 Uhr.
Flughafen: Příletová hala, Terminál 2, tgl. 8–20 Uhr.

Lesetipps

Detlev Arens: Prag. Literarische Streifzüge, Mannheim 2007. Stimmungsvolle und faktenreiche Spaziergänge zu innerstädtischen Erinnerungsorten tschechischer, deutscher und jüdischer Literatur.
Peter Demetz: Mein Prag. Erinnerungen 1939–45, Wien 2007. In meisterhaften Miniaturen erinnert der Literaturwissenschaftler aus eigener Erfahrung an die finsteren Jahre der deutschen Okkupation; ebenfalls ausgesprochen lesenswert, allerdings nur noch antiquarisch erhältlich oder in Bibliotheken zu finden ist das Buch: »Prag in Schwarz und Gold«, in dem Demetz in sieben Kapiteln die 1000-jährige Geschichte der mythischen Moldaustadt auferstehen lässt.
Michael Frank: Nepomuken, die auf die Brücken spucken. Prager Hintergedanken, Wien 1999. Feuilletonistische Streifzüge aus der Feder des Prag-Korrespondenten der Süddeutschen, erschienen in der bewährten Picus-Reihe »Lesereisen«. In derselben Reihe: »Kafka, das Schloss und die Schuhfabrik. Tschechische Kostbarkeiten« von Paul Kruntorad.
Jiří Gruša: Glücklich heimatlos. Einblicke und Rückblicke eines tschechischen Nachbarn, Stuttgart 2002. Wortgewandte Replik des Philosophen und ehemaligen Diplomaten auf Vorwürfe

nationalistischer Gegner, er sei, ausgebürgert und auf Deutsch schreibend, kein Tscheche mehr. Dabei geht es auch um die europäische Perspektive seiner Heimat; vom selben Autor: Gebrauchsanweisung für Tschechien und Prag, München 2007.

Ludger Hagedorn (Hg.): Tschechische Philosophen von Hus bis Masaryk. München 2002. Geistvolle Tour d'horizon vom 14. bis ins frühe 20. Jh., gut lesbar, weil mit stetem Bezug zur alltäglichen Lebenswelt.

Jaroslav Hašek: Die Abenteuer des braven Soldaten Schwejk, u. a. Berlin 2008. Der Klassiker schlechthin für jede Erkundungstour in die Abgründe der böhmischen Seele.

Bohumil Hrabal: Die Schur; Tanzstunden für Erwachsene und Fortgeschrittene; Ich habe den englischen König bedient u. v. m.; alle: Frankfurt, ab 1989. Zumindest ein Meisterwerk des für seine so komische wie sarkastische, lebenspralle und melancholische Sicht- und Schreibweise international renommierten Fixsterns am Prager Literatenhimmel gehört in jeden Reisekoffer!

Milan Kundera: Die unerträgliche Leichtigkeit des Seins, Frankfurt 2009. So erotische wie verschlungene, bereits 1988 furios verfilmte Liebesgeschichte vor dem politischen Hintergrund des Prager Frühlings; vom selben Autor lesenswert: Der Scherz; Abschiedswalzer; Die Unsterblichkeit u. v. m.

Božena Němcová: Die Großmutter (Originaltitel: »Babička«), Prag 2009. Zentrales Prosawerk der tschechischen Literatur, angesiedelt in der altböhmisch-ländlichen Alltagswelt des 19. Jh.; im Zentrum: »eine der schönsten Frauengestalten der Weltliteratur« (Kindlers Literaturlexikon).

Jan Neruda: Geschichten aus dem alten Prag, Ditzingen 2001. Unterhaltsame Kurzerzählungen und Kindheitserinnerungen, die Einblicke in das Werk des berühmten Dichters und die Stadt im 19. Jh. geben.

Helmuth A. Niederle (Hg.): Prag, Klagenfurt 1998. Eine Sammlung belletristischer Trouvaillen über die Moldaustadt in der für die erfolgreiche Anthologie-Reihe »Europa Erlesen« charakteristischen handlich-bibliophilen Aufmachung.

Anja Tippner (Hg.): Gartenfest, München 2000. Eine Anthologie als Dokumentation der Blüte des tschechischen Theaters von ca. 1948–1989, mit Dramen von Havel, Klíma, Kohout, Topol, Uhde.

Michal Viewegh: Erziehung von Mädchen in Böhmen; Geschichten über Sex und Ehe; Engel des letzten Tages etc., alle: München bzw. Wien zw. 1998 und 2010. Unterhaltsam-skurille, häufig erotisch gewürzte Geschichten des erfolgreichen Gegenwartsromanciers.

Weitere Literaturhinweise im Panoramateil: zum Thema **Deutsche und Tschechen** S. 87, zu **Václav Havel** S. 91, zu **Gustav Meyrink** S. 92.

Tschechische Bibliothek

Zwischen 1999 und 2007 ist auf Initiative der Robert-Bosch-Stiftung unter der Schirmherrschaft des deutschen und des tschechischen Präsidenten im DVA Verlag eine insgesamt 33-bändige Reihe zur tschechischen Literatur in deutscher Sprache erschienen. Sie umfasst neben wenig bekannten Prosawerken u. a. Texte zur Philosophie, Musikerbriefe und Anthologien zu Lyrik, Poetismus und der Geschichte der Dichtkunst. Sämtliche Bände sind im Buchhandel erhältlich. Nähere Informationen über diese literarische Schatztruhe, aber auch Neuigkeiten zur tschechischen Literatur im Allgemeinen findet man unter www.tschechische-bibliothek.de.

Wetter und Reisezeit

In der Übergangszone von mitteleuropäisch-maritimem zu kontinentalem Einfluss gelegen, hat Prag eher warme Sommer und recht kalte und schneereiche Winter. Die Durchschnittstemperatur beträgt im Juli fast 20 °C, im Januar –1 °C. Die Schwankungsbreite liegt aber bei 35 °C und mehr im Sommer bzw. –20 °C im tiefsten Winter. Die Niederschlagsmenge beträgt im Jahresdurchschnitt knapp 500 mm, wobei die größten Mengen im Juli/August, die geringsten Januar bis März fallen.

Die beste Reisezeit

Schönste Reisezeiten sind **Spätfrühling** und **Frühherbst.** Da sich das jedoch herumgesprochen hat, ist man dann natürlich nicht der einzige Gast. Noch überfüllter ist die Stadt zu Ostern, zu Pfingsten und im August. Die Einheimischen flüchten dann wohlweislich in ihre Häuschen im Grünen, Hotelzimmer und Restauranttische werden zu heiß begehrten Raritäten.

Wen die Kälte nicht stört, der kann sich im **Winterhalbjahr** von der bis Ende Februar/Anfang März häufig verschneiten Stadtsilhouette und der Gemütlichkeit der Cafés und Wirtshäuser verzaubern lassen. Eine atem(be)raubende Seite des Prager Winters ist allerdings der häufige Smog.

Klimadiagramm Prag

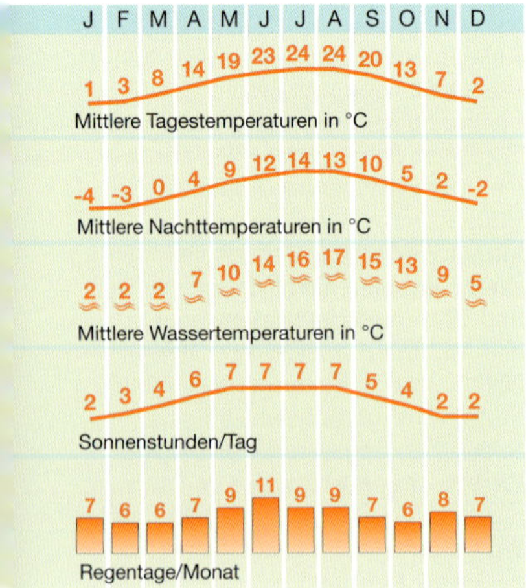

Was ist wann los?

Museen und Bühnen haben das ganze Jahr über Saison. Das Konzertgeschehen erlebt seine größte Intensität von Mitte Mai bis Ende September (Prager Frühling bzw. Herbst). Zirkus und Folklore dominieren alljährlich Ende August. Ein Leckerbissen ist das im Spätherbst abgehaltene Theaterfestival, zu dem die aktuell besten Inszenierungen aus dem deutschen Sprachraum geladen sind. Romantiker genießen den Bummel über den Adventsmarkt am Altstädter Ring.

Kleidung

Vom Frühjahr bis in den Herbst empfiehlt es sich, leichte Kleidung plus einige wärmere Sachen für die immer wieder hereinbrechenden Kälte- und Regenperioden einzupacken. Im Winter ist massiver Kälteschutz angebracht.

Im touristischen Alltag genügt gewöhnlich Freizeitkleidung. Bei festlicheren Anlässen wie klassischen Konzerten, Opernabenden etc. zelebrieren die Prager jedoch gerne das Ritual der bürgerlichen Repräsentation. Elegante Garderobe (im Zweifel samt Schlips) ist dann meist obligat.

Tipps für Kurztrips und längere Aufenthalte

Nur ein, zwei Tage Zeit?

Selbst wenn man sich nur kurz in Prag aufhält und es an Zeit für eine eingehendere Besichtigung mangelt: Auch an nur einem Nachmittag oder Abend lässt sich durchaus ein – bleibender – Eindruck gewinnen.

Über den Königsweg zum Hradschin

Unverzichtbar ist ein Spaziergang vom **Altstädter Ring** durch die Karlova, auf der weltberühmten **Karlsbrücke** über die Moldau und durch die idyllischen Gassen der Kleinseite (Malá Strana) hinauf zur **Burg.** Ein Muss sind hier die Besichtigung des **Veitsdoms** und der Blick hinab auf Stadt und Fluss.

Unbedingt sollte man – und sei es auch noch so kurz – mäandrierend die Altstadt durchwandern, vom **Jüdischen Viertel** im Norden mit seinem einzigartigen Friedhof bis zum geschichtsträchtigen **Wenzelsplatz** im Süden, mit Abstechern zu Pulverturm und Gemeindehaus bzw. in das Viertel rund um den Betlémské náměstí – allesamt Gegenden, in denen zahlreiche Cafés Gelegenheit zur Pause geben.

Museen

Die Entscheidung fällt nicht leicht: Weit oben auf der langen Liste sehenswerter Sammlungen stehen wohl die Alten Meister der Nationalgalerie im **Palais Sternberg.** Ihr Besuch lässt sich ideal mit dem der **Gemäldegalerie in der Burg** kombinieren. Faszinierende und berührende Einblicke vermitteln die Dauerschauen in den vier Synagogen des **Jüdischen Museums** (einzuplanen ist mindestens eine gute Stunde). Ein Schatzhaus – gleichwohl sträflich wenig besucht – ist das **Museum moderner und zeitgenössischer Kunst** im ehemaligen **Messepalast.**

Abendprogramm

Um Prags Kulturangebot in seiner Breite zu genießen, reichten drei Dutzend Abende nicht aus. Wer nur einen zur Verfügung hat, möge zwischen einer Oper im **National-** oder im **Ständetheater** bzw. einem Konzert im **Rudolfinum** oder im **Gemeindehaus** wählen. Spezifisch Pragerische Alternativen: eine Aufführung der Laterna Magika bzw. in einem der Schwarzen Theater oder ein Bier samt Buffet in einer der urigen Kneipen, etwa dem U Fleků.

Die etwas andere Stadtrundfahrt

Von Anfang April bis Mitte November schicken die Prager Verkehrsbetriebe jeden Samstag und Sonntag sowie an Feiertagen **nostalgische Straßenbahnen** auf die Schiene. Die Linie 91 führt vom Betriebshof Střešovice, vorbei an der Prager Burg, quer durch das historische Stadtzentrum und retour. Die genaue Streckenführung wird jedes Jahr neu festgelegt. Abfahrt von den beiden jeweiligen Endstationen 12–17.30 Uhr zu jeder vollen Stunde. Fahrpreis: 35 Kč/Pers., Kinder bis zehn Jahre 20 Kč. Infos: www.dpp.cz/de – Link »Verkehrsinformationen«.

Stadtrundfahrten in einem **historischen Auto** bietet History trip, Tel. 776 829 897, je nach Länge 500–3200 Kč, www.historytrip.cz.

Gute Aussichten für Prag-Reisende – zum Beispiel von der Burg

Prag von oben

Vom **Belvedere** im Königlichen Garten, von den Terrassen an der Südseite der **Prager Burg,** aber auch vom Aussichtsturm auf dem **Petřín** und vom **Kloster Strahov** bieten sich wunderschöne Blicke auf die Stadt. Am weitesten – an klaren Tagen 100 km – reicht das Rundpanorama vom knapp 100 m hohen **Fernsehturm in Žižkov** und vom Dach der nahe gelegenen **Nationalen Gedenkstätte** auf dem Vítkov. Fast zu schön, um wahr zu sein, ist der Blick von der **Karlsbrücke** oder dem östlichen **Moldauufer** (Smetanovo nábřeži) auf Kleinseite und Hradschin. Im Stadtkern kann man folgende historische Gebäude erklimmen: die **Türme des Altstädter Rathauses,** des **Veitsdoms** und der Kleinseitner **St.-Nikolaus-Kirche,** den **Pulverturm,** den **Heinrichsturm** sowie die **Brückentürme** an beiden Enden der Karlsbrücke (s. a. S. 186, 187).

Stadtführungen und -rundfahrten

Mit Fremdenführern zu Fuß

Autorisierte deutschsprachige Guides für Spaziergänge und Rundfahrten, auch zu speziellen Themen, vermittelt der **Prager Informationsdienst (PIS)** in seinem Büro im Altstädter Rathaus am Staroměstské náměstí, Tel. 236 002 569, Fax 236 002 380, guides@pis.cz. Themenspezifische Spaziergänge (z.B. »Auf den Spuren der Samtenen Revolution«, »Geister-Tour«) organisiert u.a. **Prague Walks,** Tel. 608 339 099, http://praguewalks.com.

Mit dem Bus

Busfahrten zu den wichtigsten Sehenswürdigkeiten, aber auch zu speziellen Themen sowie Ausflugsfahrten zu vielen Zielen im Umland werden von zahlreichen Veranstaltern angeboten. Zu den größten gehören neben dem PIS (s. o.): **Čedok,** Na Příkopě 18, Tel. 224 197 111, www.cedok.de, **Cityrama,** Tel. 222 230 208, www.cityrama.cz, **Prague Sightseeing Tours,** Tel. 222 314 655, www.pstours.cz, beide: Klimentská 52.

Mit dem Schiff

Von April bis Oktober werden, so es Witterung und Wasserstand erlauben, diverse Rundfahrten auf der Moldau angeboten – von Kurztrips bis zu (Ganztages-)Ausflügen, u.a. nach Troja, Štěchovice, Mělník oder zur Talsperre von Slapy. Außerdem Abend-, Dinner- und Discotouren (ab ca. 220 Kč). Die wichtigsten Anbieter sind: **Prager Dampfschifffahrtsgesellschaft (PPS),** Tel. 224 930 017, www.paroplavba.cz, und **Evropská vodní doprava,** Tel. 224 810 030, www.evd.cz.

Mit dem Fahrrad

Auch wenn Prag kein ideales Pflaster für Pedalritter darstellt, gewinnen Radtouren zunehmend an Beliebtheit. **City Bike,** Králodvorská 5, Tel. 776 180 284, www.citybike-prague.com, bietet 2-stündige Gruppenrundfahrten zu allen wichtigen Sehenswürdigkeiten im Zentrum an (22 €); **Praha Bike,** Dlouhá 24, Tel. 732 388 880, www.prahabike.cz, hat eine City Tour (Sightseeing im Zentrum) und eine Green Tour (Fahrt durch die Parks an der Peripherie) im Programm, jeweils ca. 4 Std., 360 Kč.

Anreise und Verkehrsmittel

Einreisebestimmungen

EU-Bürger und Schweizer müssen einen Personalausweis oder Reisepass bei sich tragen. Kinder benötigen – sofern sie nicht im Pass der Eltern eingetragen sind – einen Kinderausweis mit Lichtbild. Für Autofahrer ist die Grüne Versicherungskarte obligat.

Zoll

Ausländische Besucher können aus der Tschechischen Republik ohne Ausfuhrgenehmigung solche Waren ausführen, die keinen Handelscharakter haben und im Hinblick auf die Art und die Menge für den persönlichen Gebrauch des Reisenden oder als Geschenk bestimmt sind. Für Nicht-EU-Bürger sind die zollfreien Mengen auf 200 Zigaretten und 1 l Spirituosen begrenzt. Die Ein- und Ausfuhr von Waffen, Rauschgift sowie Tieren, die auf der Liste der vom Aussterben bedrohten Arten stehen – bzw. von daraus hergestellten Produkten – ist strikt verboten.

Für Haustiere wird die Vorlage eines EU-Heimtierausweises verlangt, der belegt, dass das Tier gegen Tollwut geimpft ist.

Anreise

Mit dem Flugzeug

Prag-Ruzyně, der internationale Flughafen, liegt ca. 20 km nordwestlich vom Stadtzentrum. Flugauskunft: Tel. 220 113-314 und -321, www.prg.aero.
Transfer in die Stadt: Zwischen Flughafen und Metrostation Dejvická (Linie A) verkehrt von 4.30 Uhr bis kurz vor Mitternacht in 10–15-Min.-Intervallen **Bus** Nr. 119 (Fahrtzeit ca. 25 Min.). Bus Nr. 100 bringt Passagiere zur Station Zličín (B; ca. 20 Min.) und Nr. 179 bringt sie zur Station Nové Butovice (B; ca. 45 Min.). Vom frühen Morgen bis zum späteren Abend pendeln außerdem **Mikrobusse** der Firma **Čedaz** (www.cedaz.cz) im Halbstunden-Takt zwischen Airport und Náměstí Republiky (Metro B); einfache Fahrt 120 Kč/Pers. **Airport-Express:** tgl. 5–22 Uhr alle 30 Min. vom Flughafen bis zum Bahnhof Masarykovo nádraží bzw. Hlavní nádraží (ca. 35 Min.); 2010 galt ein Sonderpreis von 50 Kč/Pers. (einfach). Eine reguläre **Taxifahrt** vom Flughafen ins Zentrum kostet ca. 500 Kč.

Fluggesellschaften
Germanwings, www.germanwings.com, Büro Prag: c/o Agentur Menzies, Ankunftshalle in Ruzyně, Tel. 246 019 695, tgl. Flüge von/nach Köln/Bonn und Stuttgart.
Easyjet, www.easyjet.com, von/nach Basel/Freiburg und Dortmund.
Lufthansa, www.lufthansa.com, Tel. 234 008 234 (Prag), von/nach Frankfurt, Hamburg, München, Düsseldorf.
Austrian Airlines, www.austrian.com, Tel. 227 231 231 (Prag), von/nach Wien.
Swiss, www.swiss.com, Tel. 234 008 227-9 (Prag), von/nach Zürich.
ČSA, www.czechairlines.de, Büro Prag: V Celnici 5, Tel. 239 007 007, bedient alle großen deutschen Flughäfen sowie Zürich und Wien.

Mit der Bahn

Wer aus Deutschland anreist, kommt in der Regel am Hauptbahnhof Hlavní nádraží unweit des Wenzelsplatzes an. Manche Züge, etwa aus Berlin und Wien, halten stattdessen in Holešovice im Nordosten der Stadt. Ausgangs- und Endpunkte für den Inlandsverkehr bzw. zu den östlichen Nachbarn sind der Masaryk-Bahnhof (Masarykovo nádraží) in der Hybernská und der Bahnhof Smíchov (Smíchovské nádraží) in der Nádražní. Sämtliche Bahnhöfe haben direkten Metro-Anschluss.

Fahrtzeiten: aus Frankfurt und Hamburg rund 7, aus München 6,5, aus Berlin und Wien ca. 4,5 Std.

Auskünfte über Zugverbindungen: Tel. 221 111 122, www.vlak.cz; in Deutschland: Tel. 0180 5 99 66 33 (14 ct/Min. aus dem Festnetz) bzw. 0800 150 70 90, www.bahn.de (auch Infos zu Städtetrip- und Schnäppchen-Angeboten); in Österreich: Tel. 05 17 17, www.oebb.at; in der Schweiz: Tel. 0900 300 300 (gebührenpflichtig), www.sbb.ch.

Mit dem Bus

Regelmäßige Verbindungen nach Prag bestehen ab München, Nürnberg, Berlin, dem Bayrischen Wald und Wien. **Auskünfte/Fahrkarten:** Tel. 018 05 79 03 03 (D), 01 798 29 00 (A), 0900 573 747 (CH), Tel. 245 005 245 (CZ), www.eurolines.com. In Tschechien außerdem: Tel. 900 119 041, 900 149 044, www.vlakbus.cz, www.idos.cz, www.studentagency.cz; Čedok, Prag 1, Na Příkopě 18, Tel. 224 197 618, www.cedok.cz.

Mit dem Auto

Aus Bayern über den Grenzübergang Waidhaus/Rozvadov auf der Autobahn über Plzen/Pilsen (E50/D5); von Berlin über Dresden und die Grenze bei Zinnwald/Cínovec über Teplice und Lovosice (E55/D8); aus Österreich entweder von Linz über die Grenze bei Wullowitz/Dolní Dvořiště und Budweis bzw. Tábor (E55/3) oder von Wien über Klein Haugsdorf/Hatě und Znojmo (E59/38, ab Jihlava E65/D1).

Für die mautpflichtigen Autobahnen benötigt man Vignetten, erhältlich an Grenzübergängen, auf Postämtern oder an Tankstellen (für 10 Tage: 250 Kč, für 1 Monat: 350 Kč).

Verkehrsregeln: In Tschechien herrschen **Gurt- und Lichtpflicht** sowie absolutes **Alkoholverbot** am Steuer. **Tempolimits für Pkw:** im Ortsbereich 50 km/h, auf Landstraßen 90 km/h, auf Autobahnen 130 km/h. Ganzjährig muss man auch am Tag das **Licht** einschalten. Wer gegen diese oder andere Verkehrsregeln verstößt, sollte übrigens genügend Bares dabeihaben. Wird die Geldbuße nämlich nicht sofort beglichen, zieht die Polizei als Sicherheit den Reisepass ein. Wer mit dem eigenen Auto nach Tschechien fährt, sollte auch beachten: Blechschäden müssen an der Grenze in einem Deklarationsformular angegeben werden, sonst kann es Probleme auf dem Heimweg geben. Im Auto müssen neben dem Warndreieck auch ein Erste-Hilfe-Kasten, Ersatzzündkerzen, Ersatzsicherungen und Wagenheber mitgeführt werden. Da in Tschechien noch immer viele Autos gestohlen werden, sollte man nur auf abgesperrten und/oder bewachten Plätzen parken!

Nonstop-**Pannen-** und **Abschleppdienst** bieten der Autoclub Bohemia Assistance (ABA), Tel. 1240, www.aba.cz, und der Automotoclub (Ústřední automotoklub), Tel. 1230, www.uamk.cz.

Öffentliche Verkehrsmittel

Das dichte Netz der öffentlichen Verkehrsmittel verbindet sämtliche wichtigen Sehenswürdigkeiten und Verkehrsknotenpunkte – sofern man sie nicht (wie vor allem in der Innenstadt und auf der Kleinseite) überhaupt am besten zu Fuß ansteuert.

Die drei Prager **Metrolinien** sind von 4.30 bis 24 Uhr in Betrieb und farblich gekennzeichnet: Linie A grün, B gelb und C rot (s. a. Karte 4 auf der Rückseite der Reisekarte). Das dichte Netz an **Straßenbahn- und Buslinien** wird von 4.30 bis 0.15 Uhr befahren. Fahrpläne der jeweiligen Linien hängen an den Haltestellen aus. Nachts sorgen die Straßenbahnlinien 51–59 sowie die Buslinien 501–513 bzw. 601–607 für eine Grundversorgung. Zentrale Umsteigestelle ist dann die Station Lazarská.

Fahrscheine: Einzelfahrscheine mit Umsteigemöglichkeit kosten 26 Kč, für Kinder (6–15 Jahre) 13 Kč. Sie gelten ab Entwertung 75 Min., Sa, So 90 Min., an Werktagen nachts von 20 bis 5 Uhr. Kurzfahrscheine (Erw. 18 Kč, Kinder 9 Kč) gelten im oberirdischen Verkehr 15 Min., in der Metro 30 Min. und maximal fünf Stationen (Einstiegsstelle inklusive). Für größere Gepäckstücke ist jeweils ein Ticket zu 13 Kč zu lösen.

Sammelkarten für Touristen: s. S. 25.

Einzelfahrkarten sind in ausgewählten Metrostationen, an Zeitungskiosken, in Hotels, Reisebüros, Warenhäusern etc. erhältlich.

Prager Verkehrsbetriebe: tgl. 6–20 Uhr, Tel. 296 191 817 (gratis), www.dpp.cz.

Hausnummern, Straßennamen und Bezirke

Nicht verwirren lassen darf man sich von der doppelten Nummerierung der Häuser. Auf den schwarzen Schildern sind die Häuser, wie international üblich, straßenweise durchnummeriert. Die Zahlen auf den roten Schildern hingegen dienen der grundstücksweisen Nummerierung und sind dementsprechend höher. Ein Wort auch zu den früher gebräuchlichen deutschen Namen der Bezirke, Plätze, Gassen und Gebäude: Sie wurden nach 1945 aus den Stadtplänen getilgt und sind den meisten Pragern nicht mehr bekannt, werden jedoch in diesem Reiseführer zum besseren Verständnis den tschechischen Namen bisweilen beigestellt. Die den Straßennamen teilweise vorangestellten Ziffern zeigen den Bezirk an.

Mit dem Auto in der Stadt

Den eigenen Wagen lässt man am besten an einem der zahlreichen bewachten Parkplätze oder in einem Parkhaus stehen und benutzt stattdessen öffentliche Verkehrsmittel oder geht überhaupt zu Fuß. Denn das starke Verkehrsaufkommen, die vielen Fußgängerzonen, enge Einbahnstraßen und Polizisten, die den Autos von Parksündern gerne Radkrallen verpassen, kosten unnötig Nerven.

Parken

Im Zentrum gilt es dreierlei Parkzonen – markiert durch orange (max. 2 Std.), grüne (max. 6 Std.) und blaue (nur für Besitzer von Park-Abokarten) Linien – zu beachten. Adressen für öffentliche Parkhäuser und Tiefgaragen, Park-&-Ride-Plätze an Metrostationen und bewachte Parkplätze sowie viele andere Tipps zum Thema innerstädtischer Verkehr sind in der deutschsprachigen Broschüre »Prag. Transport« (gratis) aufgelistet, erhältlich u. a. in den PIS-Büros (s. S. 16).

Taxis

Nach der Wende waren Prags Taxifahrer berüchtigt für ihren hemmungslosen Nepp. Doch mit einem neuen Gesetz, zivilen Kontrollen und rigorosen Strafen konnte die Stadtverwaltung das Gewerbe zähmen. Inzwischen legt eine verbindliche Preisordnung den Grundpreis mit 40 Kč, die Gebühren für 1 km mit 28 Kč und für 1 Min. Wartezeit mit 6 Kč fest. Die Fahrpreise müssen im Wageninneren und außen an der Karosserie deutlich angeschlagen sein. Außerdem muss jedes Taxi eine fix montierte gelbe Dachleuchte mit dem schwarzen Schriftzug TAXI tragen. Der Fahrer ist verpflichtet, auf Wunsch eine Quittung auszustellen. Dennoch sollte man unbedingt vor Fahrtantritt den Preis fix vereinbaren oder, besser noch, ein Funktaxi bestellen. Seriöse Unternehmen sind u. a.: **AAA,** Tel. 140 14; **Profi Taxi,** Tel. 844 700 800; **City Taxi,** Tel. 257 257 257; **Halotaxi,** Tel. 244 114 411; **Taxi Praha,** Tel. 222 111 000.

Für den Fall, dass man nach einem langen, trinkseligen Abend nicht mehr fahrtüchtig ist, bringen einen die Mitarbeiter der ›Schnellen Schildkröte‹, **Rychlá želva – Taxi Mat,** auf Wunsch samt Auto, wohin man will. Grundtarif 22 Kč, Wagentransfer 30 Kč/km, sonstige Gebühren wie bei jedem Taxi (s. o.), Smotlachova 1, Prag 4, Tel. 244 911 911, www.rychlazelva.cz.

Mietwagen

Für Ausflüge ins Umland kann man problemlos einen Leihwagen anmieten. Diverse Verleihfirmen unterhalten sowohl am Flughafen als auch im Stadtzentrum Büros. Hier eine Auswahl:
A Rent Car: Prag 1, V Celnici 8, Tel. 224 211 587 (keine Vertretung am Airport).
Avis: Prag 1, Klimentská 46, Tel. 221 851 225, Ruzyně, Tel. 235 362 420.
Budget: Prag 1, Curieových náměstí 5 (Hotel InterContinental), Tel. 222 319 595; Ruzyně, Tel. 220 113 253.
Dvořák: Prag 1, Revoluční 25, Tel. 224 826 260; Ruzyně, Tel. 220 113 676.
Europcar: Prag 1, Pařížská 28, Tel. 224 811 290; Ruzyně, Tel. 220 113 207.
Hertz: Ruzyně, Tel. 225 345 021.

Andere Verkehrsmittel

Boot

Ein Vergnügen der beschaulichen Art ist eine **Ruder-** oder **Tretbootpartie** mit Blick auf die Karlsbrücke: Bootsverleihstellen an der Nordspitze der Insel Slovanský ostrov, südlich der Brücke Mánesův most am Altstädter Ufer sowie, für Paddelboote, neben dem Smetana-Museum (1 Std. ab 100 Kč).

Günstig unterwegs mit Metro, Bus und Straßenbahn

Eine günstige Möglichkeit, als Tourist Prag mit öffentlichen Verkehrsmitteln zu erkunden, stellt die **24-Stunden-Sammelkarte** dar. Sie kostet 100 Kč (Kinder: 50 Kč) und wird auch in Varianten für 72 Std. (330 Kč) bzw. fünf Tage (500 Kč) angeboten. Erhältlich sind Sammelkarten u. a. in den Infostellen des PIS (s. S. 16) bzw. der Verkehrsbetriebe (in der Metrostation Muzeum, in den Stationen Můstek, Nádraží Holešovice, Anděl und Černý Most sowie am Airport Ruzyně; alle: tgl. 6–20 Uhr). In Letzteren bekommt man auch gratis Stadtpläne mit dem Verkehrsnetz sowie Nachtfahrpläne.

Wer die Prague Card (s. S. 14) online bestellt, kann sich für eine Variante mit Verkehrsticket entscheiden. Dieses erlaubt während des Gültigkeitszeitraums die freie Fahrt in Bus, Straßenbahn und Metro.

Schiff

s. S. 21

Fahrrad

s. S. 21 und S. 60

Standseilbahn und Sessellift

Standseilbahn: ab Talstation Újezd mit Zwischenhalt beim Restaurant Nebozízek (s. S. 194) auf den Petřín-Hügel, tgl. 9–23.30 Uhr alle 10–15 Min.
Sessellift im Zoo: April–Okt. Di–Do, Sa, So 9.30–18 Uhr, 20 Kč, Kinder bis 6 Jahre gratis, s. a. S. 268.

Übernachten

Prag ist, was Unterkünfte betrifft, leider recht teuer. Merklich preiswerter als in der Altstadt logiert man in der südlichen Neustadt und in Vinohrady. In den letzten Jahren haben auch in Arbeiterbezirken wie Žižkov, Smíchov, Karlín und Holešovice mehr und mehr einwandfreie Bleiben ihre Pforten geöffnet. Budgetschonende Alternativen bieten vor allem für selbstversorgende Großfamilien und Freundesgruppen Appartements, aber auch die zahlreichen, freilich meist in den Vororten gelegenen Privatquartiere.

Buchung, Reservierung und Preise

Wer ein Quartier, gleich ob Hotel, Pension, Appartement oder Privatzimmer, sucht, erhält Hilfe bei den Büros des **Prager Informationsdienstes** (PIS; s. S. 16) sowie bei **Czechtourism** (s. S. 16) bzw. **Čedok** (1, Na Příkopě 18, Tel. 224 197 242, www.cedok.cz). Als Mittlerbüro ist außerdem empfehlenswert: **AVE,** Tel. 251 551 011 (24 Std.), www.praguehotellocator.com. Eine besonders große Auswahl an guten Billig-Unterkünften findet man bei **Stop City Agency,** 2, Vinohradská 24, Tel./Fax 222 521 233, www.stopcity.com, tgl. 10–20 Uhr, Metro A, C, Muzeum, Straßenbahn 11. Die Reservierungs-Hotline von **Akrizo** in Deutschland ist eine weitere Alternative: Tel. 0234 338 69 03.

Falls nicht anders angegeben, gelten **die in diesem Reiseführer genannten Preise** für ein Doppelzimmer mit Frühstück. Zahlen kann man in der Regel sowohl in Euro als auch Kronen. Saisonale und wochenweise Preisschwankungen lohnen vorheriges Verhandeln. Vor allem rund um Weihnachten und Neujahr ist **Reservieren** unbedingt ratsam.

Buchung über das Internet

Oft sind Buchungen über das Internet günstiger. Die Adressen einschlägiger Websites lauten: www.hotel.cz, www.prague-hotel.cz, www.hotelsprague.cz und www.czechhotels.cz (nur auf Englisch). Recherche und Buchung sind zudem über die Suchmaschinen der gängigen Prag-Websites (s. S. 14) möglich. Interessante aktuelle Sonderangebote findet man außerdem auf www.pragcityguide.de.

Edel und teuer

Zeitgemäßer Luxus in 50er-Jahre-Bau – **Jalta** **1**: ► Karte 1, J 6; 1, Václavské náměstí 45, Tel. 222 822 111, www.jalta.cz, Metro B, Národní třída, Straßenbahn 7, 9, 14, 22, 24 u. a., DZ ab 160 €, EZ ab 150 €. Hinter der Travertinfassade aus stalinistischer Zeit – die Ersteröffnung fand 1958 statt – verbirgt sich ein auf Hochglanz renoviertes Boutiquehotel. 94 luxuriös ausgestattete Zimmer, die meisten mit Blick auf den geschichtsträchtigen Wenzelsplatz; erstklassiger Komfort und Service; Casino, Läden, tschechisches, japanisches und – besonders schick – iberisch-mediterranes Restaurant (Tapas!) im Haus.

Verwöhnen à la Fernost – **Mandarin Oriental** **2**: ► Karte 1, F 5; 1, Nebovidska 1, Tel. 233 088 888, www.mandarinoriental.com, Straßenbahn 12, 20, 22, 91, DZ ab 235 €. Nach Hongkong,

Miami, Singapur, den Bermudas, Malediven und drei Dutzend weiteren Tourismus-Hotspots ist die renommierte Kette nun auch an der Moldau präsent. In dem zu einer Luxusoase umgestalteten ehemaligen Klosterkomplex aus dem 14. Jh. bleibt kein Wunsch unerfüllt. Selbst ein opulentes Spa samt Fitnesscenter hat in dem idyllischen Kleinseitner Gässchen Platz.

Topschick in historischem Gemäuer – **Old Town Square** 3: ▶ Karte 2, J 5; 1, Staroměstské náměstí 19, Tel. 221 421 111, www.otsh.com, Metro A, Staroměstská, DZ 145–172 €. Extrem zentral im Stil Philippe Starcks wohnen: Designerhotel mit zwei Doppelzimmern, acht Appartements, einer Juniorsuite mit Balkon und, im Kellergewölbe, einem Musikclub samt schickem Restaurant.

Art-Nouveau-Juwel – **Paříž** 4: ▶ Karte 2, K 5; 1, U Obecního domu 1, Tel. 222 195 195, www.hotel-pariz.cz, Metro B, Náměstí Republiky, Straßenbahn 8, 14, 26, 51, 54, DZ ab 210 €. Dieses unmittelbar neben dem Obecí dům gelegene Haus verwöhnt das Auge mit Antiquitäten, opulenten Mosaiken, Spiegeln und Lüstern. Highlights: die Turmsuite mit Altstadtblick und das hoteleigene Luxusrestaurant.

Historisches Flair – **The Augustine** 5: ▶ Karte 1, F 4; 1, Letenská 12, Tel. 266 112 233, www.theaugustine.com, Metro A Malostranská, DZ ab 150 €. Eleganz ist Trumpf in diesem Luxushotel, das sieben gotische Gebäude umfasst, darunter das über 800 Jahre alte, ehemalige Augustinerkloster. Die Ausstattung der 101 Zimmer und Suiten ist vom tschechischen Kubismus inspiriert, der Service erlesen – ganz wie es sich für ein Haus der Rocco-Forte-Kette gehört. Besonders einladend: das stylige Klosterrestaurant The Monastery, die beiden Bars im ehemaligen Refektorium bzw. der Klosterbrauerei sowie das bestens ausgestattete Spa. Ein Traum: der sich aus vielen Zimmern bietende Blick über die Dächer auf den zum Greifen nahen Hradschin.

Komfortabel und stilvoll

Aristokratisches Flair – **Casa Marcello** 6: ▶ Karte 2, J 4; 1, Řásnovka 783, Tel. 222 311 230, www.casa-marcello.cz, Metro B, Náměstí Republiky, Straßenbahn 8, 14, 51, 54, EZ/DZ 80–150 €. Ursprünglich wohnten in dem lang gestreckten Komplex Nonnen, später Adelige. Mitte der 1990er-Jahre wurde er aufwendig zu einem der charmantesten Altstadt-Refugien umgebaut. Erstklassiger Service, Restaurant; im Sommer gibt's Imbisse im lauschigen Innenhof.

Zu Füßen des Hradschin – **Constans** 7: ▶ Karte 1, E 5; 1, Břetislavova 309, Tel. 234 091 818, www.hotelconstans.cz, Straßenbahn 12, 22, 20, 91, DZ 180–287 €, EZ 169–276 €. Elegantes, idyllisch direkt unterhalb der Burg gelegenes Quartier mit 32 geräumigen Zimmern in einem spätgotischen Häuserkomplex. Das stilvoll möblierte Entrée dient als Aufenthaltsraum; hoteleigener Parkplatz, Zimmer im Dachgeschoss voll klimatisiert.

Gestylt, aber günstig – **Josef** 8: ▶ Karte 2, K 5; 1, Rybná 20, Tel. 221 700 111, www.hoteljosef.com, Metro B, Náměstí Republiky, Straßenbahn 8, 14, 26, DZ 119–247 €, EZ 119–207 €. Heller Naturstein, Glas, Stahl, frische Farben, schnörkellose Formen und puristisches Licht prägen die Räume dieses durchgestylten Designerhotels. Der begrünte

Innenhof hinter der von einer frei schwingenden Glastreppe dominierten Lobby dient als Oase der Ruhe. Früh online buchen lohnt!

Zentraler geht's nicht – **U Kočků 9:** ► Karte 2, H 5; 1, Karlova 44, Tel. 221 088 011, www.hotelukocku.cz, Metro A Staroměstská, DZ ab 79 €. Ansprechende 4-Sterne-Adresse in gotischem Palais auf halbem Weg zwischen Karlsbrücke und Altstädter Ring; sehr gepflegt, stilvoll möblierte, außergewöhnlich große Zimmer. Angeschlossen ist ein gutes Restaurant (zeitweise Livemusik); im selben Haus (aber akustisch nicht im Geringsten störend): Schwarzes Theater und traditionsreiche Kabarettbühne.

Großbürgerliches Wohnen – **U Zlaté Studny 10:** ► Karte 2, H 5; 1, Karlova 3, www.uzlatestudny.cz, Tel. 222 221 112, Metro A, Staroměstská, Straßenbahn 17, 18, 53, DZ 124–200 €. Das kleine, aber feine denkmalgeschützte Haus Zum Goldenen Brunnen (16. Jh.) liegt direkt am alten Königsweg. 4-Sterne-Komfort mit großzügigen Badezimmern. Ein Augenschmaus: die in vielen Räumen erhaltenen bemalten Balkendecken.

Wohlfühl-Designhotel – **Yasmin 11:** ► Karte 1, J 6; 1, Politických vězňů 12, Tel. 234 100 111, www.hotel-yasmin.cz, Metro A, B Můstek, DZ 114–280 €. Neue, schicke Qualitätsunterkunft mit 196 Zimmern, modern mit skandinavischer Geradlinigkeit, in duftig-heiteren Farben gestaltet. Der Service ist auf gehobene Ansprüche ausgerichtet. Sommergarten, Fitnesscenter, Konferenzräume und Tiefgarage. An warmen Tagen speist man in der Restaurant-Bar Noodles im stimmungsvollen Innenhof, der einen Durchgang zum Wenzelsplatz besitzt.

Mittelklassehotels

Freundliches Boutiquehotel – **Absolutum 12:** ► Karte 1, L 2; 7, Jablonského 4, Tel. 222 541 406, www.absolutumhotel.cz, DZ ab 135 €. Zugegeben, die Lage lässt ein wenig zu wünschen übrig. Die Gegend rund um den Bahnhof von Holešovice wirkt etwas windig und desolat. Doch ist die nächste Metrostation nur eine Gehminute und die Altstadt dadurch keine 10 Min. entfernt. Vor allem aber verwöhnt dieses neue 4-Sterne-Haus mit schmuckem Design, freundlicher, heller Atmosphäre, sehr

zuvorkommendem Personal und üppigem Frühstücksbuffet. Hoteleigener Gratis-Parkplatz, Wellnesscenter, kostenfreies WiFi.

Gemütlich unterm Dach – **Betlem Club** 13: ▶ Karte 2, H 6; 1, Betlémské náměstí 9, Tel. 222 221 574, www.betlemclub.cz, Metro B, Národní třída, Straßenbahn 17, 18 u. a., DZ 64–124 €, EZ 40–80 €. Barocke Fassade, gotisches Gemäuer: Das sympathische Haus empfängt seine Gäste mit liebenswerter Stilmelange. Besonders behaglich wohnt man in den per Aufzug erreichbaren Mansardenzimmern mit Blick auf die Predigtkirche von Reformer Jan Hus.

Hotelschiff – **Botel Albatros** 14: ▶ Karte 2, K 4; 1, Nábřeží Ludvika Svobody 1, Tel. 224 810 541, www.botelalbatros.cz, Metro B, Náměstí Republiky, Straßenbahn 1, 12, 14, 17, 26, 91, DZ 40–105 €, EZ 37–75 €. Auf der Moldau östlich der Josephstadt in Gehdistanz zu den wichtigsten Attraktionen der Altstadt vertäutes Schiff. Ein wenig eng, aber sehr sauber und preiswert. Jede Kabine mit Dusche und WC; gutes Bordrestaurant mit einheimischer Küche.

Aufwachen und sich im ersten Jahrzehnt des 20. Jh. wähnen: das Hotel Paříž (1904)

Auf Tuchfühlung mit der Stadtgeschichte – **Černý Slon** 15: ▶ Karte 2, J 5; 1, Týnská 1, Tel. 222 321 521, www.hotelcernyslon.cz, Metro B, Náměstí Republiky, DZ 100–182 €, EZ 82–107 €. Hinter dem Altstädter Ring bietet der gotische Gebäudekomplex des ›Schwarzen Elefanten‹ ein geschmackvolles Zuhause. Aus den gediegenen, hellen Räumen fällt der Blick auf Teynkirche oder Ungelt-Hof. Für Ästheten besonders empfehlenswert: die ins Gebälk eingebauten Dachgeschosszimmer.

Gepflegter Mainstream – **Cloister Inn** 16: ▶ Karte 2, H 6; 1, Konviktská 14, Tel. 224 211 020, www.cloister-inn.cz, Metro B, Národní třída, Straßenbahn 3, 9, 14, 24, 91, DZ 74–180 €, EZ 69–165 €. Tadelloses 3-Sterne-Haus mit 75 Zimmern, zentral in der südlichen Altstadt gelegen, 2 Min. von der Moldau. Bewachter Parkplatz; gratis in der Lobby: Kaffee, Tee und Internetzugang.

Ruhige Altstadtlage – **Haštal** 17: ▶ Karte 2, J 4; 1, Haštalská 16, Tel. 222 314 335, www.hastal.com, Metro B, Náměstí Republiky, Straßenbahn 8, 14, 26, 91, DZ 70–130 €, EZ 63–105 €. Das 3-Sterne-Haus in einer idyllischen Ecke des nordöstlichen Josefov verwöhnt mit geräumigen Zimmern und familiärem Service. 3 Gehminuten zu Altstädter Ring und Jüdischem Friedhof.

Schmuck & idyllisch – **Sax** 18: ▶ Karte 1, E 5; 1, Jánský Vršek 3, Tel. 257 531 268, www.sax.cz, Straßenbahn 12, 20, 22, 91, nur DZ 111–244 €. Für den gebotenen Stil und Komfort ist dieses in einem stillen Winkel am Fuß der Burg gelegene Haus erstaunlich erschwinglich. Von speziellem Charme: die beiden Zimmer im 4. Stock mit Blick auf die Dächer der Kleinseite. Tgl. um fünf gibt es im glasüberdachten Atrium gratis Kaffee, Tee, Obst und Kuchen.

Brauereihotel – **U Medvídků** 19: ▶ Karte 2, H 6; 1, Na Perštýně 7, Tel. 224 211 916, www.umedvidku.cz, Metro B, Národní třída, DZ 95–185 €, EZ 65–125 €. 33 Komfortzimmer in über 500 Jahre alten Mauern mit gotischem Dachgebälk und Deckenschmuck aus der Renaissance. Im Erdgeschoss legendäres Bierlokal.

Über 600-jähriges Gebäude – **U Šuterů** 20: ▶ Karte 1, H 6; 1, Palackého 4, Tel. 224 947 120, www.accomprague.eu, Metro B, Národní třída, Straßenbahn 3, 9, 14, 24 u. a., DZ 58–120 €, EZ 48–90 €. Nur 100 m vom Wenzelsplatz, dennoch ruhig. Das im Kern gotische Haus besticht durch schlichte Eleganz. Mit stadtbekanntem Traditionsrestaurant.

Urig-originell – **U Žluté Boty** 21: ▶ Karte 1, E 5; 1, Jánský vršek 11, Tel. 257 532 269, Straßenbahn 12, 20, 22, 91, DZ 105–135 €, EZ 85–106 €. Unterhalb der Burg, in einer ruhigen Seitengasse der Nerudova, wartet der ›Gelbe Schuh‹ mit originellen Möbeln und in einigen der sieben Zimmer mit holzverkleideten Wänden und Decken auf. Atriumgarten mit Springbrunnen.

Einfache Hotels

Gleich beim Wenzelsplatz – **Balbín** 22: ▶ Karte 1, J 7; 2, Balbínova 26, Tel./Fax 222 250 660, www.balbin.cz, Metro A, C, Muzeum, Straßenbahn 11, DZ 67–104 €, EZ 44–70 €. Tadellose und ruhige Bleibe in Vinohrady nahe dem Wenzelsplatz mit günstigem Preis-Leistungs-Verhältnis. 17 schlichte, auf drei Etagen verteilte Zimmer, alle mit Dusche, TV und Telefon.

In der Unteren Neustadt – **City Inn** 23: ▶ Karte 2, K 5; 1, Hybernská 13, Tel. 224 216 776, www.city-inn.cz, Metro B,

Náměstí Republiky, Straßenbahn 5, 9, 14, 24, 26, 91, DZ 70–115 €, EZ 55–95 €. Von außen wirkt dieses an der Südseite dem Masaryk-Bahnhof angeschlossene Hotel wenig anheimelnd. Doch innen erweist es sich als adrett, das Personal als nett; beim Reservieren Zimmer mit Tageslicht verlangen! Gutes Preis-Leistungs-Verhältnis.

Günstig und zentral – **Oasis City** 24: ▶ Karte 1, H 6; 1, Václavské náměstí 36, Tel. 224 210 146/7, www.oasiscity.cz, Metro A, C Muzeum, App. für 2 Pers. 90 €, für 8 Pers. 180 € pro Nacht. Tadellose Unterkunft für Familien und Freundesgruppen mit Kochmöglichkeit und Blick auf den Wenzelsplatz.

In Urlaubshaft – **Unitas/Art Prison Hotel** 25: ▶ Karte 2, H 6; 1, Bartolomějská 9, Tel. 224 230 533, www.unitas.cz, Metro B, Národní třída, Straßenbahn 6, 9, 18, 21, 22, 23, DZ ab 84 €. Saubere, preiswerte Bleibe in ehemaligem Kloster in zentraler Altstadtlage. Äußerst schlicht, aber originell: Die ehemaligen Mönchszellen im Kellergeschoss dienten bis 1989 der Geheimpolizei als Ort für Verhöre. 35 Stockbetten in 2- bis 6-Personen-Zimmern (ab 17 €/Pers.). In Zelle P6 saß Václav Havel mehrfach als politischer Häftling ein.

Nette Bleibe für Individualisten – **U Šemíka** 26: ▶ Karte 1, G 9; 2, Vratislavova 36, Tel. 221 965 610, www.usemika.cz, Straßenbahn 7, 18, 24, 53, 55, DZ 82–115 €. Sympathisches Haus in ruhiger Lage zu Füßen des Vyšehrad, per Straßenbahn 10 Min. ins Zentrum. Bewachter Parkplatz, Zimmer Nr. 201, 301, 401 mit Blick in den Wald.

Preisschlager – **U Svaté Ludmily** 27: ▶ Karte 1, K 8; 2, Francouzská 1, Tel./Fax 281 865 584, www.kdm.cz, Metro A, Náměstí Míru, Straßenbahn 4, 10, 16, 22, 23, 51, 57, 13–16 €/Pers. Günstiger geht's nicht: In dem von Franziskanern betriebenen Schüler- und Studentenheim stehen im Juli/Aug. und an Wochenenden für 140 Gäste Einzel- und 2- bis 6-Bett-Zimmer zur Verfügung (während der Schulzeit nur 15 Betten). Einfach, freundlich, sauber, auch für Familien geeignet. Frühstück und Lunch jeweils 2,50 €. Rechtzeitig reservieren!

Jugendherbergen

Preisgekrönt – **Goldene Sichel** 28: ▶ Karte 1, H 7; 1, Vodičkova 10, Tel. 222 230 773, Metro A, C, Muzeum, Straßenbahn 3, 9, 14, 13–19 €/Pers. Mit Charme geführte Adresse mit knapp 25 Betten im Ikea-Stil, im Szeneviertel der Neustadt. Frühstück und Internetzugang im Preis eingeschlossen.

Sympathisch – **Travellers' Hostel** 29: ▶ Karte 2, K 5; 1, Dlouhá 33, Tel. 224 826 662, www.travellers.cz, Metro B, Náměstí Republiky, Straßenbahn 8, 14, 26, 91, 13,70–46 €/Pers. Professionell geführte, sympathische Herberge, 2-, 3-, 4-Bett-Räume und Schlafsäle, 24 Std. geöffnet, Internetzugang. Filialen (nur sommers): Husova 3, Střelecký Ostrov, Újezd/U lanové dráhy.

Camping

Top-Adresse – **Camping Sokol Troja** 30: ▶ Karte 1, nördl. H 1; 7, Trojská 171a, Tel./Fax 233 542 908, www.camp-sokol-troja.cz, Metro C, Nádraží Holešovice, von dort Straßenbahn 14, 17 und 5 Min. zu Fuß oder Bus 112, ganzjährig, 75 Zelt- und Caravanstellplätze, im Zelt 5–6 €. Gepflegt, viel Schatten, gute Infrastruktur. Restaurant und Rezeption 24 Std. besetzt. Angrenzend: Stromovka-Park, Schloss Troja.

Essen und Trinken

Noch vor einigen Jahrzehnten bestimmte ›Vepřo-knedlo-zelo‹ (Schweinebraten, Kraut und Knödel), die deftige Dreifaltigkeit aller böhmischen Köchinnen, das gastronomische Angebot in Prag. Dazu gab's die unverzichtbare ›Halbe Bier‹. Die Alternativen waren meist Rinderschnitzel oder Würstchen mit Sauce. Doch an die Stelle solcher kulinarischer Eintönigkeit ist nach der Wende eine bunte Vielfalt getreten. Heute sorgen über 2000 Restaurants und Kneipen – Fast-Food-Läden, Bars und Clubs nicht mitgezählt – dafür, dass Hunger und Durst an der Moldau zu jeder Tages- und Nachtzeit Fremdwörter sind. Während alteingesessene, bodenständige Lokale wie ehedem einfache und preisgünstige Kost servieren, gibt es nebenan Köstlichkeiten aus Fernost, Arabien oder der Karibik, von Borschtsch über Mezze bis Fish & Chips. Dabei bieten mancherorts zugewanderte oder junge, von Auslandsaufenthalten inspirierte tschechische Küchenchefs in gestylten Gourmettempeln kulinarisches Raffinement zu einem Preis, für den sich einheimische Arbeiter eine ganze Woche lang abrackern.

Von der Bierstube bis zum Kaffeehaus

Die traditionellen, spartanisch möblierten, meist ziemlich verrauchten und vorwiegend von Männern frequentierten Bierstuben, die in erster Linie dem Biergenuss bei gleichzeitiger billiger Absättigung mittels althergebrachter Deftigkeiten dienen, heißen heute wie einst *pivnice*, die schlichten Gaststätten *hospoda* oder *hostinec* (s. a. S. 116). Deutlich eleganter ist die *restaurace*, in der man längst auch die Ernährungsbedürfnisse von Nicht-Schwerarbeitern berücksichtigt, d. h. auch leichte Kost bzw. Vegetari-

Gastronomie in den Prager Vierteln

Altstädter Ring & östliche Altstadt
Stadtviertelkarte S. 126
Restaurantbeschreibungen S. 143

Josefov
Stadtviertelkarte S. 150
Restaurantbeschreibungen S. 159

Südliche Altstadt
Stadtviertelkarte S. 166
Restaurantbeschreibungen S. 175

Malá Strana & Prags Südwesten
Stadtviertelkarte S. 184
Restaurantbeschreibungen S. 198

Hradschin
Stadtviertelkarten S. 207, 220
Restaurantbeschreibungen S. 223

Rund um den Wenzelsplatz
Stadtviertelkarten S. 232, 243
Restaurantbeschreibungen S. 243

Obere Neustadt
Stadtviertelkarte S. 255
Restaurantbeschreibungen S. 263

Ausflüge in die Umgebung
Karte 3 und 5, Rückseite der Reisekarte
Restaurantbeschreibungen ab S. 272

Nichts für Schonkostler und Diätfanatiker: das Angebot der Prager Würstchenbuden

sches serviert. Eine Stammklientel haben die oft in gotischen Kellergewölben eingerichteten Weinstuben *(vinárny)*, die *bufety*, eine Kreuzung aus Cafeteria und Snackbar, sowie die vielfach als öffentliche Wohnstuben fungierenden Kaffeehäuser *(kavárny)*.

Die Prager Küche

Die klassischen böhmischen Spezialitäten à la Schweinsbraten mit Kraut und Knödeln sind, das ist ja kein Geheimnis, nichts für Schonkostler und Diätfanatiker. Bei den *knedlíky* alias Klößen unterscheidet man zwischen dem süßen und dem geschmacksneutralen Typ. Ersterer ist aus Hefe-, Quark- oder Kartoffelteig geformt, mit Früchten der Saison gefüllt und üppig mit Mohn und Staubzucker bestreut. Letzterer, aus Mehlteig und Weißbrot fabriziert, wird in Scheiben geschnitten oder, seltener, im Ganzen als Rundknödel serviert.

Im Rang eines Nationalgerichts steht auch *svíčková*, Rinderbraten in Sahnesauce. Standards sind des Weiteren *bramborák*, eine Art Kartoffelpuffer mit viel Knoblauch, *cibulačka* und *kulajda polévka* (Zwiebel-/Kartoffelsuppe), Enten- und Gänsebraten, Wild aus dem Böhmerwald, Karpfen aus den südböhmischen Teichen sowie Prager Schinken *(yunka)*.

Als Snacks blicken *chlebíčky* auf eine lange Tradition zurück – mit buntem Allerlei, von Salami und Roastbeef bis zu Streichkäse, Ananasstückchen und vor allem viel Mayonnaise belegte Brötchen. An über die ganze Stadt verteilten Buden viel verzehrt werden auch *párky* (Würste), und zwar vorwiegend *liberecký* (Frankfurter) und *čabajka* (mit Paprikageschmack).

Wer nach all dem noch Platz für Süßes hat, sollte *Povidlové tasticky* probieren, mit Pflaumenmus gefüllte Kartoffelteigtaschen. Weitere sündhaft süße Unwiderstehlichkeiten sind Buchteln (Hefegebäck, meist mit Vanillesauce), Mohn- oder Rahmdalken (Krapfen), Liwanzen (eine Art Hefepfannkuchen) und Pfannkuchen. Zum Abschluss versöhnt man die Magennerven mit einem Gläschen Becherovka, dem berühmten, bittersüßen Kräuterlikör aus Karlsbad.

Apropos Alkohol: Den konsumieren die Prager – für Leser von Jaroslav Hašeks Schwejk wenig überraschend – bevorzugt in Form von Bier (s. a. S. 116). Zu den beliebtesten Gerstensäften zählen Parademarken wie Staropramen, Pilsner Urquell, Gambrinus und der Großpopowitzer Bock (Velke Popovice), natürlich ebenfalls das weltberühmte Budweiser, aber auch Produkte diverser örtlicher Klein- und Mikrobrauereien. Stetig wachsender Beliebtheit erfreuen sich parallel die Weine. Sie stammen, trotz vermehrter Importe aus den renommierten Anbauländern Europas und von Übersee, zu einem beträchtlichen Teil aus einheimischen Anbaugebieten – vorwiegend aus Südmähren, aber auch Nordböhmen, etwa von den Weinbergen um Mělnik, Roudnice, Žernoseky und Most.

Infos für den Restaurantbesuch

Die **Kosten** für ein Essen schwanken in Prag enorm. In einfachen Lokalen bekommt man ein Hauptgericht noch für unter 150 Kč, in gehobenen Restaurants muss man mindestens mit dem Zwei- bis Dreifachen rechnen. Budgetschonend sind die vielerorts auf der Tageskarte *(denní lístek)* angebotenen Mittagsmenüs. Bei der Rechnung auf rätselhafte ›Zusatzposten‹ achten und gegebenenfalls reklamieren! Als **Trinkgeld** bilden 10–15 % die Norm.

Das Personal spricht vielerorts Englisch, manchmal auch Deutsch. Die **Speisekarten** sind im touristischen Einzugsgebiet häufig mehrsprachig. **Tischreservierungen** sind in gehobenen Etablissements vor allem zur Hauptsaison ratsam.

Öffnungszeiten: Das Gros der Lokale bietet ganztägig warme Küche, nur wenige machen nachmittags Pause. Ruhetage sind in dem heiß umkämpften Markt die große Ausnahme.

Wie Sie das richtige Restaurant finden …

Mit diesem Buch

Auf den folgenden Seiten finden Sie eine Auswahl jener Restaurants, die zu den besten der Stadt zählen – von bewährten Klassikern bis zu angesagten Szenelokalen. Dazu kommen Bierlokale und Kaffeehäuser mit ureigenem Charme. Es handelt sich ausnahmslos um Lokale, für die sich der mitunter etwas längere Weg kreuz und quer durch die Stadt lohnt. Weitere Adressen, u. a. gute und günstige Stadtteilrestaurants, finden Sie im Reiseteil dieses Buches (Übersicht s. S. 32).

Hier können Sie sich selbst umsehen …

Auf eine besonders hohe Lokaldichte stößt man, dem extrem hohen Touristenaufkommen entsprechend, rund um den **Altstädter Ring** und entlang dem Königsweg zwischen Pulverturm und Karlsbrücke, also in **Celetná** und **Karlova** sowie deren Seitengassen. Dabei reicht das Spektrum von zahllosen schnöden Take-aways für Fastfood bis hin zu Restaurants für gehobene Ansprüche. Ebenfalls ein reges, ja bisweilen turbulentes Treiben versprechen die zahlreichen Kneipen und Bars, die sich in der südlichen Altstadt, im Bereich von **Husova, Michalská** und **Bethlemsplatz,** reihen. Einen attraktiven Mix von Ethno- und Pragerischen Lokalen findet man im Ostteil von Josefov, entlang **Široká** und **Vězeňská,** bzw. im Herzen der Kleinseite, rund um den **Malostranské náměsti.** Zu einem vorwiegend von einheimischem und studentischem Publikum frequentierten gastronomischen Hotspot hat sich der Bezirk **Vinohrady** gemausert, vor allem sein westlicher Teil zwischen Nationalmuseum und Náměstí Míru.

Spitzengastronomie

Schicker In-Treff für Connaisseure – **Barock:** ▶ Karte 2, J 4; 1, Pařížská 22–24, Tel. 222 329 221, www.barockrestaurant.cz, tgl. 10–1 Uhr, Metro A, Staroměstská, Hauptgerichte 400–570 Kč. Schicker Gourmettempel in postmodernem Edeldesign, ideal als kulinarischer Schlusspunkt eines Schaufensterbummels oder einer Besichtigungstour durch Josefov, aber auch für ein stilvolles Frühstück. Abends hoher Promi-Faktor. Küchenchefin Jana Janatová kredenzt mit Vorliebe japanische und Thai-Spezialitäten (Sushi!), aber auch die ganze Bandbreite hochkarätiger internationaler Küche: Pasta, Steaks, Fisch und Meeresfrüchte sowie viel Vegetarisches. Die von goldgerahmtem Spiegel und großformatigen Fashion-Fotos flankierte Bar lädt zu exotischen Cocktails ein. Im Sommer Tische draußen mit Blick auf die Altneusynagoge.

Koschere Gourmetkost – **King Solomon:** ▶ Karte 2, H 5; 1, Široká 8, Tel. 224 818 752, www.kosher.cz, So–Do 12–23 Uhr, Metro A, Staroměstská, Straßenbahn 17, 18, 3-Gänge-Tagesmenü ab 550 Kč. Prags ältestes koscheres Restaurant ist eine feste Größe. Gefilte Fisch, Steaks, Tschulent oder Humus sind vorzüglich, das Ambiente behaglich und das Personal berät Unkundige aufs Freundlichste.

Prager Restaurants im Internet
www.squaremeal.cz
www.grand-restaurant.com
www.czechdineout.com
(alle auf Englisch)

Tschechische Gourmetküche in luxuriösem Rahmen – **La Degustation Bohême Bourgeoise:** ▶ Karte 2, J 4; Haštalská 18, Tel. 222 311 234, www.ladegustation.cz, Straßenbahn 8, 14, 26, 91, Mo–Sa 18–24, Di, Mi, Do auch 12–14.30 Uhr, Menü 2250 Kč. Ein noch junger Feinschmeckertempel auf internationalem Topniveau. Sowohl Küche – unter der Ägide von Chef Oldřich Sahajdák – als auch Interieur lassen keine Wünsche offen, verzichten aber in wohltuender Weise auf modischen Firlefanz. Wem die bis zu siebengängigen, von ebenso vielen *amuse-bouches* begleiteten Menüs zu üppig sind, dem sei, speziell zu fortgeschrittener Stunde, das Menü »Après le théâtre« mit nur vier Gängen (um 1000 Kč) empfohlen.

Schuppengetier vom Feinsten – **Rybí trh:** ▶ Karte 2, J 5; 1, Týnský dvůr 5, Tel. 224 895 447, www.rybitrh.cz, tgl. 11–24 Uhr, Metro B, Náměstí Republiky, Hauptgerichte (Fisch) ab 700 Kč. Chef Pavel Mares verwöhnt Fischliebhaber u. a. mit Jakobsmuscheln, Wolf- oder Seebarsch, karibischem Lobster oder heimischer Forelle.

Tafeln wie im Fin de siècle – **Sarah Bernhardt:** ▶ Karte 2, K 5; 1, U obecního domu 1 (Hotel Paříž), Tel. 222 195 195, www.hotel-pariz.cz, tgl. 12–16, 18–23 Uhr, Metro B, Náměstí Repu-

Geschmackswelt für gehobene Ansprüche: das Barock in Josefov

bliky, Straßenbahn 5, 8, 14, Hauptgerichte: 420–780 Kč. Fleisch- und Fischkreationen vor opulenter Jugendstilkulisse, dazu jeden Abend Live-Klaviermusik – das Restaurant des Hotels Paříž betört Augen, Ohren und Geschmacksnerven auf höchstem Niveau. Ebenfalls zu empfehlen: die neue Vinothek Le Vin de Paris und der ausgezeichnete Sonntagsbrunch.

Gourmetküche meets bildende Kunst – **V Zátiší:** ▶ Karte 2, H 6; 1, Liliová 1, Betlémské náměstí, Tel. 222 221 155, www.vzatisi.cz, Metro A, B Mustek, Straßenbahn 17, 18, 2-Gänge-Menü 890 Kč, 5-Gänge-Degustation 1170 Kč. Eine der führenden Feinschmecker-Adressen der Stadt. Milan Hořejš, Michelin-Stern-prämiert, zelebriert seit Jahren allabendlich kulinarische Hochämter. Zur kreativen, französisch inspirierten Küche kommt die zeitgemäß elegante Atmosphäre eines Künstlerateliers mit Malutensilien, Büchern und Stillleben tschechischer Meister wie Jan Zrzavý und Max Švabinský.

Tschechische Küche

Zeitgeistige Bierkneipe – **Potrefená Husa:** ▶ Karte 2, J 4; 1, Bílkova 5, Tel. 222 326 626, www.potrefenahusa.cz,

tgl. 11–24 Uhr, Metro A, Staroměstská, Straßenbahn 17, Hauptgerichte ab 170 Kč. Die Adaption der traditionellen *pivnice* an den Zeitgeist ist gelungen. Die Brauerei Staropramen gründete eine Lokalkette für Bier-Connaisseure. Paradebeispiel für ihr Konzept ist diese ›Filiale‹: ansprechend-moderne Ausstattung mit großer Theke und TV-Screens; reichhaltiges Sortiment an Speisen, guten Weine, Cocktails, Zigarren – und natürlich Gerstensäfte.

Gemütliches Wirtshaus – **Švejk:** ▶ Karte 2, J 5; 1, Široká 20, Tel. 224 813 964, www.svejk.cz, tgl. 11–23 Uhr, Metro A, Staroměstská, Straßenbahn 17, 18, Hauptgerichte ab 105 Kč. Hier glaubt man, jeden Moment Hašeks ›bravem Soldaten‹ zu begegnen. Auch auf der Speisekarte geht's urböhmisch zu: »Schweinebraten nach Feldwebel Vanek« mit Pfirsich und Käse oder »Hühnerschnitzel nach Art des Gefreiten Marek«. Melde gehorsamst, bittescheeeen!

Gehoben speisen – **U tří housliček:** ▶ Karte 1, E 4; 1, Nerudova 12, Tel. 257 532 062, www.utrihouslicek.eu, tgl. 11.30–24 Uhr, Metro A, Malostranská, Straßenbahn 12, 20, 22, 23, Hauptgerichte 180–390 Kč. Im Vorgängerlokal löschte Meister Mozart nach getaner Komponierarbeit zuweilen höchstpersönlich seinen Durst. Kein schlechtes Omen für ein gepflegtes Restaurant, das seine Gäste mit gehobener Traditionsküche verwöhnt. Unbedingt probieren: Bratente nach altböhmischer Art und hernach Powidldatschkerln!

Vorstadtidyll – **U zlaté hrušky:** ▶ Karte 1, D 4; 1, Nový Svět 3, Tel. 220 941 244, www.restaurantuzlatehrusky.cz, tgl. 11–1 Uhr, Straßenbahn 22, 23, Hauptgerichte ab 390 Kč. Eine Gaststätte wie aus dem Biedermeier im Seitengässchen am Nordrand des Hradschin. Der Chef der ›Goldenen Birne‹ kombiniert gutbürgerliche Kochtradition mit Kreativität, etwa bei der mit Minze versetzten Birnensuppe. Bei schönem Wetter sitzt man im Garten unter Kastanien.

Aus aller Welt

Trattoria der Sonderklasse – **Cicala:** ▶ Karte 1, J 7; Žitná 43, Tel. 222 210 375, http://trattoria.cicala.cz, Mo–Sa 11.30–22.30 Uhr, Metro C, I. P. Pavlova, Pasta 110–260 Kč, *secondi piatti* 300–580 Kč. Johnny Depp, Bruce Willis, Anthony Hopkins und viele Prominente mehr lassen sich in diesem behaglichen Kellerlokal bekochen. Von Signore Aldo Cicala auf das Herzlichste betreut, genießen sie die exzellente, stets nach Saison variierte *Cucina alla casa,* dazu Weine aus allen Regionen des Stiefels und die familiäre Atmosphäre.

Orientalische Oase – **Dahab:** ▶ Karte 2, K 5; Soukenická 4, Tel. 222 317 732, www.dahab.cz, tgl. 9–18 Uhr, Metro B, Náměstí Republiky, Straßenbahn 5, 8, 14, Hauptgerichte 140 Kč. Salam aleikum: Zwischen Teppichen, Mosaiken und Messinglaternen tankt man orientalische Gelassenheit, nippt am Mokka oder Minztee, löffelt Couscous und Baklava, nuckelt an einer Wasserpfeife und ergötzt sich im angeschlossenen Club El Souk jeden Fr (ab 21.30 Uhr) an Bauchtanz-Vorführungen.

Feine italienische Spezialitäten – **Gabriele:** ▶ Karte 2, H 6; 1, Husova 5, Tel. 224 248 512, www.gabriele.cz, tgl. 12–24 Uhr, Metro B, Národní trida, Straßenbahn 17, 18, Hauptgerichte max. 25 €. Im Herbst 2010 hat der an seinen früheren Wirkstätten mit drei Michelin-Sternen geadelte Koch Gabriele Feliciani das luxuriöse Promi-Restaurant Flambee übernommen, dessen etwas gewollt-knalligen Schick ins Pastellfarbige gedämpft und das Preisniveau merklich gesenkt. Unter gotischen Gewölben kredenzt er feinste italienische Spezialitäten und Weine, dazu gibt's abends passende Livemusik.

Authentischer Italiener – **Grosseto:** ▶ Karte 1, K 8; 2, Francouzská 2, Tel. 224 252 778, www.grosseto.cz, tgl. 11.30–23 Uhr, Metro A, Náměstí Míru, Straßenbahn 4, 10, 16, 22, 23, Pizza und Pasta ab 120 Kč. Bei Einheimischen sehr beliebte, quirlige Kalorientankstelle all'italiana im Zentrum von Vinohrady. 40 verschiedene Pizzen und 40 Nudelgerichte zu moderaten Preisen, sympathisches Personal.

Irische Enklave – **J. J. Murphy's:** ▶ Karte 1, F 5; 1, Tržiště 4, Tel. 257 535 575, www.jjmurphys.cz, tgl. 9–1 Uhr, Metro A, Malostranská, Straßenbahn 12, 22, 23, Hauptgerichte 190–270 Kč. Dieses angelsächsische Refugium im Herzen der Kleinseite bietet Pubatmosphäre pur und dazu herzhafte Speisen von der Grünen Insel und eine große Auswahl an Guinness, Malt Whisky, aber auch einheimischem Wein.

Asia-Schick & Fusion-Küche – **Nostress:** ▶ Karte 2, J 5; 1, Dušní 10, Tel. 222 317 007, www.nostress.cz, tgl. 10–24 Uhr, Metro A, Staroměstská, Hauptgerichte 180–350 Kč. Nach der Erkundung Josefovs kann man hier angenehm neue Kräfte sammeln: schickes Interieur mit viel Bambus und dunklem Holz, sanfte Latin-, Jazz- und Soft-Rock-Klänge, leichte Küche mit Fusion-Touch – von Europa (Schnecken und Steaks) bis Nah- und Fernost (Chicken Curry, Tabouleh, Frühlingsrolle). Große Getränkevielfalt, günstige Tagesangebote.

Essen mit Aussicht

Steakhouse, qualitätvoll und schräg – **Cowboys:** ▶ Karte 1, E 4; 1, Nerudova 40, Tel. 296 826 107, www.kampagroup.com, tgl. 12–1 Uhr, Metro A, Malostranská, Straßenbahn 12, 22, 23, 57, Hauptgerichte 400–600 Kč. Mit ihrem Design- und Cateringkonzept hat sich die Kampa Group seit den 1990ern als führender Gastronomiebetrieb im gehobenen Bereich etabliert. Dieses Lokal, eines von nun schon fünf, bezirzt Western-Fans mit coolen Kuhfellen auf Sitzen und Lehnen, viel Chrom und schwarzem Leder unter Ziegelgewölben. Die Küche ist auf

Steaks spezialisiert, die Weinkarte bestens, der Blick von der Dachterrasse phänomenal.

Uferlokal mit Traumblick – **Čertovka:** ▶ Karte 1, F 5; 1, U Lužického Semináře 24, Tel. 257 534 524, www.certovka.info, tgl. 11.30–24 Uhr, Metro A, Malostranská, Straßenbahn 12, 18, 20, 22, 23, Hauptgerichte ab 160 Kč. Das gutbürgerliche Gasthaus bietet tadellose Küche, vor allem aber einen spektakulären Blick auf die nur einen Steinwurf entfernte Karlsbrücke. Tische mit Aussicht unbedingt reservieren!

Schlemmen wie Gott in Frankreich – **C'est la Vie:** ▶ Karte 1, F 6; 1, Říční 1, Tel. 721 158 403, tgl. 11.30–1 Uhr, Straßenbahn 6, 9, 12, 20, 22, 23, Hauptgerichte 550 Kč. Erlesenes aus Flüssen und Meeren, aber auch von der Weide serviert dieses elegante, frankophile Lokal. Das Preisniveau ist nicht eben niedrig, dafür das Ambiente edel und der Blick von der Terrasse auf die Moldau formidable.

Kreativen-Treff in postmodernem Ambiente – **Celeste:** ▶ Karte 1, G 7; 2, Rašínovo nábřeží 80, Tel. 221 984 160, www.celesterestaurant.cz, Mo–Sa 12–14.30, 18.30–22.30 Uhr, Metro B, Karlovo Náměstí, Straßenbahn 17, 21, Hauptgerichte 550–700 Kč. Im Dachgeschoss von Frank O. Gehrys ›Tanzendem Haus‹ (s. S. 262) schwingt ein Meister der französischen Kochkunst das Zepter. Mittags serviert man ein Businesslunch zu ca. 450 Kč, abends berappt man für das 3-Gänge-Menü das Doppelte. Neben exquisitem Interieur und Service ist das Traumpanorama auf Fluss und Burg inklusive (Terrasse!).

Fein essen im Kampa-Museum – **Sovovy Mlýny:** ▶ Karte 1, F 6; 1, U Sovových Mlýnů 2, Tel. 724 699 565, www.restauracemlyny.cz, tgl. 11–23 Uhr, Straßenbahn 6, 9, 12, 20, 22, 23, 57, Hauptgerichte 200–300 Kč, A-la-carte-Menü um 500 Kč. Die ›Eulen-Mühle‹ (im Erdgeschoss des Kampa-Museums) besticht durch den herrlichen Blick auf Moldau und Karlsbrücke. Doch auch die verfeinerte tschechische Küche ist ein Grund zur Einkehr: pochierter Hecht, Fasanenbrust mit Brombeersauce, Kaninchen mit Semmelknödeln.

Blick auf Teynkirche und Rathaus – **Staroměstská restaurace:** ▶ Karte 2, J 5; 1, Staroměstské náměstí 19, Tel. 224 213 015, www.staromestskarestaurace.cz, tgl. 9–24, winters ab 11 Uhr, Metro A, Staroměstská, Straßenbahn 17, 18, 53, Hauptgerichte 105–270 Kč. Allein ist man auf dem Pflaster des Altstädter Rings natürlich nie ... Dafür ist der Blick von den Freilufttischen überwältigend, das Preisniveau passabel und die Küche sogar mehr als das.

Vegetarische Küche

Informell und gesund – **Country Life:** ▶ Karte 2, J 5; 1, Melantrichova 15, Tel. 224 213 366, www.countrylife.cz, Mo–Do 10.30–20, Fr 10.30–15, So 12–18 Uhr, Metro A, B, Můstek, Hauptgericht ab 100 Kč, keine Kreditkarten. Im Naturkostladen werden Sojaprodukte, Hülsenfrüchte, selbst gebackene Brote, Nüsse und Getreide von böhmischen Biofarmen verkauft; in der Imbissstube gibt's leckere Salate, fleischlose Sandwiches, Vollkornkuchen und mehr.

Fleischlos im Tanztempel – **Radost FX:** ▶ Karte 1, J 8; 2, Bělehradská 120, Tel. 224 254 776 bzw. mobil (0)603 193 74, www.radostfx.cz, tgl. 11–3 Uhr, Metro C, I. P. Pavlova, Straßenbahn 4, 6, 10, 16, 22, 23, Hauptgerichte ab 120 Kč, keine Kreditkarten. Stammadresse für Fleisch-

nídaně · Breakfast
Alfredo

verächter: Unten tanzen sich Trendsetter bei Discorhythmen die Seele aus dem Leib, im Stock darüber gibt's vegetarische Pizzen, Sandwiches, Salate.

Gut und günstig

Stärkung in Strahov – **Klášterní Restaurace:** ▶ Karte 1, D 5; 1, Strahovské nádvří 302, Tel. 233 356 552, www.klasterni-restaurace.cz, tgl. 10–24 Uhr, Straßenbahn 22, 23, Hauptgerichte ab 150 Kč. Die Tischkultur des Strahover Klosterrestaurants ist trotz der langen Holzbänke und hallenartigen Räumlichkeiten gepflegt, klassisch-böhmisch das Speisenangebot. Spezialität: mit allerlei Würsten, Schinken, Käse und Gemüse gefüllte Pasteten.

Künstlerambiente – **Mánes:** ▶ Karte 1, G 7; 1, Masarykovo nábřeží 250, Tel. 224 931 112, Metro B, Karlovo náměstí, So–Mi 11–23, Do–Sa bis 2 Uhr, Hauptgerichte ab 200 Kč. Das Restaurant im 20er-Jahre-Bau des berühmten Kunstvereins auf der Slawischen Insel serviert schmackhafte Kleinigkeiten; Do–Sa stilvoller Tanztempel.

Anspruchsvoll & preisgünstig – **U Tří zlatých hvězd:** ▶ Karte 1, F 5; 1, Malostranské náměstí 8, Tel. 257 941 494, www.trizlatehvezdy.cz, tgl. 12–23 Uhr, Metro A, Malostranská, Straßenbahn 12, 20, 22, 23, 57, Mittagsmenü 160–190 Kč. Bei den ›Drei Goldenen Sternen‹ in der Südwestecke des Kleinstädter Rings scheint kulinarisch die Quadratur des Kreises gelungen, lässt sich hier doch budgetschonend und dennoch gediegen speisen. 700 Jahre alte Gewölbe, Wandfresken und leise klassische Musik schmeicheln den Sinnen.

Hastig einen Kaffee hinunterkippen – undenkbar im Café des Obecní dům

Mittags drei Pauschalmenüs, abends à la carte.

Rustikal-Ambiente – **Ztráty a Nálezy:** ▶ Karte 1, J 7; 2, Vinohradská 14, Tel. 224 216 389, www.ztratynalezy.cz, tgl. 11.30–23 Uhr, sommers So geschl., Metro A, Náměstí Míru, Straßenbahn 11, Hauptgerichte 115–222 Kč. Erst 2004 eröffnet, wirkt die Kneipe, deren Name so viel wie ›Verloren und gefunden‹ bedeutet, wie eine Insel aus vergangener Zeit. Holzbänke und -tische, holzgetäfelte Wände, auf den Tellern köstliche Cholesterinbomben Marke Schweinebraten mit Knödeln und Kraut.

Kaffeehäuser

Internationaler Promi-Treff – **Café Café:** ▶ Karte 2, J 6; 1, Rytířská 10, Tel. 224 210 597, www.cafe-cafe.cz, tgl. 10–23 Uhr, Metro A, B, Můstek, kl. Gerichte 90–170 Kč. Von außen unscheinbar, doch *der* Promi-Treff schlechthin. Johnny Depp, Bruce Willis und andere Jetset-Größen schwemmten sich hier schon den Kater aus den Knochen. Beliebter Treff der Film-, Werbe- und Modebranche sowie der Schwulenszene.

Art-déco-Designjuwel – **Café Imperial:** ▶ Karte 2, K 5; 1, Na Poříčí 15, Prag 1, Tel. 246 011 440, www.cafeimperial.cz, tgl. 7–23 Uhr, Metro B, Namĕstí Republiky, Straßenbahn 3, 5, 8, 24, kl. Speisen ab 90 Kč, Hauptgerichte 170–370 Kč. Das Café Imperial ist berühmt für sein fantastisches Art-déco-Design: Fabeltiere, Herrscher und Gottheiten aus Keramik, die sämtliche Wände, Säulen und die Decke zieren. Auf Hochglanz renoviert, präsentiert es sich inzwischen weniger gemütlich als repräsentabel und schick, aber allemal höchst sehenswert. Außerdem sind Kaffee und Kuchen sowie die Speisen – Suppen, Salate, Pasta, Steaks, Fisch etc. – ausgesprochen schmackhaft.

Urbaner Treff – **Louvre:** ▶ Karte 1, G 6; 1, Národní 20, Tel. 224 930 949, www.cafelouvre.cz, Mo–Fr 8–23.30, Sa, So 9–23.30 Uhr, Metro B, Národní třída, Straßenbahn 6, 9, 18, 21, 22, 23, kl. Gerichte 70–100 Kč. Vor gut 100 Jahren gegründet und ein Lieblingstreff von Kafka, Brod & Co., wurde dieses Café 1992 glanzvoll wiedereröffnet. Stuck, Lüster, Billardclub, deutsche Zeitungen, Nichtrauchersalon, hauseigene Konditorei, moderate Preise; zugehörig: Restaurant mit guter Küche und Galeriecafé.

Schmuckstück im Jugendstil – **Obecní dům:** ▶ Karte 2, K 5; 1, Náměstí Republiky 5, www.obecni-dum.cz, tgl. 7.30–23 Uhr, Metro B, Náměstí Republiky, Straßenbahn 5, 8, 14, kl. Gerichte ab 70 Kč. Café und Kuchen im Glamour der Gründerzeit (s. Entdeckungstour S. 236). Stillos, aber praktisch: die Internetecke.

Schick, aber uneitel – **Platýz:** ▶ Karte 2, J 6; 1, Národní 37, www.cafebarplatyz.cz, Mo–Fr 10–23, Sa, So ab 11 Uhr, Metro B, Národní třída, Straßenbahn 6, 9, 18, 21, 22, 23, kl. Gerichte 80–100 Kč. Schicker und zugleich behaglicher Rastplatz für Stadtflaneure im großen Innenhof, nur wenige Schritte von Altstadt und Wenzelsplatz entfernt. Leckere Snacks zu vernünftigen Preisen, große Cocktailkarte (s. a. S. 177).

Berühmtes Künstlercafé – **Slávia:** ▶ Karte 1, G 6; 1, Smetanovo nábrezí 2, www.cafeslavia.cz, tgl. 8–23 Uhr, Straßenbahn 6, 9, 17, 18, 21, 22, 23, Hauptgerichte ab 75 Kč. Inbegriff eines großbürgerlichen Prager Cafés, in dem Künstler von Smetana bis Václav Havel und Schauspieler des nahen Nationaltheaters verkehr(t)en. Dem Flair und der Art-déco-Ausstattung aus Kirschholz, Onyx und Leder konnten sogar die Touristenströme und die jüngste Renovierung wenig anhaben. Passable Bistroküche, Moldau-Panorama.

Bierstuben und Weinlokale

7. Himmel für Bier-Aficionados – **Pivovarský dům:** ▶ Karte 1, H 8; 2, Lipová 15, Tel. 296 216 666, www.gastroinfo.cz, tgl. 11–23.30 Uhr, Metro C, I. P. Pavlova, Straßenbahn 4, 6, 10 16, 22, 23, Hauptgerichte ab 90 Kč. Kaffee, Kirsch-, Bananen-, Champagner-Ale… In der behaglichen Mikro-Brauerei nahe dem Karlsplatz bleibt kein Sonderwunsch unerfüllt. Doch Eigentümer Jan Šuráň zapft auch konventionelle Sorten, dazu gibt's böhmische Küche.

Sympathische Weinbar – **U Sv. Anežky:** ▶ Karte 2, J 4; 1, Anežská 3, Tel. 737 444 500, www.svataanezka.webpark.cz, Mo–Fr 15–24, Sa 14–22 Uhr, Metro B, Náměstí Republiky, Straßenbahn 5, 8, 14, 51, 54, kl. Gerichte ab 100 Kč. Die sympathische Weinbar lädt zum Verkosten tschechischer Weine samt schmackhafter Snacks ein. Spezialität nach Voranmeldung ist Fondue. Im Sommer lockt ein kleiner Garten.

Uriges Relikt – **U Černého Vola:** ▶ Karte 1, D 4; 1, Loretánské náměstí 1, Tel. 220 513 481, tgl. 10–22 Uhr, Metro A, Malostranská, Straßenbahn 22, 23. Willkommen in der Welt des Schwejk! Authentischer als im ›Schwarzen Ochsen‹ kann man dem Volkssport tschechischer Trinker wohl kaum frönen. Hinter der Rokokofassade an der Südseite des Loretoplatzes kippen schmerbäuchige Männer an klobigen Holztischen *pivo* oder *slivovice*. Dazu gibt's zu kommunistischen Preisen deftige Kleinigkeiten, z. B. Olmützer Quargel.

Einkaufen

Beliebte Mitbringsel

Auch wenn man nach Prag sicher nicht in erster Linie des Einkaufens wegen fährt – ein ausgiebiger Shoppingbummel gehört durchaus ins Programm. Allerdings sind die Preise und Angebote der globalen Mode- und Accessoires-Anbieter an der Moldau mittlerweile jenen daheim sehr ähnlich.

Einen näheren Blick lohnt die Produktpalette örtlicher Erzeuger. Wer nach einem charakteristischen Souvenir Ausschau hält, wird vielerorts fündig: Böhmisches Glas und Kristall, deutschsprachige antiquarische Bücher und traditionelles Holzspielzeug stehen an der Spitze der Beliebtheitsskala, gefolgt von Porzellan und Keramik, Lederwaren, Marionettenpuppen, Granatschmuck, handbemalten Eiern und guten, preiswerten CDs. Mehr und mehr machen außerdem tschechische (Mode-)Designer von sich reden. Im Lebensmittelbereich sind Prager Schinken, böhmisches Bier, Becherovka (Kräuterschnaps) und seit einiger Zeit auch die vorzüglichen Weine sehr gefragt.

Wo gibt es was?

Das zentrale Shoppingrevier bildet der **Wenzelsplatz** mit seinen zahlreichen Kaufhäusern und Geschäften. In seinen riesigen Buchhandlungen kommen Leseratten voll auf ihre Kosten. Auch die angrenzenden Gassen und Passagen, allen voran die legendäre **Lucerna-Passage,** warten mit ungeahnten Schätzen auf. Als Hauptgeschäftsstraße gilt indes die teilweise verkehrsbefreite Achse von **Národni třída** und **Na Příkopě.**

Zur mondänen Modemeile internationaler Designer hat sich die **Pařížská** gemausert. Fundgruben für kuriose Mitbringsel und liebenswertes Handwerk sind die vielen kleinen Boutiquen, die über das ganze Gassengeflecht der Altstadt und der Kleinseite verstreut sind.

Als Eldorado für Antiquitätenfreunde gelten insbesondere **Celetná, Teynhof** und westlich der Moldau die **Nerudova.** Kitsch und Kommerz in teilweise schwer erträglicher Dichte säumen den Königsweg zwischen **Altstädter** und **Kleinseitner Ring.**

Waren des alltäglichen Gebrauchs besorgen viele Prager inzwischen in den hochmodernen **Shoppingmalls** wie Palladium, Černá Růže, Myslbek Centre, Kotva, Tesco, Carrefour etc., die in den letzten Jahren im Nahbereich der Metrostationen Náměstí Republiky und Můstek sowie an der Stadtperipherie wie Pilze aus dem Boden geschossen sind.

Antiquitäten

Avantgarde-Objekte aus der Zwischenkriegszeit – **Art Deco:** ▶ Karte 2, J 5; 1, Michalská 21, Tel. 224 223 076, www.

Öffnungszeiten

Geöffnet sind die Prager Läden im Allgemeinen Mo–Fr 8/9–18/19 Uhr. Der Lebensmittelhandel öffnet früher und schließt später. Mittagspausen werden sehr individuell gehandhabt. Die großen Kaufhäuser und Malls schließen werktags allesamt nicht vor 20 Uhr und sind auch Sa und So ganztägig geöffnet.

Antiquitäten in Vinohrady

Infolge der touristischen Kommerzialisierung weiter Teile der Altstadt sind seit der Wende viele alteingesessene Antiquitätenläden in den Bezirk Vinohrady übergesiedelt, dessen Renommee nicht zuletzt dank ihrer Anwesenheit stark gestiegen ist. Das Motto der Ladenbetreiber lautet: »Wer uns wirklich sucht, findet uns auch«. Wer also alte und qualitätvolle Bücher sucht, wird im Zentrum schwerlich, in den Gassen östlich von Staatsoper und Nationalmuseum jedoch dafür umso leichter fündig. Flanieren lohnt sich! (Metro A, Náměstí Míru, Straßenbahn 11).

artdecogalerie-mili.com, Metro A, Staroměstská, Mo–Fr 14–19 Uhr. Hier unternimmt man zwischen Keramik, Schmuck, Kleidung und Möbeln eine stilistische Zeitreise in die Jahre zwischen 1920 und 1940, als Prag in Mitteleuropa an der Speerspitze modernen Designs stand.

Kurioses Kunterbunt – **Bric à Brac:** ▶ Karte 2, J 5; 1, Týnská 7, Tel. 222 326 484, Metro B, Náměstí Republiky, tgl. 11–18 Uhr. Eine Schatztruhe, prall gefüllt mit originellem Hausrat, Gläsern, Geschirr, Spielzeug u. v. m.

Unerschöpfliche Fundgrube – **Dorotheum:** ▶ Karte 2, J 5; 1, Ovocný trh 2, Tel. 224 222 001, www.dorotheum.com, Metro B, Náměstí Republiky, Verkaufsgalerie: Mo–Fr 10–19, Sa 10–17 Uhr. Seit 1992 ist das renommierte Auktionshaus aus Wien mit einer Filiale in der Moldaustadt vertreten. Die elegante Verkaufsgalerie vis-à-vis dem Ständetheater bietet eine reiche Palette an – oft sehr günstigen – Antiquitäten, Möbeln, Uhren, Schmuckobjekten, Waffen u. v. m.

Bücher und Musikalien

Megastore – **Bontonland:** ▶ Karte 2, J 6; 1, Václavské náměstí 1, Tel. 224 226 242/3, www.bontonland.cz, Metro A, B, Můstek, Mo–Fr 9–20, Sa 10–20, So 12–19 Uhr. Die stadtweit größte Auswahl an CDs und DVDs, aber auch an Vinyl, Videos und PC-Spielen aller Genres und Stile.

Secondhandbücher mit Qualität – **Galerie Můstek:** ▶ Karte 1, H 6; 1, Národní třída 40, Metro B, Národní třída, Tel. 224 949 587, Mo–Fr 10–19, Sa 10–14, So 14–18 Uhr. Das große Angebot antiquarischer – auch deutschsprachiger – Bücher lässt bibliophile Herzen höherschlagen. Darüber hinaus warten hier Drucke, Stiche, Landkarten und Grafiken.

Riesenauswahl an Pragensia – **Neo Luxor:** ▶ Karte 2, J 6; 1, Václavské náměstí 41, Tel. 296 110 370, www.neoluxor.cz, Metro A, B, Můstek, Mo–Fr 8–20, Sa 9–19, So 10–19 Uhr. Eine der führenden Buchhandlungen der Stadt mit riesigem – auch deutschsprachigem – Sortiment. Lückenloses Angebot an Bildbänden und Reiseführern über die Stadt und das Land an der Moldau.

Bibliophile Insel im Strom der Zeit – **U Zlaté Číše:** ▶ Karte 1, E 4; 1, Nerudova 16, Tel. 257 531 393, Metro A, Malostranská, tgl. 10–13, 14–18 Uhr. Eine Insel in der Zeit und ein Paradies für Bibliophile: Wohltuend altmodisch, etwas verstaubt, birgt dieses kleine Antiquariat auch für deutschsprachige Bücherfreunde mancherlei interessante Entdeckungen.

Tschechische Tonträger – **Via Musica:** ▶ Karte 1, E 5; 1, Malostranské náměstí 13, Tel. 224 826 440, www.viamu

sica.cz, Metro A, Malostranská, tgl. 10–20, winters bis 18 Uhr. Eine Fundgrube für Noten und CD-Aufnahmen tschechischer Musik, von Barock bis Martinů. Via Musica ist außerdem Verkaufsstelle für Konzertkarten, s. a. S. 50.

Delikatessen, Bier und Wein

Hauswein zum Mitnehmen – **Blatnička:** ▶ Karte 2, J 6; 1, Michalská 6, Tel. 224 225 860, Metro B, Národní třída, tgl. 10–23 Uhr. Wein-Connaisseure empfinden den Tipp möglicherweise als Zumutung, aber für Nonkonformisten lohnt die Kostprobe allemal: Das Schild »sudová vína« bedeutet, dass durstige Passanten hier mitgebrachte Plastikflaschen mit – gar nicht schlechten – tschechischen Hausweinen gefüllt bekommen.

In- und ausländische Weine – **Cellarius:** ▶ Karte 1, H 7; 1, Štěpánská 61, Pasáž Lucerna, Tel. 224 210 979, www.cellarius.cz, Metro A, B, Můstek, Mo–Sa 9.30–20, So 14–20 Uhr. Wer edle Tropfen aus einheimischen, insbesondere südmährischen Gütern, erstehen will, ist hier goldrichtig. In den Regalen lagert aber auch ein sorgfältig zusammengestellter Querschnitt internationaler Rebensäfte. Gut bestückte Filiale in der Pavillon-Markthalle auf der Vinohradská.

Bierraritäten – **Pivni galerie:** ▶ Karte 1, östlich L 2; 7, U Průhonu 9, Holešovice, Tel. 220 870 613, www.pivnigalerie.cz, Metro C, Nádraží Holešovice, Di–Fr 12–19 Uhr. Dank mehr als 200 verschiedenen Bieren böhmischer und mährischer Provenienz ist Petr Vaneks Lokal vermutlich das bestsortierte Prags.

Design

Exquisites Wohninventar – **de.fakto:** ▶ Karte 2, J 6; 1, Vejvodová 3, Tel. 224 233 815, www.defakto.cz, Metro B, Národní třída, Mo–Fr 9.30–18, Sa bis 16 Uhr. Zeitgenössisches Licht- und Möbeldesign, Schmuck, Kleinobjekte – vom Besteck und Sushi-Set bis zur Küchenuhr und Nachttischlampe unter dem Markennamen de.co.

Hochkarätiges für Stilpuristen – **Kubista:** ▶ Karte 2, J 5; 1, Ovocný trh 19, Tel. 224 236 378, www.kubista.cz, Metro B, Náměstí Republiky, Di–So 10–18.30 Uhr. Kostbare kubistische Originalmöbel, aber auch erschwingliche Repliken von Uhren, Lampen, Vasen, Tassen nach Entwürfen einstiger Designstars wie Pavel Janák, Josef Gočár & Co. Perfekt auf die Ware abgestimmt ist die Adresse: das »Haus Zur schwarzen Muttergottes«, eine Ikone kubistischer Architektur (s. a. Entdeckungstour S. 130).

Cineasten aufgepasst!

Jahrelang pflegten in Tschechien Verlage mit ihren Zeitungen, in Folie eingeschweißt, Spielfilme auf DVD mitzuverkaufen. Offenbar liegen riesige Restmengen dieser Scheiben auf Lager, weshalb sie nun in vielen Tabakläden oder darauf spezialisierten Kiosken fast zum Selbstkostenpreis verscherbelt werden. Die Auswahl der Filme ist enorm. Fast alle, ob englischer, japanischer, deutscher oder tschechischer Provenienz, sind mit Untertiteln versehen. Pro DVD sind zwischen 30 und 90 Kč, also rund 1,50 bis 3,50 €, zu berappen. Ein besonders gut sortiertes Spezialgeschäft findet sich in der Passage Svetozor (▶ Karte 1, H 6; Vodičkova 39, Metro A, B Můstek).

Aus dem Handwerk der Glasherstellung entwickelte sich in Böhmen Handwerks-Kunst

Stilmöbel des frühen 20. Jh. – **Modernista:** ▶ Karte 2, J 5; 1, Celetná 12, Metro A, B, Můstek, Tel. 224 241 300, www.modernista.cz, tgl. 11–19 Uhr. Prags Top-Adresse für Möbel der klassischen Moderne: Remakes von Möbeln, Lampen, Accessoires des Kubismus, Bauhaus, Funktionalismus und Art déco.

Galerien

Gralshüter des tschechischen Surrealismus – **Gambra:** ▶ Karte 1, D 4; 1, Černínská 5, http://gambra.jex.cz, März–Okt. Mi–So, Nov.–Feb. nur Sa, So 12–17.30 Uhr, s. a. S. 103.

Prager klassische Moderne – **Vltavín:** ▶ Karte 1, G 6; 1, Masarykovo nábřeží 36, Tel. 224 933 960, www.auctions-art.cz, Metro B, Národní třída, Mo–Fr 10–12, 13.30–18 Uhr. Tschechische Grafiken und Gemälde des 19. und 20. Jh. von Čapek und Černý bis Wachsmann und Zrzavý. Verkaufsausstellungen und Auktionen.

Geschenke und Souvenirs, Dies und Das

Wohninterieur – **Herrero:** ▶ Karte 2, J 5; 1, Železná 4, Tel. 222 321 518, Metro A, Staroměstská, tgl. 10–21 Uhr. Originelles Dekor für daheim, z. B. Kerzenständer aus Schmiedeeisen.

Kameras aller Art – **Jan Pazdera Foto:** ▶ Karte 1, H 6; Galerie U Novaku, 1, Vodičkova 28, Tel. 224 216 197, www.

fotopazdera.cz, Metro A, B, Můstek, Mo–Sa 10–18 Uhr. Ein traditionsreiches Fachgeschäft für den An- und Verkauf von alten und neuen Fotoapparaten, das seinesgleichen in Prag nicht hat.

Handgefertigte Geduldsspiele – **Kata Kissoczy:** ▶ Karte 1, F 5; 1, Tržiště 3, Tel. 257 531 677, www.artpuzzles.net, Metro A, Malostranská, Mo–Sa 11–18 Uhr. ›Puzzlemania‹ nennt die gebürtige Pressburgerin ihre Werkstatt treffend, in der sie bereits seit mehr als 20 Jahren von Hand hölzerne Bilder zum Zusammensetzen fabriziert. Die erfrischend komischen Einzelstücke eignen sich ideal als ungewöhnliche Souvenire. Kostenpunkt: 1000–3500 Kč.

Spielen wie anno dazumal – **Manufaktura:** ▶ Karte 2, H 5; 1, Karlova 26, Tel. 221 632 480, www.manufaktura.cz, Metro A, Staroměstská, So–Do 10–20, Fr, Sa 10–22 Uhr. Bei dieser Adresse liegt der Schwerpunkt auf traditionellem tschechischem Holzspielzeug. Lackierte Schaukelpferde, Abakusse, Puppen u. v. m.

Glas und Porzellan

Nomen est omen – **Bohemia crystal:** ▶ Karte 2, J 5; 1, Pařížská 12, Tel. 222 311 737, www.volny.cz/crystal-hb, Metro A, Staroměstská, Mo–Sa 10–19, So bis 18 Uhr. Vom kleinen Dekoobjekt bis zum Lüster, dazu Schalen, Vasen, Gläser, Figurinen und vielerlei mehr aus Kristall von einem der arriviertesten Anbieter im Land. Filialen: Široká 7 (Josefov) und Celetná 5.

Rolls Royce in Sachen Glas – **Moser:** ▶ Karte 2, J 6; 1, Na Příkopě 12, Tel. 224 211 293, www.moser-glass.com, Metro A, Staroměstská, April–Sept. tgl. 10–20, Okt.–März Sa, So nur bis 19 Uhr. Die Nummer eins unter den böhmischen Glaserzeugern. Trinkgläser, Pokale, Karaffen, Krüge, graviert, bemalt oder emailliert – in absoluter Spitzenqualität, allerdings zu entsprechenden Preisen. Hauptfiliale: Staroměstské náměstí, s. S. 144.

Fragiles aus Karlsbad – **Thun:** ▶ Karte 1, K 10; 4, Ctiradova 1, Tel. 261 385 346, www.thun.cz, Straßenbahn 7, 24, Mo–Fr 9–17 Uhr. Die böhmische Traditionsfirma steht seit Langem für Porzellan und Glas allererster Güte. Tafelgeschirr, Kaffee- und Teeservice, Vasen, Karaffen u. v. m.

Kaufhäuser und Malls

Charmante Zeitreise – **Bílá labut:** ▶ Karte 2, L 5; 1, Na poříčí 23, www.bilalabut.cz, Metro B, Náměstí Republiky, Mo–Fr 9–20, Sa 9–18, So 10–18 Uhr. Ein Rückzugsgebiet für den vorrevolutionären Konsumgeist – und ein Ort für Ost-Nostalgiker. Statt internationaler

Bunte Vielfalt auf den Märkten

Am attraktivsten für Shopper und kamerabewehrte Flaneure ist der traditionsreiche, täglich stattfindende **Lebensmittel- und Souvenirmarkt** auf der Havelská. Günstiger indes kauft man auf den **Vorstadtmärkten** in Smíchov, Dejvice und Holešovice (meist Mo–Sa vormittags). Kuriosa sind der an allen Wochentagen flussabwärts, auf der Libĕnský-Insel abgehaltene **Möbelmarkt** und der **Gebrauchtwagenmarkt** in Holešovice (Argentinská). Amüsant ist auch ein Streifzug durch den **Prager Markt** (Pražsky tržnice) am Bubenské nábřeži.

Markenartikel stapeln sich heimische Waren und Billigimporte aus Asien in den Regalen. Niedrigpreis und Funktionalität gehen vor Schick und Prestige. Ein zweites Kaufhaus gleichen Namens und Charmes steht am oberen Ende des Wenzelsplatzes (Nr. 59).

Zeitgemäß shoppen – **Myslbek Centre:** ▶ Karte 2, J 5; 1, Na Přikopě 19/21, Tel. 224 239 550, www.ngmyslbek.cz, Metro A, B, Můstek, Mo–Sa 8–22, So 9–20 Uhr. Die wohl schickste Mall der Stadt. Hinter ihrer Spiegelglas-Fassade ist auf 8000 m^2 vom Babyspielzeug bis zu Unterhaltungshightech (fast) alles zu finden. Etliche Markennamen der Modewelt sind vertreten.

Zentral und alles unter einem Dach – **Palladium:** ▶ Karte 2, K 5; 1, Náměstí Republiky 1, Tel. 225 770 250, www.palladiumpraha.cz, Metro B, Náměstí Republiky, Läden: Mo–Sa 9–22, So bis 21 Uhr, Restaurants: Mo–Sa 11–24, So bis 23 Uhr. Das Showpiece unter Prags modernen Shoppingzentren: 2007 gegenüber dem Gemeindehaus eröffnet, umfasst es auf 13 500 m^2 mehr als 170 Läden aller Branchen und an die 30 Gastro-Lokale. Ideal für einen Schaufensterbummel bei schlechtem Wetter nach dem Kultur-Sightseeing.

Markthalle goes Shopping Mall – **Pavilon:** ▶ Karte 1, K 8; 2, Vinohradská 50, www.pavilon.cz, Metro A, Náměstí Míru, Mo–Sa 9–21, So 9.30–20 Uhr. Um 1900 errichtet und Mitte der 1990er-Jahre nach geschmackvoller Restaurierung wiedereröffnet, ist der Vinohradský-Pavillon eine von nur drei noch existierenden historischen Markthallen Prags. Er birgt eine Reihe exquisiter Läden und Boutiquen. Ein Hauptanziehungspunkt ist der Feinkost-Supermarkt der Wiener Traditionsfirma Julius Meinl.

Legendärer Pionierbau – **Pasáž Lucerna:** ▶ Karte 2, H 6; Haupteingang: 1, Štepánská 61, www.lucerna.cz, Metro A, B, Můstek, Passage: 24 Std. geöffnet, die Läden haben unterschiedliche Öffnungszeiten. Der Glanz der frühen Jahre ist ein wenig verblasst, doch noch immer ist das erste moderne Mehrzweckgebäude der Stadt, an dessen Bau 1907–21 Václav Havels Großvater maßgeblich beteiligt war, ein architektonisches Juwel erster Güte. Highlight ist, neben einem geschichtsträchtigen Kino- und Konzertsaal, die **Shoppingarkade** mit ihren exquisiten Läden, darunter ein Möbelstudio und ein Haute-Couture-Atelier, eine Vinothek und eine Orientteppich-Galerie (s. a. S. 234).

Mode und Accessoires

Individuell und schick – **Arzenal:** ▶ Karte 2, H 5; 1, Valentinská 11, www.arzenal.cz, Metro A, Staroměstska, tgl. 10–20 Uhr. Bořek Šípek, der tschechische Philippe Starck, präsentiert in seinem schicken Shop Kreationen von sich und Freunden – Gläser, Stühle, (Beistell-)Tische, Geschirr und Mode des Japaners Yoshili Hishinuma. Ausgefallen, farbenfroh und qualitätvoll. Angeschlossen ist ein erstklassiges Thai-Restaurant.

Fußbekleidung für jeden Geschmack – **Bat'a:** ▶ Karte 2, J 6; 1, Václavské náměstí 6, Tel. 221 088 478, www.bata.com, Metro A, B, Můstek, Mo–Fr 9–21, Sa 9–20, So 10–20 Uhr. Thomáš Bat'as Schuhe eroberten 1910–30 von der legendären Fabrik in Zlín in Südmähren aus die Welt. Ihr Flagship-Store auf dem Wenzelsplatz lockt mit hochwertigem, modischem Schuhwerk.

Schmuckatelier der Extraklasse – **Belda:** ▶ Karte 1, G 6; 1, Mikulandská 10, Tel.

Die Farbe Rot – modisch in Szene gesetzt von der Prager Designerin Helena Fejková

224 933 052, www.belda.cz, Metro B, Národní třída, Mo–Do 10–18, Fr bis 17 Uhr. Mit Unterbrechungen steht dieser Familienbetrieb seit 1922 für zeitgenössischen Schmuck von höchster Qualität. Reproduktionen und neue Stücke nach Entwürfen des Jugendstilmeisters Alfons Mucha.

Hochwertiges für Sie – **Helena Fejková:** ▶ Karte 1, H 6; 1, Štěpánská 61, Tel. 724 125 262, Pasáž Lucerna, www.helenafejkova.cz, Metro A, B, Můstek, Mo–Fr 10–19, Sa 10–15 Uhr. Die schicke Modegalerie ist stadtbekannt für ihre teils sportlich-legeren, teils mondänen Kreationen. Helena Fejková, einer der stilprägenden Köpfe der Prager Modeszene, arbeitet bevorzugt mit Leinen, (Baum-)Wolle und Seide. Sorgsam ausgewählte Accessoires wie Hüte, Handtaschen, Gürtel, Schuhe und Schmuck aus tschechischen Ateliers runden das Angebot ab.

Von elegant bis sportlich – **Klára Nademlýnská:** ▶ Karte 2, J 5; 1, Dlouhá 3, Tel. 224 818 769, www.klaranademlynska.cz, Metro A, Staroměstská, Mo–Fr 10–19, Sa 10–18 Uhr. In ihrer schicken Boutique präsentiert diese Trendsetterin ihre aktuellen Kollektionen. Wichtigste Kriterien: klare Linien, erstklassige Materialien und verführerische Eleganz in überraschenden Kombinationen. Neu sind die Produktlinien Klara Jeans & Klara Sport.

Gebraucht, aber gediegen – **Senior Bazar:** ▶ Karte 2, K 6; 1, Senovážné náměstí 18, Tel. 224 235 068, Metro B, Náměstí Republiky, Mo–Fr 9–17 Uhr. Secondhand-Shops gibt es in Prag in Hülle und Fülle. Doch dieser ist anders. Das Ambiente gemahnt an die bleiernen Zeiten vor 1989. Doch ebendies tun auch die Preise. Und wer eine Weile wühlt, findet wahre Schätze, wirklich alt und von hoher Qualität.

Ausgehen, Abends und Nachts

Die Zeiten, da Prag nach Einbruch der Dunkelheit vor sich hin döste und ab zehn die Gehsteige hochgeklappt wurden, sind gottlob lange Vergangenheit. Heute verblüfft die altehrwürdige Moldaustadt Neuankömmlinge vielmehr durch ihre ungeheure Dynamik und eine solche Fülle an Clubs, Discos, Lounges, Bühnen, Bars und Kneipen, dass die ›Qual der Wahl‹ zu einer erheblichen wird. Daneben pflegen die Prager noch die traditionelle Abendunterhaltung – eine gute Gelegenheit in die Tiefen ihrer Seele zu blicken. Das Vergnügen besteht darin, in der nächstgelegenen *pivnice* (Bierkneipe), an langen Holztischen sitzend, zu schwatzen und dabei die Kehle mit Gerstensaft zu kühlen.

Ticketbüros

Bohemia Ticket: 1, Malé náměstí 13 (▶ Karte 2, J 5), Tel. 224 227-832/-727, und Na Příkopě 16 (▶ Karte 2, J 6), Tel. 224 215 031, www.bohemiaticket.cz.

Prager Informationsdienst/PIS: Adressen s. S. 16.

Ticketpro: ▶ Karte 2, K 4; 1, Klimentská 22, Fax 234 704 204, www.ticketpro.cz; auf der Website findet sich eine Liste mit weiteren Filialen.

Ticketstream: ▶ Karte 1, J 8; 2, Koubkova 8, Tel. 224 263 049, www.ticketstream.cz.

Via Musica: ▶ Karte 2, J 5; 1, Staroměstské náměstí 14, Tel. 224 826 440, und Malostranské náměstí 13, Tel. 257 535 568, www.viamusica.cz.

Eintrittskarten sind ebenfalls erhältlich über die Büros der großen Reiseveranstalter wie Čedok (s. S. 21) oder American Express (1, Na Příkopě 19) bzw. über die Hotelrezeption.

Wo und wann läuft was?

Die Häufigkeit, mit der seit der Samtenen Revolution in Prag Szenetreffs eröffnet und wieder geschlossen werden, ist überdurchschnittlich hoch, das Preisniveau für Eintritt und Drinks, gemessen an anderen Metropolen deutlich niedriger. Angenehm freizügig werden die **Öffnungszeiten** gehandhabt. Die – ohnedies oft späten – Sperrstunden (bis drei, vier Uhr) werden gerne geflissentlich ignoriert.

Geografisch kennt die neue Lokalszene ebenfalls kaum Grenzen: **Staré** und **Nové Město** sind gespickt mit Bars und Clubs. Auch einige der trendigsten Tanztempel (Karlovy Lázně, Roxy, Duplex) sind hier zu Hause. Neue spannende Ausgehadressen haben sich in den letzten Jahren darüber hinaus in den alten Arbeitervierteln, allen voran **Holešovice** und **Smíchov,** etabliert. Der ehemals bürgerliche Wohnbezirk Vinohrady verfügt über eine extrem hohe Dichte an – mittlerweile recht multikultureller – Gastronomie.

Ähnlich dezentral zeigt sich auch Prags **Schwulen- und Lesbenszene.** Eine gewisse Konzentration entsprechender Lokale findet sich rund um die Vinohradská im gleichnamigen Bezirk. Hilfreich bei der Suche nach einschlägigen gastronomischen Adressen sowie von Tourveranstaltern und anderen Servicediensten sind das Magazin »Amigo« und die Website www.prague.gayguide.net.

Infos zum Nachtleben

Die umfassendsten Informationen – allerdings auf Englisch – sind im Programmteil der Tageszeitung **»Prague**

Post«, in dem kleinformatigen Heft **»Prague in your pocket«** (zweimonatlich; www.inyourpocket.com) und in der Publikation **»Heart of Europe«** (www.heartofeurope.cz) zu finden. Gute deutschsprachige Orientierungshilfe bieten u. a. die kostenlosen, in Hotellobbys, Reisebüros, diversen Infostellen etc. ausliegenden Hefte **»Willkommen in Prag«** (vierteljährlich) und **»Prag Reiseführer«** (monatlich), die Website des **Prager Informationsdienstes/PIS** (www.praguewelcome.cz), sowie die Infozentren des PIS im Altstädter Rathaus, im Hauptbahnhof, im Kleinseitner Brückenturm und in Rytířská 31.

Die Programme der Bühnen und großen Konzertveranstalter sind im Übersichtsheft der Agentur **Bohemia Ticket** sowie teilweise auf den Websites der anderen großen Kartenbüros (s. S. 50) aufgelistet.

Bars und Szenelokale

Ausgelassenes Get-together – **Chapeau Rouge:** ▶ Karte 2, J 5; 1, Jakubská 2, www.chapeaurouge.cz, Metro B, Náměstí Republiky, tgl. 12–5 Uhr. Populäre Bar, in der sich einheimisches und touristisches Publikum mischen. Lautstarker Musikmix, turbulente Atmosphäre, gute Getränkeauswahl. Das Souterrain ist vor einiger Zeit zur Tanzzone namens ›Rote Unterwelt‹ erweitert worden.

Hier geht die Post ab – **Double Trouble:** ▶ Karte 2, J 5; 1, Melantrichova 17, www.doubletrouble.cz, Metro A, Staroměstská, Straßenbahn 17, 18, 53, So–Do 19–4, Fr, Sa 19–5 Uhr. Groovige Musikbar im Kellergewölbe, vorrangig für junge Semester, denn hier ist ausgeflipptes Tanzen auf Tresen und Tischen die Norm. Gutes Getränkesortiment und häufig erfrischend schräge DJs.

Voll im Trend: Weinbars

Vinotheken sprießen in Prag wie Pilze aus dem Boden. Bei den folgenden Adressen kann man in nettem Ambiente nicht nur edle, u. a. mährische und böhmische, Tropfen, sondern auch Käse und andere Häppchen kosten.

Divinis: ▶ Karte 2, J 5; 1, Masná/Ecke Týnská, www.divinis.cz, Mo–Sa 11–16, 18 bis mind. 24 Uhr.

Monarch vinný sklep: ▶ Karte 2, H 6; 1, Na Perštýně 15, tgl. 12–22 Uhr.

Moravský archiv vin: ▶ Karte 1, E 7; 1, Navrátilova 11, Tel. 296 325 019, www.moravskyarchivvin.cz, tgl. 11–23 Uhr.

U Labutí: ▶ Karte 1, E 4; 1, Hradčanské náměstí 11, Tel. 220 511 191, www.ulabuti.com, tgl. 10–22 Uhr.

Vinarna u Mikuláse Dacického: ▶ Karte 1, E 7; 5, Viktora Huga, Tel. 257 322 334, www.umikulasedacickeho.cz, tgl. 11–24 Uhr.

Vinárna U Sudu: ▶ Karte 1, H 7; 1, Vodičkova 10, Tel. 222 232 207, www.usudu.cz, Mo–Do 9–4, Fr 9–5, Sa 10–5, So 10–3 Uhr.

Studentisch, behaglich – **Fraktal:** ▶ Karte 1, H 3; 7, Šmeralova 1, www.fraktalbar.cz, Metro A, Hradčanská, dann Straßenbahn 1, 8, 15, 25, 26, tgl. 11–24 Uhr. Relaxte und freundliche Bar mit kunterbunter, nicht mehr ganz neuer Möblierung, gute Drinks zu günstigen Preisen, vorwiegend einheimische Gäste.

Stilvoller geht's nicht – **Tretter's:** ▶ Karte 2, J 5; 1, V Kolkovně 3, www.tretters.cz, Metro A, Staroměstská, tgl. 19–3 Uhr. In Michael Tretters hocheleganter Bar sonnt sich die Geschäfts-, Mode- und Filmwelt im nostalgisch-dekadenten Ambiente der 1930er-Jahre und kostet sich durch die 200 raffiniert gemixten Drinks. Nicht ganz billig.

Clubs und Discos

Abtanzen in Smíchov – **Futurum:** ▶ Karte 1, F 8; 5, Zborovská 7, Tel. 257 328 571, www.mucisbar.cz, Metro B, Anděl, Straßenbahn 4, 7, 10, 14, tgl. 20–3 Uhr. In diesem Tanztempel der ersten Stunde tummeln sich mit Vorliebe alternativ-bunte Gäste; hochmodernes Metall-Ziegel-Ambiente, Fr und Sa 80er- bzw. 90er-Party, Live-Gigs mit einheimischen Bands.

Prags größter und schillerndster Tanztempel – **Karlovy Lázně:** ▶ Karte 2, H 5; 1, Smetanovo nábřeží 198, Tel. 222 220 502, www.karlovylazne.cz, Metro A, Staroměstská, Straßenbahn 17, 18, tgl. 21–5 Uhr. Der spektakulär neben der Karlsbrücke gelegene Gebäudekomplex blickt auf eine lange Vergangenheit als öffentliches Bad zurück. Die leeren Schwimmbecken dienen als Dancefloors, in denen bei House, Hip-Hop, Hardcore und Sixties-Rock die Post abgeht. Jede der vier Etagen verfügt über eigene DJs und Bars.

Top professionell – **Lávka:** ▶ Karte 2, H 5; 1, Novotného Lávka, Tel. 221 082 299, www.lavka.cz, Metro A, Staroměstská, Straßenbahn 17, 18, tgl. 21.30–5 Uhr. Ein Unikat in der Moldaustadt: ein Club mit Open-Air-Tanzparkett. Exquisite Sound-&-Light-Technik, tolle DJs und Stilvielfalt sorgen für musikalische Kurzweil und Qualität, schicke Innenarchitektur, Bars, Restaurant und Gogo-Tänzerinnen für gute Stimmung. Vorverkauf: Tel. 221 082 299 oder bei Ticketpro (s. S. 50).

Ultraschick – **Mecca:** ▶ Karte 1, östlich L 2; 7, U průhonu 3, Tel. 283 870 522, www.mecca.cz, Metro C, Nádraží Holešovice, tgl. ab 23 Uhr. Dieser neue Stern am Prager Clubbing-Himmel, eine ehemalige, aufwendig umgebaute Fabrik im Industriebezirk Holešovice, zieht Hedonisten an wie das Licht die Motten. Trendige Küche, Musik und Klientel. Aufgepasst, Dresscode: stark gestylt!

Multifunktionales Kreativzentrum – **Palác Akropolis:** ▶ Karte 1, L 7; 3, Kubelíkova 27, Tel. 296 330 911, www.palacakropolis.cz, Metro A, Jiřího z Poděbrad, Restaurants und Bars: Mo–Do 11–0.30, Fr 11–1.30, Sa, So 15–0.30 Uhr. Schon einige Jahre hat dieser multifunktionale Palast in Žižkov auf dem Buckel – eine der spannendsten Adres-

Ort mit sichtlichem Wohlfühlfaktor: die Radostbar FX

sen in Prag! Konzerthalle, Theater, Kino und Ausstellungsareal in einem, dient er Musikern, Modemachern, Choreografen, Theater-, Film- und Multimedialeuten als Experimentallabor und ab und an internationalen Stars als Bühne. Daneben garantieren witzig gestaltete Cafés, Bars, Restaurants und Dancefloors kosmopolitische Atmosphäre.

Lieblingstreff der Trendsetter – **Radost FX:** ▶ Karte 1, J 8; 2, Bělehradská 120, Tel. 224 254 776, www.radostfx.cz, Mo–Fr 8–3, Sa, So 10–4 Uhr. Glamour ist hier oberstes Gebot. Techno, House, Hip-Hop, Funk setzen den Rhythmus, das vegetarische Restaurant im Obergeschoss sorgt für Kaloriennachschub.

State-of-the-art-Musicclub – **Roxy:** ▶ Karte 2, J/K 4/5; Dlouhá 33, www.roxy.cz, Metro B, Náměstí Republiky, Straßenbahn 5, 8, 14, 51, 54, Di–So ab 19, Konzerte ab 20, Partys ab 22 Uhr. Da bleibt kein Trommelfell unbewegt: Eine 10 000-Watt-Anlage, Großkaliber der internationalen DJ-Szene und neueste Laser-und-Video-Technik durchwirbeln in diesem populären Club die Sinne. Archivkino, Theater, diverse Multimediaprojekte; vier Bars mit Gratis-WiFi und schicke Chillout-Zonen.

Coole Club-Café-Bar – **Sedm Vlků:** ▶ Karte 1, L 6; 3, Vlkova 7, Tel. 222 711 725, www.sedmvlku.cz, Metro A, Jiřího z Poděbrad, Mo–Sa 17–3 Uhr. In den schummrigen Souterrain-Räumen versammelt sich ein Publikum vom Schlage schwarz gekleideter Kunststudenten. Fr und Sa legen ab 21 Uhr DJs mit Vorliebe für heftige Drum'n'Bass, Ragga, Techno und Breakbeat auf.

Klein & stilvoll – **Wakata DJ Lounge:** ▶ Karte 1, J 2; 7, Malířská 14, Tel. 233 370 518, www.wakata.eu, Straßenbahn 1, 8, 25, 26, So–Do 18–3, Fr, Sa 18–5 Uhr. Intime Lounge in Bubeneč am Südrand des Stromovka-Parks für 50 bis 70 Personen. Jeden Abend DJs, bevorzugt: Hip-Hop, Reggae, Latin, Breakbeat, Jungle, Drum'n'Bass. Kein Techno oder House!

Livemusik

Swingende Flussfahrt – **Jazzboat:** ▶ Karte 2, H 4; 1, Dvořákovo nábřeži, Pier Nr. 5 unter der Čechův-Brücke, Tel. 731 183 180, www.jazzboat.cz, Metro A, Staroměstská, Straßenbahn 17, nahe Hotel InterContinental, Di–So Abfahrt 20.30 Uhr. Traditionelle Töne von Swing bis Latin heizen den Passagieren der »Kotva« während der Flussfahrt ein (3 Std., inkl. drei Sets und gediegenes Dinner).

Legendär – **Reduta Jazz Club:** ▶ Karte 2, G 6; 1, Národní 20, www.redutajazz club.cz, Metro B, Národní třída, Straßenbahn 7, 9, 14, 22, 24. Tickets: Mo–Fr ab 17, Sa, So ab 19 Uhr, Live-Gigs tgl. ab 21 Uhr, u. a. Dixie-, Swing- und Jazz-Rock, s. a. Lieblingsort S. 178.

Schwul und lesbisch

Schick und en vogue – **Club Valentino:** ▶ Karte 1, K 7; 2, Vinohradská 40, Tel. 222 513 491, www.club-valentino.cz, Metro A, Náměstí Míru, tgl. 11–5 Uhr. Der größte Gayclub der Stadt, der mit seinen zwei Bars, zwei Tanzflächen samt 25 m langem Catwalk bis zu 550 Gästen Platz bietet. Bekannt auch für seine Schaumpartys und exzellenten DJs.

Gut für Newcomer – **Friends Club:** ▶ Karte 2, H 6; 1, Bartolomějská 11, Tel.

Livemusik ganz traditionell: Folklore am Abend
An folgenden Orten werden, meist in Kombination mit einem böhmisch-deftigen Abendessen, traditionelle Lieder, Tänze und Trachten aus Böhmen und Mähren dargeboten: **Folklore-Garten:** ▶ Karte 1, südl. F 11; 5, Na Zlíchově 18, Tel. 724 334 340, www.folkloregarden.cz, Straßenbahn 12, 14 und 20, tgl. 20–22.30 Uhr. In einem Schlösschen in Hluboäepy, ca. 5 km vom Stadtzentrum, inszeniert eine Gruppe von Tänzern und Musikern plus Moderator in Tracht eine ca. zweieinhalbstündige Gesangs- und Tanzvorstellung. Manchmal wird das Publikum nach Ende des parallel kredenzten 3-Gänge-Menüs zum Mitmachen animiert. **Restaurant Plzeňská:** ▶ Karte 2, K 5; 1, Náměstí Republiky 5 (im Souterrain des Gemeindehauses), Tel. 220 002 770, www.plzenskarestaurace.cz, mehrmals pro Woche ab 21.30 Uhr. **Restaurant U Rotta:** ▶ Karte 2, H 5; 1, Malé náměstí 3, Tel. 224 247 400, www.restaurantrott.cz, tgl. ab 19.30 Uhr.

226 211 920, www.friendsprague.cz, Metro B, Nárdoní třída, tgl. 18–4 Uhr, Mi–Sa DJ-Partys ab 22 Uhr. Freundlicher, über 200 m^2 großer Club; zentrale Lage, große Vielfalt an preiswerten Drinks, Dancefloor mit gutem Sound, Videoscreens, ruhige Lounge; empfehlenswert für Prag-Neulinge.

Kino

Cineasten-Kost – **Aero:** ▶ Karte 1, östlich L 6; 3, Biskupcova 31, Tel. 271 771 349, www.kinoaero.cz, Straßenbahn 5, 9, 10, 16, 19. Prags vermutlich bestes Programmkino; Retrospektiven.

Kultort der Off-Szene – **Evald:** ▶ Karte 2, J 6; 1, Národní 28, Tel. 221 105 225, www.evald.cz, Metro B, Národní třída. Themenfestivals, Kultstreifen der Independent-Szene aus Europa und den USA sowie tschechische, auf Englisch untertitelte Qualitätsfilme kennzeichnen das Programm dieses kleinen, aber feinen Hauses, dem ein nettes Restaurant samt Bar angegliedert ist.

Fremdsprachige Qualitätsstreifen – **Kinosvětozor:** ▶ Karte 2, H 6; 1, Vodičkova 41, Tel. 224 946 824, www.kinosvetozor.cz, Metro B, Národní třída. Hier stehen täglich in zwei Sälen mehrere internationale Qualitätsfilme mit englischen Untertiteln auf dem Programm. Im Foyer lädt eine smarte Bar zum günstigen Drink (Mo–Fr 12.30–23, Sa, So 10.30–23 Uhr, gratis WiFi).

Pilgerort für Filmfeinschmecker – **Lucerna:** ▶ Karte 2, H 6; 1, Haupteingang: Štěpánská 61, www.lucerna.cz, Metro A, C, Muzeum. Ältestes Lichtspieltheater des Kontinents (1909), in dem auch der erste Tonfilm gezeigt wurde. Bis heute in Ehren gehaltener Premierenort für tschechische Filme.

Musik in Kirchen und Palais

Vornehmlich Musik aus dem Barock und der Zeit Mozarts wird in Prag, teils täglich, teils zu besonderen Anlässen, auch in Kirchen und Klöstern, Palais und Schlössern aufgeführt. Veranstaltungsorte sind beispielsweise: Veitsdom, St.-Georgs-Basilika, St. Martin in der Mauer, St. Jakob, St. Gallus, St. Franziskus, St. Simon und Juda, das Agneskloster, die beiden St.-Nikolaus-Kirchen, das Lobkowitz-Palais auf der Burg, das Nostic-Palais, National- und Dvořák-Museum, Kloster Břevnov, die Spanische Synagoge, die Spiegelkapelle des Klementinums und Schloss Troja. Karten sind meist über die großen Vertriebsstellen (s. S. 50) im Vorverkauf erhältlich. Infos sind u. a. den in Hotels und Tourismusbüros ausliegenden Faltblättern zu entnehmen.

Gehobener Mainstream – **MAT:** ▶ Karte 1, G 7; 1, Karlovo náměstí 19 (Eingang Odborů), Tel. 224 915 765, www.mat.cz, Metro B, Karlovo náměstí. Zeitgemäßes Kleinkino, ausländische Streifen in Originalfassung, inländische mit englischen Untertiteln.

Sommervergnügen – **Freilichtkino:** ▶ Karte 1, F 6; 1, Střelecký ostrov, Tel. 775 194 543, www.strelak.cz, Ende Juni–Aug., ab 21.30 Uhr. Internationale Blockbuster auf der idyllischen Moldauinsel – Open Air im Originalton mit tschechischen Untertiteln. Dazu auf Holzbänken im Schatten von Bäumen preiswerte Imbisse, Cola, Bier.

Konzerte

Klassisch-modern in prächtigem Rahmen – **Gemeindehaus** (Obecní dům): ▶ Karte 2, F 5, 1, Náměstí Republiky 5,

Tel. 222 002 101, www.obecnidum.cz, Metro B, Náměstí Republiky. Im Smetana-Saal des schillernden Jugendstilbaus (s. Entdeckungstour S. 236) ist das Prager Symphonie-Orchester zu Hause und werden das ganze Jahr hindurch qualitätvolle Konzerte veranstaltet. Auskünfte und Tickets: tgl. 10–18 Uhr.

Legendäre Adresse für E-Musik-Fans – **Rudolfinum:** ▶ Karte 2, H 5; 1, Alšovo Nábřeží 12, Tel. 227 059 227, www.ceskafilharmonie.cz, Metro A, Staroměstská. Der Sitz der Tschechischen Philharmonie genießt u. a. dank des Festivals »Prager Frühling« (s. S. 58) Weltruf.

Oper und Musical

Bühnenspektakel – **GoJa Theater:** ▶ Karte 1, K 1; 7, Výstaviště, Tel. 272 658 967, www.goja.cz, Metro C, Nádraží Holešovice. Tanzshow- und Musical-Großproduktionen à la americaine in einer Halle auf dem Ausstellungsgelände.

Prags musikdramatisches Mekka – **Staatsoper** (Státní Opera): ▶ Karte 1, J 7, 1, Legerova 75/Wilsonova 4, Tel. 296 177 111, www.opera.cz, Metro A, C, Muzeum. Prags führende, Oper und Ballett vorbehaltene Bühne, errichtet 1888 von den Deutsch-Pragern als kulturpolitische Antwort auf das Nationaltheater der Tschechen. Repertoire-Aufführungen großer Werke des gesamten Spektrums vom 18. bis 20. Jh. mit gelegentlichen Ausflügen ins Gegenwartsfach auf höchstem Niveau.

Musikhistorisch legendär – **Ständetheater** (Stavovské divadlo): ▶ Karte 2, J 5; 1, Ovocný trh 6, Tel. 224 901 448, www.narodni-divadlo.cz, Metro B, Náměstí Republiky. In dem entzückenden, klassizistischen Bühnenbau erlebte Mozarts »Don Giovanni« seine Uraufführung. Des Meisters Opern bilden noch heute den Schwerpunkt des Spielplans. Doch auch Sprechtheater und Konzerte stehen häufig auf dem Programm.

Musicaltheater von internationalem Format – **U Hybernů** (Divadlo Hybernia): ▶ Karte 2, K 5; 1, Náměstí Republiky 3, Tel. 221 419 420, www.hybernia.eu, Metro Náměstí Republiky. Nach aufwendigem Umbau des klassizistischen Gebäudekomplexes, der Anfang des 19. Jh. anstelle des Benediktinerklosters ›Zu den Hibernern‹ errichtet wurde, eröffnete 2006 eine hochmoderne Mehrzweckbühne. Im Programm sind Musical-Großproduktionen Marke »Golem« und »Hexen von Eastwick«, aber auch Gastspiele, z. B. Schwanensee-Ballett.

Theater und Ballett

Auch für Tschechisch-Unkundige sehr lohnend – **Divadlo Archa:** ▶ Karte 2, K/L 5, 1, Na Poříčí 26, Tel. 221 716 333, www.archatheatre.cz, Metro B, Náměstí Republiky, Straßenbahn 5, 8, 14. Experimentalbühne von hervorragendem Ruf, deren Ensemble Sprech-, Musik- und Tanztheater reizvoll verschmilzt.

Nonverbales Erlebnis – **Divadlo Ponec:** ▶ Karte 1, L 6; 3, Husitská 24a, Žižkov, Tel. 224 817 886, www.divadloponec.cz, Metro B, C, Florenc. In der Halle einer ehemaligen Schraubenfabrik kann man exzellente Aufführungen von Modern Dance und Bewegungstheater erleben.

Ein origineller Augen- und Ohrenschmaus – **Křižíkova Fontána:** ▶ Karte 1, J 1; 7, U Výstaviště, Tel. 723 665 694,

Laterna Magika und Schwarze Theater

Eine Prager Besonderheit ist die **Laterna Magika** (▶ Karte 1, G 6). Sie verknüpft auf virtuose Weise Film- und Diabilder mit Theater, Tanz, Pantomime und Musik und reichert den Effekt durch das kontrastreiche Spiel mit Licht und Dunkelheit sowie allerlei visuelle Tricks an. Pioniere waren Josef Svoboda und Alfréd Radok, die mit ihrem Ensemble 1958 bei der Brüsseler Weltausstellung Furore machten. Seit 1992 ist das Ensemble im klobigen Glas-Beton-Bau der neuen Bühne (Nová Scéna) zu Hause und hat aktuell sechs Produktionen im Repertoire. Legendär ist die Produktion »Zauberzirkus«, die nach mehr als 6000 (!) Vorstellungen das Publikum noch immer entzückt (1, Národní 4, Tel. 224 931 482, www.laterna.cz, Straßenbahn 6, 9, 17, 18, 21, 22, 23, ca. 350–650 Kč).

Eine eigenständige Theaterform ist das **Schwarze Theater,** das mithilfe einer schwarz drapierten Bühne, ebenso vermummten Schauspielern und UV-Licht den zauberhaften Effekt von sich scheinbar frei im Raum bewegenden Puppen und Objekten erzielt. Angeblich im japanischen Bunraku wurzelnd, wurde es in den 1960ern an der Moldau für den Westen wiederentdeckt. Der Erfolg der dramaturgisch verwandten Laterna Magika führte zur Gründung etlicher Ensembles, die mit ihrem nonverbalen ›Black Light Theatre‹ vor allem ein touristisches Publikum ansprechen wollen. Die Aufführungen sind durchweg professionell und versprechen ein Kunsterlebnis, wie es nur die Moldaustadt bieten kann. Zu den besten Schwarzen Theatern zählen:

Schwarzes Theater von Jiří Srnec: ▶ Karte 3, C/D 4; 5, Zbraslav, U Lékárny 597, Tel. 257 921 835, www.blacktheatresrnec.cz; **Metro:** ▶ Karte 2, H 6; 1, Národní 25, Tel. 221 085 276 (Mo–Fr tagsüber) oder 201 (Mo–Sa 16–20 Uhr), www.blacktheatreprague.cz; **Animato:** ▶ Karte 2, J 6; 1, Na Příkopě 10 (Palais Savarin), Tel. 281 932 665, www.blacklighttheatreprague.cz; **All Colours Theater/ACT:** ▶ Karte 2, J 5; 1, Rytířská 31, Tel. 221 610 114, www.blacktheatre.cz; **Image Theater:** ▶ Karte 2, J 5; 1, Pařížská 4, Tel. 222 329 191, www.imagetheatre.cz; **Ta Fantastika:** ▶ Karte 2, H 5; 1, Karlova 8, Tel. 222 221 366, www.tafantastika.cz.

www.krizikovafontana.cz, Metro C, Nádraží Holešovice, Straßenbahn 5, 12, 15, März–Okt. jeden Abend ab 20 Uhr im Stundenrhythmus. Fantasievolle Wasser- und Lichtshow auf sechs Bühnen, inszeniert für ein bis zu 600-köpfiges Publikum, das in einem vor Wind und Wetter geschützten Amphitheater im Ausstellungsgelände sitzt.

Charmante Puppenopern – **Nationales Marionettentheater:** ▶ Karte 2, H 5; 1, Žatecká 1, Ecke Kaprova, tgl. außer Mi 20 Uhr, Tel. 224 819 322, www.mozart.cz, Metro A Staroměstská. Fast so berühmt wie sein Gegenstück in Salzburg. Mozarts »Don Giovanni«, »Zauberflöte« etc. als charmantes Puppenspektakel. Empfehlenswert auch für Kinder.

Glanzvolle Repräsentationsbühne – **Nationaltheater** (Národní divadlo): ▶ Karte 1, G 6; 1, Národní 2, Tel. 224 901 447/8, www.narodni-divadlo.cz, Straßenbahn 6, 9, 17, 18, 21, 22, 23, Kartenschalter: tgl. 10–18 Uhr. Drei-Sparten-Bühne der Stadt. Drama, Oper und Ballett auf höchstem Niveau mit einem Repertoire, das sowohl klassische Inszenierungen als auch Gegenwartsschaffen (In- und Ausland) zeigt.

Feste und Festivals

Prags Veranstaltungskalender ist rund ums Jahr dicht und hochkarätig bestückt, doch ist das kulturelle Angebot, was spezielle Festivals betrifft, in der warmen Jahreszeit besonders groß.

Kultur- und Musikfestivals

Den alljährlichen Höhepunkt der sogenannten Hochkultur bildet von Mitte Mai bis Anfang Juni der berühmte **Prager Frühling.** Bei seinen zahlreichen Konzerten geben sich Starorchester und -solisten aus aller Welt ein Stelldichein. Den Beginn macht stets an Smetanas Todestag (12. Mai) eine Aufführung seines ›Vaterlands‹ im Großen Saal des Gemeindehauses.

Als spannender Hotspot zeitgenössischer Avantgardekunst hat sich das Ende April stattfindende interdisziplinäre **Sperm Festival** etabliert. Und wer sich für die Kultur der Roma interessiert, sollte Ende Mai deren Festival **Khamoro** nicht versäumen. Eine Woche lang werden Musik, Tanz, Bildende Kunst, Fotografie präsentiert und eine Straßenparade durch die Altstadt abgehalten. Ein Pflichttermin für Fans von Modern Dance und Bewegungstheater ist jeden Juni das Tanzfestival **Tanec Praha** mit seinen Aufführungen im Divadlo Ponec und im Archa. In der zweiten Juni-Hälfte werden im Rahmen des Festivals **Devět bran** (›Neun Tore‹), das der tschechisch-jüdisch-deutschen Kultur gilt, Filme, Ausstellungen und Theaterstücke gezeigt, ein weiterer Schwerpunkt ist die Musik.

In den Monaten Juli und August erklingen im Rahmen des **Sommerfestivals der Frühen Musik** in diversen Kirchen, Palais, Schlössern und Klöstern edle Klänge aus Renaissance und Barock, Ende Juli/Anfang August an diversen Orten in und um Prag beim Festival **Ameropa** internationale Kammermusik. Zwei Wochen im September, während des **Verdi-Festivals,** gelten an der Staatsoper ausschließlich dem Werk des italienischen Maestro. Rund um die Monatswende Oktober/November zeigen beim Prager **Theaterfestival deutscher Sprache** Spitzenensembles aus Deutschland, Österreich und der Schweiz auf verschiedenen Bühnen der Stadt ihre wegweisenden Produktionen der letzten Saison.

Über das ganze Jahr und viele Schauplätze verteilt findet das multikulturelle Festival **Prager Tore** (Pražské brány) statt. Die Aufführungen und Ausstellungen, Workshops etc. widmen sich so unterschiedlichen Bereichen wie Gesundheit, Ökologie, Film, Theater, Musik, bildender Kunst etc. (www.felicius.cz bzw. www.prazskebrany.cz). Ebenfalls über das ganze Jahr erstreckt sich **Jazz auf der Burg,** ein Zyklus von Jazzkonzerten (www.jazznahrade.cz).

Volksfeste

Den Anfang macht am 27. Februar das **Fest des hl. Matthäus** (Matějská Pout'), bei dem auf dem Ausstellungsgelände Výstaviště ein großer Jahrmarkt mit Karussells, Achterbahnen und Schießbuden seine Pforten öffnet (und bis Ostern offen hält). **Winterkehraus** feiern die Prager am 30. April mit Freudenfeuern, Feuerwerken und Open-Air-Partys. Besonders rund geht es auf der Kampa-Insel und auf dem Gelände Výstaviště. Spitzenprodukte heimischer Brauereien und -köche kann man in der zweiten Mai-Hälfte beim **Tschechischen Bierfestival** verkosten.

Festkalender

Januar/Februar

Intern. Blasmusikfestival: Anf. Jan., www.praguefestival.cz/windbrass.htm.
Carnevale Praha: Feb., 2010 wiederbelebte, jahrhundertealte Tradition, gefeiert wird in den Straßen, in Palästen, Theatern etc., www.carnevale.cz.
Fest des hl. Matthäus: 27. Feb.–Ostern, großer Jahrmarkt auf dem Výstaviště-Gelände, www.matejskapout.cz.

März bis Juni

Tage des europäischen Films: Mitte–Ende April im Světozor-Kino, www.eurofilmfest.cz.
Sperm Festival: langes Wochenende Ende April, aktuelle Trends in Musik, Film, Visual Art, www.sperm.cz.
Winterkehraus: 30. April, Partys, Feste und Feuerwerke in der ganzen Stadt.
Tschechisches Bierfestival: 2. Mai-Hälfte, Messegelände Letňany, www.ceskypivnifestival.cz.
Prague Food Festival: Ende Mai, www.praguefoodfestival.cz.
Khamoro: Ende Mai, Woche der Roma-Kultur, www.khamoro.cz.
Prager Frühling: Mitte Mai–Anf. Juni, Konzerte mit Starorchestern und -solisten aus aller Welt, Tel. 257 312 547, Kartenbüro ab April: Hellichova 18, Kleinseite, Mo–Fr 10–17 Uhr, www.festival.cz bzw. www.pragerfruhling.de.
Mezi ploty: Anf. Juni, Benefizfestival, www.meziploty.cz.
Tanec Praha: 1. Juni-Hälfte, Auftritte von Tanzensembles und -solisten aus aller Welt. Aufführungsorte: Divadlo Ponec, Archa, Sazka Aréna; außerdem Veranstaltungen in anderen tschechischen Städten, www.tanecpha.cz.
Musica Sacra Prag: Mitte Juni, drei Tage Kirchenmusik an diversen Orten, Ableger, ebenfalls dreitägig, im Herbst und zu Weihnachten, www.choirs.cz.
Festival Devět bran: 2. Juni-Hälfte, Festival der tschechisch-jüdisch-deutschen, Kultur, www.9bran.cz.
United Islands: Ende Juni, Prags größtes Open-Air-Multikulti-Festival, auf den Inseln Střelecký, Slovanský und Dětský ostrov bzw. Kampa sowie an den nahen ›Festland‹-Ufern, www.unitedislands.cz.

Juli bis September

Spiel Kapelle spiel (Hraj kapelo hraj): Ende Juni und Juli, Festival der böhmischen und mährischen Blasmusik, www.krajanka.eu.
Sommerfestival der Frühen Musik: Juli/Aug., www.tynska.cuni.cz
Ameropa: Mitte Juli–Anf. Aug., internationale Kammermusik, www.ameropa.org.
Letní Letňák: Ende Aug., internationales Festival der Zirkuskünste, des Theaters und der Musik, im Letná-Park, www.letniletna.cz.
Prager Jahrmarkt: Ende Aug., Altstadt, Ovocný trh, internationales Folklorefestival, www.pjarmark.cz.
Verdi-Festival: Ende Aug./Anf. Sept. in der Staatsoper, www.opera.cz.

Oktober bis Dezember

Agharta Jazz Festival: Anf. Okt.–Anf. Nov., Internationales Jazzfestival, Lucerna Music Bar, www.agharta.cz.
4+4 Tage in Bewegung (Čtyři dny): 1. Okt.-Hälfte, Internationales Performing Arts Festival, an mehreren Off-Bühnen, www.ctyridny.cz.
Theaterfestival deutscher Sprache: Ende Okt./Anf. Nov., www.theater.cz.
Adventmarkt: ab Ende Nov., auf dem Altstädter Ring.

Aktiv sein, Sport, Wellness

Prag bietet, wie es sich für eine Millionenstadt gehört, eine Vielzahl an Sportstätten. Ob Golfplatz, Skatepark, Spa oder die vielen Parks und Wälder, in denen man wunderbar joggen und biken kann – die Möglichkeiten zum Austoben und Schwitzen sind zahlreich.

Eissport

Im Winter werden viele Parkflächen in improvisierte Eislaufflächen verwandelt. Von den zahlreichen von Sportvereinen belegten Eishallen sind nur wenige und diese nur beschränkt öffentlich zugänglich, z. B.
Zimní stadion Štvanice: ▶ Karte 1, K 4; 7, Ostrov Štvanice, Tel. 602 623 449, www.stvanice.cz, Zeiten variieren.
Zimní stadion HC Hvězda Praha: ▶ Karte 1, A 2; 6, Na Rozdílu 1, Tel. 235 352 759, www.hokejhvezda.cz, Mo, Mi, Do 8–16, Di bis 18 Uhr.

Fitness

Fitnessclubs finden sich vor allem in Hotels. Manche, z. B. das Corinthia, AXA, Marriott oder Hilton-Atrium, gewähren gegen Gebühr Nichtgästen Zutritt in ihre Fitnessräume. Eine gute Trainingsmöglichkeit bietet, auch wegen des 25-m-Schwimmbeckens, der Sauna und des Solariums, das **YMCA** (▶ Karte 2, K 5; 1, Na Poříčí 12, Tel. 224 875 811, www.scymca.cz, Mo–Fr 6.30–13, 16–22, Sa, So 10–21 Uhr).

Golf

Golffreunde pilgern in den **Golf Club Praha** (▶ Karte 3, C 3; 5, Motol, Plzenská 401/2, Tel./Fax 257 216 584, www.gcp.cz), wo sie ein traditionsreicher 18-Loch-Platz (1926 eröffnet) samt Driving Range und Putting Green erwartet; Schläger und (Elektro-)Trolley sind zu mieten. Weitere spielenswerte Plätze:
Golf Resort Praha: ▶ Karte 3, C/D 4; 5, Zbraslav, K Radotinu 15, Tel. 244 460 713, www.golfzbraslav.cz.
Golf & Country Club: ▶ Karte 3, D 3; 4, Hodkovičky, Vltavanů 982, Tel. 737 284 377, www.hodkovicky.cz.

Klein anfangen kann man in **Motol Minigolf** (▶ Karte 3, C 3; 5, Nad Hliníkem, Tel. 777 294 668, www.minigolf-motol.cz, Mo–Fr 15–20, Sa, So 13–20 Uhr).

Laufen

Ein Spaziergang oder Jogginglauf über den Letná und, wenn man starke Steigungen nicht scheut, den Petřín gehören zu den klassischen, sehr gesunden Freizeitvergnügen. Passable ›Rennstrecken‹ finden sich auch auf dem Vyšehrad-Felsen sowie, allerdings auf Asphalt, an manchen Abschnitten der Moldauufer. Beliebtestes Revier ist der ausgedehnte, weitgehend ebene Stromovka-Park.

Für Konditionsstarke findet alljährlich in der zweiten Mai-Hälfte der große **Prag-Marathon** statt. Über die halbe Distanz (21 km) wird jährlich Anfang April gelaufen (Infos: Tel. 224 919 209 oder www.praguemarathon.com).

Radfahren

Für Radfahrer ist Prag mit seinen engen, vielfach kopfsteingepflasterten Straßen und dem dichten Verkehr kein ideales Terrain, zumal Fahrradspuren noch selten sind. Entlang der Moldau und in den Außenbezirken strampelt's sich besser. Außerhalb der Stoßzeiten darf man den Drahtesel in der Metro Richtung Stadtrand mitnehmen. Anbieter für **Fahrradverleih** und **Besichtigungstouren** sind:

Praha Bike: ▶ Karte 2, J 5; 1, Dlouhá 24, Tel. 732 388 880, www.prahabike.cz, tgl. 9–20 Uhr, Verleih stunden- und tageweise, 2 Std. 200 Kč, 8 Std. 500 Kč, 2 Tage 1140 Kč. Geführte Rundfahrten s. S. 21. Von Mitte November bis Mitte März vorab per E-Mail Kontakt aufnehmen oder nebenan im Café Pub Crawl nachfragen.

City Bike: ▶ Karte 2, K 5; 1, Králodvorská 5, Tel. 776 180 284, www.citybike-prague.com, April–Okt., Verleih für 2, 4 und 6 Std. bzw. den ganzen Tag, 2 Std. 300 Kč, 24 Std. 650 Kč, auch Tandems. Gruppenrundfahrten s. S. 21.

Schwimmen

Prags größter und meistbesuchter Schwimmkomplex – mit 50-m-Freiluftbecken für den Badespaß mit Wasserrutsche für Kinder und ebenso großem Indoor-Becken für Sportschwimmer – ist das **Plavecký stadion Podolí** (▶ Karte 1, südl. G 11; 4, Podolská 74, Tel. 241 433 952, www.pspodoli.cz, tgl. 6–21.45 Uhr). Alternativ: **Bazen Slavia** (▶ Karte 1, östl. L 10; 10, Vladivostocká 10, Mo–Fr 6–19 Sa, So 9–19 Uhr. 25-m-Becken drinnen, 50-m-Becken draußen, dazu Minigolf, Tischtennis, Kinderspielplatz). Eine neue Mega-Attraktion stellt der über 9000 m^2 große **Aquapalace Praha** in Průhonice/Čestlice mit seinen neun Wasserrutschen und weitläufigen, von Meeresaquarien eingefassten Becken dar (▶ Karte 5, C 3; 5, Pražská 138, Tel. 271 104 111, www.aquapalace.cz).

Mein Tipp

Sportlich das Panorama genießen
Ein beschauliches Vergnügen ist eine Ruder- oder Tretbootpartie auf der Moldau mit Blick auf die Karlsbrücke. Bootsverleihstellen gibt es an der Nordspitze der Insel Slovanský ostrov, südlich der Brücke Mánesův most am Altstädter Ufer sowie – für Paddelboote – neben dem Smetana-Museum (1 Std. ab 100 Kč).

Skaten

Prags Skaterzentrum ist der hypermoderne **Mystic Skate Park** auf der Insel Ostrov Štvanice (▶ Karte 1, L 4; 7, Tel. 222 232 027, www.mysticsk8cup.cz, Mai–Sept. 9–22, Okt.–April 12–21 Uhr), Pool, Halfpipe, Rampen (auch Indoor!) u. v. m. Internationale Wettbewerbe, Verleih von Skateboards, In-Line-Skatern und BMX-Rädern.

Wellness

Nach Prag kommt vermutlich kaum jemand in erster Linie, um in die hermetische Welt eines Spa einzutauchen. Ein paar Stunden Entspannung mit Stil zwischendurch können freilich nie schaden. Frönen kann man ihr, auch wenn man nicht dort logiert, u. a. in folgenden – durchweg edlen und entsprechend teuren – Hotels:

InterContinental: 1, Pařížská 30, Tel. 224 811 216, www.icfitness.cz, Mo–Fr 6–22, Sa, So ab 8 Uhr.

Mandarin Oriental: 1, Nebovidská 1, Tel. 233 088 655, www.mandarinoriental.com, tgl. 10–20.30, Fitness 6–22 Uhr.

Raus aufs Land

Ausflüge in die Prager Umgebung per Fahrrad, Kanu oder zu Fuß bietet von April bis September die Agentur **Central European Adventures Prague** (1, Jáchymova 4, Tel. 222 328 879, http://cea51.tripod.com).

The Augustine: 1, Letenská 12, Tel. 266 112 272, www.theaugustine.com, tgl. 6.30–22 Uhr.
Boscolo Carlo IV: 1, Senovážné náměstí 13, Tel. 224 593 111, www.boscolohotels.com, tgl. 8–21 Uhr.
Hotel Maximilian (Zen Asian Wellness): 1, Haštalská 14, Tel. 225 303 116, www.planetzen.cz, tgl. 10–22 Uhr.
Le Palais (Pure Spa): 1, U Zvonarky 1, Tel. 234 634 670, www.palaishotel.cz, tgl. 9–21 Uhr.
Hilton (Cybex Spa): 8, Pobřežní 1, Tel. 224 842 375, www.cybex-fitness.cz, Mo–Fr 6–22, Sa, So ab 7 Uhr.

Weitere Aktivitäten

Kegeln und Billard

Bier & Bowling: Hotel Corinthia, 4, Kongresová, Tel. 261 191 103, tgl. 14–24 Uhr.
Kingpin Bowling Bar: 6, Milady Horákové 109, Tel. 224 39 62, tgl. 14–2 Uhr.
Billiard Centrum: 1, V Cípu 1, Tel. 224 009 235, www.billiardcentrum.cz, tgl. 16–2 Uhr.

Rodeln und Gokartfahren

Auf rollenden Rodeln zu Tal sausen kann man ganzjährig auf dem **Prosek Bobsled Track** (9, Prosecká 34b, Tel. 284 840 520, www.bobovadraha.cz).

Gokart-Anbieter sind: **Kart Areal** (9, Chlumecká 8, Tel. 281 916 188, http://motokary.kartareal.cz) und **Kart-A-Go** (5, Jinonická 329, Tel. 608 828 235, www.kry.cz).

Heißluftballonfahrten und Aussichtsflüge

Aeroklub Praha Letnany: 9, Hůlkova 16, Tel. 286 852 040, www.akletnany.cz.
Ballooning CZ: 3, Na Vrcholu 7, Tel. 603 337 005, www.ballooning.cz.
Stifter Balloons: 10, Moskevská 61, Tel. 603 450 674, www.balony.cz.

Zuschauersport

Fußball

Auch wer lieber anderen beim Aktivsein zusieht, kommt in Prag voll auf seine Kosten. So pilgern Fußballfans in die Stadien der beiden dominierenden Clubs **AC Sparta** (7, Milady Horákové 98, www.sparta.cz) und **SK Slavia** (10, Vršovice, Vladivostocká 10, www.slavia.cz). Bodenständigere Atmosphäre herrscht bei den Lokalmatadoren, dem **FC Bohemians** (10, Vinohrady, Vršovická 31, www.bohemians.cz) und **Viktoria Zižkov** (3, Žižkov, Seifertova). Die großen Matches finden meist am Sonntagnachmittag statt (Aug.–Dez. und Feb.–Juni).

Eishockey

Wegen der hochfliegenden Emotionen beim Publikum ein Erlebnis ist der Besuch eines **Eishockeyspiels** (Sept.–Anfang April). Die führenden Teams heißen auch bei diesem Nationalsport **Slavia** (s. a. S. 113; Adresse wie beim Fußball) und **Sparta** (Tesla-Arena, 7, Za Elektrárnou 419). Eishockey und andere Hallensportarten haben in der hypermodernen **O_2-Arena** (9, Ocelařská 2, www.sazkaarena.cz) ein Zuhause.

Pferderennen

Pferdeliebhaber geben sich April–Nov. am Wochenende bei den Galopp- und Trabrennen in Chuchle ein Stelldichein (5, Velká Chuchle, Radotínská 69, www.velka-chuchle.cz).

Museen, Gedenkstätten und Friedhöfe

Nachfolgend sind die aus touristischer Perspektive interessanten Museen, Sammlungen, Gedenkstätten und Gottesäcker Prags aufgelistet. Mit der **Prague Card** (s. S. 14) ist der Zutritt zu vielen Museen kostenlos.

Ausstellungsorte der Prager Nationalgalerie

Die Prager Nationalgalerie (Národní galerie) unterhält an acht Orten Ausstellungen. Die hier aufgeführten ›Filialen‹ sind Di–So 10–18 Uhr geöffnet, Eintritt jeweils 150 Kč, 1. Mi im Monat 15–20 Uhr freier Eintritt, www.ngprague.cz.

Museum des tschechischen Kubismus – **Haus Zur schwarzen Muttergottes** (Dům U Černé Matky Boží): ▶ Karte 2, J 5; 1, Ovocný trh 19, Metro A, B, Můstek, 100 Kč, s. S. 131.

Architektur-Ikone & Schatztruhe – **Museum moderner und zeitgenössischer Kunst** (Veletržní palác): ▶ Karte 1, J/K 3; 7, Dukelských hrdinů 47, Holešovice, Tel. 224 301 111, Metro C, Vltavská. Der Messepalast, ein Paradebau des Funktionalismus der 1920er-Jahre, lockt Architekturliebhaber und Freunde moderner Malerei und Bildhauerkunst gleichermaßen an. Die Sammlung umfasst Werke von Klassikern der frühen europäischen Moderne (u. a. van Gogh, Munch, Picasso), wegweisenden Tschechen (u. a. Kupka, Kubišta, Gutfreund) und der Fotografenlegende Josef Sudek, s. a. Entdeckungstour S. 244.

Orientalische Kunst – **Palais Kinský:** ▶ Karte 2, J 5; 1, Staroměstské náměstí 12, Tel. 224 810 758, Metro A, Staroměstská oder Můstek, s. S. 133.

Sammlung »Barock in Böhmen« – **Palais Schwarzenberg** (Schwarzenberský palác) ▶ Karte 1, E 4; 1, Hradčanské náměstí 2, Tel. 223 081 713, Metro A, Malostranská, Straßenbahn 22, 23, s. S. 219.

Alte Meister – **Palais Sternberg** (Šternberský palác): ▶ Karte 1, E 4; 1, Hradčanské náměstí 15, Metro A, Malostranská, Straßenbahn 22, 23, s. S. 219.

Mittelalterliche Kunst – **St.-Agnes-Kloster** (Anežský klášter): ▶ Karte 2, J 4; 1, U Milosdrných 17, Tel. 224 810 628, Metro A, Staroměstská, B, Náměstí Republiky, s. S. 155.

Meisterwerke böhmischer Maler und Bildhauer – **St.-Georgs-Kloster** (Jiřský klášter): ▶ Karte 1, E/F 4; 1, Jiřské náměstí 33, Burg, Tel. 257 531 644, Metro A, Malostranská, s. S. 213.

Reizvolle Sonderausstellungen – **Waldstein-Reitschule** (Valdštejnská jízdárna): ▶ Karte 1, F 4; 1, Valdštejnská 3, Metro A, Malostranská. Wo Reichsfürst Albrecht von Wallenstein einst 300 Rösser hielt, präsentiert die Nationalgalerie nun von Zeit zu Zeit sehenswerte Sonderschauen, s. S. 216.

Weitere Kunstmuseen

Wechselausstellungen – **Galerie der Hauptstadt Prag** (Galerie hlavního města Prahy): ▶ Karte 2, J 5; 1, Staroměstské náměstí 13 (Dům U kamenného zvonu), Tel. 233 325 330, www.

ghmp.cz, Metro A, Staroměstká, Di–So 10–20 Uhr, Eintritt variabel, s. S. 129.

Die Kunstsammlungen Rudolf und Ferdinand II. – **Gemäldegalerie der Prager Burg:** ▶ Karte 1, E 4; 1, Hradčany, 2. Burghof, Tel. 224 373 531, www.obrazarna-hradu.cz, Metro A, Malostranská, Straßenbahn 22, 23, tgl. 10–18, winters bis 16 Uhr, 150/80 Kč, s. S. 217.

Hotspot der Gegenwartskunst – **Kampa-Museum:** ▶ Karte 1, F 6; 1, U Sovových mlýnů 2, Tel. 257 222 187, www.museumkampa.cz, Straßenbahn 12, 20, 22, 23, tgl. 10–18 Uhr, 150/75 Kč, Mo–Fr 45-minütige Führungen auf Deutsch nach telelefonischer Reservierung, s. S. 106, 193.

Schätze aus allen Epochen – **Kunstgewerbemuseum** (Uměleckoprůmyslové muzeum): ▶ Karte 2, H 4/5; 17. listopadu 2, Tel. 251 093 111, www.upm.cz, Metro A, Staroměstská, Mi–So 10–18, Di bis 19 Uhr, 120 Kč, s. S. 150.

Gegenwartsmalerei – **Mánes-Kunstverein** (Vystavní síň Mánes): ▶ Karte 1, G 7; 1, Masarykovo nábřeží 250, Tel. 224 932 938, www.ncvu.cz, Metro B, Karlovo náměstí, Di–So 10–18 Uhr. Die Galerie auf der Slawischen Insel (Slovanský ostrov) gehört zu den führenden Adressen für zeitgenössische Malerei und Grafik, s. a. S. 109, 162.

Eine fürstliche Sammlung – **Palais Lobkowitz** (Lobkowiczký palác) ▶ Karte 1, F 4; 1, Jiřská 3, Tel. 233 312 925, Metro A Malostranská, www.lobkowiczevents.cz, tgl. 10.30–18 Uhr, 275 Kč. Alte Meister aus den Lobkowiczschen Kollektionen, außerdem Originalautografe von Mozart und Beethoven, historische Musikinstrumente, Waffen, Rüstungen u. v. m. Tgl. um 13 Uhr Konzert im Konzertsaal. Angenehmes Café, s. a. S. 217.

Aufschauen in die Vergangenheit: Das Nationalmuseum widmet sich u. a. der Naturgeschichte

Führende Adresse für Fotofreunde – **Prager Haus der Fotografie** (Prašký dům fotografie): ▶ Karte 2, K 5; 1, Revoluční 5, www.phpweb.cz, Metro B, Náměstí Republiky, tgl. 11–18 Uhr; Ausstellungen zur Gegenwartsfotografie; Workshops und Verkauf.

Zeitgenössische Kunst – **Rudolfinum-Galerie:** ▶ Karte 2, H 4/5; 1, Alšovo nábřeží 12, Tel. 227 059 205, www.galerierudolfinum.cz, Di–So 10–18, Do bis 20 Uhr, 120 Kč. Die rückwärtigen Räume des Neorenaissancebaus (s. S. 150) dienen regelmäßig Wechselausstellungen als Heimstatt.

Historische Tiergemälde – **Schloss Troja:** ▶ Karte 3, D 2; 7, U trojského zámku 1, Tel. 283 851 614, www.ghmp.cz, April–Okt. Di–So 10–18, Nov.–März Sa, So 10–17, Garten bis 19 bzw. 17 Uhr. Tschechische Malerei des 19. Jh. aus den Beständen der Städtischen Galerie, s. S. 268.

Wechselschauen moderner Kunst – **Tschechisches Museum der Schönen Künste** (České muzeum výtvarných umění): ▶ Karte 2, H 5; Husova 19, Di–So 10–18 Uhr, www.cmvu.cz, 50 Kč, s. S. 165.

(Natur-)Wissenschaftliche Museen

Völkerkundliches aus aller Welt – **Náprstek-Museum** (Náprstkovo muzeum): ▶ Karte 2, H 6; 1, Betlémské náměstí 1, Tel. 224 214 537, www.nm.cz, Metro B, Národní třída, Di–So

10–18 Uhr, 80 Kč, 1. Fr im Monat freier Eintritt, s. S. 173.

Kolossalbau für Naturkunde und Historie – **Nationalmuseum** (Národní muzeum): ▶ Karte 1, J 7; 1, Václavské náměstí 68, Tel. 224 497 111, www.nm.cz, Metro A, C, Muzeum, tgl. 10–18, jeden 1. Di geschl., jeden 1. Mi bis 20 Uhr, jeden 1. Do ab 14 Uhr freier Eintritt (vermutl. ab Sommer 2011 wg. Generalrenovierung längerfristig geschl.), 150 Kč. Das älteste Museum Tschechiens (1818) betreibt 13 Außenstellen, u. a. das **Dvořák-**, das **Smetana-** und das **Náprstek-Museum** (s. S. 65). Sein Haupthaus enthält Sammlungen zu Frühgeschichte, Zoologie, Botanik, Mineralogie und Münzkunde, s. S. 238.

Dampflok & Hightech – **Technisches Nationalmuseum** (Národní technické muzeum): ▶ Karte 1, H/J 3; 7, Kostelní 42, Tel. 220 399 200, www.ntm.cz, Metro C, Vlatavská. Die Geschichte der tschechischen Wissenschaft und Technik, gegliedert in Bereiche wie Maschinenbau, Film, Fotografie, Astronomie, Zeitmessung und Telekommunikation. Publikumsmagnet ist die ›Transport-Halle‹. Voraussichtliche Wiedereröffnung nach Generalsanierung im Frühjahr 2011, Öffnungszeiten und Eintrittspreise s. Website.

Stadtgeschichtliche und Sondermuseen

Geschichte der Prager Burg – **Burgmuseum:** ▶ Karte 1, E/F 4; 1, Hradčany, 3. Burghof, Tel. 224 372 423, Metro A, Malostranská, tgl. 10–18, im Winter bis 16 Uhr, 140 Kč, s. S. 212.

Zivil- und Militärgerät – **Museum des Flugwesens** (Letecké muzeum Kbely): ▶ Karte 3, E 2; 19, Mladoboleslavská 902, Kbely, Tel. 973 207 500, www.vhu.cz, Metro B, Vysočanská, Mai–Okt. Di–So 10–18 Uhr, freier Eintritt.

Vier Synagogen, Alter Friedhof und mehr – **Jüdisches Museum** (Židovské muzeum): ▶ Karte 2, J 4/5; 1, U staré školý 1, Ticket-Reservierung: Tel. 222

Prag – Stadt der Fotografie

Nicht außer Acht zu lassen ist Prags Rang als Hochburg der Avantgardefotografie. Während der Ersten Republik gingen von ihr wesentliche Impulse für Plakat-, Buch- und Filmgestaltung in die ganze Welt. Als ein Pionier gilt František Drtikol, dem vor allem seine stilisierten Frauenakte noch zu Lebzeiten Weltruhm verschafften. Ein Wegbereiter war, wie in anderen Kunstgenres auch, die Gruppierung Devětsil mit Karel Teige und Vítězslav Nezval an der Spitze. Auch Alfons Mucha betätigte sich erfolgreich als Fotograf. Zum international wohl renommiertesten Vertreter des Landes in diesem Metier wuchs jedoch im Laufe seiner 60 Jahre langen, über diverse Stile führenden Karriere Josef Sudek, in dessen Fußstapfen sich bis heute u. a. Jan Saudek bewegt. Zu den lohnendsten Adressen für Freunde der Fotokunst zählen die **Galerie Langhans** (▶ Karte 1, H 6; 1, Vodičkova 37, Tel. 222 929 333, www.langhansgalerie.cz, Di–So 13–19 Uhr), **Galerie der Fotografie** (▶ Karte 2, J 6; 1, Perlová 3, Tel. 777 184 335, www.galerie-fotografie.com, Mo–Sa 11–19 Uhr), **Galerie Fotografie Louvre** (▶ Karte 1, G 6; 1, Národní 22, Tel. 724 054 055, www.galerielouvre.cz, tgl. 13–22 Uhr) sowie, allen voran, das **Prager Haus der Fotografie** (s. S. 65).

317 191, www.jewishmuseum.cz, Metro A, Staroměstská, Nov.–März So–Fr außer an jüdischen Feiertagen 9–16.30, April–Okt. bis 18 Uhr, 300/200 Kč. Prags vor 100 Jahren gegründetes Jüdisches Museum umfasst die **Maisel-** (Maiselova 10, s. S. 149), die **Klausen-** (U Starého hřbitova 3a, s. S. 151) und die **Spanische Synagoge** (Vězeňská 1, s. S.154), in denen Dauerausstellungen über die Geschichte der Juden in den tschechischen Ländern sowie ihre Traditionen und Feste informieren; außerdem: der **Alte Jüdische Friedhof** (s. S. 151), die **Zeremonienhalle** (s. S. 152) mit seiner Dauerschau über jüdische Bräuche und Sitten sowie die **Robert-Guttmann-Galerie** (U staré skolý 3) und die als Holocaust-Gedenkstätte gestaltete **Pinkassynagoge** (Široká 3, s. S. 93, 149).

Baugeschichte – **Karlsbrückenmuseum** (Muzeum Karlova mostu): ▶ Karte 2, H 5; 1, Křížovnické náměstí 3 (Nordseite, gegenüber Altstädter Brückenturm), Tel. 775 311 717, www.charles bridgemuseum.com, Metro A, Staroměstská, Mai–Sept. tgl. 10–20, Okt.–April bis 18 Uhr, 150 Kč, s. S. 187.

Gotische Festung am Stadtrand – **Kutschenmuseum:** ▶ Karte 3, F 1; 9, Bohdanecská 1 (Schloss Ctěnice), Tel. 286 853 385, www.zamekctenice.cz, Bus Nr. 302 ab Metrostation Letňany, Linie C, Mai–Aug. tgl., Sept./Okt. Di–So, April Sa, So 10–17 Uhr, 100 Kč; mit Dauerausstellung »Tschechen in Kakanien«.

Stadtgeschichte – **Museum der Hauptstadt Prag** (Muzeum hlavního města Prahy): ▶ Karte 1, K 5; 8, Na Poříčí 52, Tel. 224 816 772/3, www.muzeum prahy.cz, Metro B, C, Florenc, Di–So 9–18, 1. Do im Monat 9–21 Uhr, 80 Kč, Schüler, Studenten, Senioren ca. 1 Kč; Highlight: das legendäre Stadtmodell des Antonín Langweil, s. S. 239.

Zur mahnenden Erinnerung – **Museum des Kommunismus:** ▶ Karte 2, J 6; 1, Na Příkopě 10, Tel. 224 212 966, www.muzeumkomunismu.cz, Metro A, B, Můstek, tgl. 9–21 Uhr, 180 Kč, s. S. 100.

Prager Alltag im Mittelalter – **Museum im Pulverturm** (Prašná brána): ▶ Karte 2, K 5; 1, Na Příkopě, Tel. 724 063 723, Metro B, Náměstí Republiky, April–Sept. tgl. 10–22, Okt., März bis 20, Nov.–Feb. bis 18 Uhr, 70 Kč inkl. Audioguides, s. S. 140.

Eldorado für Süßzähne – **Schokoladenmuseum** (Muzeum čokolády): ▶ Karte 2, J 5; 1, Celetná 10, Tel. 224 242 953, www.choco-story-praha.cz, Metro B, Náměstí Republiky, tgl. 10–19 Uhr, 140 Kč, s. S. 173.

Für kleine und große Kinder – **Spielzeugmuseum** (Muzeum Hraček): ▶ Karte 1, F 4; 1, Jiřská 6, Tel. www.barbie museum.cz, Metro A, Malostranská, in der Saison tgl. 9.30–17.30 Uhr, 40 Kč. 150 Jahre Spielzeuggeschichte, Tausende Objekte, s. S. 217.

Ohren auf! – **Tschechisches Museum für Musik** (České muzeum hudby): ▶ Karte 1, F 5; 1, Karmelitská 2/4, Tel. 257 257 777, www.nm.cz, Metro A, Malostranská, Mi–Mo 10–18 Uhr, 100 Kč, 1. Do im Monat Eintritt frei. Dauerschau erlesener Instrumente (mit Hörbeispielen) sowie Themenausstellungen. Gelegentlich Livekonzerte.

Ethnografisches Museum – **Villa Kinský** (Letohrádek Kinských): ▶ Karte 1, E 7; 5, Holečkova 98, Tel. 257 214 806, www.vm.cz, Straßenbahn 6, 9, 12, 20, Di–So 10–18 Uhr, 70 Kč, 1. Do im Monat 14–18 Uhr Eintritt frei, s. S. 198.

Wo die Wiege der Stadt stand – **Vyšehrad:** ▶ Karte 1, G 9/10; 2, V Pevnosti 5b,

Tel. 241 410 352, www.praha-vysehrad.cz, Metro C, Vyšehrad, April–Okt. 9.30–18, Nov., Dez., März bis 17 Uhr, Jan., Feb. geschl., Galerie und Ziegeltor jeweils 20 Kč, Kasematten 50 Kč, s. a. Entdeckungstour S. 256.

Gedenkstätten und Friedhöfe

Musikalische Memorabilia – **Antonín-Dvořák-Museum:** ▶ Karte 1, H 8; 2, Ke Karlovu 20, Tel. 224 918 013, www.nm.cz, Metro C, I. P. Pavlova, April–Sept. Di, Mi, Fr–So 10–13.30, 14–17.30, Do 11–15.30, 16–19, Okt.–März Di–So 10–13.30, 14–17 Uhr, 50 Kč. Oft Konzerte, s. S. 259.

Der Literaturikone auf der Spur – **Franz-Kafka-Museum:** ▶ Karte 1, F 5; 1, Cihelná 2, Tel. 257 535 507, www.kafkamuseum.cz, Metro A, Malostranská, tgl. 10–18 Uhr, 180 Kč, s. Entdeckungstour S. 156.

Dem Erforscher der Planetenläufe – **Kepler-Museum:** ▶ Karte 2, H 5; 1, Karlova 4, Tel. 608 971 236, www.keplerovomuzeum.cz, Metro A, Staroměstská, Di–So 10–18 Uhr, 30 Kč, s. »Mein Tipp« S. 173.

Gedenkstätte für die Helden des Heydrich-Terrors – **Kirche St. Kyrill und Method:** ▶ Karte 1, G 7; 2, Resslova/Na Zderaze, Tel. 224 920 686, Metro B, Karlovo Náměstí, März–Okt. Di–So 10–17, Nov.–Feb. 10–16 Uhr, 50 Kč, s. S. 251.

Ein Mekka des Jugendstil – **Mucha-Museum:** ▶ Karte 2, K 6; 1, Panská 7, Tel. 221 451 333, www.mucha.cz, Metro A, B, Můstek, tgl. 10–18 Uhr, 160 Kč. An die 100 Originalwerke, darunter die Plakate für die Diva Sarah Bernhardt und die Entwürfe zum monumentalen Bilderzyklus »Slawisches Epos«, veranschaulichen Werdegang und Schaffen des berühmten Jugendstil-Meisters Alfons Mucha (1860–1939). Sehenswert: die 30-minütige Filmbiografie, s. a. Entdeckungstour S. 236.

Landesgeschichte und Ex-Mausoleum der KP-Führer – **Nationale Gedenkstätte Vítkov** (Národní památník): ▶ Karte 1, L 5; 3, U Památníku 1900, Žižkov, Tel. 222 781 676, www.nm.cz, Metro B, C, Florenc, Žižka-Denkmal-Gedenkstätte innen: Di, Do–Sa 10–18, Mi 9–18 Uhr, 60 Kč, Aussichtsplattform: an denselben Tagen (bei Schönwetter) 10.30–15.30 Uhr, 80 Kč, kombiniert: 110 Kč, s. S. 243, Lieblingsort S. 248.

Zu Ehren des Nationalkomponisten – **Smetana-Museum:** ▶ Karte 2, H 5; 1, Novotného lávka 1, Tel. 222 220 082, www.nm.cz, Metro A, Staroměstská, Mi–Mo 10–12, 12.30–17 Uhr, 50/25 Kč, s. S. 172.

Reverenz an den Dichter-Präsidenten – **Václav-Havel-Bibliothek** (Galerie Montmartre): ▶ Karte 2, H 5; 1, Řetězová 7, Tel. 222 220 112, www.vaclavhavel-knihovna.org, Metro A, Staroměstská, Di–So 12–18 Uhr, 50 Kč, s. S. 173.

Melancholie & Magie – **Alter Jüdischer Friedhof** (Starý židovsky hřbitov): ▶ Karte 2, H 5; 1, Široká 3, Metro A, Staroměstská, www.jewishmuseum.cz, Nov.–März So–Fr außer an jüdischen Feiertagen 9–16.30, April–Okt. bis 18 Uhr, s. S. 151.

Prags zentraler Friedhof – **Olšany-Friedhof** (Olšanské hřbitovy): ▶ Karte 1, östl. L 7/8; 3, Žižkov, Vinohradská 153, Metro A, Flora, Mai–Sept. 8–19, März, April, Okt. 8–18, Nov.–Feb. 9–17 Uhr; mit dem Grab des Märtyrers Jan Palach, s. a. Lieblingsort S. 240.

Reiseinfos von A bis Z

Apotheken

Apotheken *(lékárna)* sind in der Regel Mo–Fr 8–18/19 Uhr geöffnet. Apotheken mit Nonstop-Bereitschaftsdienst sind unter folgenden Adressen zu finden: ▶ Karte 1, H 6; 1, Palackého 5, Tel. 224 928 111, und ▶ Karte 1, J 9; 2, Belická 37, Tel. 222 519 731.

Ärztliche Versorgung

Erste Hilfe wird in Tschechien gratis geleistet. Die Europäische Krankenversicherungskarte hat bei Arzt- und Krankenhausbesuchen den Auslandskrankenschein ersetzt. Ergänzend empfiehlt sich der Abschluss einer Reisekranken- und Rückholversicherung.

Namen deutschsprachiger (Fach-) Ärzte erfährt man über die jeweiligen Botschaften. Bei akuter Erkrankung oder Unfällen erfolgt die Behandlung in jedem beliebigen Krankenhaus. Eines der besten ist **Na Homolce,** 5, Roentgenova 2. Hier gibt es im 5. Stock eine eigene Abteilung für Ausländer (Tel. 257 272 146, 257 271 111, www.homolka.cz, Bus 167 von Metro B, Anděl).

Ärztliche Notdienste

Health Centre Prague – International Clinic
1, Vodičkova 28
Tel. 224 220 040
oder Mobil 0603 433 833
www.doctor-prague.cz

Městská poliklinika Praha
Ärztlicher Bereitschaftsdienst – auch für zahnärztliche Hilfe
1, Spálená 12
Tel. 222 924 268
www.prahamp.cz

Weitere Nummern für Notfälle: s. S. 71.

Diplomatische Vertretungen

Botschaft der Bundesrepublik Deutschland
Vlašská 19, 118 01 Prag 1
Tel. 257 113 111, Fax 257 113 318
www.prag.diplo.de
Mo–Do 8–17, Fr bis 15 Uhr
Metro A, Malostranská

Österreichische Botschaft
Viktora Huga 10, 151 15 Prag 5
Tel. 257 090 511, Fax 257 316 045
www.bmeia.gv.at/prag
Mo–Fr 8.30–16.30 Uhr, Metro B, Anděl

Schweizer Botschaft
Pevnostní 7, 162 01 Prag 6
Tel. 220 400 611, Fax 224 311 312
Mo–Fr 9–12 Uhr, Metro A, Dejvická
www.eda.admin.ch/prag

Feiertage

1. Januar: Neujahr
März/April: Ostersonntag und -montag
1. Mai: Tag der Arbeit
8. Mai: Tag der Befreiung 1945
5. Juli: Feiertag für die christliche Missionierung
6. Juli: Todestag von Jan Hus
28. Okt.: Unabhängigkeitstag (1918)
17. Nov.: Gedenktag für Freiheit und Demokratie
24.–26. Dez.: Weihnachten

Geld

Landeswährung ist die tschechische Krone (Kč oder CZK), die 100 Hellern entspricht. 1 € = ca. 25 Kč, 100 Kč =

ca. 4 €; 1 CHF = ca. 18 Kč, 100 Kč = 5,50 CHF (Stand Ende 2010). Geldscheine: 20, 50, 100, 200, 500, 1000, 2000 und 5000 Kronen. Münzen: 50 Heller, 1, 2, 5, 10, 20 und 50 Kronen.

Kreditkarten sind gängige Zahlungsmittel, Bankomaten weit verbreitet. Bargeld mit ec-/Maestro-Karte abzuheben, ist günstiger, als Euros zu wechseln. Vorsicht bei Wechselstuben. Sie berechnen oft unverschämt hohe Gebühren oder locken mit unredlichen Angaben Kunden an. Umtauschen sollte man nur in den großen Banken wie etwa Česká spořitelna oder Komerční. Die Gebühren der Hotelrezeptionen liegen oft deutlich höher.

Kreditkarten-Organisationen: Master Card, Visa, Tel. 272 711 111, Diners Club, Tel. 267 197 450; **Sperrnotruf:** 0049 116 116, www.sperr-notruf.de.

Internetcafés

Bohemia Bagel: ► Karte 1, F 5; 1, Lázeňská 19, www.bohemiabagel.cz, tgl. 7.30–19 Uhr, bzw. Masná 2, Mo–Fr tgl. 8–23 Uhr; in Holešovice, schräg vis-à-vis vom Eingang zum Messepalast, 7, Dukelských hrdinů 48, Mo–Fr 9–23, Sa, So 10–23 Uhr; überall leckere Bagels!

Globe: ► Karte 1, G 7; 1, Pštrossova 6, www.globebookstore.cz, So–Mi 9.30–24, Do–Sa bis 1 Uhr, kleine Speisen, gute englischsprachige Buchhandlung.

Das kann teuer werden

Seit 2008 ist es in Prag verboten, Zigarettenkippen auf die Straße zu werfen oder Kaugummis auszuspucken. Das Bußgeld für diese Ordnungswidrigkeit kann bis zu 1000 Kč betragen. Dieselbe Verordnung umfasst übrigens auch das Verbot auf der Straße Tiere, etwa Tauben, zu füttern.

Káva Káva Káva: ► Karte 2, J 6; 1, Národní 37/ Platýz-Passage, www.kava-coffee.cz, Mo–Fr 7–22, Sa, So ab 9 Uhr.

Kinder

Die Möglichkeiten, den Nachwuchs bei Laune zu halten, sind in Prag mannigfaltig. Umfassende Infos hierzu liefert die Website www.prague.net/family-friendly (englisch).

Auf den verkehrsbefreiten – folglich sicheren! – Gassen und Plätzen der Altstadt sind vom Frühjahr bis in den Herbst Straßenmusiker, Puppenspieler und Gaukler unterwegs. Für Begeisterung sorgen auch die stündliche Figurenparade der Astronomischen Uhr (s. S. 128) oder Turmbesteigungen. Sind die kleinen Füße müde, schaffen Ponykutschen, Elektrozüglein, eine Schiffstour (s. S. 25) bzw. eine Ruder- oder Tretbootpartie (s. S. 61) Abhilfe.

Eine willkommene Abwechslung bietet die Fahrt mit der Zahnradbahn auf den **Petřín** (s. S. 194). Dort warten u. a. ein Spiegellabyrinth, ein Aussichtsturm und eine Sternwarte (www.observatory.cz). Ein tolles Stadtpanorama bietet der **Fernsehturm in Žižkov** (tgl. 10–23 Uhr). Ein zweites **Planetarium** (www.planetarium.cz) steht am Ostrand des Stromovka-Parks. Dort lockt zudem **Výstaviště** mit saisonalen Jahrmärkten, Aquarium, Abenteuerspielplatz u. v. m. Umzäunte **Spielplätze** finden sich u. a. auch am Eingang zum Petřín-Park (Náměstí Kinských), an der Nordspitze der Kampa-Insel und an der Vlašská nahe der Deutschen Botschaft.

Ein Klassiker ist natürlich der **Zoo** bei Schloss Troja (Juni–Aug. tgl. 9–19, April, Mai, Sept., Okt. bis 18, sonst bis 16 Uhr). Neue Attraktionen sind das **Märchenkönigreich** (3, V zahradkach 25, Tel. 284 684 145) und am Stadtrand **Aquapalace** (Čestlice, Pražská 138,

Fadenspiel mit Ausdruckskraft: Das Marionettentheater ist in Tschechien sehr lebendig

www.aquapalace.cz) mit seiner mehr als ca. 9000 m^2 großen Pool- und Rutschenlandschaft.

Museen

Besonders nachwuchstauglich sind das **Museum des Flugwesens** am Flughafen Kbely (s. S. 66), das **Technische Nationalmuseum** (s. S. 67), das **Wachsfigurenmuseum** (Melantríchova 5, www.waxmuseumprague.cz, tgl. 9–20 Uhr) und das **Spielzeugmuseum** (s. S. 67). In fast allen Museen und sonstigen Sehenswürdigkeiten gelten für Kinder stark ermäßigte Eintrittspreise.

Öffentlicher Nahverkehr

Problematisch sind die hohen Einstiege in die oft überfüllten Busse und Straßenbahnen, je nachdem mühsam oder spannend die langen Rolltreppen zu den tiefen Metrostationen. Kinder bis sechs Jahre sowie Kinderwagen werden kostenlos, Kinder bis 15 Jahre zum halben Preis befördert.

In Hotels und Restaurants

Zahlreiche Hotels bieten – teils gegen geringen Aufpreis, teils kostenlos – Zusatzbetten für Kinder im elterlichen Zimmer an. Noch selten ist eine kinderspezifische Infrastruktur (Hochstühle, Spielecke etc.) dagegen in Restaurants, gängig sind jedoch mittlerweile Kindermenüs.

Notruf

Allgemeiner Notruf: 112
Polizei: 158
Stadtpolizei: 156
Feuerwehr: 150
Ambulanz: 155
Unfallnotdienst: 1230, 1240
Ärztliche Notdienste: s. a. S. 69
Pannendienst für Autofahrer (AAA): 233 373 337
Kreditkarten-Sperrruf: s. S. 70
Städtisches Fundbüro: 1, Karolíny Světlé, Tel. 224 235 085.

Reisekasse und Spartipps
Prag ist für tschechische Verhältnisse eine teure Stadt. Für westeuropäische Touristen sind vor allem die Preise für Unterkünfte erstaunlich hoch (selbst in einfachen Pensionen bezahlt man selten unter 60 €). Tagesgerichte in einfachen Kneipen gibt es ab 5–6 €, gediegene Abendessen ab 15 €, Snacks ab 2,50 €, die Tasse Kaffee ab 1,80 €. Recht günstig ist der öffentliche Nahverkehr, eine Fahrt mit Metro/Bus kostet ca. 1 €, auf Kurzstrecken ca. 75 Ct. Sparen kann man mit der Prague Card (s. S. 14).

Fundbüro der Verkehrsbetriebe: Tel. 296 191 817 (für Meldungen innerhalb von 24 Std. nach dem Verlust).

Öffnungszeiten

Üblicherweise gehen die Rollbalken der **Geschäfte** zwischen 8 und 10 Uhr hoch und zwischen 17 und 19 Uhr wieder herunter. Im Zentrum bleiben sie mittags meist durchgehend oben. Sonntagsruhe ist für viele Supermärkte, Warenhäuser und Souvenirshops ein Fremdwort. **Banken** haben Mo–Fr 9–17, Sa bis 13 Uhr, **Apotheken** *(lékárna)* in der Regel Mo–Fr 8–18/19 Uhr geöffnet. Die meisten **Museen** sind montags geschlossen.

Post

Das Porto für Postkarten und Standardbriefe nach Deutschland, Österreich und in die Schweiz beträgt 17 Kč. Briefmarken sind außer in den Postfilialen auch an Zeitschriftenkiosken *(tabáks)* erhältlich. **Hauptpostamt:** 1, Jindřišská 14, tgl. 2–24 Uhr.

Rauchen

Das Rauchen ist in allen Räumen der öffentlichen Bus- und Straßenbahnstationen verboten – Ausnahmen: als *Prostor pro kuraky* (Raum für Raucher) oder *Kuracky prostor* (Rauchzimmer) gekennzeichnete Zonen. Ebenfalls untersagt ist das Rauchen in Ämtern und öffentlich zugänglichen Gebäuden wie Geschäften, Banken, Krankenhäusern, Gerichten, aber auch Einkaufspassagen. Ein Gesetz, das das Rauchen in Gasthäusern, Restaurants, Kaffeehäusern etc. verbietet, ist noch nicht in Kraft.

Reisen mit Handicap

Für Gäste mit eingeschränkter Mobilität gibt es noch viel zu verbessern. Immerhin ist in einem Teil der Metrostationen ein stufenloser Zugang vom Bahnsteig in die Waggons gewährleistet. Rollstuhlgerechte Lifte sind aber noch die Ausnahme. Seit einigen Jahren werden generell vermehrt Niederflurbusse und -straßenbahnen eingesetzt und Haltestellen behindertengerecht umgebaut. An Werktagen erleichtern die Sonderbuslinien Nr. 1 und 3 die Beförderung von Rollstuhlfahrern. Infos, auch über barrierefreie Metrostationen unter www.dpp.cz/de. Menschen mit Handicap plus Begleitung fahren in allen öffentlichen Verkehrsmitteln gratis.

Bei der Organisation der Prager Rollstuhlfahrer (Pražská organizace vozíčkářů) ist die Broschüre »Prag ohne Barrieren« erhältlich, in der Hotels, Restaurants, Bahnhöfe und andere öffentliche Bauten mit behindertengerechter Ausstattung verzeichnet sind (110 00 Prag 1, Benediktská 6, Tel. 224 827 210, www.pov.cz, pov@gts.cz).

Zum Segen für Sehbehinderte haben in der Innenstadt die meisten Ampeln akustische Signalanlagen.

Sicherheit

Wertsachen und wichtige Dokumente am besten im Hotel(safe), auf keinen Fall im Auto lassen. Letzteres sollte man auf bewachten Parkplätzen abstellen. Geld und Ausweis sollte man immer am Körper oder zumindest an der Innenseite der Kleidung tragen. Achtung im dichten Gedränge! Zu den Standardtricks zählen vorgetäuschte ›Kontrollen‹ durch falsche Polizisten. Unbedingt Dienstausweis zeigen lassen!

Im Schadensfall ist es ratsam, zunächst die eigene Botschaft zu konsultieren, wo man wertvolle Tipps für die weitere Vorgehensweise erhält. Erst danach ist Meldung bei der Polizei zu erstatten. Statt diese telefonisch zu kontaktieren, was meist an unüberwindbaren Sprachbarrieren scheitert, sollte man persönlich die Polizeistation in Prag 1, Nové Město, Jungmannová náměstí 9, aufsuchen, da dort Übersetzer Dienst tun.

Telefonieren

Ortsgespräche aus öffentlichen Telefonzellen kosten 12 Kč/Minute. Wertkarten für 200 und 300 Kč sind an Kiosken sowie in Tabakläden, Postämtern, Kaufhäusern, Hotels, Reisebüros etc. erhältlich.

Mobiltelefone funktionieren einwandfrei. Die drei großen Netzbetreiber sind in Tschechien Vodafone (www.vodafone.cz), Telefonica/O2 (www.cz.o2.com) und T-Mobile (www.t-mobile.cz). Sie haben ihre Tarife weitgehend angeglichen und bieten jeweils günstige Prepaid-Karten, die man mit SIM-Karten kombinieren kann.

Die **Vorwahl für Tschechien** lautet von Österreich, Deutschland und der Schweiz aus 00 420. Auf sie folgt für alle Prager Nummern die – im Festnetz mit 2, in Mobilnetzen meist mit 6 oder 7 beginnende – stets neunstellige Teilnehmernummer. Im ganzen Land gibt es keine Ortsvorwahlen.

Die **Vorwahl nach Deutschland** lautet 0049, nach **Österreich** 0043, in die **Schweiz** 0041.

Fernsprechauskunft für Anschlüsse in Prag bzw. Tschechien: 1180; für solche im Ausland (bei Sprachschwierigkeiten besser): 1181, beide gebührenpflichtig.

Trinkgeld

Bei zufriedenstellendem Service addiert man in gastronomischen Betrieben, aber etwa auch im Taxi oder beim Friseur zum Rechnungsbetrag 10–15 % hinzu. Das Personal im Hotelzimmer erwartet ca. 1–2 €. Andere Dienstleister, beispielsweise Gepäckträger oder Tankwarte, bekommen zwischen 0,50 € und 1,50 €.

Zeitungen

Größte seriöse Tageszeitung des Landes ist »Mladá Fronta DNES«. Viel gelesen werden auch »Pravó«, das Kleinformat »Blesk« und das Gratisblatt »Metro«. Auf Deutsch erscheint seit der Wende allwöchentlich wieder die altehrwürdige »Prager Zeitung« und auf Englisch »The Prague Post« (s. S. 50). Gute Veranstaltungshinweise bieten neben »Metro« u. a. die in Hotels, Infostellen etc. kostenlos ausliegenden Wochen- bzw. Monatsmagazine »Dome«, »Srdce Evropy« (›Herz Europas‹) und »Prague this Month«. Die beste Auswahl an internationalen Printmedien findet sich an den Kiosken auf dem Wenzels-, dem Republiksplatz und in der Na Příkopě. Gut sortiert sind die Stände von Relay in den großen Metrostationen.

Panorama – Daten, Essays, Hintergründe

Prag – ein Bild von einer Stadt: die berühmten Häuserensembles am Altstädter Ring

Steckbrief Prag

Daten und Fakten

Name: Prag, offiziell: Hlavní město Praha
Fläche: 496 km^2
Einwohnerzahl: 1,23 Mio.
Währung: Tschechische Krone (Kč)
Zeitzone: MEZ, Sommerzeit
Landesvorwahl Tschechien: 00 420, darauf folgt ohne Vorwahl die Teilnehmernummer.
Ortsname: Der Name Praha lässt sich nicht eindeutig herleiten. Gängig sind zwei Erklärungen: Der Name ist eine Ableitung von *prahy* (für die Stromschnellen der Moldau) oder von *prazeny* (›niedergebrannter Wald‹).
Stadtwappen: Es war ursprünglich als Wappen der Altstadt in Gebrauch, wird jedoch – mehrfach leicht verändert – seit 1784 für die seither vereinigte Stadt verwendet. Das Wappen zeigt u. a. einen von zwei böhmischen Löwen gehaltenen Schild, auf dem drei goldgekrönte Helme ruhen. Aus dem mittleren wächst der böhmische Löwe, aus den beiden anderen ragen jeweils zwölf Landesfahnen auf. Das Band unter dem Postament trägt den Spruch »Praga caput Rei Republicae« (Prag, die Hauptstadt der Republik).

Lage und Stadtgliederung

Die Hauptstadt Prag (Hlavní město Praha) liegt zentral im westlichen Tschechien beiderseits der Moldau auf 50° 05' nördlicher Breite und 14° 27' östlicher Länge und durchschnittlich 235 m Seehöhe. Mit dem Weißen Berg (Bílá hora) und dem Čihadlo erreicht das Gebiet eine Höhe von fast 400 m, der niedrigste Punkt liegt auf 117 m.

Die Moldau (tschech. *Vltava*) durchströmt die Stadt auf einer Länge von knapp 30 km. Sie ist bis zu 330 m breit, jedoch nur 2–3 m tief und von insgesamt 16 Brücken überspannt. Von mehreren Inseln durchsetzt und von Wasserläufen wie Berounka, Botič und Rokytka gespeist, bildet sie im Nordteil eine große Schleife, bevor sie 40 km hinter der Stadtgrenze in die Elbe *(Labe)* mündet. Am südlichen Bogen dieser Schleife liegt, beherrscht von den beiden Burgbergen Hradschin und Vyšehrad, das historische Stadtzentrum. Fast dessen gesamtes Gebiet, 866 ha, ist UNESCO-Weltkulturerbe. Die jüngeren Stadtbezirke verteilen sich auf weitere das Tal einfassende Hügel wie Letná, Vítkov, Větrov, Skalka, Emauzy, Karlov und Petřín und dehnen sich dank Eingemeindungen mittlerweile auch auf die Prager Hochfläche (Pražská plošina) aus.

Geschichte

Prag ist eine historisch ungemein reiche Stadt mit einem geschlossenen Stadtbild aus der Zeit der Gotik und des Barock. Sein Kern entwickelte sich ab dem 10. Jh. zwischen den Burgen auf dem Hradschin und dem Vyřehrad. 1267 legte König Ottokar II. die Kleinseite und Mitte des 14. Jh. Karl IV. die Neustadt an. Diese Städte wurden erst 1784 zu einer Kommune vereint. 1848 schlugen k.u.k.-Truppen in Prag einen tschechischen Aufstand nieder. Einen nicht wieder gut zu machenden kulturellen und wirtschaftlichen Aderlass bedeuteten die Vernichtung der großen jüdischen Gemeinde durch die deutsche Besatzung (ab 1939) und der 1945 erzwungene Exodus der Deutsch-Prager, die um 1860 noch rund die Hälfte der Bevölkerung ausgemacht hatten.

Politik und Verwaltung

Die Hauptstadt der föderativen Tschechischen Republik ist in 22 Verwaltungsbezirke mit insgesamt 57 Stadtvierteln und 146 Ortsteilen gegliedert. Ihr Oberbürgermeister, der Primátor, wird auf fünf Jahre gewählt. Nach den Wahlen im Oktober 2010 übernahm Bohuslav Svoboda von der Partei der Bürgerdemokraten (ODS) das Amt.

Prags historisches Zentrum besteht aus den Stadtteilen Alt- und Neustadt (Staré bzw. Nové Město), Hradschin (Hradčany), Kleinseite (Malá Strana) und Vyšehrad.

Wirtschaft und Tourismus

Über 20 % des Bruttoinlandsprodukts, das längere Zeit jährlich über 6 % gewachsen, 2010 jedoch krisenbedingt signifikant geschrumpft ist und bei knapp 140 Mrd. € (ca. 13 500 € pro Kopf) liegt, werden in der Hauptstadt erarbeitet. Während die landesweite Arbeitslosenrate seit Beginn der Wirtschaftskrise zwischen 8 und 10 % pendelt, liegt sie in Prag wie seit Jahren nur etwa bei der Hälfte. Die Inflation beträgt 1 % (Stand 2010), der durchschnittliche Monatslohn ca. 900 €, Tendenz moderat steigend.

Die beiden wichtigsten Branchen der vor allem im Nordosten und Südwesten konzentrierten verarbeitenden Industrie sind die Herstellung von Nahrungsmitteln sowie elektrischen und optischen, insbesondere Radio- und TV-Geräten. Von zentraler Bedeutung sind die Filmindustrie und, traditionell ungleich wichtiger, der Tourismus, der direkt und indirekt für fast ein Drittel der Arbeitsplätze sorgt. Mit über 3,8 Mio. Gästen und 10,15 Mio. Übernachtungen schöpfte die Hauptstadt 2009 nahezu zwei Drittel des im gesamten tschechischen Tourismus erwirtschafteten Umsatzes ab.

Bevölkerung, Religion und Sprache

Die gut 1,2 Mio. Prager stellen knapp 12 % der insgesamt 10,5 Mio. Tschechen. Über 94 % sind Tschechen, 3 % Slowaken, je 0,5 % stellen Polen und Deutsche, 0,3 % Roma, 0,2 % Ungarn und 1 % Menschen anderer Herkunft, vor allem Russen, Ukrainer, Vietnamesen und US-Bürger. Das Bevölkerungswachstum liegt landesweit bei plus minus null.

Fast vier von zehn Pragern sind ohne religiöses Bekenntnis, der Rest überwiegend römisch-katholisch, zu kleinen Teilen u. a. hussitischer, evangelischer oder jüdischer Konfession.

Die tschechische, eng mit dem Slowakischen verwandte Sprache wurzelt in religiösen Texten des Hochmittelalters und wurde nach 1400 durch Bibelübersetzungen formalisiert. Zur Zeit der Gegenreformation zugunsten des Deutschen zurückgedrängt, wurde sie als moderne Schriftsprache mitsamt ihren zahlreichen diakritischen Zeichen zwischen 1780 und 1848 geradezu neu geschaffen. Ihren Status als Amtssprache erhielt sie erst wieder 1880.

Geschichte im Überblick

Früh-, Germanen- und frühe Slawenzeit

Alt-/Jungsteinzeit Im böhmischen Becken lässt sich menschliche Siedlungstätigkeit nachweisen, belegt durch zahlreiche Funde aus dem Neolithikum, der Bronze- und Eisenzeit.

Ca. 500 v. Chr. Der keltische Stamm der Bojer besiedelt die Gegend des heutigen Prag.

1. Jh. n. Chr. Die germanischen Stämme der Markomannen verdrängen von Norden kommend die keltische Bevölkerung. Später lassen sich im Prager Becken die Langobarden nieder.

6. Jh. Im Zuge der Völkerwanderung verlassen die Langobarden die Region. Ihnen folgen die ersten slawischen Stämme. Besondere Bedeutung kommt der frühslawischen Siedlung bei Roztoky im Norden Prags zu.

8./9. Jh. Die Besiedlung verdichtet sich. In Butovice und bei Bohnice werden erste Burgwälle angelegt.

Von der Gründung zur Blüte

9. Jh. Der slawische Stamm der Tschechen lässt sich im Gebiet von Prag nieder. Die älteste nachweisbare mittelalterliche Siedlung im inneren Stadtgebiet ist die Burg auf dem Hradschin, die vom Geschlecht der Přemysliden errichtet wird. In dieser Zeit existieren im Bereich der Malá Strana, des Loretánské náměstí und des Hradschiner Platzes Ansiedlungen. Prag ist Teil des Großmährischen Reichs.

10. Jh. Die Přemysliden können sich gegen andere Herrschergeschlechter in Böhmen mehr und mehr durchsetzen. In der Folge entwickelt sich Prag zum politischen und wirtschaftlichen Zentrum des Landes.

973 Kaiser Otto richtet unter Fürst Boleslav II. in Böhmen ein eigenständiges Bistum ein. Prag wird Bischofssitz und untersteht dem Erzbistum Mainz. In der Folge lassen sich viele Deutsche und Juden in der Stadt nieder. Beiderseits der Moldau werden die Siedlungen ausgebaut.

Um 1070 Fürst Vratislav II. verlegt seine Residenz vom Hradschin in die zweite Burg, dem auf der anderen Seite der Moldau errichteten Vyšehrad, gründet das Kollegiatstift St. Peter und Paul und lässt einen romanischen Palast sowie mehrere Kirchen erbauen.

1085 Vratislav II. wird von Heinrich IV. zum König von Böhmen erhoben. Da die päpstliche Zustimmung unterbleibt, kann Vratislav die Königswürde nicht an seine Nachkommen weitergeben.

1230/1234 König Wenzel I. lässt die größte der Siedlungen, die Altstadt, an der Moldau befestigen und verleiht ihr das Stadtrecht. Prag wird zur Residenzstadt der böhmischen Herrscher.

1257 Přemysl Ottokar II. siedelt unterhalb der Burg auf der Kleinseite deutsche Kolonisten an und verleiht der Malá Strana das Stadtrecht.

1333 Karl von Luxemburg, der spätere Kaiser Karl IV., lässt die 1303 durch einen Brand nahezu zerstörte Burg auf dem Hradschin wieder aufbauen.

1344 Auf Betreiben Karls wird Prag zum Erzbistum erhoben. Der St.-Veits-Dom wird neu gebaut.

1348 Karl wird zum deutschen König gewählt. Er gründet im selben Jahr die Universität, lässt die großzügige Neustadt anlegen und wählt Prag als ständige Hauptstadt.

1357 Nach seiner Kaiserkrönung 1355 beginnt er den Bau der Karlsbrücke und des Altstädter Brückenturms. 1360 lässt er die Stadt erweitern und die Kleinseite durch eine neue Befestigung sichern. In der Altstadt werden viele Kirchen und profane Gebäude umgebaut oder neu errichtet.

1378 Nach dem Tod Karls IV. geht die rege Bautätigkeit unter seinem Sohn Wenzel IV. weiter. Prag gilt mit rund 40 000 Einwohnern als viertgrößte Stadt nördlich der Alpen. Flächenmäßig ist sie nach Rom und Konstantinopel die drittgrößte Stadt Europas.

1393 Der Konflikt zwischen Monarch sowie Kirche und Hochadel spitzt sich zu. Wenzel IV. lässt nach Folterungen den Generalvikar des Erzbistums, Johannes Wofflin aus Pomuk (Johannes Nepomuk), in der Moldau ertränken. Damit bringt der Monarch auch die Bevölkerung von Prag gegen sich auf.

1400 Die Kurfürsten setzen Wenzel IV. als »unnützlich, träg und für das römische Reich durchaus ungeschickt« als Kaiser ab. Damit verliert Prag seine Stellung als Hauptstadt des Heiligen Römischen Reichs. Ein abruptes Ende der Bautätigkeiten ist die Folge.

1409 Jan Hus verknüpft seine Forderungen nach einer Reform der Kirche mit nationaltschechischen Anliegen.

1419 Der sogenannte Erste Prager Fenstersturz am 30. März markiert den Beginn der Hussitenkriege, die die Städte in und rund um Böhmen stark in Mitleidenschaft ziehen.

Renaissance und Barock

1583 Rudolf II. wählt Prag, wo er sich bereits seit 1580 aufhält, offiziell zu seiner Hauptstadt. Seine Herrschaft zeichnet sich durch Toleranz in Glaubensangelegenheiten und durch den Zustrom von Gelehrten aus ganz Europa an den Kaiserhof aus; Prag erlebt einen Aufschwung.

1611 Im Gegensatz zu Rudolf forciert der neue Kaiser Matthias, Bruder von Rudolf II., die Gegenreformation und versucht die Macht der Stände zurückzudrängen. Prag verliert seinen Status als Hauptstadt an Wien.

1618 Nachdem Kaiser Matthias Beschwerdebriefe böhmischer Protestanten zurückweist, kommt es am 23. Mai zum Zweiten Prager Fenstersturz, mit dem der Beginn des Dreißigjährigen Krieges datiert wird.

1619/1620 Die böhmischen Stände setzen Kaiser Ferdinand als König von Böhmen ab und wählen Friedrich von der Pfalz zum neuen König. In der Schlacht auf dem Weißen Berg 1620 bei Prag besiegen die Truppen der Habsburger jene der protestantischen böhmischen Stände und Friedrichs von der Pfalz. Prag kapituliert und wird kampflos besetzt.

1621 Als öffentliche Manifestation habsburgischer Macht werden am 21./22. Juni auf dem Altstädter Ring drei Hochadelige, sieben Ritter und 17 Bürger, Tschechen wie Deutsche, hingerichtet. Ihre Köpfe werden auf dem Prager Brückenturm aufgesteckt. Das ›Prager Blutgericht‹ löst bei den Protestanten in Deutschland und Skandinavien Empörung aus und facht den Krieg an, der jetzt erst in voller Wucht entbrennt.

1648 Prag wird von schwedischen Truppen erobert und geplündert. Mit dem Ende des Dreißigjährigen Krieges beginnt für die Stadt eine Zeit des wirtschaftlichen und politischen Bedeutungsverlustes. Der siegreiche habsburgtreue Adel und die katholische Kirche demonstrieren architektonisch ihren Einfluss mit dem ›Prager Barock‹.

1741 Im Zuge des Österreichischen Erbfolgekrieges beansprucht Karl Albert von Bayern Böhmen und marschiert in Prag ein, wo ihm Teile des Adels als dem neuen König huldigen.

1743 Die Bayern müssen Prag aufgeben. Maria Theresia wird als Königin von Böhmen anerkannt. Böhmen und Prag kommen in den Genuss ihrer Reformpolitik des ›aufgeklärten Absolutismus‹, der u. a. die allgemeine Schulpflicht mit sich bringt.

1781 Joseph II. erlässt sein Toleranzedikt, durch das Protestanten und Orthodoxe die bürgerliche Gleichheit mit den Katholiken erhalten.

Zum Gedenken: Büsten historischer Persönlichkeiten im Nationalmuseum

1784 Die vier bisher selbstständigen Prager Städte Hradschin, Kleinseite, Altstadt und Neustadt schließen sich zusammen. Prag gewinnt innerhalb Böhmens und der Habsburgermonarchie wieder an wirtschaftlicher und kultureller Bedeutung. Die Verordnung Josephs II., wonach in der gesamten Monarchie Deutsch als Amtssprache eingeführt werden soll, stößt in Böhmen und Mähren auf heftigen Widerstand. Als Reaktion darauf erwacht das tschechische Nationalbewusstsein.

Revolution und Gründerzeit

19. Jh. Die industrielle Revolution bedeutet auch für Prag den verstärkten Zuzug von ländlicher Bevölkerung und damit grundlegende Änderungen in der demografischen Struktur der Bevölkerung.

1818 In Prag wird das Nationalmuseum gegründet, das zu einem Zentrum der Erneuerung der tschechischen Nationalkultur wird.

1834 Mit der Gründung der Königlich Ständischen Technischen Lehranstalt entsteht die erste technische Hochschule Europas.

1845 Prag und Wien werden durch eine Eisenbahnlinie verbunden.

1848 Die Revolution in Paris löst in Prag Unruhe aus. Am 11. März wird eine Petition mit den böhmischen Forderungen an Wien beschlossen. Die neue Regierung in Wien reagiert hinhaltend. Am 1. Juni findet in Prag ein Slawenkongress statt, der die Vereinigung aller slawischen Völker auf dem Gebiet der Habsburgermonarchie und die Loslösung vom Deutschen Bund fordert. Am 12. Juni formiert sich ein großer Demonstrationszug, an dem viele Arbeiter und Arbeitslose teilnehmen und dem sich die Nationalgarde anschließt. Es kommt zu Straßenkämpfen, die sich über mehrere Tage hinziehen. Am 17. Juni kapitulieren die Aufständischen.

20. Jahrhundert

1918 In Prag wird die Selbstständigkeit der Tschechischen Republik ausgerufen, der sich zwei Tage später die Slowakische Republik anschließt. Die Moldaumetropole wird Hauptstadt der Tschechoslowakei.

1920 Prag wird durch die Eingemeindung vieler Vororte vergrößert. In den Folgejahren etabliert es sich als bedeutendes europäisches kulturelles Zentrum. Ab 1933 wird die Stadt zunehmend zu einem Zufluchtsort rassisch und politisch verfolgter Deutscher und Österreicher.

1939 Am 15. März marschieren deutsche Truppen in Prag ein. Böhmen und Mähren werden ›Reichsprotektorat‹ und alle Hochschulen geschlossen. Die tschechische Intelligenz soll gezielt ausgerottet werden.

1941 Nach dem Überfall des Deutschen Reichs auf die Sowjetunion wächst in Prag der kommunistische Widerstand. Die deutschen Besatzer reagieren mit der Verhängung des Ausnahmezustands und einer Verhaftungs- und Hinrichtungswelle.

1945 Über das Radio werden die Prager am 5. Mai zum Aufstand gegen die deutsche Wehrmacht aufgerufen. Nachdem diese nach kurzen, heftigen Kämpfen abzieht, werden die deutschen Prager Zielscheibe des aufgestauten Hasses. Am 9. Mai marschiert die Rote Armee in Prag ein. Die Tschechoslowakei wird wieder hergestellt, Prag erneut Hauptstadt. Die Angehörigen der deutschen Minderheit müssen das Land verlassen.

1948 Am 15. Februar ergreift die Kommunistische Partei in einem Coup d'Etat in der Tschechoslowakei die Macht.

1968 Die kurze Phase politischer und gesellschaftlicher Liberalisierung, der ›Prager Frühling‹, wird am 21. August durch eine militärische Intervention des Warschauer Pakts unterdrückt. Der Generalsekretär der KP, Alexander Dubček, wird entmachtet (s. S. 98).

1969 Am 18. Januar verbrennt sich der Student Jan Palach aus Protest gegen die Besatzung der Tschechoslowakei auf dem Wenzelsplatz.

1977 Nach der Verurteilung der Punk-Rock-Band Plastic People of the Universe 1976 formiert sich politischer und gesellschaftlicher Widerstand gegen das KP-Regime. Dissidenten, Intellektuelle und Studenten formulieren die Charta 77. Václav Havel wird zu einer zentralen Figur der Opposition.

Samtene Revolution und danach

1989/1990 Im August flüchten Tausende Ostdeutsche auf das Gelände der Botschaft der Bundesrepublik Deutschland in Prag. Am 17. November wird eine Großdemonstration von Studenten auf dem Wenzelsplatz von der Polizei gewaltsam beendet. Am 19. November gründen Václav Havel und andere Mitglieder der Charta 77 das ›Bürgerforum‹. Die Demonstrationen gegen das Regime gehen weiter. Am 24. November erscheinen Havel und Dubček vor 750 000 Demonstranten auf dem Wenzelsplatz, wenige Stunden später treten die KP-Spitze und die Regierung zurück. Am 29. Dezember wird Václav Havel neuer Staatspräsident, im Juni 1990 wird das erste freie Parlament gewählt.

1993 Nach dem Austritt der Slowakei aus der Tschecho-Slowakischen Föderativen Republik wird Prag Hauptstadt der Tschechischen Republik.

1997 Während des Besuchs von Helmut Kohl in Prag unterzeichnen er und die tschechische Regierung die deutsch-tschechische Erklärung.

1999 Tschechien wird Mitglied der NATO.

2002 Im August erlebt Prag eine katastrophale Überschwemmung; eine Reihe von Kulturgütern wird beschädigt oder zerstört.

2003 Der Wirtschaftsexperte Václav Klaus wird am 28. Februar als Nachfolger Václav Havels zum Staatspräsidenten gewählt. Mitte Juni stimmen über 77 % der Tschechen für den Beitritt ihres Landes zur Europäischen Union.

2004 Am 1. Mai tritt die Tschechische Republik offiziell der EU bei.

2007 Das Land wird Mitglied des Schengen-Raums. Damit entfallen alle Grenzkontrollen zu den vier Nachbarländern.

2010 Anfang April unterzeichnen die Präsidenten Obama (USA) und Medwedjew (Russland) in Prag das neue START-Abkommen zur atomaren Abrüstung. Nach den Parlamentswahlen Ende Mai wird Petr Nečas, Vorsitzender der bürgerlichen ODS-Partei, an der Spitze einer Mitte-Rechts-Koalition neuer Ministerpräsident.

Prager Seelenlandschaften

Kriege, Seuchen, soziale Unruhen und Besatzer haben den Pragern im Laufe der Jahrhunderte immer wieder gehörig zugesetzt. Doch mit enormem Erfindungsreichtum und Fleiß, Schläue und schwarzem Humor haben sie letztendlich jede noch so schwere Schicksalsprüfung überstanden.

Die Gründe für Prags Traumata sind mannigfaltig. Man muss nicht bis in die Zeiten des Dreißigjährigen Krieges zurückgehen, es genügt, den Blick auf das 20. Jh. zu richten, in dem die Stadt furchtbare Schicksalsschläge erlebte: die Nazi-Besetzung mit der Vernichtung eines großen Teils der jüdischen Bevölkerung und ein stalinistisches Regime, das einige der ärgsten Schau- und Säuberungsprozesse in ganz Osteuropa durchführen ließ. Die Lage war lange scheinbar aussichtslos und dazu angetan, des Volkes Moral auf Dauer zu brechen. Doch selbst in den düstersten Zeiten gab jener spezifisch böhmische Widerstandsgeist, der nicht zufällig auch in dem französischen Begriff ›Bohème‹ steckt, immer wieder kräftige Lebenszeichen von sich – man denke an 1968 oder die Charta 77.

Den Widrigkeiten trotzen

Die Tschechen sind nicht nur überdurchschnittlich arbeitsam und erfinderisch, insbesondere die Prager besitzen auch eine sehr spezifische Fähigkeit, den Widrigkeiten des Daseins mit einer poetischen, ja bisweilen surrealen Fantasie zu begegnen. Trotz der demografischen Brüche und Katastrophen in der jüngeren Geschichte wirkt das jahrhundertelange Zusammenspiel von slawischen Wurzeln, deutschem Pragmatismus und jüdischem Sinn für schwarzen Humor in ihrem Wesen offenbar fort. Man kombiniert die Vernunft mit dem Absurden, harte Arbeit mit Verspieltheit und Flexibilität. Man frönt bereitwillig Fatalismus und Melancholie, hat aber andererseits auch eine unbändige Lebenslust. Wie sonst ließe sich die barocke Freude am Schlemmen und Trinken, am Schwatzen und Musizieren oder die Vorliebe und Gabe, selbst im Alltag stets schlau und haarscharf die Grenze zwischen Sein und Schein, zwischen Ernst und Spiel, Wirklichkeit und Traum auszubalancieren, erklären? Ein Staatspräsident wie Václav Havel, der, durch eine geradezu schwejksche Fügung, aus dem Polit-Gefängnis an die Hebel der Macht katapultiert, offenherzig bekannte, »die ganze Zeit sich selbst zu misstrauen«, der Mick Jagger zu seinen engen Freunden zählt und schelmisch lächelnd mit einem Roller durch die weiten Burghallen flitzte, konnte tatsächlich nirgendwo anders als auf dem Hradschin ›residieren‹.

Prag-Klassiker: die Schlossstiege

Tagtäglich klare Luft – das ist die Vision der Stadtplaner und Ökologen für Prag

Probleme, die der Lösung harren

Trotz aller Gewitztheit kämpfen natürlich auch die Prager mit manch gravierendem Sozialproblem. So schossen etwa Korruption und Kleinkriminalität nach der Wende ins Kraut und konnten nur halbwegs zurückgestutzt werden. Und die Kluft zwischen Arm und (Neu-)Reich klafft – wie im Zuge eines tiefgreifenden Transformationsprozesses zu erwarten – längst auf andere Weise mindestens ähnlich tief wie einst zwischen Mitgliedern und Nichtmitgliedern der Kommunistischen Partei, obwohl die gut 1,2 Mio. Hauptstädter rund ein Fünftel des Bruttoinlandsprodukts erarbeiten und im Gegensatz zum Rest des Landes nahezu Vollbeschäftigung und höhere Entlohnung und Kaufkraft genießen. Unter Geldknappheit leidet z. B. auch die Wissenschaft, was dazu geführt hat, dass reihenweise akademische Nachwuchstalente ins Ausland abgewandert sind.

Ökologisch liegt ebenfalls manches im Argen. Zwar hat der früher im ganzen Land durch die seinerzeit heillos veraltete Industrie verursachte saure Regen an Schärfe verloren. Doch dafür belastet der sprunghaft gestiegene Individualverkehr die Prager Luft. Nach wie vor liegt nicht selten eine atemberaubende Smogdecke über der ›Hunderttürmigen‹.

Heikler Umgang mit dem Fremden

Einen imaginären Schatten indes wirft ein Wesenszug der Prager, der laut Soziologen in den vergangenen Jahren sukzessive gewachsen ist: Xenophobie. Möge ihre Stadt, über die sie gerne augenzwinkernd feststellen, dass sie westlicher als Wien lag und liegt, seit Jahrhunderten auch ein Ort der Begegnung sein, mögen sie auch eine tiefe Zuneigung und Bewunderung für alles Angelsächsische hegen – eine Vermischung des Tschechischen mit fremden Kulturen würde laut Umfragen nur jeder Fünfte von ihnen gutheißen. Aber vielleicht ändert sich, wie so vieles, in Bälde auch dies. Immerhin sagen Demografen den Tschechen voraus, ihre Zahl werde infolge der niedrigen Geburtenrate von nur 1,18 Babys pro gebärfähiger Frau bis 2050 um rund ein Fünftel auf gerade noch 8 Mio. schrumpfen – wenn, ja wenn sie nicht künftig deutlich mehr Einwanderer in ihr Land lassen.

Deutsche und Tschechen
Im Verhältnis von Deutschen und Tschechen wirken die Ereignisse der 1930er- und 1940er-Jahre bis heute nach. 1939 marschierten Hitlers Schergen in Prag ein, verschleppten von den rund 55 000 ansässigen Juden mindestens zwei Drittel und ließen sie in den Konzentrationslagern ermorden (s. a. S. 93). Nach Kriegsende wurden die Prager Deutschen fast ausnahmslos vertrieben. Viele von ihnen wurden zunächst interniert, ca. 5000 umgebracht. Bis Herbst 1946 mussten rund 2,7 Mio. sogenannte Sudetendeutsche nach vorheriger Enteignung die Tschechoslowakei verlassen.
Folgende Bücher verhelfen zu einem besseren Verständnis der komplexen Materie:
Peter Glotz: Die Vertreibung. Böhmen als Lehrstück, Berlin 2004
Klaus Hemmo: Der weite Weg nach Europa. Die Deutschen und ihre slawischen Nachbarn, Mannheim 2004
Marek Nekula u. a. (Hg.): Deutsche und Tschechen. Geschichte – Kultur – Politik, München 2003
Alfred Payrleitner: Österreicher und Tschechen. Alter Streit und neue Hoffnung, Wien 2004

Der heilige Václav einst und heute

Der heilige Václav mag nun schon bald 1100 Jahre tot sein – gegenwärtig ist er in Tschechien noch immer. Sein Ehrentag am 28. September ist zugleich ein Staatsfeiertag. Mitten in Prag, auf dem nach ihm benannten Wenzelsplatz, wacht, weltweit ein vertrauter Anblick, sein bronzenes Standbild über das Alltagsgetriebe. Auf eben diesem Platz filmten und fotografierten 1968 die Korrespondenten die Niederschlagung des ›Prager Frühlings‹ und versammelten sich im Herbst 1989 Tausende, um das kommunistische Regime zu Fall und einen anderen Václav ›in die Burg‹ zu bringen: Václav Havel.

Der historische Václav, zu deutsch Wenzel, entstammte dem Geschlecht der Přemysliden. Er wurde 903, 908 oder 910 – die Angaben variieren – als Sohn von Vratislav I. und Drahomíra vermutlich in Altbunzlau geboren. Sein Großvater, Herzog Bořivoj, hatte zwar von dem Slawenapostel Method bereits die Taufe empfangen, doch blieben große Teile der Bevölkerung noch dem alten, heidnischen Glauben treu. Dieses Faktum machten sich rebellische Adelige, die gegen die zunehmende Macht der Přemysliden kämpften, zunutze. Als er nach dem Tod seines Vaters die Herrschaft übernahm, geriet Václav also in eine delikate Situation. Dass er zu diesem Zeitpunkt noch unmündig war und seine heidnische Mutter vorerst das Regentenamt ausübte, machte die Sache nicht einfacher. Zugleich setzten die deutschen Bischöfe auf den jungen Václav, was zur Spaltung seiner Familie führte, denn Václav wurde von seiner christlichen Großmutter Ludmila erzogen. Sein Bruder Boleslav hingegen blieb gemeinsam mit der Mutter den ursprünglichen religiösen Vorstellungen verbunden. Der Streit eskalierte 921, als Ludmila ermordet wurde und Drahomíra daraufhin die bayerischen Missionare aus dem Herzogtum vertreiben ließ. Ab 925 aber hielt Václav die Herrschaft in seinen Händen. Er setzte sich gegen seine Mutter durch, ließ die Gebeine seiner Großmutter nach Prag umbetten und holte kurz darauf die Missionare zurück.

Ein Fürst wird Landespatron

In der Folge erweiterte Václav sein auf Mittelböhmen beschränktes Fürstentum durch die Errichtung von Burgen und Kirchen in Richtung Osten und gründete auf der Prager Burg die Kirche des Heiligen Veit. Der Konflikt zwischen Christentum und Heidentum dominierte dennoch seine Regierungszeit. Hinzu kam, dass Václav sich der Oberherrschaft des Heiligen Römischen Reichs unter Heinrich I. unterwarf – eine Politik, die vor allem inner-

Noch immer gegenwärtig: der hl. Václav

SVATÝ VÁCLAVE
voda a život

Genießt auch nach Ende seiner Amtszeit hohes Ansehen im Land: Václav Havel

halb seiner Familie zu weiteren Spannungen führte. Im Jahr 935 – andere Quellen sprechen von 929 oder 930 – soll Václav einem Anschlag seines Bruders Boleslav I. zum Opfer gefallen sein. Verbürgt ist die Überführung seiner Gebeine in die Prager Veitskirche am 4. März 938.

Der Kult um Václav dürfte mit dem Ende der Herrschaft seines Bruders um 970 eingesetzt haben. Seit dem 11. Jh. gilt Václav als Symbol böhmischer Staatlichkeit sowie als Landespatron. Er wurde und wird von tschechischen wie deutschen Christen als Märtyrer verehrt. Alle Fürsten Böhmens galten seither als seine irdischen Stellvertreter.

Die für die Krönung Karls IV. im 14. Jh. angefertigte Krone wird als Wenzelskrone bezeichnet. Wer sie sich unrechtmäßig aufsetzt, so die Legende, stirbt binnen eines Jahres eines gewaltsamen Todes. Der stellvertretende NS-Reichsprotektor Reinhard Heydrich trug sie am 19. November 1941 nur kurz – am 4. Juni 1942 starb er an den Folgen des Attentats vom 27. Mai 1942.

Ein Ex-Dissident als neuer ›Heiliger‹

Es scheint, als wache der hl. Václav im Geist tatsächlich noch immer über sein Land und das Volk. Dennoch wollte die

Prager Tageszeitung »Mlada Fronta Dnes« vor ein paar Jahren wissen, ob nicht doch ein anderer ›heiliger Václav‹ nachgewachsen sei. Die Umfrage, an der 1801 Leser teilnahmen, brachte ein eindeutiges Ergebnis: Mit 457 Stimmen landete der Heilige auf dem zweiten Platz. Den ersten und damit den Titel »Wichtigster Václav der tschechischen Geschichte« errang mit 674 Stimmen der ehemalige Staatspräsident und Dissident Václav Havel. Eine sinnige Verbindung: Denn es war der Wenzelsplatz, auf dem am 29. Oktober 1989 ein Polizeiaufgebot gewaltsam eine Demonstration auflöste und damit unwillentlich die Samtene Revolution einläutete. Binnen kürzester Zeit wurde der Dichter Václav Havel, der erst kurz zuvor aus dem Gefängnis entlassen worden war, zur Symbolfigur der Revolution. Am Abend des 24. November jubelten ihm und dem ehemaligen KP-Chef Alexander Dubček Hunderttausende auf dem Wenzelsplatz zu, wenige Stunden später war das KP-Regime Geschichte – und Václav Havel auf dem Weg ›in die Burg‹.

Vom Schriftsteller zum Staatspräsidenten

Am 28. Dezember 1989 wählte ihn das Volk zum Staatspräsidenten der Tschechoslowakei, die in Tschecho-Slowakische Föderative Republik umbenannt wurde. 1992 berief er Václav Klaus – den heutigen Staatspräsidenten und Drittplatzierten in der Umfrage – zum Premierminister. Doch während der heilige Václav das Land nach Osten hin erweiterte, sahen sich die beiden anderen Václavs den verstärkten Unabhängigkeitsbestrebungen der Slowakei gegenüber. Václav Havel versuchte die Einheit des Landes zu wahren. Václav Klaus hingegen arrangierte sich mit dem slowakischen Ministerpräsidenten Vladimír Mečiar und trat in Verhandlungen über das künftige Verhältnis der beiden Landesteile ein. Am 1. Januar 1993 wurde die ›samtene Trennung‹ der beiden Länder vollzogen.

Václav Havel wurde in der Folge noch zweimal zum Präsidenten der Tschechischen Republik gewählt und nutzte seine internationale Reputation u. a. zur Aussöhnung mit Deutschland. Zugleich aber wurden die Spannungen zwischen Václav, dem Präsidenten, und Václav, dem Technokraten, immer offensichtlicher. während Havel eine Politik vertrat, die auf Moral und Ethik basierte, zeigte sich Klaus als kühler Pragmatiker der Macht. Allen Versuchen Havels zum Trotz, einen anderen Nachfolger zu finden, beerbte ihn Václav Klaus am 28. Februar 2003 im Amt des Staatspräsidenten.

Bücher von und über Václav Havel

Václav Havel: Versuch, in der Wahrheit zu leben; Briefe an Olga; Vaněk-Trilogie. Audienz – Vernissage – Protest. Theaterstücke; Moral in Zeiten der Globalisierung etc.
Eda Kriseová: Václav Havel. Dichter und Präsident. Die autorisierte Biographie, Hamburg 1991
John Keane: Václav Havel. Biographie eines tragischen Helden, München 2000
Václav Havel und Joachim Bruss: Fassen Sie sich bitte kurz: Gedanken und Erinnerungen zu Fragen von Karel Hvíd'ala, Hamburg 2007
Václav Havel, Michael Kerbler: Der samtene Revolutionär: Michael Kerbler im Gespräch mit Václav Hável, Klagenfurt 2010

Prags Juden – eine kurze Chronik

Die jüdische Gemeinde Prags zählt zu den ältesten und bedeutendsten Mitteleuropas. Über lange Phasen spielte sie im geistigen und wirtschaftlichen Leben der Stadt eine sehr wichtige Rolle. Seit dem 13. Jh. siedelten ihre Mitglieder in einem eigenen Viertel, der Josephstadt. Die Geschichte der Gemeinde verlief denkbar wechselhaft und umspannt die »Goldene Zeit« des 16. Jh. ebenso wie den fast vollständigen Untergang nach dem Einmarsch von Hitlers Truppen.

Bewohner jüdischen Glaubens sind in der Stadt ab 970 verbürgt und bereits gegen Ende des 11. Jh. existierte eine veritable jüdische Gemeinde. Diese war jedoch immer wieder Angriffen ausgesetzt. Während des Kreuzzugs von 1096 kam es in Prag – wie in Worms und Köln – zu Ausschreitungen gegen die Juden, die als »Mörder des Heilands« bezeichnet wurden. Bei der Belagerung der Burg im Jahr 1142 wurden die älteste Synagoge und Teile des jüdischen Viertels zerstört. Zahlreiche Juden wurden zwangskonvertiert, ihre Rechte beschränkt und ein Ghetto errichtet. Erst gegen Ende des 14. Jh., unter der Herrschaft Karls IV. und seines Sohnes Wenzel IV., konnte die jüdische Gemeinde zumindest in rechtlicher Hinsicht wieder eine gewisse Autonomie herstellen. Zu Ostern 1389 jedoch beschuldigten Prager Priester die Juden der Hostienschändung und ermutigten die Christen, das Ghetto zu überfallen und zu plündern. Nahezu die gesamte jüdische Bevölkerung der Stadt, rund 3000 Menschen, wurde umgebracht und die wenigen überlebenden Frauen und Kinder zwangsgetauft.

Die Hussitenkriege und die Erosion königlicher Macht im 15. Jh. trugen zum weiteren Niedergang der Prager Gemeinde bei. Dennoch etablierte sich in der zweiten Hälfte des 15. Jh. die erste jüdische Druckerei Prags, die Dank der Qualität ihrer Bücher bald europaweite Reputation genoss. 1501 bestätigte der Böhmische Landtag die alten Rechte der Juden in Böhmen, was zu einem Aufschwung des wirtschaftlichen Lebens beitrug. Zwischen 1522 und 1541 strömten jüdische Flüchtlinge aus Österreich, Mähren, Deutschland und Spanien nach Prag. Eine nachhaltige Verbesserung ihrer Situation trat aber erst nach dem Tod Ferdinands I. ein, der die Juden 1541 und ein weiteres Mal 1557 aus Prag vertreiben ließ.

Lektüre und Führungen

Der Golem. Gustav Meyrinks Klassiker der Fantastischen Literatur, erstmals erschienen 1915, aktuell als Taschenbuch bei dtv.

Für **Spezialtouren** durch Josefov und zu jüdischen Themen siehe z. B. www.guidingprague.com, http://praguewalks.com, www.praguewelcome.cz; s. a. S. 160.

Die Pinkassynagoge wurde in den 1950er-Jahren in eine Gedenkstätte für die jüdischen Opfer des Nationalsozialismus in Böhmen und Mähren umgewandelt

Das ›Goldene Zeitalter‹

Die Regierungszeiten Maximilians II. (1564–76) und Rudolfs II. (1576–1612) gelten als das ›Goldene Zeitalter‹ der örtlichen jüdischen Gemeinde. Vor allem Rudolfs Weigerung, sich im Glaubensstreit eindeutig zu positionieren und seine Neigung zu den Wissenschaften und Schönen Künsten führten zum Zuzug von Wissenschaftlern, Künstlern und Philosophen. Im toleranten Klima Prags wurde den Juden wirtschaftliche Freiheit zugestanden, das Leben der Gemeinde blühte auf. In dieser Zeit publizierte der legendäre Rabbi Jehuda Löw ben Bezalel über 50 philosophische und religiöse Schriften. Um Rabbi Löw, der wiederholt Gast Rudolfs II. war, rankt sich die Legende des aus Lehm geschaffenen und durch Magie ins Leben gerufenen Golem, der als Wächter die Glaubensbrüder seines Schöpfers beschirmt. Neben Rabbi Löw waren der Mathematiker und Astronom David Gans, der Philantrop Mordechai Maisel und – als erster geadelter Jude im Habsburgerreich – der Bankier Jacob Bashevi die berühmtesten Vertreter der jüdischen Gemeinde in Prag.

Fast vollständige Vernichtung

Im Jahr 1708 stellten die Juden ein Viertel der gesamten Stadtbevölkerung – mehr als in jeder anderen Stadt Europas. Durch das Toleranzedikt Josephs II. wurde in den habsburgischen Ländern die Religionsfreiheit festgeschrieben. Die Teilhabe der Juden am öffentlichen, wirtschaftlichen und wissenschaftlichen Leben war nun garantiert. Als Zeichen der Verbundenheit mit dem Kaiser nannten sie ihr Viertel Josefov, Josephstadt.

Im 19. Jh. schritt die Emanzipation der Juden voran. 1849 erhielten sie die bürgerlichen Rechte und 1852 wurde das Ghetto aufgelöst; fortan war es ein eigener Stadtbezirk. Zeitgleich sahen sich die Prager Juden mit einer Zunahme des Nationalitätenkonflikts zwischen Tschechen und Deutschen konfrontiert, der zu Spannungen innerhalb der Gemeinde führte. Dennoch wurde Deutsch zur dominierenden Sprache innerhalb der Gemeinde. Ihr entstammten mit Franz Kafka, Max Brod und Franz Werfel einige der wichtigsten Schriftsteller des frühen 20. Jh.

Als am 15. März 1939 die Truppen Hitlerdeutschlands in Prag einmarschierten, lebten 55 000 Juden in der Stadt. Mindestens zwei Drittel von ihnen wurden verschleppt und in den Vernichtungslagern ermordet. Nach dem Ende des Zweiten Weltkrieges lebten in der gesamten Tschechoslowakei nur noch 13 000 Juden, von denen bis 1950 rund die Hälfte nach Israel auswanderte.

Nach 1989 kam es zu einer deutlichen Belebung des Alltags der Prager jüdischen Gemeinde. Heute zählt sie rund 1600 Mitglieder. Insgesamt sind an die 5000 Juden in der Moldaustadt ansässig. Ihr Durchschnittsalter ist seit der Samtenen Revolution von seinerzeit 80 auf 57 Jahre gesunken. Viele jüngere Prager Juden haben in den letzten Jahren ihre religiöse und kulturelle Identität wiederentdeckt.

Von ca. 700 Mitgliedern im Jahr 1989 ist die jüdische Gemeinde auf 1600 angewachsen

Jan Hus – ein radikaler Reformer

Als Lehrer und Prediger kämpfte der gebürtige Bauernsohn Jan Hus sein Leben lang gegen Besitzstreben und Verweltlichung von Klerus und Klöstern. Indem er seine Ideen mit nationalen Zielen verknüpfte, beispielsweise die Schaffung einer einheitlichen Schriftsprache und tschechischen Literatur massiv förderte, verhalf er ihnen zu langfristiger Wirkung. Nach seinem Tod als ›Ketzer‹ auf dem Scheiterhaufen beim Konzil von Konstanz 1415 stieg er zum Nationalhelden und Märtyrer der Tschechen auf.

Ursprünglich sollte das Konzil von Konstanz (1414–18) nur ein einziges Ergebnis zeitigen: das Ende des abendländischen Kirchenschismas. Zu diesem Zweck fanden sich in der Stadt am Bodensee zwei der drei amtierenden Päpste, 29 Kardinäle, 33 Erzbischöfe, über 300 Bischöfe sowie etwa ebenso viele weltliche Würdenträger, darunter König Sigismund, ein. Geladen wurde auch Jan Hus, zeitweiliger Rektor der Prager Universität und Reformtheologe in der Tradition des als Ketzer verdammten Briten John Wyclif. In Konstanz sollte er sich, geschützt durch einen Geleitbrief des Königs, wegen seiner Lehren verantworten. Stattdessen machte man ihm jedoch kurzerhand den Prozess. Am 6. Juli 1415 wurde er auf dem Scheiterhaufen verbrannt, seine Asche und seine Knochen in den Rhein geworfen.

Unverblümte Predigten

Jan Hus wurde wahrscheinlich 1381 im südböhmischen Dorf Husinec geboren. Sicher ist, dass er in den 90er-Jahren des 14. Jh. an der Prager Universität studierte. Im Jahr 1396 erlangte er den Titel eines Magister Artium, 1400 wurde er zum Priester geweiht, hielt in der Folge theologische Vorlesungen und trat 1401 sein Amt als Dekan der philosophischen Fakultät an. Ein Jahr später übernahm er Priestertätigkeiten an der Bethlehemskapelle, wo er bald ein wachsendes Publikum anzog, auch weil er anstatt auf Latein in der Landessprache Tschechisch predigte. Inspiriert durch den böhmischen Volksprediger Jan Milíc, wandte er sich den Ideen des englischen Reformators John Wyclif zu.

In seinen Predigten nahm Hus kein Blatt vor den Mund, prangerte den Zustand der römischen Kirche an, ihre Verweltlichung, die Unmoral unter ihren Würdenträgern, die Anhäufung weltlicher Macht und Eigentums. Er glaubte an das unmittelbar bevorstehende Weltende. Anzeichen dafür gab es seiner Ansicht nach zur Genüge: das Schisma, die Pestepidemien, den Sittenverfall. Um das Kommen des Antichristen und so das Ende der Welt zu verhindern, müsse die Kirche, so Hus, zu ihren ursprünglichen Idealen, ihrer Berufung zurückkehren. Wie Wyclif sah auch er in der Bibel die letzte religiöse Autorität, in Christus das wahre

Unbeugsam bis zur letzten Konsequenz: Jan Hus (Denkmal von Ladislav Šaloun, 1915)

Oberhaupt der Kirche. Binnen Kurzem reichte seine Resonanz im Volk weit über die Stadtgrenzen Prags hinaus.

Hus ignoriert den päpstlichen Bann

1408 trafen beim Prager Bischof erste Beschwerden über den »aufwieglerischen Predikanten« ein, woraufhin ihm die Ausübung seiner priesterlichen Funktionen untersagt wurde. Im Jahr darauf erließ Papst Alexander, einer der drei Patriarchen, eine Bannbulle gegen Wyclif. 1411 verhängte Papst Johannes den Großen Kirchenbann über Jan Hus. Gestützt auf seine große Anhängerschaft unter den Tschechen ignorierte dieser das bischöfliche Verbot ebenso wie den päpstlichen Bannfluch. Seine Predigten fanden noch

stärkeren Zulauf als zuvor. Erst 1413 sah sich Hus gezwungen, Prag zu verlassen, um sich in das Schloss eines Freundes zurückzuziehen. Dort verfasste er sein Hauptwerk »De Ecclesia« (›Über die Kirche‹).

Jan Hus sah sich, wie die großen Reformatoren nach ihm, eigentlich als Katholik, dem daran gelegen war, die Kirche wieder auf den rechten Weg zu bringen. Seine Forderungen aber gingen der Amtskirche in allen Belangen zu weit. Sie betrachtete ihn – darin bestand unter den drei Päpsten seltene Einigkeit – als Häretiker.

Verhängnisvolle Reise an den Bodensee

Dass Hus nach Konstanz kam, obwohl er um die mit der Reise verbundenen Risiken wusste, hatte zwei Gründe: Zum einen versuchte er auf diese Weise die angedrohten militärischen Maßnahmen gegen Böhmen zu verhindern. Zum anderen vertraute er auf König Sigismunds Schutzbrief. Und er hoffte wohl auch, zur Überwindung der Kirchenspaltung beitragen zu können.

Kurz nach seiner Ankunft in Konstanz wurde Jan Hus verhaftet und eingesperrt. Den Protest König Sigismunds erwiderten die Kleriker mit der Drohung, das Konzil platzen zu lassen, eine Blamage, die sich der König nicht leisten konnte. So war das Schicksal von Hus besiegelt.

Die Hinrichtung des Böhmen löste in seiner Heimat Empörung aus. Die religiösen Spannungen verschärften sich und bekamen zudem nationalen Charakter, als die Deutschen großteils Katholiken blieben. 1419 brach schließlich der Krieg aus, den Hus hatte vermeiden wollen. Dabei fügten die Hussiten den Kreuzzugsheeren vernichtende Niederlagen zu. Erst durch die Spaltung der Hussiten in Gemäßigte und Radikale gelang es Sigismund 1431, Verhandlungen aufzunehmen und Kompromisse auszuhandeln. Drei Jahre später wurden schließlich die letzten radikalen Hussiten, die ›Taboriten‹ und ›Orebiten‹, militärisch besiegt. 1436 konnte der nunmehrige Kaiser Sigismund endlich als böhmischer König in Prag einziehen.

1968 – Versuch eines Aufbegehrens

Die Ende der 1960er-Jahre einsetzende politische und gesellschaftliche Liberalisierung, der sogenannte Prager Frühling, weckte unter den Tschechen wie auch ihren geknechteten Nachbarn im Norden und Osten große Erwartungen. Doch die militärische Intervention durch die Truppen des Warschauer Pakts zerschlug jählings alle Hoffnungen auf ein Ende der Fremdherrschaft. Die blutigen Ereignisse vom August 1968 traumatisierten das Land und prägten die kollektive Seele einer ganzen Generation.

Das Unfassbare begann am 20. August 1968, kurz nach 23 Uhr: Zu dieser Stunde landeten auf dem Flughafen Ruzyně schwere Antonow-Maschinen und setzten eine komplette Luftlandedivision ab. Deren Panzer und Männer wurden von Agenten des KGB und der Státní bezpečnost (StB), der Sicherheitspolizei der ČSSR, schnurstracks zu den Schlüsselministerien, den Gebäuden des Rundfunks und Zentralkomitees geleitet. Zeitgleich überquerten Truppen des Warschauer Pakts die tschechoslowakischen Grenzen. Ihnen folgten insgesamt eine halbe Million Soldaten und 5000 Panzer, die im Nu das gesamte Land besetzten. Was in jenen Tagen in Prag geschah, ging in Bildern um die ganze Welt: Wütende Einwohner mit Tränen in den Augen und Nationalflaggen in der Hand, Demonstrationen, brennende Barrikaden, Todesmutige, die sich mit bloßem Körper den anrückenden Panzern in den Weg stellten, antisowjetische Plakate und Wandmalereien, Parolen des passiven Widerstands, auf Hausmauern, Denkmäler, Panzer gepinselt, in denen Wut und bitterer Witz verschmolzen. Und alle diese Bilder verbinden sich rückblickend mit dem gezwungenen Funktionärslächeln Dubčeks.

Milde Frühlingsluft

Der Einmarsch der ›brüderlichen‹ Armeen war sowohl für die führenden Politiker als auch die Bevölkerung völlig überraschend gekommen. Zwar wusste man, dass Moskau das Reformprogramm der Genossen in Prag missbilligte, doch mit einer gewaltsamen Beendigung des Reformprozesses hatte niemand gerechnet. In den Monaten zuvor, dem ›Prager Frühling‹, wie man diese Periode später nach dem alljährlichen Musikfestival in der Stadt nannte, hatte die tschechoslowakische KP die politischen Weichen in Richtung einer moderaten Liberalisierung gestellt. Im Januar hatte Dubček den orthodoxen Antonín Novotný als Ersten Sekretär der KP abgelöst. Der bis dahin fast unbekannte Mann hatte 1945 an der nationalen Erhebung der Slowakei teilgenommen und war in der alles andere als liberalen Sowjetunion der 1930er-Jahre politisch geprägt worden. Doch er verstand zuzuhören und zu lernen. Bereits im Februar versprach er eine umfassende Demokratisierung und im April erlangte er die Sympathien weiter Kreise der Bevölkerung, indem er dem Land einen »Sozialismus mit menschlichem Antlitz« verhieß. Mit einem Mal durften alle Tschechen ins westliche Ausland reisen. Von der Begegnung mit den »dekadenten Imperialisten« und »Blutsaugern der Arbeiterklasse«, deren Jugend und Studentenschaft sich von Paris bis Westberlin ebenfalls gerade anschickte, etablierte Gesellschaftsstrukturen über den Haufen zu werfen, brachten sie viele neue Ideen heim nach Prag – und das Gefühl, endlich wieder Teil des zivilisierten Europa zu sein.

Das Tauwetter der Jahre zuvor

Schon seit den frühen 1960er-Jahren war in der Bevölkerung das Bewusstsein für den Bankrott des kommunistischen Systems und seiner Ideale gereift. Ab 1963 durften Westtouristen gegen harte Währung Prag besuchen, Kafka wurde rehabilitiert und die UdSSR – noch hinter vorgehaltener Hand – kritisiert. Im Frühjahr 1965 trugen Studenten bei der Kundgebung zum 1. Mai ein Transparent mit dem Slogan »Lang lebe die Sowjetunion, aber auf ihre eigenen Kosten«.

Zwei Jahre später hatte man Schritt für Schritt eine ziemlich freie, dezentralisierte Marktwirtschaft eingeführt. Im Juni dieses Jahres kritisierte die Schriftstellergewerkschaft die »führende Rolle der Partei«. Im Oktober protestierten Studenten gegen ihre Lebensbedingungen und wurden von der Polizei mit Tränengas und Schlagstöcken brutal zerstreut. Unversehens steckte das Regime in einer veritablen Führungskrise. Und was tat der neue Mann an der Spitze? Er löste sie statt mit eiserner Faust mit väterlicher Milde. Die Zensur wurde aufgehoben, der Vorhang über den Gräueln der

Jegliche Hoffnung auf ein freieres Leben wurde 1968 gewaltsam zunichte gemacht

Museum des Kommunismus
Na Příkopě, der im rechten Winkel zum Wenzelsplatz verlaufende ehemalige Wehrgraben der Altstadt, lädt heute mit schicken Läden zum Shoppingbummel ein. Doch die breite Fußgängerzone bietet auch eine Lehrstunde in Zeitgeschichte: Ironischerweise in einem Adelspalast zwischen Casino und McDonalds-Filiale dokumentiert das von einem Amerikaner gegründete Museum des Kommunismus (Nr. 10, tgl. 9–21 Uhr, www.muzeumkomunismu.cz) die bleiernen Jahre der ČSSR (1948–89) – drei Räume, vollgestopft mit Memorabilia sowie informativem Bild- und Textmaterial über Politik und Propaganda, Alltag, Wirtschaft, Militär-, Sport- und Erziehungswesen, Justiz, Zensur und Geheimpolizei hinter dem Eisernen Vorhang. Interessant und ergreifend!

Schauprozesse der 1950er-Jahre gelüftet. Literatur, Theater, Film, überhaupt das Geistesleben, setzten zu Höhenflügen an. Ende Juni 1968 veröffentlichte Ludvík Vaculík sein berühmtes »Manifest der 2000 Worte«, in dem er eine beschleunigte Liberalisierung forderte. Stattdessen kamen die Panzer, wurde der Frühling Mitte August zum Winter.

Moskaus eiserne Faust

Während des bösen Erwachens, noch am Tag des Einmarschs, verhafteten KGB-Offiziere Dubček und seine Kollegen und flogen sie nach Moskau. Eine Woche später, am 28. August, kehrten sie gebrochen zurück. Sie waren gezwungen worden, ein Kommuniqué zu unterschreiben, das die Invasion legalisierte, die Zensur wieder einführte und die künftige Anwesenheit sowjetischer Truppen im Land guthieß.

Einige Monate noch lehnte sich das Land auf. Studenten streikten, einige von ihnen – als Erster am 16. Januar 1969 Jan Palach – gingen so weit, sich aus Protest selbst zu verbrennen. Doch als im März das heimische Eishockeyteam die Sowjets schlug, nahmen diese die Siegesfeiern auf den Straßen zum Anlass, eine Provokation zu inszenieren. Dubček, hieß es daraufhin, sei nicht mehr Herr der Lage. Am 17. April wurde er durch Gustáv Husák ersetzt. Die ›Normalisierung‹ nahm ihren Lauf. Denunziantentum, lähmende Bürokratie und Anstehen um Grundnahrungsmittel bestimmten erneut den Alltag. Eine halbe Million Menschen, darunter ein großer Teil der Elite, wanderten aus. Statt der ›Leichtigkeit des Seins‹, die Milan Kundera im gleichnamigen Roman später so eloquent beschwor, herrschte erneut bleierne Repression.

Acht Jahre sollten vergehen, bis 243 Schriftsteller, Künstler und andere Intellektuelle, unter ihnen als Sprecher Václav Havel, der Ex-Außenminister Jiří Hájek und der bald darauf während eines Polizeiverhörs verstorbene Philosoph Jan Patočka, die Charta 77 unterzeichneten – eine Grundsatzerklärung, die im Sinne der zwei Jahre zuvor unterzeichneten Schlussakte der Europäischen Sicherheitskonferenz von Helsinki die Einhaltung der Menschen- und Bürgerrechte forderte. Und nochmals zwölf Jahre sollte es dauern, bis Michael Gorbatschow die seinerzeit von Dubček angestrebte ›Perestrojka‹ in Moskau durchsetzte und die Tschechoslowakei schließlich dank der Samtenen Revolution nach 8339 bleiernen Tagen der Okkupation ihren Vasallenstatus endgültig überwinden konnte.

Wie aus Stalin ein Metronom wurde

Es war das größte Stalin-Monument, das je errichtet wurde, und viele ältere Prager erinnern sich bis heute mit Schaudern daran: 7000 m³ Granit waren zur Errichtung des 14 000 t schweren Ungetüms vonnöten. 600 Männer arbeiteten über 500 Tage daran. Was dann nach seiner Enthüllung am 1. Mai 1955 vom Letná-Hügel über dem linken Moldauufer stechenden Blickes die Goldene Stadt observierte, war eine 30 m hohe Statue des Generalissimus, der freilich nur ein sehr kurzes Dasein beschieden war.

Wer das Denkmal von Osten betrachtete, erblickte hinter Stalin drei Sowjetmänner und eine Frau; wer von Westen hinaufschaute, sah dagegen vier Tschechen: einen Arbeiter, eine Bäuerin mit Sichel, einen »arbeitenden Intellektuellen« und einen Soldaten. Das Monument war konzipiert als Symbol für beide Völker auf ihrem Weg zum Kommunismus unter der Führung Stalins, des ›Mannes aus Stahl‹.

Der Personenkult war nicht von langer Dauer: Bereits kurz nach dem 20. Kongress der KPdSU im Herbst 1956, auf dem Chruschtschow seine berühmte Rede über die Verbrechen des Vorgängers gehalten hatte, wurde Stalins Leichnam aus dem Lenin-Mausoleum entfernt. 1962 befahl Moskau seinen tschechischen Statthaltern, auch das mittlerweile peinlich gewordene Relikt auf dem Letná zu beseitigen. 800 kg Sprengstoff und 1650 Zünder waren nötig, um es in Schutt zu legen – eine Aktion, die mehrere Wochen dauerte. Sie sollte eigentlich unter größter Geheimhaltung stattfinden, doch die exponierte Lage des Objekts ließ dies

Symbolisierte bis 1962 den ›Takt der Zeit‹: die Stalin-Figur auf dem Letná-Hügel

nicht zu. Und so beobachteten die Prager den Vorgang mit kaum verhohlener Freude. Lehrer brachten sogar ihre Schüler zwecks Anschauungsunterricht zum Lokalaugenschein. Später transportierten die Abbrucharbeiter die Gliedmaßen, Torsi und Köpfe der einstigen Helden auf offenen Lastwagen durch die Altstadt ab – eine Szene, die sich Schweijk oder die Surrealisten nicht besser hätten ausdenken können.

Neuer Zeittakt

Lange blieb der überdimensionale Sockel leer, lediglich Skateboarder nutzten ihn als Übungsterrain. Erst in den 1990er-Jahren begann der Bildhauer Vratislav Karel Novák auf ihm ein riesiges Metronom zu errichten. Es gibt den Pragern bis heute – wenn es nicht, was gelegentlich geschieht, temporär seinen Geist aufgibt – weithin sichtbar und leise ächzend den Takt vor und erinnert politische Irrläufer vorbeugend an die Vergänglichkeit etwaiger Macht.

Zusätzliche symbolische Bedeutung bekam das Metronom übrigens 2003: Damals, in den Wochen vor dem Referendum über Tschechiens EU-Beitritt, war es integraler Bestandteil der Informationskampagne der Regierung. Links und rechts von ihm hatte man zwei weithin sichtbare Tafeln aufgestellt. Auf der linken stand auf rotem Grund das Wort »Ne« (›Nein‹), auf der rechten vor klassischem EU-Blau »Ano« (›Ja‹). So pendelte der stählerne Zeiger lange zwischen beiden Wahlmöglichkeiten, um schließlich am 14. Juni, dem Tag der Entscheidung, stoppend das Ergebnis anzuzeigen: 77 % der Bevölkerung hatten sich für die Mitgliedschaft in der Union ausgesprochen.

Jan Švankmajer – Gralshüter des Prager Surrealismus

In einer schmalen Gasse in der ›Neuen Welt‹, westlich des Hradschin, entdeckt man, schaut man genau hin, ein kleines Schaufenster, gefüllt mit bizarren, witzigen Drucken, Zeichnungen und Objekten im Stil des Surrealismus, des Taktilismus und der Art Brut. Was kaum jemand weiß: Mitbesitzer dieser winzigen, aber feinen Galerie namens Gambra ist Jan Švankmajer, der weltberühmte Prager Theaterdirektor, Animationskünstler, Dichter und Filmemacher.

Bei dem mittlerweile bald 80-Jährigen handelt es sich gleichsam um den Gralshüter des tschechischen Surrealismus. Die Geschichte dieser Stilrichtung begann mit dem Besuch André Bretons und Paul Eluards an der Moldau im Jahr 1934 und ist untrennbar mit dem Lyriker Vítězslav Nezval und den Theoretikern Karel Teige und Vratislav Effenberger verbunden.

Jan Švankmajer ist integrales Mitglied jener verschworenen Gemeinschaft von Surrealisten der zweiten Generation, die sich weder von den Kommunisten kleinkriegen noch von den Forderungen des Kunstmarkts beeindrucken ließen. In Fundamental-Opposition zu allen Ideologien und ›Ismen‹ liebte es die Gruppe, die Bürger aufzuschrecken und zu provozieren. Mit Texten, Fotos und Gemälden, Skulpturen, Environments und Happenings zerrten sie die Requisiten der kleinbürgerlichen Wohnstuben der letzten 50 Jahre in surrealistischer Verfremdung an die Öffentlichkeit.

»Sledgehammer«

Nach dem Studium am Institut für industrielle Künste und an der Marionettenabteilung der Prager Akademie arbeitete Švankmajer als Bühnendirektor anfangs vor allem mit den Mitteln des Masken- und des Schwarzen Theaters. Weltberühmt wurde er 1987 durch seinen Videoclip »Sledgehammer«, den er für Peter Gabriels gleichnamigen Hit produziert hatte. Doch schon zuvor, ab

Jan Švankmajers Werk
Für alle, die sich näher mit Švankmajers Werk beschäftigen wollen, empfiehlt sich ein Besuch in der Galerie Gambra (s. S. 46). Die Kurzfilme sowie u. a. der Langfilm »Faust« sind auf DVD erhältlich.

Jaroslav Seifert und der Poetismus

Schon ein Jahrzehnt, bevor der Surrealismus an der Moldau Wurzeln schlug, entstand mit dem Poetismus eine spezifisch tschechische, sehr theorieferne literarische Avantgarde-Richtung. Ihr Wortführer Karel Teige forderte »nichts als Glück, Liebe und Poesie – paradiesische Dinge, die man für Geld nicht kaufen kann«. Dem Kreis gehörten, neben den späteren Surrealisten Vítězslav Nezval und Teige u. a. die Lyriker František Halas und Jaroslav Seifert an. Letzterer, dessen Bedeutung 1984 mit der Verleihung des Literaturnobelpreises gewürdigt wurde, widmete sich schon früh der Poesie (20-jährig veröffentlichte er 1921 den Gedichtband »Stadt in Tränen«) wie auch der Politik. Er schloss sich dem extrem linken Flügel der Kommunistischen Partei an und edierte Zeitungen und Magazine. Bereits in den 20ern galt er als einer der führenden Repräsentanten der tschechischen Avantgarde. Er übersetzte u. a. Werke von Apollinaire und Verlaine und entwickelte eine Versform, die den Alltag der Arbeiter als klassischen Liedtext beschrieb. Während des Prager Frühlings setzte er sich für die Rehabilitation verfolgter Kollegen ein, verurteilte die Sowjetinvasion und unterzeichnete die Charta 77. 1969 wählte man ihn zum Präsidenten der Schriftstellervereinigung, doch setzte ihn das Husák-Regime sofort wieder ab. Erst ab 1979, sieben Jahre vor seinem Tod, wurden seine Werke wieder verlegt (auf Deutsch nur antiquarisch).

1964, hatte er zahlreiche Kurzfilme gedreht, wobei er allerdings – als Mitglied der Gruppe der Prager Surrealisten – Mitte der 1970er-Jahre behördlicherseits zu einer Zwangspause verurteilt worden war.

Herrlich abstrus

1988 erfüllte sich Švankmajer einen lang gehegten Wunsch: Mit seiner Frau Eva (1940–2005) drehte er, basierend auf Lewis Carrolls »Alice im Wunder-

Szene aus »Surviving Life« (2010), dem letzten Opus des Meisters der Animationscollage

land«, seinen ersten Langfilm »Etwas aus Alice«, der bei der Berlinale uraufgeführt wurde. Es folgten u. a. »Faust« (1994), »Otesanek« (2000), die herrlich abstruse Geschichte eines ›kleinen Nimmersatts‹ und »Šílení« (2005), ein Gruselfilm nach Motiven von Edgar Allan Poe und Marquis de Sade. Sein jüngster Film »Surviving Life« (2010), eine ›psychoanalytische Komödie‹, beeindruckt mit brillanter Collagetechnik.

Allen Werken Švankmajers, von denen sich Regisseure wie Terry Gilliam, Mitbegründer der britischen Gruppe Monty Python (u. a. »Leben des Brian«), oder Tim Burton (u. a. »Edward mit den Scherenhänden«) beeinflusst fühlen, ist ein spezifischer imaginativer Sarkasmus eigen. Er ist getränkt mit beißendem Humor und umgesetzt mit unglaublicher – thematischer wie auch tricktechnischer – Fantasie und Virtuosität. Fressen und gefressen werden, Sexualität und das Absurde der Suche des Menschen nach Glück sind Leitmotive seiner Filme, deren Protagonisten letztlich allesamt an ihren Passionen und Perversionen zugrundegehen.

Ein Hotspot der Gegenwartskunst?

In der Zwischenkriegszeit fungierte Prag in vielen Kunstgenres – Malerei, Bildhauerei, Fotografie, Design – als Hort der Avantgarde. Nach 1939 versank die bildende Kunst, von der Politik geknebelt, für fünf Jahrzehnte weitgehend in Bedeutungslosigkeit. Seit der Samtenen Revolution floriert die Galerie- und Ausstellungsszene jedoch wieder. Die Lorbeeren dafür gebühren u. a. dem exiltschechischen Ehepaar Jan und Meda Mládek, das Prag seine famose Sammlung moderner Kunst schenkte und 2001 mit der Eröffnung des Kampa-Museums ein Zeichen setzte.

Die Umwälzungen des 20. Jh., die Okkupation durch Nazi-Deutschland, die damit einhergehende Vertreibung und Vernichtung eines Teils der tschechischen Intelligenzija sowie das lähmende Klima des nachfolgenden kommunistischen Regimes, dem zahlreiche Künstler durch Flucht zu entkommen suchten, beendeten abrupt das überaus aktive Schaffen der Prager Künstler in den 1920er- und 1930er-Jahren. Dies galt vor allem für den Bereich der bildenden Kunst, in Literatur und Musik kam es dagegen auch nach 1948 durchaus noch zu sehr interessanten und letztlich breitenwirksamen Entwicklungen. Ohne die Verurteilung der Punk-Rock-Band The Plastic People of the Universe (1976) beispielsweise wäre es kaum zur Gründung der Bürgerrechtsbewegung Charta 77 durch Václav Havel und Gleichgesinnte gekommen. Maler und Bildhauer jedoch spielten in diesem Zusammenhang nur eine untergeordnete Rolle.

Exilanten-Ehepaar als Retter

Dass man heute in Prag einen guten und repräsentativen Überblick über das Schaffen der tschechischen Künstler der Moderne erhalten und die junge Künstlergeneration auf diese Weise an alte Traditionen anknüpfen kann, ist u. a. das Verdienst des Ehepaars Jan und Meda Mládek. »Überlebt die Kultur einer Nation, so überlebt auch die Nation«, so lautete das Motto Jan Mládeks, als er gemeinsam mit seiner Frau im amerikanischen Exil nicht nur die Werke des Kubisten Otto Gutfreund und des abstrakten Malers František Kupka sammelte, sondern auch gezielt zeitgenössische Künstler aus der damaligen Tschechoslowakei, aus Polen, Ungarn und dem ehemaligen Jugoslawien durch Ankäufe unterstützte – zu einer Zeit, als die herrschenden realsozialistischen Regime alles unternahmen, um die Künste in

»Figuren«, Skulpturengruppe von Magdalena Abakanowicz im Kampa-Museum

ein braves, biederes und systemkonformes Korsett zu zwängen.

Heute befindet sich die über 200 Werke umfassende Sammlung von Jan und Meda Mládek, zusammen mit weiteren Sammlungen und den Werken der jeweiligen Sonderausstellungen, hinter der strahlend weißen Fassade einer aus dem Mittelalter datierenden Mühle. Sie liegt nahe der Karlsbrücke auf der kleinen Insel Kampa, direkt am Moldauufer, und wurde umfassend restauriert und durch moderne Bauten ergänzt. Die Eröffnung des Kampa-Museums 2003, mit der Meda Mládek einen Wunsch ihres 1989 kurz vor der Wende verstorbenen Ehemanns erfüllte, war ein wichtiges Symbol der neu gewonnenen Freiheit und wurde auch international viel beachtet.

Markante Orte: Prags Galerien

Die für das Museum Kampa so prägende Symbiose aus Tradiertem und Neuem ist auch für viele Prager Galerien bezeichnend. Einige haben sich an auf den ersten Blick unscheinbaren Orten niedergelassen, wie die größte unabhängige Galerie Prags, das Centrum Futura. Es befindet sich in einer ehemaligen Fabrik, die sich hinter einem schlichten Wohnhauseingang in Smíchov verbirgt. Das über 800 m^2 große Kunstzentrum wurde 2003 gegründet, ist nichtkommerziell und widmet sich ausschließlich der zeitgenössischen Kunst, wobei das Spektrum von Installationen über Fotografie bis zu Video-

Aus Prags Kunstszene nicht mehr wegzudenken: das 2003 gegründete Futura Centre

kunst reicht. Andere Galerien haben die sie umgebende Architektur aufgebrochen, wie etwa die bereits seit 1930 existierende renommierte Galerie Mánes. Ihr markantes, funktionalistisches Gebäude aus der Zwischenkriegszeit überbrückt einen Arm der Moldau, verbindet Nové Město mit der Slawischen Insel und bildet zugleich einen interessanten Kontrast zu dem nahen mittelalterlichen Wasserturm.

Beide Galerien haben der Kunstszene in den vergangenen Jahren starke Impulse gegeben. Gleichwohl: Ideal sind die Rahmenbedingungen für zeitgenössische Kunst in Prag und im übrigen Land nach wie vor nicht. Nach der Samtenen Revolution kämpfte das kunstinteressierte Publikum lange mit der Anpassung an die neuen ökonomischen und sozialen Gegebenheiten. Finanzielle Kapazitäten für den Erwerb von Kunst, auch tschechischer Provenience, hatten sie in der Regel nicht – mit Auswirkungen bis heute. Hinzukommt, dass viele Galeristen noch immer lieber auf international bekannte und zugkräftige Namen setzen, um ein großes Publikum anzusprechen. Die lokalen Künstler haben das Nachsehen.

Gegenwartskunst in Prag
Interessante Ausstellungsorte sind neben dem **Kampa-Museum** (U Sovových mlýnů 2, www.museumkampa.cz, tgl. 10–18 Uhr, 150/75 Kč, 45-min. Führungen auf Deutsch nach tel. Reservierung: Tel. 257 222 187, Mo–Fr, 2000 Kč) u. a.: **Mánes-Kunstverein,** Masarykovo nábřeží 250, Tel. 224 932 938, www.ncvu.cz, Di–So 10–18 Uhr; **Centrum Futura,** Holečkova 49, Tel. 251 511 804, www.futuraproject.cz, Mi–So 11–18 Uhr; **Galerie Miro,** Strahovské nádvoří 1, Tel. 233 354 066, www.galeriemiro.cz, tgl. 10–17 Uhr; **Galerie Rudolfinum,** Alšovo nábřeží 12, Tel. 227 059 309, www.galerierudolfinum.cz, Di–So 10–18, Do bis 20 Uhr; **Galerie der Hauptstadt Prag,** Staroměstské nám./Altstädter Ring 13, Tel. 224 810 036, www.ghmp.cz, Di–So 10–20 Uhr, s. a. S. 129. Galerie für zeitgenössische Architektur: **Jaroslava Fragnera,** Betlémské nám. 5a, Tel. 222 222 157, www.gjf.cz, Di–So 10–18 Uhr.

Große Pläne mit Dalí

Neben dem Kampa-Museum gab es seit der Wende weitere große Vorhaben im Kunstsektor. Nicht alle wurden realisiert. Als Paradebeispiel für die Abgehobenheit mancher Projekte gilt der 2004 der Öffentlichkeit vorgestellte Plan des Galeristen und Kunsthändlers Miro Smolák, ein Dalí-Museum zu errichten. 1500 Werke sollten in einem aufsehenerregenden Bau von Daniel Libeskind eine neue Heimat finden. Doch Kritiker bemängelten den fehlenden Bezug von Dalís Werk zu Prag oder fanden den Bau überdimensioniert. Die hochfliegenden Museumspläne zerschlugen sich. Eingerichtet wurde stattdessen eine kleine, sehr kommerzielle Dalí-Dauerausstellung im Haus Zum weißen Einhorn am Altstädter Ring (Nr. 15, tgl. 10–20 Uhr).

Ungeachtet solcher Luftballon-Projekte arbeitet sich die junge Generation Prager Künstler freilich weiterhin unverdrossen an den örtlichen gesellschaftlichen Entwicklungen ab, kommentiert sie mal zynisch, mal begeistert, mal kritisch-ironisch. Und findet damit doch immer mehr Beachtung – auch über die Grenzen der Stadt und des Landes hinaus.

Prag, das Hollywood des Ostens

Typische Handbewegung: Pan Tau begeisterte in den 1970er-Jahren die Kinder

Die von einem Onkel Václav Havels in den 1930ern gegründeten Filmstudios auf dem Barrandov-Hügel am südwestlichen Stadtrand sind in der Cineastenwelt berühmt. Schon vor 1939 sorgten Filme, die hier gedreht wurden, international für Furore. Nach der Samtenen Revolution lernten gleich scharenweise Produzenten aus L. A. die Vorzüge der örtlichen Infrastruktur und Expertise der tschechischen Fachleute schätzen. Ob Sean Connery und Daniel Craig als James Bond oder Tom Hulce alias Miloš Formans »Amadeus«, ob Tom Cruise, Anthony Hopkins oder Johnny Depp: Sie alle standen bereits an der Moldau vor der Kamera.

Kinoenthusiasten und TV-Zuschauern in der ganzen Welt ist die Schöpferkraft tschechischer Regisseure wohl bekannt: Miloš Formans Meisterwerke wie »Amadeus«, »Einer flog übers Kuckucksnest« oder »Goya«, die Serienabenteuer des liebenswürdigen Herrn Pan Tau, Jan Svěráks reizende, Oscargekrönte Geschichte vom alternden Musiker-Junggesellen Louka und seinem kleinen Ziehsohn Kolja am Vorabend der Samtenen Revolution oder »Želary«, Ondřej Trojans aufwendiger Historienfilm (2003) aus der Zeit der Nazi-Besetzung Tschechiens, zählen zu den Klassikern der Filmgeschichte.

Fruchtbarer Boden für Filmpioniere

Erweckt wurde das Faible der Tschechen für die ›laufenden Bilder‹ extrem früh: Ein gewisser Jan Kříženecký, Architekt und Schüler der Brüder Lumière, hatte um 1900 diese neue Art der Unterhaltung aus Paris importiert und bereits erste humorvolle Kurzfilme produziert. Schon bald entstanden ausladende, geradezu hollywoodartige Leinwandstreifen. 1907 richtete der Zauberkünstler Viktor Ponrepo (nach dem ein Kino in der Bartolomějská benannt ist) im Haus Zum blauen Hecht in der Karlova Prags erstes ständiges Lichtspieltheater ein, das Biograf. 1910 besaß die Stadt bereits 15 Kinos und 1933 pro Einwohner mehr Filmtheater als jede andere europäische Metropole. Nachdem in den 20er-Jahren in der Tschechoslowakei pro Jahr an die zwei Dutzend, meist melodramatische Stummfilme gedreht worden waren, entstanden Anfang der 30er-Jahre auf dem Barrandov-Hügel die damals modernsten Studios des Kontinents. Ihre Begründer waren Max Urban und Miloš Havel.

Gelenktes Filmschaffen

1934 erhielt Gustav Machatýs Film »Ekstase«, der in Barrandov gedreht worden war und dank der nackten Hedvige Kiesler (später Hedi Lamarr) für Furore sorgte, beim einzigen internationalen Filmfestival vor dem Krieg, der Biennale in Venedig, den Goldenen Löwen. Fünf Jahre später übernahmen die deutschen Besatzer die Studios. Fortan entstanden vornehmlich Unterhaltungsfilme à la »Liebesheirat« und »Wiener Mädeln«, die mit Publikumslieblingen wie Theo Lingen, Hans Moser, Hans Albers und Heinz Rühmann vom tristen Alltag ablenken sollten. Auch der berühmte »Paracelsus« mit Werner Krauss sowie unzählige Propagandafilme, u. a. das berüchtigte antisemitische Machwerk »Jud Süß«, kamen aus Barrandov.

Weitere Infos
Fortlaufend aktualisierte Informationen über Tschechien bzw. Prag als Schauplatz für Dreharbeiten findet man unter www.filmcommission.cz.

In den frühen Jahren des Sozialismus entsprangen der vormals kapitalistischen Filmwerkstatt vorrangig Lehrstreifen über Spione und Saboteure, die die Einheit der Arbeiterklasse zu zerstören suchten. Großer Kassenschlager jener Zeit war »Kuban-Kosaken«, der das glückliche Leben auf einem kollektivierten Bauernhof beschrieb. Parallel kam es zu zahlreichen Koproduktionen mit ausländischen Film- und Fernsehgesellschaften, die die niedrigen Mieten und Personalkosten sowie Know-how und Ideenreichtum der örtlichen Profis und natürlich die historische Kulisse der unzerstörten Stadt schätzten. Damals entstanden Streifen wie »Im Westen nichts Neues«, »Die Brücke von Remagen« oder »Schloss Gripsholm«.

Regieerfolge in den Sechzigern

Der tschechischen Filmindustrie gelang der künstlerische Durchbruch international Mitte der 60er-Jahre. Eine Reihe frisch gebackener Absolventen der Filmhochschule FAMU nutzte die Phase des politischen Tauwetters und setzte die ›Neue Welle‹ in Bewegung. Exzellent ausgebildet (an der FAMU lehrten vornehmlich mit Drehverbot belegte ehemalige Regisseure) und durch die Verstaatlichung finanziell abgesichert, wandten sie sich vehement gegen die Doktrinen des Sozialistischen Realis-

Segway-Touren zu Drehorten
»Mission Impossible«, »Casino Royale«, »Amadeus«, »Bourne Identity« ... Zu den Schauplätzen einer Reihe prominenter Hollywood-Blockbuster führt eine dreistündige Segway-Tour. Dabei bekommt man, auf den flotten, elektrisch betriebenen Zweirädern stehend, insgesamt 24 spektakuläre Drehorte zu sehen, auf Englisch vielerlei Details der Arbeit hinter den Kulissen erläutert und kann auf mobilen DVD-Screens die zugehörigen Videoclips ansehen. Abfahrt tgl. um 19 Uhr bei der Karlsbrücke; Kosten: 1500 Kč pro Person; Detailinfos: Tel. 731 238 264, www.segwayfun.eu.

mus, das Dogma des positiven Helden und jeglichen Personenkult. Ästhetisch vor allem von Nouvelle Vague und Cinéma vérité beeinflusst, doch mit einem sehr eigenständigen Sinn für das Groteske und einer Neigung zu Parabel und Allegorie, stellten sie die persönliche Erfahrung und penible Beobachtung der Wirklichkeit in den Vordergrund. Regisseure wie Jiří Menzel, Karel Kachyňa, Ivan Passer und Miloš Forman heimsten damals internationale Preise ein. Nach der Rückkehr des Panzerkommunismus gingen sie ins Exil oder wurden zum Schweigen gebracht. Weitere 20 Jahre beherrschten internationale Koproduktionen das Geschäft.

Neuer Boom nach der Wende

Als schließlich 1989 auch für das Filmové Studio Barrandov (FSB) eine radikal neue Zeit begann, tat man sich mit der Privatisierung anfangs schwer. Doch bald fassten die findigen, an Improvisation gewöhnten Branchenspezialisten am freien Markt Fuß – und verhalfen der tschechischen Filmindustrie zu einem neuen Boom: Über 480 Mio. Euro betrug 2009 deren Gesamtumsatz. Das Geschäft ist professionell strukturiert und die Traumkulisse wird zeitgemäß vermarktet. Ein Quadratmeter Altstädter Ring oder malerische Seitengasse schlägt für Filmteams täglich mit zehn Kronen (gut 30 Cent) zu Buche. Die Karlsbrücke kostet pro Drehtag 250 000 Kč (ca. 8000 €).

Die mittlerweile modernisierten elf Studios von Barrandov sind rund um die Uhr ausgebucht, neue Unternehmen entstehen. Paradebeispiel: die Firma Prague Studios, die 1999 in der alten Flugzeugfabrik von Letňany drei riesige Hallen umbaute und darin u.a. das größte Tonstudio Kontinentaleuropas installierte. Kein Wunder, dass an der Moldau am laufenden Band internationale Top-Produktionen, von »Mission Impossible«, »Blade II« und »Die Abenteuer des jungen Indiana Jones« bis zu »Johanna von Orleans« oder dem »Barbier von Sibirien« entstehen und sich hier Stars vom Kaliber eines Sean Connery, Anthony Hopkins, Bruce Willis, Tom Cruise oder Johnny Depp gleichsam die Klinke in die Hand geben. Bemerkenswert ist, dass trotz der gewichtigen Konkurrenz vor allem durch US-amerikanische Streifen der tschechische Film beim eigenen Publikum einen Marktanteil von 25 % erreicht. So schafften es etwa 2003 gleich vier einheimische Produktionen unter die zehn erfolgreichsten Kinofilme. Jan Hřebejks »Pupendo«, eine Komödie über den tschechischen Alltag Mitte der 80er-Jahre, stellte mit fast 1 Mio. Eintrittskarten sogar »Harry Potter« und den »Herrn der Ringe« in den Schatten.

Wo die Begeisterung Wellen schlägt

Tennis-As Martina Navrátilová oder Zehnkämpfer Roman Šebrle, der Speerwerfer Jan Železný oder die Eisschnellläuferin Martina Sáblíková, die laufende »Lokomotive von Prag«, Emil Zátopek, oder Fußballlegenden wie Antonín Panenka und Pavel Nedved: Gemessen an seiner Einwohnerzahl ist Tschechien in der Welt des Sports zweifellos eine Großmacht.

Der Stellenwert der Förderung von Nachwuchstalenten an den Schulen ist hoch, die Begeisterung der Bevölkerung für Spitzenleistungen enorm und die Geschichte des Prager Sportwesens so vielfältig wie symbolträchtig. Die kollektive Wertschätzung der Leibesertüchtigung zeigte sich schon zu Zeiten der k.u.k.-Monarchie in der berühmten Turnvereinigung Sokol (›Falke‹). 1862 hatte der Philosophielehrer Miroslav Tyrš diese in der Überzeugung gegründet, dass das olympische Ideal »eines gesunden Geistes in einem gesunden Körper« der tschechischen Nation helfen würde, ihre Identität wiederzufinden. Sokol verband alsbald sportliche Aktivitäten mit nationalen, slawischen Zielen und bildete eine Art inoffizielle Miliz – mit der Folge, dass sie im Laufe ihrer kurzen Geschichte dreimal aufge-

Ob Fußball oder Eishockey, beim Sport kochen die Emotionen bei den Pragern hoch

Hintergründe
Interessante Einblicke zum Thema vermitteln immer wieder Sonderausstellungen im **Museum für Körpererziehung und Sport** (Muzeum tělesné výchovy a sportu; 7, Kostelní 44, Tel. 257 311 703). Adressen der wichtigsten Prager Sportstätten s. S. 62.

löst wurde: 1915 von den Habsburgern, 1941 von den Nazis (die 20 000 Mitglieder verhaften und ein Viertel von ihnen in den KZs umkommen ließen) und schließlich von den Kommunisten. Letztere ersetzten die berühmten Sokol-Feste durch die Spartakiaden, nicht minder gigantomanische Veranstaltungen, die sich statt Patriotismus die Verherrlichung des neuen Regimes und des großen Bruders UdSSR auf die Fahnen schrieben. Sinnbild für den damaligen Massen- und Größenwahn war der Bau des Strahov-Stadions auf dem gleichnamigen Hügel: In den späten 20er-Jahren erbaut, von den Kommunisten auf ein Fassungsvermögen von bis zu 240 000 Besucher erweitert, ist es bis heute Europas größte Freiluftarena. Nach der Wende fand sie nur noch sporadisch für Flohmärkte, Rockkonzerte oder Campingwagen-Schauen Verwendung, ehe der Sportclub Sparta sie 2003 für 10 Mio. Euro zum Förderzentrum umbaute. Eigentliche Heimstatt des Profi-Fußballklubs AC Sparta ist die Generali Arena, das ehemalige Letná-Stadion auf dem gleichnamigen Hügel.

»Tschechen vor!«

Wie sehr sich in Prag auch bezüglich der Sportstätten die Zeiten geändert haben, symbolisiert eindrücklich das jüngste Megaprojekt: die O_2-Arena im Nordosten der Stadt, ihres Zeichens mit bis zu 18 000 Plätzen das größte Mehrzweckstadion des Kontinents und mit 200 Mio. Euro Entstehungskosten nach dem Atommeiler von Temelin und dem sozialistischen Kulturpalast in Prag der teuerste Bau in der Geschichte der Republik. Auch in Prag wandelt sich, typisch für eine Transformationsgesellschaft, das Freizeitverhalten so, wie es dies im Westen vor zwei, drei Jahrzehnten schon tat. Statt wie bisher die unteren Schichten sitzen inzwischen in erster Linie der Mittelstand und die (Neu-)Reichen in den Stadien. Denn der Zutritt hinter die glänzende Glasfassade der O_2-Arena ist für Angehörige des alten ›Proletariats‹ wohl unerschwinglich.

Anlass für den nach nur 16 Monaten Bauzeit 2004 eröffneten Prestigebau war, neben dem EU-Beitritt, die Eishockey-Weltmeisterschaft in Prag und Ostrava – womit wir beim Nationalsport Nummer eins gelandet wären.

Eishockey als Politikum

Mögen sich Prags traditionsreiche Fußballclubs wie Slavia, Sparta und Bohemians auch großen Zulaufs erfreuen und die Nationalkicker in den letzten Jahren Weltklasseleistungen erbracht haben, am heftigsten schlägt der Tschechen Sportlerherz zweifelsohne für *Lední hokej*. Der feurige Ruf »Češi do toho!« (›Tschechen vor!‹) hat das Nationalteam seit der Trennung von der Slowakei schon fünfmal zum Sieg bei Weltmeisterschaften getragen. Die besten der ca. 80 tschechischen Cracks, die derzeit in der US-Profiliga NHL spielen, werden kultisch verehrt. Superstars wie Jaromir Jagr oder Dominik Hašek stehen im Rang von Nationalheiligen. Der

Grandioser Sieg: 2010 gewinnen die Tschechen die Eishockey-Weltmeisterschaft

Olympiasieg 1998 in Nagano gegen den Erzrivalen Russland wurde sogar zum Thema einer im Jahr darauf am Ständetheater uraufgeführten Oper.

Was ist freilich solche Begeisterung gegen die fundamentale gesellschaftspolitische Bedeutung, die dem Eishockey zu kommunistischen Zeiten zukam? 1947 wurde in Prag die erste WM nach dem Zweiten Weltkrieg abgehalten und prompt das Gastgeberland Weltmeister. 1948 stürzte die halbe Mannschaft auf dem Weg nach London zur Titelverteidigung mit dem Flugzeug ab. Und als das Nachfolgeteam 1950 erneut zur WM nach England sollte, inszenierte das Regime Gottwalds aus Angst, die Spieler würden in den Westen abspringen, einen Schauprozess, bei dem es elf Spieler zu Haftstrafen zwischen einem und 15 Jahren verurteilen ließ. In der Folge wurden die internationalen Kräfteverhältnisse im Eishockey mehr noch als in anderen Sportarten zur Chiffre für die Überlegenheit des jeweiligen Gesellschaftssystems. Auf der einen Seite stand Kanada als ›Mutterland‹ des *ice-hockey*, berühmt für sein kampfbetontes Spiel, auf der anderen die UdSSR, deren Team von 1963 bis 1971, seine Gegner mit militärischer Disziplin niederwalzend, neunmal in Serie Weltmeister wurde. Dazwischen stand die ČSSR, als deren Stärken List und spielerische Kreativität galten. Als Letztere 1969, ein halbes Jahr nach der Niederschlagung des Prager Frühlings, bei der WM in Stockholm gleich zweimal die Sowjets bezwang, empfand das ganze Land den Sieg als symbolische Rache und bereitete den heldenhaften Rückkehrern am Flughafen einen triumphalen Empfang. Die Fernsehaufnahmen von dem Ereignis wurden von den staatlichen Rundfunkredakteuren vorsichtshalber allesamt umgehend vernichtet.

Die Prager, ihr Bier und ihre Kneipen

In der ›Pivnice‹ seinen goldenen Gerstensaft zu schlürfen und dabei nach dem Vorbild des braven Soldaten Schwejk über Gott und die Welt zu schwadronieren, gilt für Prager wie auch deren Gäste als Pflichtritual. Wen wundert's angesichts einer mehr als 1000 Jahre alten Brautradition?

»Also nachm Krieg, um sechs Uhr abends beim Kelch!« Die Verabredung, die der brave Soldat Schwejk seinem Trinkkumpan Woditschka verzweifelt nachruft, als die Militärpolizei die beiden Richtung Front abführt, ist symptomatisch für die tschechische Seele: Was das Schicksal auch immer bereithalten mag – das tägliche Bier in der Stammkneipe bildet ein Leben lang eine beruhigende Konstante.

Aus der schummrigen, verqualmten Schänke U Kalicha, dem dank Jaroslav Hašeks Roman zu literarischem Weltruhm gelangten ›Kelch‹ in der Neustädter Na bojišti, ist mittlerweile, wie zu erwarten, ein gastronomischer Großbetrieb geworden. Heerscharen von Touristen suchen dort den Genius Loci und tun sich dabei an Deftig-Böhmischem gütlich. Doch abgesehen von solchen Einzelfällen des profitträchtigen Upgradings hat die Institution der *pivnice,* der urigen Bierkneipe, ihre fundamentale Bedeutung keineswegs verloren. Eher im Gegenteil: Zwar besteht auch die Möglichkeit, »pro pivo«, also ›um ein Bier‹ zu gehen; sprich: sich eines im Krug für daheim aus der Kneipe zu holen. Doch in der Regel geht man »na pivo«, ›auf ein Bier‹.

Denn ähnlich den Iren genießen die Prager ihr Lebenselixier bevorzugt öffentlich und in Gesellschaft. Und je kälter vielen von ihnen der Wind des Kapitalismus um die Ohren pfeift, desto enger rücken sie, Bauarbeiter neben Bankbeamten, Professoren neben Studenten, auf den lehnenlosen Bänken zusammen, um, vor sich auf dem Holztisch das Halbliterglas, den Lauf der Welt im Allgemeinen und die Güte des Gerstensafts im Speziellen zu erörtern.

Mehr als tausend Jahre alte Tradition

Vom gotischen Gewölbe in der Altstadt bis zur schmuddeligen Kneipe in den Arbeitervierteln Žižkov, Libeň oder Vysočany: Über tausend Lokale stehen den Pragern für das basisdemokratische, wenn irgend möglich täglich zelebrierte Folkloreritual zur Verfügung. Es war keineswegs eine Marotte, dass Václav Havel selbst zu Zeiten seiner Präsidentschaft nicht auf die gelegentliche Einkehr in sein Stammlokal verzichtete und er sogar Amtskollegen Bill Clinton, als dieser im Januar 1994 auf Staatsbesuch an der Moldau weilte, auf ein Krügerl ins U Zlatého tygra einlud.

Schriftlich erwähnt findet sich *pivo* in Böhmen erstmals im Jahr 993. In Prag gebraut wird es dank einem königlichen Privileg seit 1082. Und zwar ohne Unterlass, auf Basis des weltberühmten Saazer Hopfens mithilfe von weichem, mineralarmem Wasser. Nur zur Zeit der deutschen Besatzung kam ein Ersatzstoff namens *pivolin,* eine unzumutbare Art Fassbrause, zum Ausschank.

Unverzichtbares Lebenselixier

Ähnlich wie in Belgien oder Bayern ist Bier in Tschechien und seiner Hauptstadt ein unverzichtbares, mit der einheimischen Küche bestens abgestimmtes Lebensmittel. Hierzulande trinkt man nicht zum Essen, sondern isst zum Trinken. Spitze Zecherzungen behaupten gar, die Metapher des ›Goldenen Prag‹ beziehe sich nicht auf die glänzenden Kuppeln der Stadt, sondern auf das Schimmern des Nationalgetränks im böhmischen Kristallglas.

Über 20 Mio. Hektoliter werden jährlich landesweit produziert. Mit einem Pro-Kopf-Verbrauch von 162 Litern sind die Tschechen unangefochtene Weltmeister im Bierkonsum. Natürlich werden dem ›flüssigen Brot‹ allerlei gesundheitsfördernde Eigenschaften nachgesagt. Es beuge, so der Volksglaube, Osteoporose, Herzkrankheiten und gynäkologischen Leiden vor. Ältere Frauen schwören nach wie vor auf die

Prager Bierkneipen von Weltruf

Touristenscharen darf man nicht scheuen, dafür wandelt, wer in nachfolgend genannte Lokale einkehrt, auf historischen Spuren: Das 1200 Durstigen Platz bietende **U Fleků** in der Křemencova Nr. 11 ist seit 500 Jahren eine Institution und zudem Prags wohl schönste Bierhalle. Das berühmte 13-gradige, rauchige Schwarzbier aus der hauseigenen Brauerei mit Schweinsbraten oder ›Flecker Gulasch‹ im prächtigen Renaissance-Rittersaal zu verkosten, gilt geradezu als Muss. Im zugehörigen **Brauereimuseum** bekommt man anhand alter Gerätschaften – vom Berieselungskühler für den Hopfen über den Verschneidebock und die Malzentkeimungsmaschine bis zum Sudhaus und der Fassbinderwerkstätte – gezeigt, wie die Bierherstellung zu Urgroßvaters Zeiten funktionierte (www.ufleku.cz; Lokal: tgl. 10–23 Uhr, Bier ab 190 Kč; Museum: nur mit Anmeldung Mo–Fr 10–16 Uhr, außer an Feiertagen, 50 Kč, Sa, So nur nach vorherigem Restaurantbesuch; Kabarett-Show ab 20 Uhr, 100 Kč; Brauereibesichtigung: Mo–Fr 10–16 Uhr, nur für Gruppen ab 10 Pers., à 160 Kč).

Ein gastronomischer Großbetrieb, der massenweise Gäste anlockt, ist auch das dank Jaroslav Hašeks Romanfigur, dem braven Schwejk, in der Weltliteratur verewigte **U Kalicha** (›Zum Kelch‹) in der Na bojišti 12 (tgl. 11–23 Uhr, , Tel. 296 189 600; Metro C, I. P. Pavlova, www.ukalicha.cz; reservieren!).

Weitere originelle Kneipen: U Medvídku, 1, Na Perštýne 7, www.umedvidku.cz (mit Mini-Brauerei), s. S. 176; **Pivovardský dům,** 2, Lipová 15, s. S. 42; **U Černého Vola,** 1, Loretánské náměstí 1, s. S. 42.

Interessant ist auch der Besuch der **Brauerei Staropramen**, 5, Smíchov, Nádražní 84, Eingang: Pivovarska, Anmeldung für Führungen (60 Min.) durch das alte und neue Sudhaus inkl. Filmvorführung und Verkostung: Tel. 257 191 300, www.exkurze.eu, Metro B Anděl, Straßenbahn 7, 12, 14, 20, 100 Kč/Pers.; angeschlossen: Restaurant Na Verandách, Mo–Do 11–24, Fr/Sa bis 1, So bis 23 Uhr.

Nichts bleibt dem Zufall überlassen: Was in Prager Kneipen in Krüge und Gläser kommt, ist Resultat eines bis ins Kleinste erprobten Produktionsprozesses

geschmeidig machende Wirkung von Haarspülungen mit Bier. Und manche glauben angeblich fest daran, das Gebräu, dunkles wohlgemerkt, vergrößere die Brüste. Alles gute Argumente für die Marketingstrategen der Brauereien, ihr Produkt auch einer weiblichen Klientel schmackhaft zu machen.

Apropos Business: Auch beim Geschäft mit dem Bier blieb in Tschechien nach der Wende kaum ein Stein auf dem anderen. Während die kleineren der knapp 50 kommerziellen Brauereien, die vorläufig noch im Geschäft sind, ums Überleben kämpfen, sind die ganz Großen in ausländische Hände gegangen. So schluckten die South African Breweries (SAB) die drei Traditionsunternehmen Plzeňský Prazdroj, Radegast und Pivovar Velke Popovice mit insgesamt 42 % Marktanteil und damit u. a. Parademarken wie Pilsner Urquell, Gambrinus und den Großpopowitzer Bock.

Die Prager Brauerei (Pražské Pivovary) mit 14 % Marktanteil und der Edelmarke Staropramen wurde von der belgischen Interbrew aufgekauft. Die weltberühmte Brauerei in Budweis (Česke Budějovice) hingegen, die sich mit dem US-Riesen Anheuser-Busch ein juristisches Dauergefecht um die Marke Bud/Budweiser liefert, ist nach wie vor in Staatsbesitz.

Unterwegs in Prag

Flussübergang, Wahrzeichen, Flaniermeile: die Karlsbrücke

Das Beste auf einen Blick

Altstädter Ring und östliche Altstadt

Highlights !

Altstädter Ring: Einer der prachtvollsten Plätze Europas – 9000 m² groß, Tag und Nacht intensiv belebt, gesäumt von grandiosen Kirchen und Profanbauten aus Gotik, Renaissance und Barock. Ein Traum! S. 124

Ständetheater: Ein so entzückender wie geschichtsträchtiger Bühnenbau, errichtet in lupenreinem Klassizismus, legendär als Uraufführungsort von Mozarts »Don Giovanni«. 5 S. 139, 141

Auf Entdeckungstour

Häuser wie Kristalle – das Erbe der Kubisten: Das ästhetische Ideal des Kubismus haben zwischen den Weltkriegen Maler und Bildhauer in ganz Europa verfolgt. Doch nur in Prag wurde es auch in der Baukunst angewandt. Diese Tour führt zu den legendären Häusern von Gočár, Chochol & Co. und einem Museum, das ganz im Zeichen des Kubismus steht. S. 130

Mozarts Prag – symphonische Spurensuche in vier Sätzen: Bühnen- und Wirtshäuser, Klöster und Palais ... Wo das Jahrtausendgenie während seiner drei Aufenthalte an der Moldau weilte, zeigt dieser Rundgang von der Altstadt auf die Kleinseite. S. 136

Kultur & Sehenswertes

Teynkirche: Das sakrale Architekturjuwel aus der Zeit der Gotik erhebt sich an der Ostseite des Altstädter Rings. Hinter seiner imposanten Doppelturmfassade verbirgt sich ein mit kostbaren Kunstwerken gespickter Innenraum, der eine ganz besondere Aura besitzt. 2 S. 129

Pulverturm: Die Besteigung des spätgotischen Stadttors verspricht den Genuss eines wunderschönen Stadtpanoramas und dank einer Ausstellung in den drei Stockwerken des Baus interessante Einblicke in das Alltagsleben im mittelalterlichen Prag. 10 S. 140

Aktiv & Kreativ

Prag ›erfahren‹: Mit dem Fahrrad die Altstadt erkunden, wahlweise auf eigene Faust oder in Begleitung eines kundigen Führers. 1 S. 145

Genießen & Atmosphäre

Café Obecní dům: Eine Kaffeepause oder ein Abendessen im Café oder Restaurant des Obecní dům bedeutet neben dem Gaumen- auch einen Augenschmaus. Kristallleuchter, Buntglasfenster, goldene Appliken, Fresken, Messing, Stuck ... Der Gebäudekomplex gilt mit gutem Grund als glänzendstes Beispiel des Prager Jugendstils. 11 7 S. 141, 144

Abends & Nachts

AghaRTA: Hier kann man bei qualitätvollem Live-Jazz in gemütlicher Club-Atmosphäre den Tag ausklingen lassen. 6 S. 145

Im Herzen der Altstadt

Mit ihrem einzigartigen Flair und Baubestand bildet die über 9000 m^2 große Freifläche des Staroměstské náměstí, des Altstädter Rings, seit alters den Mittelpunkt der historischen Stadt am östlichen Moldauufer. Heute ist sie, gemeinsam mit dem Hradschin, Prags stärkster Touristenmagnet. Eingefasst wird sie von einem Kranz wunderschöner Bürgerhäuser und Adelspalais, beherrscht vom architektonischen Dreigestirn Rathaus, Teyn- und St.-Nikolaus-Kirche.

Ein Bummel vom großen Platz durch die verkehrsbefreite Celetná zum Gemeindehaus (Obecní dům) und über Obstmarkt und Železná zurück führt in eine mit kostbaren Kunstdenkmälern gespickte Kernzone des mittelalterlichen Prag. Abstecher in den Teynhof und zur Jakobskirche, auf den Pulverturm und ins Ständetheater komplettieren die historische Tour d'Horizon.

Infobox

Reisekarte: ▶ Karte 2, H–K 5/6

Dauer
Für diesen Spaziergang sollte man, Pausen und Kirchenbesichtigungen eingeschlossen, nicht aber Museumsbesuche und Shoppingstopps, mindestens zwei bis drei Stunden einkalkulieren.

Informationen
Im Erdgeschoss des Altstäder Rathauses unterhält der **Prager Informationsdienst** (PIS) Büros und ein Auskunftszentrum für Touristen (Mo–Sa 9–19, So 10–18 Uhr). Hier kann man am Beginn des ersten Stadtrundgangs gratis Pläne, Broschüren zu diversen Themen und Auskünfte erhalten, aber auch kurzentschlossen für zwei oder drei Stunden einen kundigen Fremdenführer anheuern.

Altstädter Ring !

Warum den Spaziergang nicht mit einem *káva* oder *pivo* auf dem Altstädter Ring beginnen – wenn es warm ist, unter freiem Himmel mit Blick über die einzigartige Szenerie aus Türmen, Giebeln und pastellfarbenen Prachtfassaden in diversen Stilen? Seit annähernd tausend Jahren bildet der Staroměstské náměstí das urbane Herz der Prager Altstadt. Hier kreuzten einander schon früh wichtige Überlandstraßen, hier fanden die ersten Märkte statt und ließen sich die ersten Siedler nieder. In den Kellern der umstehenden Häuser sind bis heute Relikte romanischer Vorgängerbauten erhalten geblieben.

Das ganze Mittelalter über diente der riesige Platz als Richtstatt, Turnier- und Versammlungsort sowie als Station auf dem Krönungsweg. Findige Statistiker haben ermittelt, dass der ›Staromák‹ eine noch größere Besucherdichte aufweist als die Piazza San Marco in Venedig. Straßenkünstler, Musikanten, ambulante Händler, da und dort einheimische Passanten, vor allem aber Heerscharen schaulustiger Touristen … An Spitzentagen ist der Platz von einem Menschenmeer bedeckt, aus dem nur vereinzelt die Fähnchen, Schirme oder Tafeln der um Sichtkontakt zu ihren Schützlingen bemühten Fremdenführer herausragen.

Zuschauen, wie die Zeit vergeht: an der Astronomischen Uhr am Altstädter Ring

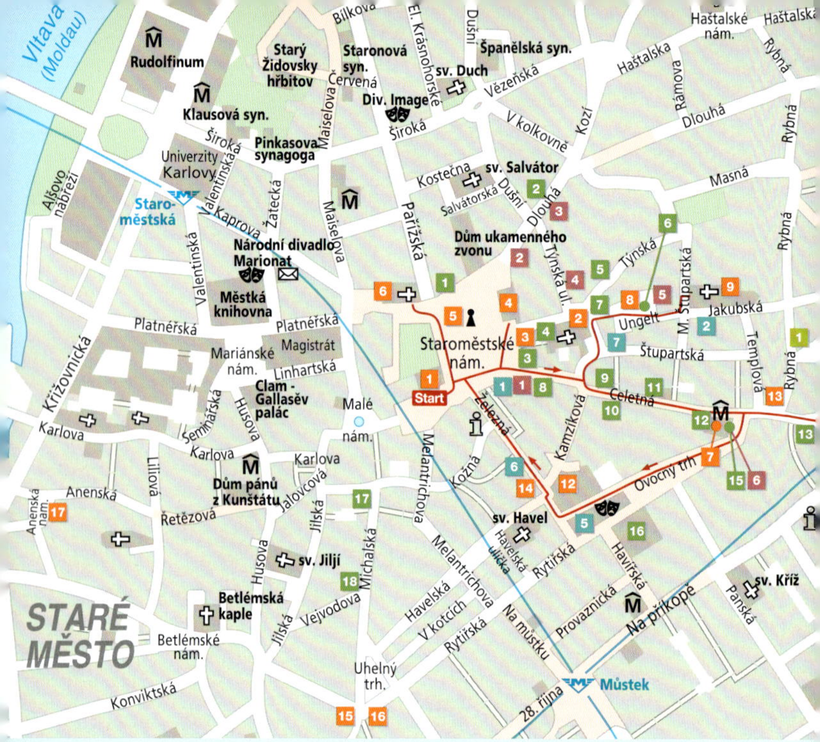

Sehenswert

- 1 Altstädter Rathaus
- 2 Teynkirche
- 3 Haus Zur steinernen Glocke
- 4 Palais Kinský
- 5 Jan-Hus-Denkmal
- 6 St.-Nikolaus-Kirche
- 7 Haus Zur schwarzen Muttergottes
- 8 Teynhof
- 9 St.-Jakobs-Kirche
- 10 Pulverturm
- 11 Gemeindehaus
- 12 Karolinum

Altstädter Rathaus 1

Säle: ganzjährig Mo 11–18, Di–So 9–18 Uhr, Rundgang mit Führung 100 Kč; Turm und Kanalisation s. S. 128
Vom bunten Treiben und der grandiosen Kulisse beschwingt, macht man sich auf den Weg und schaut vielleicht zunächst auf der 500 Jahre alten Astronomischen Uhr des Rathauses (Staroměstská radnice) nach, wie viel es geschlagen hat.

Als die Bürger der ›alten Stadt Prag‹ 1338 von König Johann von Luxemburg das Privileg zur Selbstverwaltung erhielten, kauften sie das in den Marktplatz hineinragende Wohnhaus eines gewissen Wölflin vom Steine, adaptierten es als Rathaus und erweiterten es in der Folge Schritt um Schritt. Ein zweiter Stock, mehrere Anbauten und Nachbarhäuser, der mächtige Eckturm (1364) und an der Nordostseite die im Filigranstil der späten Parler-Gotik gehaltene Erkerkapelle (1381) wurden hinzugefügt.

1480 schuf man als neuen Haupteingang an der Südfront das mit gemei-

Altstädter Ring und östliche Altstadt

Entdeckungstour S. 136
13 Ehem. Wirtshaus Zum Goldenen Engel
14 Ehem. Trinkstube Zur Blauen Weintraube
15 Haus Zu den drei Goldenen Löwen
16 Platteis-Haus
17 Pachta-Palais

Essen & Trinken
1 Staroměstská restaurace
2 Mama Lucy
3 Crazy Cow
4 Apostila
5 Rybí trh
6 Grand Café Orient
7 Café Obecní dům
8 Sarah Bernhardt

Einkaufen
1 Kafka-Buchhandlung
2 Klára Nademlýnská
3 Moser
4 Via Musica
5 Bric à Brac
6 Botanicus
7 Material
8 Česká Keramika
9 Swarovski
10 Modernista
11 Celetná Crystal
12 Pohádka
13 Baker Street
14 Palladium
15 Galerie Kubista
16 Dorotheum
17 Art Deco
18 de.fakto

Aktiv & Kreativ
1 City Bike

Abends & Nachts
1 Bílý koníček
2 Chapeau Rouge
3 Gemeindehaus
4 U Hybernů (Divadlo Hybernia)
5 Ständetheater
6 AghaRTA Jazz Centrum
7 Ungelt

ßelten Blumen und Krabben verzierte Portal und im gleichen Stil das Doppelfenster nebenan. Bald darauf verlieh Matthias Rejsek dem Gesamtkomplex sein spätgotisches Gepräge. Kurz nach 1520 entstand links neben dem Eingang das Renaissancefenster mit der stolzen Inschrift »Praga caput regni« (»Prag, die Hauptstadt des Reichs«). Eine letzte Erweiterung erfolgte im 19. Jh.: Im Westen wurde ein zusätzliches Haus angegliedert und im Norden der vielfach veränderte Flügel durch einen neogotischen Trakt ersetzt. Letzterer wurde unmittelbar vor Kriegsende – bis auf den schmalen, heute altrosa getünchten Rest – von deutschen Einheiten mutwillig zerschossen. Die so entstandene Baulücke ist bis heute nur notdürftig mittels einer Parkanlage kaschiert.

An der Außenfassade, unterhalb des Erkers, erinnert eine Büste an den Hussitenprediger Jan Želivský, dem man 1422 im Rathaus den Kopf abschlug. Eine Bronzetafel hält das Gedenken an das Altstädter Blutgericht wach, bei dem am 21. Juni 1621 die Anführer der

Mein Tipp

Die Altstadt von oben und unten

Einen wunderschönen Blick ins Herz der Altstadt genießt man von der Aussichtsgalerie des fast 60 m hohen **Rathausturms** 1. Der Aufstieg über die recht steile Treppe ist ganzjährig Mo 11–22, Di–So 9–22 Uhr möglich und kostet tagsüber 100 Kč, abends 160 Kč.

Interessant ist auch die Besichtigung der sogenannten **Abwasserrinne** (Kanalizační stoka; Eingang durch die kleine Tür rechts zu Füßen der Astronomischen Uhr, ganzjährig tgl. 10–20 Uhr, Tel. 724 91 15 56, 50 Kč/Pers.), dem zentralen Düker des Ende des 19. Jh. geschaffenen Kanalisationssystems von Prag. Er war bis 1967 in Betrieb, steht mittlerweile unter Denkmalschutz und umfasst drei Hauptkanäle, die von hier, in einem Tunnel vereint, unter der Moldau und dem Letná zur zentralen Kläranlage in Bubeneč geleitet werden.

böhmischen Revolte gegen das katholische Kaisertum hingerichtet wurden. Ein paar Schritte nördlich kennzeichnen im Mosaikpflaster zwei gekreuzte Schwerter sowie 27 kleine Kreuze die exakten Orte der Exekution.

Astronomische Uhr

Im Mittelpunkt des Interesses steht freilich für gewöhnlich die Astronomische Uhr, genannt Orloj. Täglich zwischen 9 und 21 Uhr hebt die Figur des Todes jede volle Stunde die Sanduhr, schwingt das Sterbeglöckchen. Dann defilieren die zwölf Apostel, nachdenklich auf die Menschenmenge hinabblickend, an den zwei schmalen Fenstern vorbei. Schließlich kräht der Hahn, worauf abschließend der Stundenschlag ertönt.

In den Turm eingebaut wurde die Uhr 1490 von einem gewissen Magister Hanuš. Auf ihrer oberen Scheibe, der sogenannten Sphäre, geben zweimal zwölf römische Ziffern sowie – auf altböhmische Art von Sonnenuntergang an zählend – 24 arabische Ziffern die Uhrzeit an. Dazu zeigen Tierkreiszeichen den jeweiligen Monat. Auch die Phase des Mondes, der Sonnenstand sowie die Stellung der Planeten lassen sich anhand der gekrümmten Linien ablesen. Flankiert wird die Sphäre von vier Gestalten: dem Tod, einem Türken mit Turban (als Hinweis auf die seinerzeit akute ›Gefahr aus dem Osten‹), dem Eitlen (mit dem Spiegel) und dem Geizigen (mit dem Beutel). Das untere Rund dient als Kalendarium. In seiner Mitte prangt das Altstädter Wappen, umgeben von den Tierkreiszeichen und diesen entsprechenden romantischen Szenen des Lebens auf dem Land. Das Original dieser 1865 von Josef Mánes mit Öl auf Kupfer bemalten Scheibe wird übrigens im Städtischen Museum aufbewahrt. In loco zu sehen ist aus konservatorischen Gründen eine Kopie. Auch die Figuren des Puppenspiels sind Neuschöpfungen, die ursprünglichen wurden 1945 zerstört.

Die Säle

Im Inneren des Gebäudekomplexes, in dessen Erdgeschoss u. a. das zentrale Tourismusbüro untergebracht ist (s. S. 124), lohnen etliche Räume nähere Betrachtung: In der Mitte der im 19. Jh. neogotisch drapierten **Eingangshalle** zeigen von Mikoláš Aleš entworfene Mosaike den hl. Wenzel, die Wappen Böhmens und Prags, eine allegorische Huldigung der Stadt durch slawische Stämme sowie Libussas berühmte Weissagung, wonach Prag eine glänzende Zukunft bevorstehe. Darüber, in der spätgotischen **Rathausstube,** verdienen die prächtig bemalte Balkendecke, die 42 Innungszeichen an den getäfelten Wänden und der um 1400 aus Lindenholz geschnitzte Schmerzensmann nähere Betrachtung.

Im **Sitzungssaal** des zweiten Obergeschosses vergegenwärtigen zwei Gemälde von Václav Brožík aus dem späten 19. Jh. Schlüsselereignisse der böhmischen Geschichte: die Vernehmung des Jan Hus vor dem Konzil von Konstanz und die Wahl Georgs von Podiebrad zum böhmischen König, die 1458 in eben diesem Rathaus stattfand.

Süd- und Ostseite des Rings

Entlang der Südseite des Altstädter Rings finden sich nebeneinander gereiht zahlreiche prächtige Häuser: Das an das Rathaus grenzende **Haus Zur Minute** (Nr. 2) mit der Löwenfigur an der Ecke ist mit Sgraffito-Szenen aus der antiken Mythologie und der Bibel übersät. An der spätbarocken Fassade des **Hauses Zum goldenen Einhorn** (Nr. 20), über dessen Einfahrt sich wunderschöne Netzrippen von Matthias Rejsek wölben, erinnert eine Tafel daran, dass Friedrich Smetana hier eine Musikschule gegründet hat. Und am **Storchhaus** (Nr. 16), einem Bau des österreichischen Secessionisten Friedrich Ohmann (1897), prangt der hl. Wenzel hoch zu Ross, gemalt von Mikoláš Aleš.

Teynkirche 2

Besichtigungszeiten:
Di–Sa 10–13, 15–17 Uhr

An der Ostseite setzt die Teynkirche mit ihren beiden schlanken Türmen den stärksten Akzent. An ihrer Stelle stand bereits im frühen 12. Jh. eine romanische Spitalkirche für fremde Kaufleute, die im angrenzenden Teynhof (s. S. 136) logierten. Es folgte im 13. Jh. ein dreischiffiges frühgotisches Gotteshaus. Mit dem Bau der heutigen »Kirche der Jungfrau Maria vor dem Teyn« (*teyn* = Zaun) wurde gegen Mitte des 14. Jh. begonnen. Die Giebelfassade und die beiden 80 m hohen, von zierlichen Helmen bekrönten Türme sind rund 100 Jahre jünger. Kunsthistorischer Höhepunkt der äußeren Ausstattung ist das um 1385 entstandene Nordportal. Sein reicher plastischer Schmuck – im Zentrum das Bogenfeld mit dem Relief vom Leiden Christi – ist ein Paradebeispiel für die allerhöchste Steinmetzkunst der Parler-Hütte.

Der dreischiffige Innenraum, in dem zur Hussitenzeit die radikalen Utraquisten ihre liturgischen Feiern abhielten, bekam Ende des 17. Jh. ein barockes Kleid angelegt und ein neues Gewölbe eingezogen. Ebenfalls aus dem Barock stammen diverse Altarblätter von Karel Škréta, unter ihnen die »Himmelfahrt Mariä« und die »Hl. Dreifaltigkeit« des Hauptaltars. Aus der Zeit der Gotik haben sich u. a. ein schönes Taufbecken und ein von Matthias Rejsek gestaltetes Tabernakel erhalten. Am südlichen Chorpfeiler steht das marmorne Grabmal des dänischen Astronomen Tycho Brahe, der am Hofe Rudolfs II. tätig war und 1601 in Prag starb.

Der Kirche vorgelagert sind das **Haus Zum weißen Einhorn** (Nr. 15), in dem die Opernsängerin und Gönnerin Mozarts, Josefíne Dušek, geboren wurde, sowie die im Kern gotische, Mitte des 16. Jh. im Stil der venezianischen Renaissance umgebaute und mit einem Doppelgiebel versehene **Teynschule** (Nr. 14).

Haus Zur steinernen Glocke 3

Galerie der Hauptstadt Prag:
www.ghmp.cz, Di–So 10–20 Uhr,
Eintritt variabel ▷ S. 133

Auf Entdeckungstour

Häuser wie Kristalle – das Erbe der Kubisten

Anfang des 20. Jh. war Prag ein besonders gedeihliches Pflaster für Avantgarde-Architektur. Radikale Nachwuchskünstler wie Josef Gočár oder Josef Chochol übertrugen an der Moldau die Ideale der kubistischen Malerei auf die Baukunst. Ihre kantig-polygonalen Schöpfungen ragen als Unikate aus der universalen Stilgeschichte und setzen im Stadtbild höchst sehenswerte Akzente.

Karten: Reisekarte 1, Cityplan S. 126

Zeit: 3 Std. bis ein halber Tag

Start: Vyšehrad, südl. der Neustadt (gleichnamige Metrostation, Linie C)

Kubismus-Museum: s. S. 63; **Grand Café Orient:** s. S. 143; alle anderen Häuser sind nur von außen bzw. informell von innen zu besichtigen.

Architekturliebhaber, die das genuin tschechische Phänomen kubistischer Baukunst in natura bewundern wollen, sollten zu Beginn hinaus nach Vyšehrad pilgern. Zu Füßen des mythenumrankten Moldaufelsens (s. S. 256) stehen auf engstem Raum gleich drei Ikonen jenes kurz vor Beginn des Ersten Weltkrieges jählings entstandenen Baustils, der nach nur kurzer Blüte gleich nach Kriegsende vom Funktionalismus abgelöst wurde. Alle drei wurden zwischen 1912 und 1914 von Josef Chochol (1880–1956) entworfen. Wer etwa auf dem Fußweg vom Ziegeltor am Nordrand des Burgareals Richtung Tal vor dem **Mietshaus Hodek** (Neklanova 30, ▶ G 9) steht, dem Hauptwerk dieses radikalen stilistischen Wegbereiters, fühlt sich unweigerlich an die Bilder und Objekte eines G. Braque, J. Gris oder F. Léger erinnert. Horizontale und Vertikale der Fassaden scheinen durch Einfügung einer dritten Ebene in eine Art geometrisches Vexierbild aus diagonalen Kanten, pyramidalen, drei- und vieleckigen Formen verwandelt – ein denkbar harter Bruch sowohl mit der Geradlinigkeit historistischer Bauformen als auch mit der gewundenen Ornamentik des Jugendstils.

Keine zwei Minuten entfernt, an der talseitigen Ecke der Libušina (Nr. 49), hinterließ Chochol, der, ursprünglich Prämodernist Otto-Wagnerscher Prägung, in den 1920er-Jahren dem sowjetischen Konstruktivismus zuneigte, die **Villa Kovařovič** (1912/13; ▶ G 9, s. Abb. links). Ein paar Schritte weiter, an der Uferstraße **Rašinovo nábřeží Nr. 6–10**, gruppierte er gar drei Wohnhäuser zu einem Gesamtkomplex.

Meilensteine des Kubismus

Stilenthusiasten können die Tour in Josefov fortsetzen. Der Appartementblock **Elišky Krásnohorské Nr. 10** (▶ H 4/5) ist das Werk Otakar Novotnýs, eines der vielen zu Eigenständigkeit gereiften Schüler des großen Jan Kotěra.

Ein Schlüsselwerk erhebt sich auch jenseits der Moldau, in Hradčany: **Tychonova Nr. 4–6** (▶ F 3) ist ein Zwillingsbau von Josef Gočár, dem engsten stilistischen Weggefährten Chochols (Tram 22 ab Metro A, Malostranská).

Auf die größte Dichte kubistischer Bauten stößt man jedoch am Südrand der Prager Altstadt. Dort erhebt sich in der Spálená (Nr. 7, ▶ G 7) ein Wohnhaus von Emil Králíček und Matěj Blecha mit dem geradezu programmatischen Namen **»Diamant«.** Sein Grundriss wie auch viele dekorative Details mit ihrer ausgeprägt kantig-geometrischen Dreidimensionalität können als beispielhaft für den originären kubistischen Baustil gelten. Dasselbe Architektenduo zeichnet auch für die berühmte kubistische Straßenlaterne am Jungmannplatz verantwortlich.

Dem merklich weniger schroffen, durch stärkere Farbigkeit und reicheres Dekor geprägten Rondo-Kubismus werden das kolossale, 1922–25 nach Plänen Pavel Janáks errichtete **Palais der Adria-Versicherung** (Jungmannova nám. 31, ▶ H 6, s. S. 252) sowie Josef Gočárs 1923 eröffnete **Legiobank** (Na Poříčí 24, ▶ J/K 5) zugerechnet.

Intensivkurs Kubismus

Von Josef Gočár stammt auch das Pionierwerk des tschechischen Kubismus schlechthin: das 1911/12 an der Ecke Celetná/Ovocný trh errichtete **Haus Zur schwarzen Muttergottes** 7. Es bildet aus mehreren Gründen eine absolute Pflicht- und zugleich die ideale Endstation dieser Entdeckungstour: zum einen natürlich wegen seines Äußeren, der leicht geknickten, mit großflächigen Fenstern versehenen Fassade und dem nach oben hin sich verjüngenden

Schwung mit Ecken: Auch die Treppe im Haus zur schwarzen Muttergottes steht im Zeichen des Kubismus, der ausschließlich in Tschechien als Architekturstil existierte

Dachaufbau, zum anderen wegen des auf drei Stockwerke verteilten **Museums des tschechischen Kubismus** im Inneren. Dieses bietet einen repräsentativen Querschnitt an Gemälden, Grafiken, Skulpturen, Möbeln und Bauplänen aller Hauptvertreter des Kubismus: Filla, Gutfreund, Kubišta, Janák, Čapek, Gočár und Chochol. Im ersten Stock lädt ein wahres Schmuckkästchen zu einer Pause ein: das vom Sofa über die Leuchter bis hin zur Kaffeetasse in lupenreinem Kubismus (nach)gestaltete **Grand Café Orient** 6.

Wen zu guter Letzt nach einem passenden Souvenir gelüstet, der sollte im Erdgeschoss in der **Galerie Kubista** 15 stöbern, wo charakteristische Designerstücke – u. a. Möbel, Textilien, Lampen und Uhren – verkauft werden.

Eine Besonderheit stellt das Nachbarhaus (Nr. 13) jenseits der Týnská dar. Es diente seinerzeit vermutlich König Johann von Luxemburg als Stadtpalais und anfänglich wohnte wohl auch der spätere Kaiser Karl IV. hier. Im Laufe der 1970er- und 1980er-Jahre wurde es seiner neobarocken Fassade entkleidet und mehr oder weniger in den originalen Zustand eines frühgotischen Turmhauses zurückgeführt. So vermittelt es heute eine Vorstellung von der herrschaftlichen Wohnarchitektur des 13. und 14. Jh. Seit dem Ende der Sanierung im Jahr 1988 nutzt die **Galerie der Hauptstadt Prag** das kostbare Ambiente für Wechselausstellungen und Konzerte.

Palais Kinský 4

www.ngprague.cz, Di–So 10–18 Uhr, 150 Kč, jeden 1. Mi 15–20 Uhr freier Eintritt

Einen stilistischen Kontrapunkt setzt unmittelbar daneben das Palais Kinský. Der spätbarocke Palast mit seiner ins Rokoko tendierenden Fassade wurde aller Wahrscheinlichkeit nach von Anselmo Lurago entworfen und 1765 vollendet. Er beherbergt die zentralen Büros der Nationalgalerie sowie einen Teil ihrer mit 320 000, teilweise extrem kostbaren Blättern bestückten Grafiksammlung. Nach einer umfassenden Renovierung zeigt er neuerdings außerdem permanent eine Sammlung orientalischer Kunst und immer wieder, temporär, themenverwandte Ausstellungen.

Der Palast, der sich bis 1945 im Besitz der Familie Kinský befand, ist mit einer Reihe namhafter Persönlichkeiten und schicksalhafter Ereignisse verbunden: 1843 wurde in ihm die spätere Friedensnobelpreisträgerin Bertha von Suttner geboren. Franz Kafka, dessen Vater Heinrich im Erdgeschoss ein florierendes Geschäft für Galanteriewaren betrieb, besuchte in den Jahren 1893–1901 das zwei Stockwerke darüber untergebrachte Deutsche Gymnasium. Bis 1929 war in dem Gebäude die polnische Botschaft beheimatet. Am 25. Februar 1948 verkündete Klement Gottwald den Pragern vom Balkon des Palasts den Beginn der kommunistischen Diktatur und genau 42 Jahre später Václav Havel an derselben Stelle öffentlich deren endgültiges Ende.

Jan-Hus-Denkmal 5

Vor dem Hintergrund teils neobarocker, teils jugendstilartiger Mietshäuser, die um 1900 im Zuge der Sanierung des Ghettos an der Nordseite des Altstädter Rings errichtet wurden, ragt Jan Hus auf. Von Ladislav Šaloun in Bronze gegossen und 1915 anlässlich des 500. Todestages des Kirchenreformers enthüllt, erinnert die von verfolgten Glaubensbrüdern flankierte Gestalt (s. S. 95) in ihrer Expressivität an Werke Auguste Rodins.

Rund um das Hus-Denkmal

Die Stufen rund um das Denkmalpodest sind trotz des Versuchs, sie mittels Blumenbeeten abzuschirmen, ein bei fußmaroden Touristen beliebter, weil ausnahmsweise kostenfreier Rastplatz.

Der ganz in der Nähe in den Boden eingelassene Messingstreifen markiert den **Polednik,** den ›Prager Meridian‹, mit dessen Hilfe man früher die örtliche Zeit bestimmte. Apropos Markierungen im Bodenbelag: Etwa 50 m südlich des Hus-Denkmals stößt man auf eine runde Steinscheibe zwischen den Pflastersteinen. Sie markiert jenen Ort, an dem jahrhundertelang eine der ältesten **Mariensäulen** des Kontinents stand. Das kostbare Werk Johann Georg Bendls diente nebenbei auch als einfache Sonnenuhr, zeigte ihr Schatten doch mittags auf dem Meridian die Zeit an. 1650 hatten die Prager die

Historisches Terrain, historisches Verkehrsmittel: der Altstädter Ring mit der Teynkirche

frühbarocke Säule zum Dank an die hl. Jungfrau für ihre Hilfe bei der Verteidigung gegen die Schweden aufgestellt, am 3. November 1918 jedoch in anti-habsburgischem Furor niedergerissen. Noch vor der Wende konstituierte sich 1989 mit großem Brimborium eigens eine Gesellschaft zur Wiedererrichtung der Mariensäule. Was ihr zur Erfüllung ihres Zwecks freilich noch immer fehlt, sind sowohl die Genehmigung des Magistrats als auch die nötigen finanziellen Mittel.

St.-Nikolaus-Kirche 6

Tgl. 10–16 Uhr, Konzerte: tgl. 18 Uhr, Tel. 224 19 09 94

Die St.-Nikolaus-Kirche in der Nordwestecke des Platzes symbolisiert bis heute und mit Nachdruck den seinerzeitigen Primat der katholischen Kirche. Sie ist wie ihre Namensvetterin auf

der Kleinseite, mit der man sie nicht verwechseln sollte, ein Werk des unermüdlichen Kilian Ignaz Dientzenhofers und dementsprechend von barockem Überschwang. 1737 geweiht, 50 Jahre später säkularisiert, ist sie seit 1920 der Hauptsitz der reformatorischen Kirche des Landes. Ihr reich mit Skulpturen und Stuck verziertes Inneres dient abends als Kulisse für Kammerkonzerte.

Östliche Altstadt

Celetná und Umgebung

Wendet man sich vom Altstädter Ring ostwärts, gelangt man in die Celetná, die Zeltnergasse. Sie geht auf einen uralten Handelsweg Richtung Kuttenberg (Kutná Hora) bzw. Ostböhmen zurück. Die heute sehr belebte Fußgängerzone wird von unzähligen (Souvenir-)Läden und von einer Reihe bedeutsamer Palais gesäumt. Nahezu alle stehen auf romanischen Fundamenten, besitzen gotische Mauern und barocke Fassaden. Das **Palais Hrzán** von G. B. Alliprandi mit Plastiken aus der Werkstatt F. M. Brokoffs (Nr. 12), das **Palais Caretto-Millesimo** (Nr. 13), das **Menharthaus** (Nr. 17), das **Palais Buquoy** (Nr. 20) oder das von keinem Geringeren als K. I. Dientzenhofer adaptierte **Palais Pachta** (Nr. 31) – eine Perle reiht sich an die andere, und alle wurden sie in den letzten Jahren sorgsam restauriert.

Die große stilistische Ausnahme in der Celetná bildet das **Haus Zur schwarzen Muttergottes** 7 (Nr. 34; Ecke Ovocný trh), ein Paradebeispiel des tschechischen Kubismus. Auch das Museum sowie das Café und eine Verkaufsgalerie im Inneren stehen im Zeichen dieser Stilrichtung (s. Entdeckungstour S. 130).

Im Haus gegenüber, **Nr. 36,** das an der Stelle des ehemaligen Hofs böhmischer Königinnen steht, wurden vom frühen 16. bis ins späte 18. Jh. Münzen geprägt. Später war es Sitz der Militärkommandatur. Vor seinem Eingang kam es im Juni 1848 zum ersten Zusammenstoß zwischen den Pragern und Soldaten der Garnison von Fürst Windischgrätz, wobei ein Querschläger dessen hinter dem Fenster stehende Gattin tötete.

Auf Entdeckungstour

Mozarts Prag – symphonische Spurensuche in vier Sätzen

Gewöhnlich denkt man bei Mozart an Salzburg und Wien – aber die Moldau-Metropole …? Auch wer die ›hunderttürmige Stadt‹ gut zu kennen meint, wird staunen, wie viele Spuren des Maestro sich hier entdecken lassen.

Karten: Cityplan S. 126 sowie Reisekarte 1, D/E 4–6 und C/D 8

Zeit: Für den Genuss der Sätze 1, 2 und 4, also den Rundgang durch die Altstadt und auf die Kleinseite, sind ca. 3 Std. einzuplanen; Satz Nr. 3, sprich: Strahov, Petřín und evtl. Smíchov, bedarf weiterer 3–4 Std.

Planung: Bei dieser Tour ist man kaum an Öffnungszeiten gebunden. Ausnahmen: Ständetheater, s. S. 141; Standseilbahn, s. S. 194; Kloster Strahov, s. S. 222. Der Kleinseitner Friedhof ist ganztägig frei zugänglich. Restaurant U tří housliček, s. S. 37.

Ouvertüre und Thema

Die Episode erzählt man in der Moldaustadt bis heute gerne: Als Wolfgang Amadeus Mozart am 11. Januar 1787 zum ersten Mal die Mauern von Prag erreichte, sei er vom Zöllner gefragt worden, ob er »der Herr Mozart, der den ›Figaro‹ komponiert hat«, sei. Nach der Antwort hätten alle Umstehenden gestrahlt und ihn mit einem stürmischen Willkommen überrascht. Und als er wenig später in der Kutsche durch die Altstadt rollte, hörte er immer wieder Menschen Melodien aus dem »Figaro« pfeifen und singen. Erst kurz zuvor hatte ein englischer Musikkritiker in einem Bericht über seine Reisen durch Europa ganz allgemein die »besonders spontane Musikalität der Bewohner der böhmischen Länder« konstatiert. Nun hatte der größte Komponist des Kontinents einen persönlichen Vorgeschmack auf ihre Begeisterungsfähigkeit und bedingungslose Anerkennung erhalten. Er empfand es, wie sich zeigen sollte zu Recht, als gutes Omen. Wie sollte Mozart vier Jahre später, bei seinem endgültigen Abschied aus der Moldaustadt seufzen? »Meine Prager verstehen mich wirklich ...«

1. Satz. Allegretto grazioso ma non troppo

Wo sonst, wenn nicht auf dem **Altstädter Ring,** diesem Platz der Plätze, der schon zu Mozarts Zeit das Herz des Stadtteils am rechten Flussufer bildete, sollte man mit der Erkundungspromenade beginnen? Die Renaissancegiebel und Laubengänge, die gotische Teynkirche, das Rathaus mit seiner astronomischen Uhr ... Dieses traumhafte Ensemble bietet den idealen Einstieg für eine Zeitreise ins 18. Jh. Gleich um die Ecke, in der Celetná Nr. 29, stößt man dann auf den ersten echten Mozartschen Schauplatz: Eine Engelsstatue grüßt dort vom Portal jenes ehemaligen **Wirtshauses Zum Goldenen Engel** 13, in dem der Maestro mit Gattin Constanze während seines ersten Aufenthalts im Januar 1787 wohnte. Was für diese Adresse sprach? Wohl die Nähe zum Ständetheater, wo Mozart Proben für die Uraufführung seiner D-Dur-Symphonie, der ›Prager‹, abhielt. Den Bühnenbau selbst, ein Juwel klassizistischer Architektur auf dem nahen Obstmarkt, lassen wir vorerst links liegen. Stattdessen wenden wir uns dem gründerzeitlichen Backsteinbau Ecke Železná/Havelská zu: Wo man heute Textilien feilbietet, befand sich einst die **Trinkstube Zur Blauen Weintraube** 14, die häufig von Schauspielern und Sängern frequentiert wurde – so auch von Mozart und, eine Generation nach ihm, vom jungen Kapellmeister des Theaters, Carl Maria von Weber.

Einen Halt gilt es am Kohlmarkt (Uhelný trh) einzulegen. In Nr. 1, dem Arkadenhaus **Zu den drei Goldenen Löwen** 15, vollendete Mozart im Oktober 1787 »Don Giovanni«. Ein Medaillon an der Fassade erinnert daran. Und vis-à-vis (Nr. 11), im **Platteis-Haus** 16, logierte zur selben Zeit sein Lieblings-Librettist Lorenzo Da Ponte, um letzte Korrekturen am Text vorzunehmen. Man erzählt, Dichter und Komponist hätten einander von Fenster zu Fenster über den Fortgang ihrer Arbeit verständigt.

Letzte unumgängliche Station diesseits der Moldau ist das reizende **Barockpalais der Familie Pachta** 17 (Anenská nám. 4). Dessen Besitzer soll den prominenten Gast im Scherz mit Papier und Schreibzeug in einen Salon gesperrt und nicht eher herausgelassen haben, bis der solcherart genötigte sich, durchaus amüsiert, der Pflicht entledigt hatte. Die Frucht der angeblich nur knappen Stunde ›in Haft‹: die berühmten sechs Deutschen Tänze KV 509.

2. Satz. Andante poco à poco ritardando

Mozart war bekanntlich den Freuden des Lebens nicht abgeneigt. Nach den Proben zu Don Giovanni liebte er es, auf die Kleinseite hinüber zu spazieren und dort einer Reihe von Cafés und vor allem Weinstuben seine Aufwartung zu machen. Folgen wir ihm also, den Blick auf das Bilderbuchmotiv des Hradschin gerichtet, über die Karlsbrücke. Und steigen wir, wie einst er, links über die steile Treppe zur **Kampa-Insel** hinab. Auf dem idyllischen Hauptplatz dieses ›Prager Klein-Venedigs‹ befanden sich mehrere seiner Lieblingslokale. In dem dahinter gelegenen Geflecht aus gepflasterten Gässchen stoßen wir auf etliche Palais, in denen er am Klavier Kostproben seines Genies gab. Vrtba, Straka, Buquoya, Hartig, Thun und Schönborn – fast alle reichen Aristokraten unterhielten einen musikalischen Salon und Gäste vom Schlage eines Mozarts wurden unweigerlich von Gesellschaft zu Gesellschaft weitergereicht.

Einer der diesbezüglich denkwürdigsten Orte ist das **Bretfeld-Palais** (Nerudova 33, ▶ E 5). In dem prachtvollen Barockbau machte Mozart noch am Tag seiner Ankunft bei einem Ball die Bekanntschaft von Giacomo Casanova, der ja damals als Bibliothekar auf einem nordböhmischen Schloss lebte. Auch in der Weinstube schräg gegenüber löschte Mozart, so ist überliefert, des Öfteren seinen Durst. Sie heißt noch heute, wie sie damals hieß: **U tří houslíček,** Zu den Drei Geigen (Nr. 12, ▶ E 4).

3. Satz. Rondo – cantabile e più mosso

Selbst dem hartnäckigsten Stadtmenschen steht der Sinn hie und da nach Landluft. In Prag muss, wer solches Bedürfnis verspürt, nicht weit fahren. Ein kurzer Ausflug führt mit der Standseilbahn von der Kleinseite hinauf auf den Petřín. Gleich neben der ›Berg‹-Station lädt das **Restaurant Nebozízek** (▶ E 6, s. S. 199), von dessen Terrasse schon Mozart höchstderoselbst seinen Blick über Dächer und Fluss hat schweifen lassen, zur gaumenfreundlichen Rast. Keine 15 Gehminuten entfernt liegt das **Kloster Strahov** (▶ D 5, s. S. 196). An der dortigen Orgel, der größten in Prag, griff Mozart im Herbst 1787, kurz vor seiner Abreise nach Wien, in die Tasten.

Ein Wallfahrtsort für jeden Verehrer des Salzburgers war lange Jahre die **Villa Bertramka** (▶ D 8), der Sommersitz von Wolfgangs Herzensfreundin, der gefeierten Primadonna Josepha Duschek. Als der Komponist hier im Herbst 1787 die Partitur zu seinem »Don Giovanni« vollendete, war das Anwesen von Weingärten umgeben. Heute liegt es inmitten des Arbeiterbezirks Smíchov. Sein Charme ist zum Glück ungebrochen. Doch ist das mit Originalschriften, -bildern und -objekten reich bestückte und viel besuchte Museum, das man hier 1956 aus Anlass von Mozarts 200. Geburtstag eröffnet hat, seit dem Spätherbst 2009 leider geschlossen. Ob und wenn ja, wann es wieder eröffnet, ist ungewiss. Immerhin: Zweimal um die Ecke, auf dem **Kleinseitner Friedhof** (▶ C/D 8, Malostranský hřbitov) in der Plzeňská třida, kann man dem gastfreundlichen Ehepaar Duschek die Reverenz erweisen. Seine schlichte Ruhestatt findet sich vom Eingang aus betrachtet ganz hinten links am südlichen Begrenzungszaun. Sehenswert ist freilich auch der Friedhof in seiner Gesamtheit, erinnert er doch mit seinem uralten Baumbestand, den großteils verwahrlosten Biedermeier-Grabsteinen und seiner überaus melancholischen Grundstimmung an den St. Marxer Friedhof in Wien, wo Mozart selbst seine letzte Ruhe fand.

Schauplatz der Uraufführung von Mozarts »Don Giovanni«: das Ständetheater

4. Satz. Allegro maestoso

Das Grande Finale ihrer Pilgerfahrt feiern Mozartianer im eingangs erwähnten **Ständetheater** 5 (s.a. S. 141). In dem 1783 eröffneten Bühnenbau, der im Laufe seiner Geschichte auch Nostitz-, Landes- und Tyl-Theater hieß, fanden im Herbst 1787 die viel umjubelte Uraufführung von Mozarts »Don Giovanni« und knapp vier Jahre später auch jene der anlässlich der Krönung von Kaiser Leopold II. zum böhmischen König binnen nur sieben Wochen zu Papier gebrachten Opera seria »La clemenza di Tito« statt. Über Erstere schwärmte die »Prager Oberpostamtszeitung« seinerzeit: »Montag den 29. (Anm.: Oktober) wurde die mit Sehnsucht erwartete Oper des Meisters Mozard (sic!) ›Don Giovanni oder das steinerne Gastmahl‹ gegeben. Kenner und Tonkünstler sagen, dass zu Prag ihres Gleichen nicht aufgeführt wurde. Herr Mozard dirigirte selbst und als er ins Orchester trat, wurde ihnen dreimaliger Jubel gegeben, welches auch bey seinem Austritt aus demselben geschah.« An der Nordwestecke des Theaters erinnert heute eine Bronzefigur des ›Commendatore‹, des Komtur, an den denkwürdigen Abend.

Wer das gleich nach der Wende aufwendig restaurierte Haus betritt, versteht gut, warum Miloš Forman hier Anfang der 1980er-Jahre Schlüsselszenen seines Films »Amadeus« drehte. Das Innere mit seinen Logen, behaglichen Pausensalons, dem Stuck und Plüsch, verströmt so viel Authentizität, dass man seine Fantasie nicht sehr strapazieren muss, um sich vorzustellen, wie Maestro Mozart höchstpersönlich das Pult betritt, um eines seiner Meisterwerke zu dirigieren.

Teynhof 8

Biegt man vom Ring kommend gleich in die erste Gasse links ein, die Štupartská, gelangt man zu einem Brennpunkt des mittelalterlichen Prag: Der unmittelbar hinter der gleichnamigen Kirche gelegene Teynhof (Týnský dvůr) wurde vor rund 1000 Jahren als Herberge und Warendepot für fremde Kaufleute angelegt und hatte diese Funktion bis 1773 inne. Bald kamen Werkstätten, ein Spital und eine Kirche hinzu. Ausländer auf der Durchreise standen unter dem Schutz des Herrschers, mussten freilich als Zoll, für Logis und Lagerung, das sogenannte Ungelt zahlen.

Wie einträglich das Zollgeschäft war, spiegelt das Hauptgebäude, genannt **Ungelt-Haus,** wider. Der ehemalige Eintreiber Jakob Granovský von Granov baute um das Jahr 1560 die Zollstation zu einem Renaissancepalais aus, samt toskanischem Laubengang und Chiaroscuro-Malereien an den Fassaden. In den 1990er-Jahren wurde der gesamte großräumige Komplex, der auch etliche Bürgerhäuser einschließt, generalsaniert und in eine schicke Shoppingzone mit Boutiquen, Galerien und Cafés verwandelt.

St.-Jakobs-Kirche 9

Tgl. 9.30–12, 14–16 Uhr

Eine Gasse weiter, in der Malá Štupartská, erhebt sich die Kirche St. Jakob. Bereits im Jahr 1232 hatte König Wenzel I. hier ein Minoritenkloster gestiftet. 1374, unter Karl IV., wurde das zugehörige Gotteshaus, eine hochgotische, dreischiffige Basilika, eingeweiht, nach einem Brand 1689 jedoch barock umgestaltet. Dabei behielt das dem Bauprinzip der Bettelorden gemäß sehr lang gestreckte Kirchenschiff zwar seinen gotischen Grundriss, Ausstattung, Gewölbe und Fassade wurden jedoch dem Zeitgeschmack angepasst. Die Fassade zieren drei von Ottavio Most im Geiste jesuitischer Theatralik ungemein plastisch gestaltete Stuckreliefs mit dem hl. Jakobus, Franz von Assisi und Antonius von Padua im Zentrum.

Hochbarock ist auch die reiche Innenausstattung: die rotbraunen Pilaster mit ihren goldgefassten Verzierungen, die mit Vasen und Putti geschmückten Emporengeländer, die Deckenfresken mit ihren Szenen aus der Marienlegende bzw. der Huldigung der Hl. Dreifaltigkeit. Das Bild des Hauptaltars, das Martyrium des Kirchenpatrons, stammt von Wenzel Lorenz Reiner. Weitere Altarblätter steuerten u. a. Peter Brandl und Hans van Aachen bei. Ein Gustostück barocker Bildhauerkunst stellt im nördlichen Seitenschiff das Grabmal des Grafen Jan Václav Vratislav von Mitrovic, seines Zeichens Oberster Kanzler des Königreichs Böhmen, dar. Es wurde von Johann Bernhard Fischer von Erlach entworfen und von Ferdinand Maximilian Brokoff mit erlesenen Skulpturen versehen.

Pulverturm 10

April–Sept. tgl. 10–22, Okt., März bis 20, Nov.–Feb. bis 18 Uhr, 70 Kč inkl. Audioguides

Das östliche Ende der Celetná und zugleich die Grenze der Altstadt markiert der Pulverturm (Prašná brána). Das monumentale, 65 m hohe Tor wurde Ende des 15. Jh. anstelle eines älteren Wehrtors im Auftrag von König Vladislav II. Jagiello durch Baumeister Matthias Rejsek errichtet und bildete ein architektonisches Gegenstück zum Altstädter Brückenturm (s. S. 186). 200 Jahre später diente es vorübergehend als Pulvermagazin, daher sein Name. Der extrem reiche spätgotische Skulpturenschmuck wurde 1757 beim Beschuss durch die Truppen Friedrichs des

Großen schwer beschädigt und erst im späten 19. Jh. im Zuge von Renovierungen neu angebracht. In der warmen Jahreszeit kann man den Turm über eine fast 200-stufige Wendeltreppe besteigen und hat oben vom Umgang einen schönen Panoramablick. Die drei Stockwerke des Turms beherbergen die sehenswerte Dauerausstellung »Königshof« über das Leben im mittelalterlichen Prag.

Gemeindehaus 11

Details s. Entdeckungstour S. 236

Nebenan stand vom Ende des 14. Jh. an für gut 100 Jahre der Königshof, die Residenz der böhmischen Herrscher. Von Wenzel IV. gegründet, diente er Sigismund von Luxemburg, dem Habsburger Albrecht, Ladislaus Postumus und auch Georg von Podiebrad als Wohnsitz. 350 Jahre nach seiner Auflassung entstand auf derselben Parzelle nach Plänen Antonín Balšáneks und Osvald Polívkas das Gemeindehaus alias **Obecní dům,** der wohl berühmteste Jugendstilbau der Stadt.

Musicaltheater U Hybernů 4

Bei dem mächtigen Empirebau vis-à-vis dem Gemeindehaus handelt es sich um das **ehemalige Kloster Zu den Hibernern** (U Hybernů). An seiner Stelle stand ab Mitte des 14. Jh. ein Benediktinerkloster. Die zugehörige Kirche hatte Karl IV. zur Erinnerung an seine Krönung in Mailand erbauen und dem hl. Ambrosius weihen lassen. 1630 fanden in dem zwischenzeitlich heruntergekommenen Gebäudekomplex Franziskaner aus Irland Zuflucht. Hibernia, der lateinische Name ihrer Heimat, bescherte dem Kloster seinen volkstümlichen Namen »Bei den Hibernern«. Die von den Mönchen erbaute Barockkirche wurde 1790 säkularisiert, zunächst als Zollamt genutzt, Anfang des 19. Jh. mit einer klassizistischen Fassade versehen und wenig später in eine Messehalle verwandelt. Vor wenigen Jahren wurde das desolate Gebäude generalsaniert und zu einer Musicalbühne umfunktioniert (s. a. S. 56).

Ovocný trh

Ständetheater ! 5

Der Rückweg führt bei Gočárs Muttergottes-Haus links auf den Ovocný trh, den Obstmarkt. In seiner Mitte steht, vor einigen Jahren picobello renoviert, das Ständetheater (Stavovské divadlo). Franz Anton Graf Nostitz-Rieneck, seines Zeichens oberster Burggraf Böhmens, leidenschaftlicher Musikliebhaber und Mäzen, hat dieses entzückende Logentheater in lupenreinem Klassizismus erbauen und, seiner aufklärerischen Ambition entsprechend, mit Lessings »Emilia Galotti« eröffnen lassen. Es entwickelte sich rasch zur führenden Bühne der Stadt und ging als Schauplatz der Uraufführung von Mozarts »Don Giovanni« in die Musikgeschichte ein (s. a. Entdeckungstour S. 136).

Auf den ersten Blick ein wenig verwirrend mutet der Name des Hauses an, der im Laufe der Zeit mehrmals wechselte. So wurde der Bau bereits im Jahr 1799, als der finanziell bedrängte Graf Nostitz ihn den böhmischen Ständen verkaufte, in Ständetheater, später aber in Königliches Landestheater und 1948 schließlich nach dem Verfasser der tschechischen Nationalhymne Josef Kajetán Tyl in Tyl-Theater umbenannt. 1991 wurde das geschichtsträchtige Haus, in dem u. a. Carl Maria von Weber und Gustav Mahler als Kapellmeister tätig gewesen waren, in dem Clara Schumann gespielt, Richard Wagner dirigiert und František Škroups »Drahtenbinder«,

die erste tschechische Oper, das Licht der Bühnenwelt erblickt hatten, nach mehrjähriger Komplettrestaurierung unter dem alten Namen wieder eröffnet.

Karolinum 12

An der Ecke zur Železná, der Eisengasse, erhebt sich ein noch viel geschichtsträchtigeres Gebäude: das Karolinum. Der weitläufige Komplex ist seit dem späten 14. Jh. Sitz der Karlsuniversität und damit das älteste bis in die Gegenwart durchgehend genutzte Domizil einer Universität auf dem Kontinent. Am 7. April 1348 hatte Karl IV. diese erste Hochschule Mitteleuropas gegründet. Ihr Betrieb war zunächst auf Klöster und Privatwohnungen verstreut. Erst eine Generation später stiftete Karls Nachfolger, Wenzel IV., jenes Lehrgebäude Ecke Obstmarkt/Eisengasse, das seit seinen noch romanischen Anfängen etliche Umbauten erfahren hat. Sichtbarstes Relikt der einstigen Pracht ist der gotische Erker der Kapelle zu den hll. Kosmas und Damian. Anfang des 18. Jh. ließen die Jesuiten die Anlage barockisieren. Aus dieser Zeit stammt die bis heute gerne für festliche Anlässe genutzte große Aula im ersten Geschoss.

Essen & Trinken

Blick auf Teynkirche und Rathaus – **Staroměstská restaurace 1**: Staroměstské náměstí 19, s. S. 39.

Leckerer Italiener – **Mama Lucy 2**: Dlouhá 2, Tel. 603 306 560, www.mamalucy.cz, Metro B, Náměstí Republiky, Straßenbahn 5, 8, 14, tgl. 11–24 Uhr, Hauptgerichte 140–270 Kč. Spitzengastronomie von der Apenninenhalbinsel darf man hier zwar nicht erwarten, aber Pizza, Pasta und Salate schmecken immerhin überdurchschnittlich gut. Ein weiteres Plus ist die Lage unmittelbar hinter dem Altstädter Ring.

Jugendstilfenster im Gemeindehaus, wo man sich u. a. in einem wunderschönen Café stärken kann

Steak-Eldorado – **Crazy Cow 3**: Dlouhá 8, Tel. 222 310 018, www.crazycow.cz, Metro B, Náměstí Republiky, Straßenbahn 5, 8, 14, tgl. 11.30–24 Uhr, Hauptgerichte ab 175 Kč. Schnörkellos schlicht wie die Ausstattung dieses über drei schmale Stockwerke verteilten Lokals ist das Speisenangebot: saftige Steaks vom Schwein oder Rind. Alternativen: Salate, Chili con carne, Hamburger, Fisch etc.

Feines Bistro – **Apostila 4**: Týnská 2, Tel. 224 828 888, www.apostila-prague.cz, Metro B Náměstí Republiky, tgl. 11.30–16, 19–23 Uhr, Hauptgerichte 200–490 Kč. Gehobene mediterrane Küche, kreativ und mit viel Esprit, wöchentlich wechselnde Spezialitäten, von Schweinsrippe, Ente oder Angus-Rind bis Pasta, Muscheln oder Shrimps, auch tagsüber für den kleineren Hunger zwischendurch, Qualitätsweine, nette Atmosphäre – ein wenig à la Côte d'Azur.

Schuppengetier vom Feinsten – **Rybí trh 5**: Týnský dvůr 5, s. S. 35.

Stilistisches Gesamtkunstwerk – **Grand Café Orient 6**: Ovocný trh 19, Tel. 224 224 240, www.grandcafeorient.cz, Metro B Náměstí Republiky, Mo–Fr 9–22, Sa, So 10–22, Mi, Sa 16–19 Uhr Live-Pianomusik. 1912 hat Architekt Josef Gočár im ersten Stock des von ihm entworfenen Hauses Zur schwarzen Muttergottes dieses Kaffeehaus bis in die kleinsten Details im Stil des Kubismus gestaltet. 1992 wurde es originalgetreu rekonstruiert und wieder eröffnet. Ein ästhetischer Hochgenuss – und auch gastronomisch sehr ansprechend. Im

Sommer Balkon mit Blick auf die Straßenecke Ovocný trh/Celetná.

Schmuckstück im Jugendstil – **Café Obecní dům** 7: Náměstí Republiky 5, s. S. 42 und Entdeckungstour S. 236.

Tafeln wie im Fin de siècle – **Sarah Bernhardt** 8: U obecního domu 1, s. S. 35.

Einkaufen

Zum Schmökern zwischendurch – **Kafka-Buchhandlung** 1: Staroměstské náměstí 12, s. S. 160.

Von elegant bis sportlich – **Klára Nademlýnská** 2: Dlouhá 3, s. S. 49.

Erste Adresse für böhmisches Glas – **Moser** 3: Staroměstské náměstí 15, Tel. 221 890 891, www.moser-glass.com, Metro A, Staroměstská, April–Sept. tgl. 10–22, Okt.–März Mo–Fr 10–20, Sa, So bis 19 Uhr. Die Nummer eins unter den böhmischen Glaserzeugern. Trinkgläser, Pokale, Krüge, Karaffen, graviert, bemalt, emailliert, dazu elegantes Tafelgeschirr und -gerät in absoluter Spitzenqualität, allerdings zu entsprechenden Preisen. Empfehlenswert: der Abstieg in den romanischen – im Sommer kühlen – Keller, wo preiswerte Kristalllüster ausgestellt sind. Filiale: Na Příkopě 12.

CDs und Konzertkarten – **Via Musica** 4: Staroměstské náměstí 14, Tel. 224 826 440, www.viamusica.cz, Metro B, Náměstí Republiky, tgl. 10–19 Uhr. Der kleine, im schmalen Durchgang zwischen Teynkirche und gleichnamiger Gasse gelegene Laden führt ausgewählte CDs mit alter und klassischer Musik sowie Jazz bevorzugt tschechischer Produktion. Auch Karten für Dutzende Abendkonzerte sind hier erhältlich (zweites Geschäft am Malostranské náměstí, Nr. 13).

Kurioses Kunterbunt – **Bric à Brac** 5: Týnská 7, s. S. 44.

Labsal für die Sinne – **Botanicus** 6: Týn 3, Tel. 224 895 446, www.botanicus.cz, Metro B, Náměstí Republiky, tgl. 10–20 Uhr. Der Pionierladen dieser mittlerweile auf fünf Filialen erweiterten Kette lockt mit seinem reichen, herrlich duftenden Sortiment an Seifen, Ölen, Essenzen, Gewürzen und Trockenblumen in den Teynhof. Sämtliche Waren werden nach biologischen Grundsätzen auf einer eigenen Musterfarm hergestellt. Weitere Adressen: Truhlařská 10, Martinská 4, Vítězná 10 und Flughafen Ruzyně.

Glasgalerie – **Material** 7: Týn 1, Tel. 608 664 766, www.i-material.com, Metro B, Náměstí Republiky, tgl. 10.30–20 Uhr. Hier machen Stilpuristen große Augen: Einzelstücke und erlesene Kleinserien, minimalistisch und äußerst effektvoll präsentiert. Nicht gerade niedrigpreisig, aber allein zum Ansehen einen Besuch wert.

Schrullig-charmant – **Česká Keramika** 8: Celetná 4, Tel. 224 211 896, www.oldtownceramics.com, Metro B Náměstí Republiky, tgl. 9.30–19 Uhr. Bunte und originell dekorierte Kaffeetassen, Vasen, Teller, Schmuckfliesen, Figürchen und – als Spezialität – die keramischen Miniaturnachbildungen Alt-Prager Häuser.

Glamour für zu Hause – **Swarovski** 9: Celetná 7, Tel. 222 315 585, Metro B, Náměstí Republiky, www.swarovski.com, tgl. 10–20 Uhr. Der örtliche Flagshipstore des Tiroler Strass-Erzeugers hält selbstverständlich all die verführerisch glitzernden Accessoires, Schmuckobjekte, Uhren, Figurinen u.v.m. bereit, für die er weltberühmt ist.

Stilmöbel des frühen 20. Jh. – **Modernista** 10: Celetná 12, s. S. 46.

Ein weiterer Glas-Klassiker – **Celetná Crystal** 11: Celetná 15, Tel. 222 324 022, Metro B, Náměstí Republiky, www.czechcrystal.com, tgl. 10–19 Uhr. Drei Stockwerke voll mit fragilen Kostbarkeiten, vornehmlich Kristallglas, Porzellan, Lüster, Souvenirs, auch großes Sortiment an Schmuck aus Bernstein und Granat. Täglich Vorführungen von Glasbläsern, Eintritt 30 Kč pro Person

Robust und authentisch – **Pohádka** 12: Celetná 32, Tel. Tel. 224 239 469, www.czechtoys.cz, tgl. 9–20 Uhr, Metro B Náměstí Republiky. Sie suchen ein qualitätvolles Mitbringsel für ein Kind? Hier finden Sie eine riesige Auswahl an traditionellem, in Tschechien von Hand gefertigtem Spielzeug: Holzpuppen und -eisenbahnen, Marionetten, fantasievolle Mobiles u. v. m.

Refugium für Genießer – **Baker Street** 13: Celetná 38, Tel. 224 231 117, www.baker-street.cz, Metro B Náměstí Republiky, tgl. 10–20 Uhr. Ein Paradies für Raucher (und Trinker) von erlesenem Geschmack. Pfeifen, Zigarren, Tabak, und Zubehör aus aller Welt, dazu feine Cognacs und Whiskys.

Zentral und alles unter einem Dach – **Palladium** 14: Náměstí Republiky 1, s. S. 48.

Hochkarätige Möbel, Stoffe, Keramiken etc. – **Galerie Kubista** 15: Ovocný trh 19, s. S. 45 und 132.

Unerschöpfliche Fundgrube – **Dorotheum** 16: Ovocný trh 2, s. S. 44.

Avantgarde-Objekte aus der Zwischenkriegszeit – **Art Deco** 17: Michalská 21, s. S. 43.

Exquisites Wohninventar – **de.fakto** 18: Vejvodová 3, s. S. 45.

Aktiv & Kreativ

Sightseeing für Fitte – **City Bike** 1: Králodvorská 5, Tel. 776 180 284, www.pragueonline.cz/citybike. Mit dem Fahrrad, einem komfortablen Mountainbike, die Altstadt erkunden – wahlweise für beliebige Zeit auf eigene Faust oder gruppenweise zwei Stunden lang in Begleitung eines kundigen Führers. Abfahrt für die Zwei-Stunden-Touren im Pulk tgl. um 10 und 14 Uhr sowie zu Sonnenuntergang (Zeit erfragen).

Abends & Nachts

Speisen und lauschen – **Bílý koníček** 1: Staroměstské náměstí 20, Tel. 221 421 160, www.bilykonicek.com, Metro A Staroměstská, tgl. 11–24 Uhr, Hauptgerichte 300–500 Kč. Solider Live-Jazz, -Funk oder -Blues und dazu in romanischem, modern-schlicht möbliertem Kellergewölbe ein feines Dinner bei Kerzenlicht. Bei schönem Wetter Tische (ohne Livemusik) direkt vor der Traumkulisse des Altstädter Rings.

Ausgelassenes Get-together – **Chapeau Rouge** 2: Jakubská 2, s. S. 51.

Klassisch-modern in prächtigem Rahmen – **Gemeindehaus** 3: Náměstí Republiky 5, s. S. 55.

Musicaltheater mit Format – **U Hybernů** (Divadlo Hybernia) 4: Náměstí Republiky 3, s. S. 56.

Mozartopern mit intimem Flair – **Ständetheater** 5: Ovocný trh 6, s. S. 56, 137, 141.

Behaglicher Qualitätsclub – **AghaRTA Jazz Centrum** 6: Železná 16, Tel. 222 211 275, www.agharta.cz, Metro A, C, Muzeum, tgl. 19–1, Livemusik tgl. ab 21 Uhr. Tagsüber ein gemütliches Café, abends ein Hotspot der Prager Jazzszene: Spitzenjazzer aus aller Welt erheben das Haus regelmäßig zu einer der Top-Adressen der Stadt.

Ordentliche Standards – **Ungelt** 7: Týn 2, Tel. 608 324 794, www.jazzungelt.cz, Metro B, Náměstí Republiky, Livekonzerte tgl. ab 21, Jazzpub tgl. ab 12 Uhr. Kein Hort experimenteller Töne, aber ein geschichtsträchtiges, gemütliches Gemäuer, in dem sich bei Pilsner, Kraut und Knödeln gutem Jazz, Blues, Funk und Fusion lauschen lässt.

Das Beste auf einen Blick

Josefov

Highlights !

Alter Jüdischer Friedhof: An die 12 000 Grabsteine aus dem 15.–18. Jh. lehnen und stehen, mehr oder weniger tief in die Erde versunken, auf diesem mythenumrankten Gottesacker. Als Symbolort für eine auf unfassbare Weise zum Verschwinden gebrachte Geistestradition vermag er selbst im nüchternsten Besucher wehmütige Gedanken zu wecken. 6 S. 151

Altneusynagoge: Das älteste komplett erhaltene jüdische Bethaus Europas scheint noch die sagenhafte Aura des Rabbi Löw zu atmen. 1275 errichtet, ist es ein einzigartiges Juwel gotischer Sakralarchitektur, ausgestattet mit zahlreichen Zeugnissen einer von unerschütterlichem Heilsglauben durchdrungenen Geisteskultur. 7 S. 153

Auf Entdeckungstour

Auf Kafkas Spuren: Wo der große Dichter Franz Kafka geboren und begraben ward, dazu seine diversen Wohnorte, Arbeitsstätten und Stammcafés – ein biografischer Rundgang, der auch zwei ihm gewidmete Museen einschließt. S. 156

Kultur & Sehenswertes

Jüdisches Museum: Vier Bethäuser – Maisel-, Pinkas-, Klausen- und Spanische Synagoge – bergen, allesamt sorgsam renoviert, gemeinsam eine hochinteressante Ausstellung über die Geschichte der Prager bzw. böhmischen Juden. 1 2 5 10 S. 149–154

Kunstgewerbemuseum: Textilien, Möbel, Keramiken, Gläser, Grafiken u. v. m. – eine schier unerschöpfliche Augenweide für Ästheten. 4 S. 150

St.-Agnes-Kloster: Im fast 800 Jahre alten Gebäudekomplex präsentiert die Nationalgalerie mittelalterliche Kunst aus Böhmen und Zentraleuropa, darunter kostbare Statuen und Reliquiare. 15 S. 155

Aktiv & Kreativ

Führungen: Von Fachleuten geleitet kann man hinter die Kulissen des jüdischen Prag von einst und heute blicken. S. 160

Genießen & Atmosphäre

Pařížká: Beim Schaufensterbummel entlang der von edlen Boutiquen gesäumten Nobelmeile der Stadt taucht man in die Welt der Reichen und Schönen ein. Prächtige Gründerzeit- und Jugendstilarchitektur bildet dabei den Rahmen. S. 148

Abends & Nachts

Rudolfinum: In opulenten Klängen schwelgen – im Dvořák-Saal, der Heimat der Tschechischen Philharmonie. 3 S. 150

Tretter's: Eine hochelegante Bar, die zur nostalgischen Zeitreise in die dekadente Welt der 1930er-Jahre einlädt und ihren Gästen 200 verschiedene feine Cocktails kredenzt. 1 S. 160

Jazzboat: Auf einer abendlichen Flussfahrt Prags Traumkulisse an sich vorbeiziehen sehen und dabei live Jazzensembles lauschen – ein Vergnügen für Augen und Ohren. 3 S. 161

Durch das einstige Judenviertel

Die Josephstadt, das ehemalige Judenviertel am Nordrand der Altstadt, war lange ein Zentrum höchster Gelehrtheit und gilt bis heute als eine Kernzone des viel beschworenen ›magischen‹ Prag. Das Gros seines Baubestands ist 100 Jahre jung. Doch einige alte kostbare Synagogen, aber auch Kirchen haben die Jahrhunderte überdauert. Und über dem berühmten Friedhof meint man den Geist Rabbi Löws und seines Golem noch zu spüren.

Schlendert man vom Altstädter Ring nordwärts Richtung Moldau, immer das Riesenmetronom auf dem Letná-Hügel vor Augen, gelangt man in ein Ambiente von mondäner Eleganz. Die Pařížká, ein von großbürgerlichen Miets- und Geschäftshäusern mit glanzvollen neobarocken und secessionistischen Fassaden, schicken Läden und Restaurants gesäumter Boulevard, macht ihrer Namensgeberin an der Seine alle Ehre. Nichts ließe auf den ersten Blick vermuten, dass sich hier noch kurz vor 1900 das alte Ghetto, ein Geflecht aus verwinkelten Gassen und engen, modrigen Häuschen, befand. Die Josephstadt, jahrhundertelang Heimstatt einer der größten und kulturell einflussreichsten jüdischen Gemeinden Europas (s. S. 92), war damals längst zum heillos übervölkerten und übel beleumunde-

Infobox

Reisekarte: ▶ Karte 2, H–J 4/5

Startpunkt und Dauer
Für diesen Rundgang, der am Altstädter Ring beginnt und ebendort auch endet, sollte man, die Synagogenbesuche, den Gang über den Alten Friedhof und ein, zwei Kaffeepausen inbegriffen, mindestens einen halben Tag vorsehen.

Praktische Infos
Sechs Sehenswürdigkeiten der Josephstadt stehen unter der Verwaltung des Prager Jüdischen Museums: **Maisel-, Pinkas-, Klausensynagoge, Alter Friedhof, Zeremonienhalle** und **Spanische Synagoge** inklusive Robert-Guttmann-Galerie. Geöffnet sind sie alle tgl. außer Sa und an jüdischen Feiertagen 9–18, Nov.–März 9–16.30 Uhr; U Staré Školy 1, www.jewishmuseum.cz. **Sammeltickets** (300 Kč) für den Besuch der genannten Sehenswürdigkeiten sowie ein Gratis-Faltblatt samt Übersichtsplan bekommt man an den jeweiligen Eingängen. **Ticketreservierung:** U Starého hřbitova 3a (nahe dem Eingang zum Alten Friedhof), Tel. 222 317 191, rezervacni.centrum@jewishmuseum.cz, Abholung am Kartenschalter der Maiselsynagoge. Dort bieten in der Regel auch deutschsprachige, sehr kundige Führer für einen kleinen Obolus – Richtpreis: 40 Kč pro Person – kurzfristig ihre Dienste an. Für die **Altneusynagoge** (gleiche Öffnungszeiten) ist eine eigene Eintrittskarte zu lösen. Sie gilt auch für die **Jerusalemsynagoge,** die jedoch nur April–Okt., und zwar tgl. außer Sa und an jüdischen Feiertagen 13–17 Uhr zugänglich ist. Tickets im Geschäft gegenüber. Keine Kreditkarten!

ten Armenviertel heruntergekommen, weshalb man den desolaten Baubestand kurzerhand radikal schleifte. Nur eine Handvoll historischer Gebäude hat diese ›Sanierung‹ überdauert. Sie allein verströmen noch jene spezielle Melancholie, die Generationen von Reisenden und Dichtern tief berührte und nach der heutzutage Heerscharen von Touristen suchen.

Westliches Josefov

Von der Maiselova zum Palach-Platz

Maiselsynagoge 1

Öffnungszeiten und Tickets s. S. 148

Auf das erste dieser Relikte aus einer versunkenen Zeit stößt man schon ein, zwei Gehminuten nördlich der St.-Nikolaus-Kirche, in der Maiselova Nr. 10: Die Maiselsynagoge, 1591 von dem legendär reichen Gemeindevorsteher Mordechai Maisel mit persönlicher Erlaubnis von Rudolf II. erbaut und jahrzehntelang das größte und prächtigste Bethaus der Judenstadt, wurde nach dem Ghettobrand von 1689 weitgehend neu und um 1900 neogotisch umgebaut. Zur Zeit der deutschen Besatzung diente sie als Lager für konfisziertes jüdisches Eigentum. Heute ist in dem mustergültig restaurierten, hohen und hellen Bau eine Ausstellung über die Geschichte der Juden in böhmischen Landen von den Anfängen bis zur Aufklärung untergebracht.

Pinkassynagoge 2

Öffnungszeiten und Tickets s. S. 148

Um die Ecke in der Široká, in der sich auch das **King Salomon** 2, Prags führendes koscheres Restaurant, befindet, steht die Pinkassynagoge. In dem 1535 im Stil der Spätgotik erbauten, später mit Renaissanceelementen ergänzten Bau haben Archäologen die Reste eines Brunnens samt Mikwe (rituelles Bad) aus dem späten 15. Jh. entdeckt. Von Mitte der 1950er-Jahre bis zur Schließung der Synagoge im August 1968 und erneut seit 1996 ist der einschiffige, von schönen Netzrippen überwölbte Raum eine Gedenkstätte für die jüdischen Opfer der nationalsozialistischen Gewaltherrschaft in Böhmen und Mähren. An die 80 000 Namen der Ermordeten nebst ihrem Geburts- und Todesdatum sind, nach Gemeinden und Familien geordnet, auf den Wänden des Vestibüls, des Haupt- und des Frauenschiffs und der Empore verewigt. Nach der Flutkatastrophe vom August 2002 drohte das Gebäude einzustürzen. Eine Strichmarke neben dem Eingang in den Hauptraum erinnert an den damaligen Pegelstand. Im Zuge der Generalrenovierung, die zwei Jahre in Anspruch nahm, wurden danach sämtliche Schriftzüge mit feinem Pinselstrich in schwarzer und roter Farbe erneut aufgetragen.

In einem Nebenraum zeigt eine Dauerausstellung Kinderzeichnungen aus dem KZ Theresienstadt. Ein ganz besonders berührendes Detail: Einige der fantasievollen, mit Buntstift gemalten Bilder stammen von dem Knaben Petr Ginz, der kurz vor seinem unfassbar frühen Tod am 28. September 1944 auch ›die Erde, vom Mond aus gesehen‹ zeichnete – jenes Blatt, das Ilan Ramon, der erste israelische Astronaut in der Geschichte der Raumfahrt, am 1. Februar 2003 in einem tröstlich-symbolischen Akt mit an Bord der Raumfähre Columbia nahm und das kurz vor deren Landung mit verglühte.

Palach-Platz und Rudolfinum

Rund 100 m westlich der Pinkassynagoge mündet die Široká in einen weiten, zum Fluss hin offenen Platz. Er

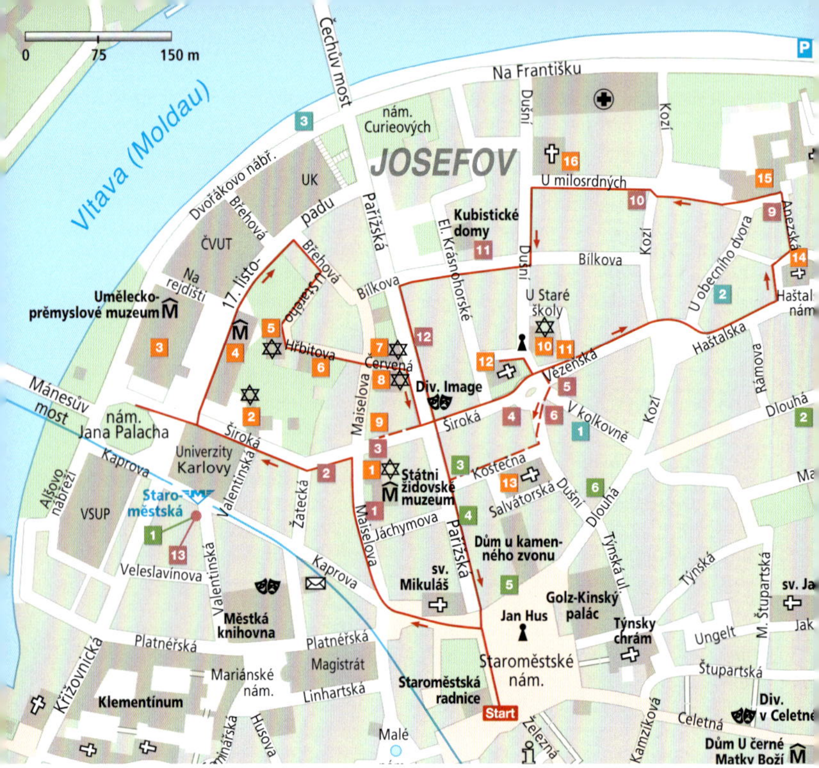

trägt – erst seit 1989, versteht sich – den Namen Jan Palachs, jenes jungen Pragers, der sich im Januar 1969 auf dem Wenzelsplatz aus Protest gegen die Sowjetbesatzung verbrannte und bis zu seinem Märtyrertod in dem Universitätsgebäude an der Ostseite des Platzes Philosophie studiert hatte.

Das prächtige Neorenaissancegebäude schräg vis-à-vis ist das auch unter der Bezeichnung **Rudolfinum** 3 bekannte Haus der Künstler. In ihm tagte 1918–38 und kurzzeitig nochmals nach Ende des Zweiten Weltkrieges die Nationalversammlung. Seit einem halben Jahrhundert hat hier nun schon die Tschechische Philharmonie ihren Sitz. Eine für ihre hochkarätigen Wechselausstellungen viel gepriesene Kunstgalerie ist ebenfalls unter seinem Dach zu finden – und im ersten Stock ein schönes Café. Der nach Dvořák benannte Hauptsaal ist durch die Konzerte des Prager Frühlings (s. S. 58) weltberühmt.

Von der 17. listopadu nach Osten

Kunstgewerbemuseum 4

www.upm.cz, Eingang: 17. listopadu 2, Mi–So 10–18, Di bis 19 Uhr, 80 Kč, inkl. Wechselausstellungen 120 Kč

Ebenfalls im Stil der Neorenaissance präsentiert sich das rechter Hand etwas nach hinten versetzte Kunstgewerbemuseum (Umělecko průmyslové muzeum). Es wird vor allem für seine umfassenden Möbel-, Glas- und Keramiksammlungen aus dem 16.–19. Jh.

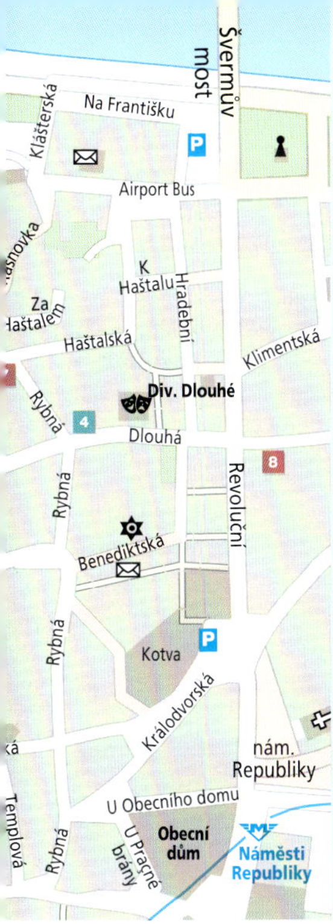

Josefov

Sehenswert

1 Maiselsynagoge
2 Pinkassynagoge
3 Rudolfinum
4 Kunstgewerbemuseum
5 Klausensynagoge
6 Alter Jüdischer Friedhof
7 Altneusynagoge
8 Hohe Synagoge
9 Jüdisches Rathaus
10 Spanische Synagoge
11 Robert-Guttmann-Galerie
12 Heiliggeistkirche
13 St.-Salvator-Kirche
14 St.-Castulus-Kirche
15 St.-Agnes-Kloster
16 Kloster und Hospital der Barmherzigen Brüder

Essen & Trinken

1 U Golema
2 King Salomon
3 Café Kafka
4 Švejk
5 Kolkovna
6 Nostress
7 La Degustation Bohème Bourgeoise
8 Dahab
9 U Sv. Anežky
10 U Milosrdných
11 Potrefená Husa
12 Barock
13 Siam-i-Sam

Einkaufen

1 Arzenal
2 Granat
3 Bohemia crystal
4 Pařížská
5 Kafka-Buchhandlung
6 Klára Nademlýnská

Abends & Nachts

1 Tretter's
2 Molly Malone's
3 Jazzboat
4 Roxy

gerühmt, besitzt aber u. a. auch interessante Bestände an Textilien, Bucheinbänden, Grafiken und Münzen sowie eine reich bestückte, allgemein zugängliche Fachbibliothek.

Klausensynagoge 5

Öffnungszeiten und Tickets s. S. 148
Gegen den Uhrzeigersinn dreimal um die Ecke, in der U starého hřbitova, wartet das nächste Bethaus: Die Klausensynagoge stammt in ihrer heutigen Form aus den Jahren nach dem schon erwähnten Ghettobrand Ende des 17. Jh. Ihr gut 100 Jahre älterer Vorgängerbau enthielt die berühmte Talmudschule des Rabbi Löw. Heute beherbergt ihr barockes Inneres eine sehr sehenswerte Ausstellung über jüdische Traditionen, Sitten und Feiertage.

Alter Jüdischer Friedhof! 6

In unmittelbarer Nachbarschaft liegt der Alte Jüdische Friedhof (Starý židovský). Er offenbart, dass der Platzmangel, unter dem in der Judenstadt die Lebenden litten, auch deren letzte Ruhestatt prägte. An die 12 000 Grabsteine lehnen und stehen hier im Schatten methusalemischer Bäume neben-, an- und in bis zu sechs Schichten auch übereinander. Der älteste Grabstein datiert aus dem Jahr 1439. Das letzte Begräbnis fand 1787 statt. Als ›Vorzeigegrab‹ gilt die Tumba des 1609 verstorbenen berühmten Gelehrten und sagenumwobenen Schöpfers des Golem, Jehuda Lewa ben Bezalel alias Rabbi Löw.

Hochinteressant ist das Studium der verschiedenen Symbole und Grabsteinformen. Neben allgemeinen Zeichen wie Weintrauben, Pinienzapfen oder Kronen, die für Fleiß, Fruchtbarkeit bzw. Gelehrsamkeit stehen, finden sich in Stein gemeißelte Berufssymbole, etwa in Form von Schneiderscheren oder Arztpinzetten. Andere Reliefs beziehen sich auf Familiennamen – ein Löwe für Löw, aber auch Hirsch, Karpfen, Fuchs, Hahn etc. Segnende Hände stehen für die Angehörigen der Priesterfamilie Kohen. Manche Tumben, die ja gemäß jüdischer Vorschrift allesamt leer sind, weil der Tote in der Erde darunter begraben sein muss, tragen sogar Rokoko-Ornamente. Ein Kuriosum ist das Adelswappen auf der Tumba eines gewissen Jakob Baschevi, der, nach der Schlacht am Weißen Berg (s. S. 256) zu Reichtum gelangt, als erster Jude in den Adelsstand erhoben wurde.

Zeremonienhalle

Die Zeremonienhalle am Friedhofseingang wurde kurz nach 1900 in eine kleine neoromanische Burg umgebaut. Sie war Sitz der Beerdigungsbruderschaft und wurde bis in die 1920er-Jahre zur rituellen Reinigung und kurzfristigen Aufbewahrung der Verstorbenen genutzt. Heute informiert hier eine kleine Ausstellung über jüdische Begräbniszeremonien in Geschichte und Gegenwart.

Zeugnisse einstigen jüdischen Lebens: Grabsteine auf dem Alten Jüdischen Friedhof

Altneusynagoge ! 7

Öffnungszeiten und Tickets s. S. 148

Ein besonderes architektonisches Juwel stellt die Altneusynagoge (Staronová synagóga) dar: Das zweischiffige Gebäude mit seinem hohen Satteldach und dem steilen Giebel aus Ziegelsteinen wurde um 1275 errichtet und ist damit heute nicht nur das älteste Denkmal der Prager Judenstadt, sondern die älteste komplett erhaltene Synagoge in Europa überhaupt. Die Legende will wissen, dass Engel die Steine zu ihrem Bau von der Ruine des Jerusalemer Tempels eigens an die Moldau brachten. Außerdem sollen auf seinem Dachboden bis heute die Überreste des Golem lagern, der um 1580 von Rabbi Löw aus Lehm geformten und 1915 von Gustav Meyrink in seinem gleichnamigen Roman literarisch verewigten, wohl berühmtesten Prager Sagengestalt.

Innenraum

Die Steinmetzarbeiten der Staronová synagóga, an denen vermutlich zisterziensische Handwerker beteiligt waren, sind von höchstem künstlerischem Wert. Schon im **Vorraum** sticht das schöne gotische Portal mit seinem traubenumrankten Tympanon ins Auge. Rechter Hand sieht man zwei frühbarocke Geldschränke, in denen seinerzeit angeblich die im ganzen Königreich erhobene Judensteuer zwischengelagert wurde.

Der zweischiffige **Hauptsaal** ist von einem fünfteiligen Rippengewölbe überdacht. Zwölf schmale Spitzbogenfenster symbolisieren die zwölf Stämme Israels. Für zusätzliches Licht sorgen bronzene Kronleuchter und Wandlampen mit Messingspiegeln. Das kleine Fenster in der Mitte der Ostwand diente der Beobachtung des Sonnenaufgangs – dem Signal für den Beginn des Morgengebets. In der Mitte, zwischen den beiden Pfeilern, befindet sich, durch ein gotisches Gitter vom Rest des Raums getrennt, die Rednertribüne *(Almemor)* mit dem Pult zum Vorlesen der Thora *(Bima)*. An der Ostwand steht der filigran verzierte Thoraschrein *(Aron ha-Kodesch)* für die fünf heiligen Bücher Mose.

Die Sitzplätze entlang der Wände waren den Männern der Gemeinde vorbehalten und wurden von Generation zu Generation gegen Bezahlung vererbt. Die Frauen verfolg(t)en das Geschehen von eigens für sie reservierten Nebenschiffen aus durch schmale Öffnungen. Ein Prunkstück der Innenausstattung ist die hohe Fahne. Sie zeigt auf rotem Grund den sechszackigen Davidstern mit dem Judenhut, das offizielle Banner der Prager Juden. Dieses wurde der Gemeinde 1358 von Karl IV. als Zeichen ihrer Privilegien verliehen und ist – vermutlich einzigartig in der Welt – Bestandteil des historischen Wappens der Hauptstadt.

In der Umgebung der Altneusynagoge

Direkt gegenüber der Altneusynagoge steht die **Hohe Synagoge** 8 (Vysoká synagoga), die seit ihrer Renovierung (1995) vom Rabbinat als Bethaus, für Trauungen und Beschneidungen genutzt wird. Das benachbarte **Jüdische Rathaus** 9 (Židovská radnice) ist das im Kern weltweit älteste erhaltene seiner Art und bekam im 18. Jh. ein Rokokokleid verpasst. Etwas ganz Besonderes ist das Uhrenpaar auf seinem Turm. Neben der klassischen Uhr mit römischen Ziffern findet sich ein Zwilling mit hebräischen Ziffern und Zeigern, die der Schriftrichtung entsprechend links herum laufen.

Östliches Josefov

An der Dušní

Spanische Synagoge 10

Öffnungszeiten und Tickets s. S. 148

Östlich der Pařížská steht ein weiteres heute zum Jüdischen Museum gehöriges Bauwerk: Die Spanische Synagoge wurde nach 1867 anstelle der aus dem 12. Jh. stammenden Altschul errichtet. In ihrem quadratischen, in edlen Goldtönen glänzenden Saal ist seit ein paar Jahren eine äußerst lehrreiche Ausstellung über die Geschichte der böhmischen Juden von der Aufklärung bis in die Gegenwart untergebracht. Auch werden hier des Öfteren geistliche Konzerte und jüdische Feste abgehalten.

Westlich des Synagogeneingangs haben die Prager im Jahr 2003, spät, aber doch, das erste **Denkmal** für ihren großen Sohn **Franz Kafka** errichtet (s. Entdeckungstour S. 156). Um die Ecke, in der U Staré školy 3, sollte man unbedingt der auf jüdische Kulturgeschichte und Handwerkskunst spezialisierten **Robert-Guttmann-Galerie** 11 einen Besuch abstatten.

Kirchen im Josefov

Nach zwei Stippvisiten in den beiden christlichen Gotteshäusern des Viertels, der ursprünglich gotischen, später barockisierten – leider häufig verschlossenen – **Heiliggeistkirche** 12 (Ecke Široká/Dušní) und der Anfang des 17. Jh. von deutschen Lutheranern errichteten **St.-Salvator-Kirche** 13 (in der Salvátorská), die seit 1918 den Hauptsitz der evangelischen Böhmischen Brüdergemeinde bildet, ist es Zeit für eine stärkende Rast. Empfehlenswert sind dafür beispielsweise das schicke Café-Restaurant **Nostress** 6 (s. S. 161), das leichte Küche serviert, oder gegenüber, das rustikale Wirtshaus **Kolkovna** 5 (s. S. 160).

Anschließend führt die Route weiter nordostwärts. Haštalská, Anežská, Řásnovka … Die Gassen rund um die von außen wenig ansehnliche, innen jedoch recht reizvolle **St.-Castulus-Kirche** 14 machen mit einem wohltuend stillen, von vergleichsweise wenig Touristen durchwanderten Teil der Altstadt bekannt.

Spanische Synagoge: Der Name rührt von ihren Bauherren, sephardischen Juden, her

Klöster im Nordosten

St.-Agnes-Kloster 15

www.ngprague.cz, Di–So 10–18 Uhr, 150 Kč, 1. Mi im Monat 15–20 Uhr Eintritt frei

Einen zutiefst katholischen Kontrapunkt setzt das St.-Agnes-Kloster (Klášter sv Anežky): Vor mehr als 770 Jahren hatte Agnes, die Schwester König Wenzels I., hier einen Klarissenkonvent gegründet, dem sie später als Äbtissin vorstand. Nach der Sanierung des Komplexes in den 1960er-Jahren brachte die Nationalgalerie darin eine hochkarätige Sammlung vornehmlich gotischer Madonnen- und Heiligenstatuen, Reliquiare, Votiv- und Altartafeln unter. Höhepunkte der Dauerschau mittelalterlicher Kunst aus Böhmen und Zentraleuropa sind die Werke der Meister Leitmeritz, Wittingau und ▷ S. 159

Auf Entdeckungstour

Auf Kafkas Spuren

Um 1900 bildete Prag neben Wien das geistige Zentrum der k.u.k.-Monarchie. Zu Weltruhm gelangte der deutsch-jüdische Dichterkreis, dem Größen wie Max Brod, Franz Werfel und Egon Erwin Kisch entstammen. Zur überragenden literarischen Figur wurde post mortem Franz Kafka, dessen zahlreiche Wirkstätten eine Art metaphysische Topografie der Moldaustadt ergeben.

Zeit: ca. 3 Std.

Start: Náměstí Franze Kafky

Kafka-Museum: s. S. 68; **Kafka-Geburtshaus:** Nám. F. Kafky 3, Mo–Fr 10–18 Uhr, 50 Kč; **Neuer Jüdischer Friedhof:** s. S. 242

Tipp: Für Gruppen (ab 5 Pers.) bietet die Franz-Kafka-Gesellschaft (www.franzkafka-soc.cz) ganzjährig einen Themenrundgang an. Infos/Reservierung: Tel. 224 227 452, 200 Kč/Pers.

»Der Prozess«, »Das Schloss«, »Das Urteil« und »Amerika«, »Ein Hungerkünstler«, »Ein Landarzt«, »Das Urteil« und »Die Verwandlung« – wäre es nach Franz Kafkas Willen gegangen, das Gros dieser Romane und Erzählungen, die heute Bestandteil des weltliterarischen Werkekanons sind, hätte zusammen mit seinen Tagebüchern und vielen Briefen nie ein Publikum gefunden. Ihr Erhalt ist dem Schriftsteller Max Brod zu verdanken. Der nämlich setzte sich noch in den 1920er-Jahren über die Verfügung seines engen Freundes hinweg und veröffentlichte posthum nach und nach dessen gesamte Hinterlassenschaft, anstatt den überwiegenden Teil, wie von Kafka testamentarisch verfügt, »restlos und ungelesen zu verbrennen«.

Früher Lebensmittelpunkt

Der zentralen Lage wegen, aber mehr noch aus Gründen der Lebenschronologie liegt es nahe, den Rundgang dort zu beginnen, wo unser Protagonist am 3. Juli 1883 als erstes von sechs Kindern des Ehepaars Hermann und Julie Kafka das Licht der Welt erblickte. Eine Gedenkbüste prangt am Eckhaus jenes Platzes an der Westseite der St.-Nikolaus-Kirche, der seit 1965 **Náměstí Franze Kafky** heißt. Zwar ist in dem neobarocken Bau eine kleine Ausstellung zu Vita und Werk des Dichters (mit Souvenirshop) eingerichtet. Das eigentliche Geburtshaus jedoch – es stand an der Peripherie des damals noch existierenden Ghettos – fiel kurz vor 1900 einem Brand zum Opfer.

Einen Mittelpunkt der Kafkaschen Lebenswelt bildete der **Altstädter Ring.** Hier stehen das **Haus Zur Minute** (Nr. 2), hinter dessen sgraffitoverzierter Fassade im ersten Stock der kleine Franz sieben Kindheitsjahre verlebte, und das **Sixthaus** (Celetná 2), in dem die junge Familie zuvor, 1888/89, für einige Monate einquartiert war. Schräg gegenüber, im **Haus Zu den Drei Königen** (Celetná 3), fanden Familie und Firma 1896 für elf Jahre ihre Bleibe. Hier unternahm Franz auch seine ersten schriftstellerischen Gehversuche. Im **Palais Kinský** (Nr. 12), dessen grandiose Rokokofront die Ostseite des ›Rings‹ dominiert, war seinerzeit das deutschsprachige, humanistische k.u.k.-Staatsgymnasium untergebracht, in dem Kafka Zögling war und Abitur machte. Im Erdgeschoss des Dientzenhoferschen Prachtbaus betrieb Vater Kafka eine Zeit lang einen Textilladen.

Die Quartiere eines Rastlosen

Kafka hat Prag nur sehr selten verlassen. Kurze Reisen mit der Verlobten Felice nach Berlin und Marienbad, eine Kur nach einem Lungenblutsturz mit seiner Schwester Ottla in Zürau, Erholungsaufenthalte in Meran, der Hohen Tatra, im Riesengebirge. 1923 schließlich übersiedelte er mit seiner letzten Lebensgefährtin, Dora Diamant, nach Berlin. Nur zehn Monate später, am 3. Juni, erlag er in einem Sanatorium bei Wien jener Kehlkopftuberkulose, die man 1917 erstmals diagnostiert hatte.

In seinen Briefen hat Kafka früh die unheimliche Macht seiner Heimatstadt beklagt. »Prag lässt mich nicht los«, schrieb er. Stark spürbar und sichtbar wird diese rätselhaft bedrohliche, eben ›kafkaeske‹ Atmosphäre, die er in seinem gesamten Werk mit meisterhafter Lakonie beschwört, beim Anblick jenes ersten **Denkmals,** das ihm die Geburts- und Heimatstadt anlässlich seines 120. Geburtstags gesetzt hat. Es steht auf dem kleinen Platz zwischen Heiliggeistkirche und Spanischer Synagoge, an der Vězeňská, wurde von dem jungen Bildhauer Jaroslav Róna entworfen und am 4. Dezember 2003 im Beisein Hunderter Kafka-Enthusiasten, von denen nicht wenige stilecht schwarze Anzüge, Hüte und Mäntel trugen, enthüllt. Die 3,75 m hohe, 700 kg schwere Bronzestatue zeigt – in Anspielung auf eine Szene aus der Novelle »Beschreibung eines Kampfes« (1903) – eine kleine Figur (den schalkhaften Schriftsteller?), die auf den Schultern einer körperlosen, zur bloßen Hülle reduzierten Männerfigur reitet.

Um die Ecke, in der **Bílkova Nr. 10,** wohnte Kafka 1914/15 etliche Monate, flüchtete freilich vor dem nachbarlichen Lärm in eine sonnigere Bleibe: das sezessionistische **Haus Zum goldenen Hecht** (Dlouhá 16), wo er den Großteil der Kriegsjahre verbrachte. Gleich zwei Wohnadressen lagen an der mondänen Pařížská (Niklasstraße): das **Haus Zum Schiff** (Nr. 36, heute Neubau des Hotel Interconti), wo Kafka u. a. »Die Verwandlung« und »Das Urteil« zu Papier brachte; und am anderen Ende, Ecke Altstädter Ring (Nr. 5), das **Oppelthaus,** wo Kafkas Eltern ab 1913 lebten.

Zu den berühmtesten Kafka-Stätten gehört ohne Zweifel das winzige Häuschen Nr. 22 in der Zlatá ulička, dem **Goldenen Gässchen,** auf der Burg, das der Dichter im Herbst 1916 für ein Dreivierteljahr als Schreibklause mietete. Auch auf der Kleinseite kann man ihm die Reverenz erweisen, so im **Palais Schönborn** (Tržiště 15), wo er sich 1917 für einige Monate mit seiner Braut Felice einquartierte; unten am Moldauufer zu Füßen der Belvedere-Terrasse, wo sich damals jene von ihm bevorzugte Flussbadeanstalt befand, über die sich unter dem 2. August 1914 in seinem Tagebuch der so berühmte wie lapidare Eintrag findet: »Deutschland hat Russland den Krieg erklärt. – Nachmittags Schwimmschule«. Und in der historischen **Hergets-Ziegelei** (Cihelná 2) informiert ein sehr professionell gestaltetes **Museum** über Kafkas Biografie und Schaffen.

Kaffeehäuser und Arbeitsstätten

Bleiben noch Kafkas offizielle und inoffizielle Arbeitsstätten. Letztere, Prags Literatencafés, in denen er las, zuweilen auch schrieb und mit seinen Künstlerfreunden disputierte, hatten seit damals unterschiedliche Schicksale: Während **Slavia, Louvre** und **Evropa** bis heute existieren, ist das Union schon seit Langem und das Arco seit 2008 geschlossen. Zu Ersteren, wo Kafka als promovierter Jurist sein täglich Brot verdiente, gehören die Niederlassung der **Assicurazioni Generali am Wenzelsplatz** (Nr. 19), wo es ihn freilich nur wenige Wochen hielt, und die **Arbeiter-Unfall-Versicherungsanstalt** (Na Poříčí 7), wo er danach als Assekuranzexperte über zwölf Jahre war und eine veritable Karriere machte. Etwa auf halbem Weg zwischen beiden Büros, in der Panská/Herrengasse (Nr. 8) lag die **Redaktion des »Prager Tagblatts«,** das Kafka mit Begeisterung las und auch immer wieder mit eigenen Texten belieferte.

In ebendieser Zeitung – genauer: in der Morgenausgabe vom 27. Juni 1924 – ließen Hermann und Julie Kafka denn auch die Todesanzeige für ihren Sohn erscheinen. Womit wir bei der letzten Ruhestatt des Dichters angelangt wären. Er fand sie auf dem **Neuen Jüdischen Friedhof** (Židovské hřbitovy) in Žižkov, etwa 200 m von dessen Pförtnerhaus entfernt. Der schlanke Grabstein im kubistischen Stil trägt eine hebräische Inschrift, die übersetzt lautet: »Dr. Franz Kafka, 1883–1924, Dienstag, Beginn des Monats Siwan 5684. Der obgenannte, prachtvolle, unvermählte Mann, unser Lehrer und Meister Anschel, seligen Andenkens, ist der Sohn des hochverehrten R. Henoch Kafka, sein Licht möge leuchten. Der Name seiner Mutter ist Jettl. Seine Seele möge eingebunden sein im Bund des Lebens!«

von Hohenfurth sowie Albrecht Altdorfers und des Meisters Theoderich.

Kloster und Hospital der Barmherzigen Brüder 16

Auf dem Weg zurück zur Pařížská passiert man in der U milosrdných das Kloster und Hospital der Barmherzigen Brüder. Am Ende seiner immens langen, trotz – oder gerade wegen? – ihrer Desolatheit beeindruckenden Barockfassade erhebt sich die zugehörige **Kirche.** Sie ist den Heiligen Simon und Judas Thaddäus geweiht und meist geschlossen, doch bieten die häufigen Kammerkonzerte Gelegenheit, ihr spätbarockes Interieur zu begutachten.

Essen & Trinken

Guter Standard – **U Golema 1**: Maiselova 8, Tel. 222 328 165, Metro A Staroměstská, tgl. 10–23.30 Uhr, Hauptgerichte 140–360 Kč. Das Lokal, das nach der von Gustav Meyrink verewigten mythischen Gestalt benannt ist (s. S. 153), existiert seit 1967, hat jedoch jüngst seine Speisekarte maßgeblich um tschechische und internationale Spezialitäten erweitert. Highlights sind neben diversen deftigen Suppen Fisch und Steaks. Einen Blickfang im netten, eher rustikalen Interieur bildet an der Hinterwand eine überlebensgroße Golem-Figur.

Gourmet-Adresse für koschere Kost – **King Solomon 2**: Široká 8, s. S. 35.

Für Möchtegern-Bohemiens – **Café Kafka 3**: Široká 12, Tel. 222 318 945, Metro A Staroměstská, tgl. 10–21 Uhr, kleine Speisen ab 70 Kč. Dieses kleine Lokal lädt, schummrig, etwas schmuddelig und voller historischer Fotos, zu einer Zeitreise ins Prag des Namenspatrons ein.

Mein Tipp

Auf den Letná, den ›Sommerberg‹ ► G/H 3/4

Der Letná, der sich nördlich von Josefov über dem Moldauufer erhebt, dient den Pragern seit alters als Erholungsrevier. Mitte des 19. Jh. wurde hier ein Park angelegt. Von seinem Rand, wo das Riesenmetronom (s. S. 101) den Pragern den Takt vorgibt, bietet sich ein herrlicher Blick. Am Fuß des Letná, nahe der im Jugendstil errichteten Čech-Brücke, von der diverse Treppen hügelan führen, stehen am Ufer eine frühbarocke Rundkapelle und der neobarocke Kuppelbau der Strakaschen Akademie, wo früher der männliche Nachwuchs des tschechischen Adels seinen Schliff erhielt. Mehrere Lokale laden auf dem Letná zur Einkehr: 1863 schuf der Architekt Vojtech Ignac Ullmann auf Höhe der Švermův-Brücke ein Schloss im Stil der italienischen Neorenaissance. Es beherbergt das Restaurant **Belcredi** und die **Brasserie Ullmann** (mit Gartenlokal), die traumhafte Panoramablicke bieten (tgl. 11–23 Uhr, Tel. 233 378 200, www.letenskyzamecek.cz). Eine Prachtaussicht genießt man auch vom weiter westlich über der Moldau thronenden **Hanauschen Pavillon,** einem opulent verzierten Gusseisen-Bau (1891), in dem man seit über 100 Jahren tschechische Küche serviert (tgl. 11–1, Terrasse bis 23 Uhr, Tel. 233 323 641, www.hanavskypavilon.cz).

Gemütliches Wirtshaus – **Švejk** 4: Široká 20, s. S. 37.
Typisch böhmisch – **Kolkovna** 5: V Kolkovně 8, Tel. 224 819 701, www.kolkovna.cz, tgl. 11–24 Uhr, Metro A, Staroměstská, Hauptgerichte 150–270 Kč. Dank seiner Lage eignet sich dieses typisch böhmische Lokal ideal zur Labung nach dem Synagogen-Rundgang, etwa mit Bratente samt Knödeln, Sauerkraut und einem Humpen Pilsner Urquell vom Fass.
Asia-Schick und Fusion-Küche – **Nostress** 6: Dušní 10, s. S. 38.
Tschechische Gourmetküche in luxuriösem Rahmen – **La Degustation Bohème Bourgeoise** 7: Haštalská 18, s. S. 38.
Orientalische Oase – **Dahab** 8: Soukenická 4, s. S. 38.
Sympathische Weinbar – **U Sv. Anežky** 9: Anežská 3, s. S. 42.
Gemütliche Bierkneipe – **U Milosrdných** 10: Milsrdných/Ecke Kozí, Tel. 222 327 637, Metro A Staroměstská, Straßenbahn 17, Mo–Sa 11–22.30 Uhr, Hauptgerichte 80–120 Kč. Dass hier, vor allem mittags, viele Beamte und Rentner einkehren, darf als gutes Zeichen gedeutet werden. Aber auch Touristen kehren am Ende der Besichtigung des jüdischen Viertels hier gerne ein und genießen böhmische Spezialitäten wie etwa herzhaften Gulasch mit Schinkenknödeln.
Zeitgeistige Bierkneipe – **Potrefená Husa** 11: Bílkova 5, s. S. 36.
Schicker In-Treff für Feinschmecker – **Barock** 12: Pařížská 22–24, s. S. 35.
Erstklassig – **Siam-i-Sam** 13: Tel. 224 814 099, tgl. 10–24 Uhr, Hauptgerichte ab 140 Kč. Dem Designshop Arzenal (s. u.) angeschlossenes Thai-Restaurant.

Themenrundgänge

Verschiedene Organisationen bieten von Experten geleitete, meist englischsprachige Rundgänge zu Geschichte und Gegenwart von Prags jüdischer Gemeinde an. Infos z. B. unter www.wittmann-tours.com oder www.legacytours.net (auch Tagesfahrten nach Terezín/Theresienstadt); Guides werden darüber hinaus am Kartenschalter der Maiselsynagoge vermittelt (s. a. S. 148), Infos: Tel. 222 317 191, www.jewishmuseum.cz.

Einkaufen

Individuell und schick – **Arzenal** 1: Valentinská 11, s. S. 48.
Schmucke Souvenirs mit Dauerwert – **Granat** 2: Dlouhá 30, Tel. 222 315 612, Metro B, Náměstí Republiky, Tel. Mo–Fr 10–18, Sa 10–13 Uhr. Der renommierteste jener Läden, die Schmuck aus dem blutrot leuchtenden Edelstein verkaufen. Hier zertifiziert man die Echtheit des böhmischen Granats.
Nomen est omen – **Bohemia crystal** 3: Pařížská 12, s. S. 48.
Trouvaillen für Sammler – **Pařížská** 4: Pařížská 8, Tel. 222 321 442, Metro A, Staroměstská, tgl. 10–18 Uhr. Liebhaber historischer Landkarten, Stiche, Grafiken und Bücher von hoher Qualität kommen hier voll auf ihre Kosten.
Zum Schmökern zwischendurch – **Kafka-Buchhandlung** 5: Staroměstské náměstí 12, Tel. 222 321 454, Metro A, Staroměstská, tgl. 10–19 Uhr. Netter Laden mit kleinem, aber feinem Sortiment an Pragensia mit Schwerpunkt Kafka.
Elegant bis sportlich – **Klára Nademlýnská** 6: Dlouhá 3, s. S. 49.

Abends & Nachts

Stilvoller geht's kaum – **Tretter's** 1: V Kolkovně 3, Metro A, Staroměstská, s. S. 51.

Gern folgen die Gäste des Nostress der Empfehlung »Lassen Sie Ihren Stress draußen«

Pub-Atmosphäre pur – **Molly Malone's** 2: U obecního dvora 4, Prag 1, Tel. 224 818 851, www.mollymalone.cz, Straßenbahn 5, 8, 14, So–Do 11–1, Fr, Sa bis 2 Uhr, Hauptgerichte 200–300 Kč. In dieser angelsächsischen Enklave in der östlichen Josephstadt serviert man, wie sich's gehört, Fish 'n' Chips, Irish Stew, Ofenkartoffeln mit Kräuterrahm und Cheddar u. v. m. Im Sommer schlürft man in der stillen Gasse draußen unter Bäumen Guinness, Malt Whisky oder mährischen Wein.

Eine Flussfahrt, die swingt – **Jazzboat** 3: Dvořákovo nábřeži, Pier Nr. 5 unter der Čechův-Brücke, s. S. 54.

State-of-the-art-Musicclub – **Roxy** 4: Dlouhá 33, s. S. 53.

Das Beste auf einen Blick

Südliche Altstadt

Highlight !

Klementinum: Gut 200 Jahre lang diente der gewaltige Gebäudekomplex den Jesuiten als Machtzentrale bei der Rekatholisierung des Landes. Spektakulär sind der barocke Bibliothekssaal, die Sternwarte und die Spiegelkapelle. 5 S. 166

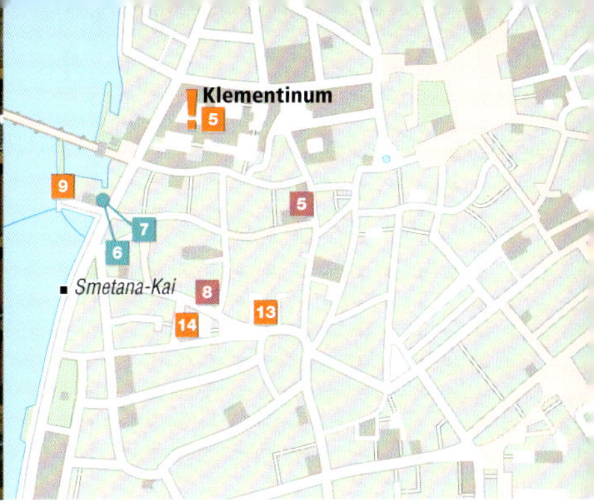

Kultur & Sehenswertes

Smetana-Museum: Ein Pilgerort für Musikfreunde, an dem sie Leben und Werk des Nationalkomponisten dokumentiert finden. 9 S. 172

Bethlehemskapelle: Das Epizentrum der Reformationsbewegung – hier hielt um 1400 Jan Hus regelmäßig seine Predigten. 13 S. 173

Náprstek-Museum: Indianische und präkolumbianische Kunst oder Skulpturen und Masken aus Afrika und Ozeanien – beim Besuch dieser völkerkundlichen Sammlung reist man in faszinierend fremde Welten. 14 S. 173

Aktiv & Kreativ

Top-Dancefloors: Ein langer Abend zu heißen Rhythmen auf dem Tanzparkett empfiehlt sich als Kontrapunkt zum Sightseeing. Mit Karlovny Lázně und Lávka warten in der südlichen Altstadt gleich zwei der schillerndsten Tanztempel der Stadt. 6 7 S. 177

Genießen & Atmosphäre

Smetana-Kai: Wo der Komponist, in Bronze gegossen, übers Wasser grüßt, wartet ein Paradeblick auf Kleinseite und Hradschin. S. 170

U Zlatého tygra: Eine Kneipe wie aus dem Bilderbuch – einst Stammlokal des berühmten Schriftstellers Bohumil Hrabals, in dem sich sogar Bill Clinton mit seinem Präsidentenfreund Václav ein Bier genehmigte. 5 S. 176

Abends & Nachts

V Zátiší: Von französischer Cuisine inspirierte, kulinarische Hochämter werden im feinen Ambiente eines Künstlerateliers zelebriert. 8 S. 176

Den alten Königsweg entlang

Auf dem Krönungsweg, dem Weg, den die böhmischen Könige während der Krönungszeremonie nahmen, geht es vom Kleinen Ring bis zur Moldau. Retour mäandriert die Route ein wenig südlich durch das malerische Gassengeflecht einer uralten Siedlungszone bis in die einstige Galli-Stadt. Höhepunkte sind der gewaltige, u.a. drei Kirchen umfassende Komplex des Klementinum, von dem aus die Jesuiten einst ihren gegenreformatorischen Kampf um das Seelenheil der Prager orchestrierten, und die Bethlehemskapelle, in der Jan Hus seine Reformideen propagierte. Zwischen den vielen Souvenirläden und Imbissständen entlang der Karlova sowie im südlich angrenzenden Bezirk stößt man auf eine Vielzahl weiterer interessanter Kirchen und kostbarer Palais, deren Ursprünge bis in die Frühgotik, ja Romanik zurückreichen.

Vom Altstädter Rathaus zur Moldau

Kleiner Ring

Spaziert man vom **Altstädter Rathaus** (s. S. 126) westwärts, an der Sgraffito-Fassade des Hauses Zur Minute vorbei, gelangt man auf einen der entzückendsten Plätze der Altstadt: den Kleinen Ring (Malé náměstí). Als Ouvertüre zur Großen Oper des Altstädter Rings hat man den dreieckigen, im Hochmittelalter aus einer Straßengabelung entstandenen und anfänglich als Obstmarkt genutzten Platz bezeichnet. Die Komposition ist auf das Harmonischste gelungen. Die meisten Häuser tragen barocke Fassaden, stehen aber auf romanischen Fundamenten und Keller-

Infobox

Reisekarte: ► Karte 2, H/J 5/6

Startpunkt und Dauer
Der Rundgang beginnt auf dem Altstädter Ring, führt auf direktem Wege zur Karlsbrücke und von dort in weitem südlichen Bogen zurück zum Ausgangspunkt. Er lässt sich problemlos in ein, zwei Stunden absolvieren. Will man jedoch die diversen Museen eingehend besichtigen, sollte man mindestens einen halben Tag einplanen.

Eine Bootspartie
Zur Abwechslung empfiehlt sich eine Flussfahrt (45 Min.). Eine ganze Flottile kleiner Ausflugsboote kreuzt nahe der Karlsbrücke auf der Moldau. Als deren Passagier genießt man die Uferpanoramen. Bei einem Abstecher auf den Čertovka-Kanal bekommt man zudem Details der Brückenkonstruktion gezeigt. Abfahrten: von vier verschiedenen Ablegern beiderseits der Brückenköpfe zu jeder vollen Stunde, Juli, Aug. tgl. 10.30–23, März–Juni, Sept., Okt. bis 20, Nov.–Feb. bis 18 Uhr; 290 Kč/Pers.

Tipp
Wem in der Hochsaison zwischen Karlsbrücke und Altstädter Ring das Gedränge in der Karlova zu viel wird, dem sei die Abkürzung parallel durch die drei Höfe des Klementinum empfohlen.

gewölben. Mehrere Portale haben sich aus der Gotik erhalten. Schönstes Beispiel ist jenes am **Haus Zur goldenen Lilie** (Nr. 12), das angeblich älteste der Stadt. Im **Richter-Haus** (Nr. 11) eröffnete 1353 ein Pharmazeut aus Florenz Prags erste Apotheke. In der **Goldenen Krone** (Nr. 13) wohnte um 1700 Christoph Dientzenhofer, Senior der aus Oberbayern stammenden, in Böhmen nahezu allgegenwärtigen Baumeisterdynastie. Der **Brunnen** in der Mitte des intimen Platzes stammt mitsamt seinem schmiedeeisernen Renaissancegitter aus dem 16. Jh. und wurde 100 Jahre später mit vergoldeten Engeln und dem böhmischen Löwen bekrönt.

Rottsches Haus 1

Ein Schmuckstück ist das Rottsche Haus (Nr. 3). Es wurde Ende des 19. Jh. auf zwei romanischen Untergeschossen – in denen übrigens 1488 ein gewisser Jan Pytlik die erste Bibel auf Tschechisch druckte – im Stil der Neorenaissance erbaut. Die opulenten Fassadenbilder, die kein Geringerer als Mikoláš Aleš entwarf, zeigen Beispiele aus dem Warenangebot des Bauherrn, eines Werkzeughändlers namens Rott, sowie Allegorien zu den Themenbereichen Handwerk und Landwirtschaft.

Marienplatz und Umgebung

Palais Clam-Gallas 2

Ein Hauptwerk der Prager Profanarchitektur des Hochbarock steht zweimal um die Ecke, in der Husova: Das Palais Clam-Gallas 2 (Nr. 20) ist anhand der Herkules-Atlanten an den beiden Portalen sofort zu erkennen. Sie stammen, wie die Figuren auf der Attika, im Treppenhaus und auf dem Triton-Brunnen im Hof, von Matthias Bernhard Braun. Die Deckenfresken über den Stiegen und in den Sälen der zweiten Etage sind das Werk von Carlo Carlone. Die Brunnenfigur der Moldau an der Gartenmauer auf der Nordseite, von den Pragern liebevoll Terezka genannt, schuf Anfang des 19. Jh. Václav Prachner.

Die Pläne für sein überaus prachtvolles Domizil, in dem heute das Stadtarchiv untergebracht ist, ließ sich der Bauherr Johann Wenzel Graf Gallas, seines Zeichens Feldmarschall, kaiserlicher Gesandter und späterer Vizekönig von Neapel, von dem prominenten Wiener Hofarchitekten Johann Bernhard Fischer von Erlach entwerfen.

Neues Rathaus 3

Nähere Beachtung verdient auf dem nördlich angrenzenden Marienplatz das Neue Rathaus (Nova radnice), ein Jugendstilbau von Osvald Polívka. Die beiden Figuren an den Fassadenecken – Rabbi Löw und der sagenhafte ›Eiserne Ritter‹ – schuf Ladislav Šaloun.

Tschechisches Museum der Schönen Künste 4

www.cmvu.cz, Di–So 10–18 Uhr, 50 Kč
Ebenfalls in der Husova, in drei sorgfältig restaurierten frühgotischen Gebäuden nahe der Karlova (Nr. 19–21), ist seit 1971 das Tschechische Museum der Schönen Künste (České muzeum výtvarných umění) beheimatet. Diese kleine, aber feine, jedoch selten besuchte Galerie präsentiert Wechselausstellungen zur Kunst des 20. Jh. und der Gegenwart und ist allein schon wegen der architektonischen Hülle einen Blick wert.

Entlang der Karlova

Zurück in der Karlova, die in der Touristensaison nicht selten unter dramatischer Passantenverstopfung leidet, kommt man an weiteren hochkarätigen Bauten vorüber: In dem **Haus Zur**

goldenen Schlange (Nr. 18) mit seinem schönen Hauszeichen verkaufte 1714 der Armenier Deodatus Damajan, der wenig später auf der Kleinseite, im Haus Zu den drei Straußen (am Ende der Karlsbrücke), das älteste Café der Stadt eröffnen sollte, erstmals Kaffee. Im Nachbarhaus **Zum blauen Hecht** (Nr. 20) betrieb ein gewisser Viktor Ponrepo ab 1907 Prags erstes Kino und im **Haus Zur französischen Krone** (Nr. 4) wohnte 1607–12 Johannes Kepler, der damals als Nachfolger Tycho Brahes Astronom und Mathematiker am Hofe Rudolfs II. war. An der Renaissancefassade des **Hauses Zum goldenen Brunnen** (Nr. 3) prangt ein wunderschönes barockes Stuckrelief mit Heiligengestalten (1701, von Johann Ulrich Mayer). Hervorragender Barockschmuck aus der Werkstatt von M. B. Braun ziert das **Palais Colloredo-Mansfeld** (Nr. 2, Ecke zum Smetana-Kai), das bis 1914 den ständischen Fechtsaal beherbergte.

Klementinum ! 5

www.klementinum.com, Bibliothekssaal und Sternwarte: Mai–Okt. Mo–Fr 14–19, Sa, So 10–19, März, April, Nov., Dez. jeweils bis 18 Uhr, 220 Kč,

Südliche Altstadt

Sehenswert

1 Rottsches Haus
2 Palais Clam-Gallas
3 Neues Rathaus
4 Tschechisches Museum der Schönen Künste
5 Klementinum
6 Kreuzherrenkirche
7 Foltermuseum
8 Altstädter Mühlen
9 Smetana-Museum
10 Haus der Herren von Kunštát und Podiebrad
11 St-Ägidius-Kirche
12 Jesuitenkloster
13 Bethlehemskapelle
14 Náprstek-Museum
15 Hl.-Kreuz-Rotunde
16 St. Martin in der Mauer
17 St.-Gallus-Kirche
18 Zu den zwei goldenen Bären
19 Kepler-Museum
20 Galerie Montmartre
21 Schokoladenmuseum

Essen & Trinken

1 Café Indigo
2 Café Ebel
3 Gabriele
4 Ethno
5 U Zlatého tygra
6 U Jelinka
7 Klub architektů
8 V Zátiší
9 Lehká Hlava
10 U Medvídku
11 Café Café
12 Country Life
13 Freshlife Bar
14 Café Platýz

Einkaufen

1 Parazit
2 Manufaktura
3 U Zlatého Kohouta
4 Blatnička
5 Herrero

Abends & Nachts

1 Marionettentheater
2 Papas
3 La Fabrique
4 Double Trouble
5 U Staré Paní
6 Karlovy Lázně
7 Lávka
8 Reduta Jazz Club

Tel. 222 220 879 (auch für Konzert-Infos), Führungen: Tel. 606 100 293
Zur Moldau hin wird die Karlova an ihrer Nordseite von einem gewaltigen Gebäudekomplex gesäumt: Das Klementinum fungierte 200 Jahre lang, von 1556 bis zur Auflösung des Ordens 1773, als Machtzentrum der Jesuiten und damit der Gegenreformation. Bereits ab 1232 hatten die Dominikaner hier neben der romanischen Pfarrkirche St. Clemens ein kleines Kloster unterhalten. Es wurde in den Hussitenkriegen fast vollständig zerstört und nur notdürftig wieder aufgebaut. Die von Ferdinand I. ins Land gerufenen Gefolgsmänner des Ignatius von Loyola richteten ab 1556 ein – zunächst bescheidenes – Kolleg ein. Massiv ausweiten durften sie ihren Wirkungsbereich und damit auch ihren Hauptstützpunkt in der Karlsgasse nach dem Sieg der Katholiken auf dem Weißen Berg (s. S. 256). Der Komplex, der während der zweiten Hälfte des 17. Jh. nach und nach entstand, umfasste am Ende auf dem 2 ha großen Gelände eines eigens niedergerissenen Altstadtviertels, um fünf Innenhöfe gruppiert, Wohn- und Studiertrakte, eine Schule, Bibliothek, Druckerei, ein Theater, einen Astronomischen Turm sowie drei Kirchen. Die

Pläne entwarfen Francesco Caratti und nach ihm František Maximilian Kaňka.

Heute ist das einstige Jesuitenkolleg die Heimstatt der Staatsbibliothek, die über 5 Mio. Bände sowie Abertausende kostbare Handschriften und Wiegendrucke umfasst. In die Höfe dieses nach der Burg ausgedehntesten Gebäudekomplexes der Stadt gelangt man (ohne Eintritt) über drei Tore – von der Křížovnická, der Karlova und dem Mariánské náměstí. Der überwiegende Teil der Räumlichkeiten ist jedoch für die Öffentlichkeit gesperrt. Zugänglich und sehr sehenswert sind lediglich der barocke **Bibliothekssaal** im ersten Stock (Deckenfresken von J. Hiebl), die **Sternwarte** (Traumblick vom 68 m hohen Turm!) und die **Spiegelkapelle.** Dort finden regelmäßig hörenswerte Kammerkonzerte statt. Nur wenige Tage im Jahr stehen der Mozartsaal mit seinen üppigen Malereien und Bücherschränken im Rokokostil und der Mathematische Saal mit seiner Globen- und Tischuhrensammlung offen.

Die Kirchen

Die barocke **St.-Clemens-Kirche** wurde 1711–13 von K. I. Dientzenhofer anstelle einer mittelalterlichen Vorgängerin errichtet und wird heute von der griechisch-katholischen Gemeinde genutzt. Nähere Begutachtung verdienen die wunderschönen Schnitzarbeiten aus der Braunschen Werkstatt an Kanzel, Beichtstuhl und den Seitenaltären.

Die angrenzende **Welsche Kapelle,** ein ovaler Kuppelbau, wurde kurz vor 1600 von italienischen Wanderkünstlern für ihre in Prag ansässigen Landsleute gebaut.

Ebenfalls zum Klementinum gehört die **St.-Salvator-Kirche:** Im späten 16. Jh. als Böhmens erste Jesuitenkirche errichtet, markierte sie stilistisch den Übergang von der Gotik zur Renaissance. Erst nach dem Dreißigjährigen Krieg wurde sie – von Carlo Lurago und Francesco Caratti – barockisiert. Ihre von J. G. Bendl reich mit Statuen und Vasen verzierte Hauptfassade blickt nach Westen, Richtung Moldau, auf den Kreuzherrenplatz.

Am Moldauufer

Kreuzherrenkirche 6

Gegenüber von der St.-Salvator-Kirche steht die St.-Franziskus- oder Kreuzherrenkirche. Mitte des 13. Jh. hatte Agnes

Buchschätze in opulentem Barockambiente: Bibliothekssaal des Klementinum

von Böhmen, eine Schwester König Wenzels I., den Orden der Kreuzherren mit dem roten Stern gegründet und ihm nahe der damaligen Judithbrücke ein Spital samt Kirche erbauen lassen. Zeitgleich bekamen die Brüder die Überwachung und Instandhaltung dieses damals einzigen festen Moldauübergangs sowie die Erhebung der Zoll- und Benutzungsgebühren übertragen. Ende des 17. Jh. ließ der Orden, dessen Großmeister zu jener Zeit Prags Erzbischöfe stellten, von Giovanni Domenico Canevale nach Entwürfen von Jean Baptiste Mathey das so mächtige wie harmonisch proportionierte Gotteshaus errichten. Das Innere seiner weithin sichtbaren Tambourkuppel bemalte Wenzel Lorenz Reiner mit einem grandiosen »Jüngsten Gericht«.

Kreuzherrenplatz

An der Ecke zur Křižovnická ragt die sogenannte **Winzersäule** empor, ein Werk J. G. Bendls mit einer Statue des hl. Wenzel. Ein weiterer Blickfang ist in der Mitte des Kreuzherrenplatzes, zu Füßen des Altstädter Brückenturms

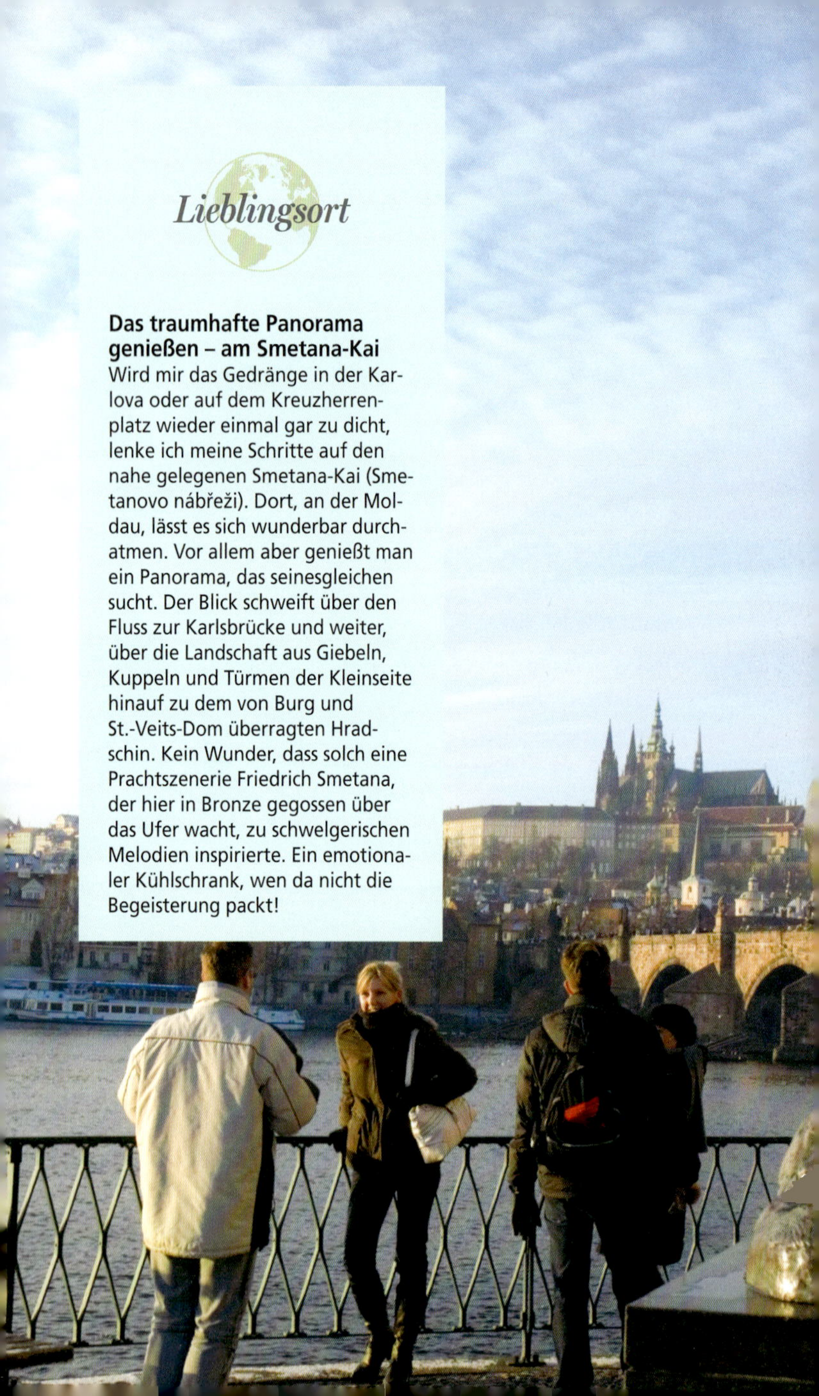

Lieblingsort

Das traumhafte Panorama genießen – am Smetana-Kai
Wird mir das Gedränge in der Karlova oder auf dem Kreuzherrenplatz wieder einmal gar zu dicht, lenke ich meine Schritte auf den nahe gelegenen Smetana-Kai (Smetanovo nábřeži). Dort, an der Moldau, lässt es sich wunderbar durchatmen. Vor allem aber genießt man ein Panorama, das seinesgleichen sucht. Der Blick schweift über den Fluss zur Karlsbrücke und weiter, über die Landschaft aus Giebeln, Kuppeln und Türmen der Kleinseite hinauf zu dem von Burg und St.-Veits-Dom überragten Hradschin. Kein Wunder, dass solch eine Prachtszenerie Friedrich Smetana, der hier in Bronze gegossen über das Ufer wacht, zu schwelgerischen Melodien inspirierte. Ein emotionaler Kühlschrank, wen da nicht die Begeisterung packt!

(s. S. 186) **Denkmal für Karl IV.,** das 1848 anlässlich des 500-jährigen Jubiläums der Gründung der Karlsuniversität enthüllt wurde. An ihm schieben sich die Touristenströme vorbei Richtung Karlsbrücke bzw. Altstadt.

Sehr lohnend ist der Besuch des in dem ehemaligen Klosterkomplex an der Nordseite des Platzes eingerichteten Karlsbrückenmuseums (s. S. 187). Vielleicht nicht jedermanns Sache ist dagegen das **Foltermuseum** 7 (Křižovnické náměstí 194/1, tgl. 10–22 Uhr, 120 Kč), das mittels Folterwerkzeugen, historischer Stiche und Erläuterungen an die rabiaten Methoden mittelalterlicher Rechtsprechung erinnert.

Südlich des Brückenendes befinden sich die ehemaligen öffentlichen Bäder, **Karlovy Lázně** 6, die vor ein paar Jahren in Prags größten und schillerndsten Tanztempel verwandelt wurden (s. S. 177). Wenige Schritte entfernt, am Novotný-Steg (Novotného lávka), stehen die **Altstädter Mühlen** 8, die hier schon im 15. Jh. eine geregelte Versorgung der Stadt mit Trinkwasser gewährleisteten und einen malerischen Winkel bildeten. Heute erstrahlt das Ensemble im Stil der Neorenaissance.

Smetana-Museum 9

www.nm.cz, Mi–Mo 10–12, 12.30–17 Uhr, 50 Kč

Hinter der von Mikoláš Aleš und F. Ženíšek gestalteten Sgraffito-Fassade des benachbarten ehemaligen Wasserwerks ist das Smetana-Museum (Muzeum Bedřicha Smetany) untergebracht. Es erinnert mit seiner Sammlung von Partituren, Instrumenten, Briefen und persönlichen Gegenständen an Leben und Werk des berühmten Komponisten. Vor dem Eingang, wo mehrere Weinbars und Cafés ihren Gästen bei Schönwetter einen unvergleichlich prächtigen Blick auf Kleinseite und Hradschin bieten (und ihn sich gehörig vergelten lassen), grüßt der Schöpfer von »Mein Vaterland« und der »Verkauften Braut« überlebensgroß in Bronze gegossen über den Fluss. Apropos: Um die weltberühmte Stadtszenerie am westlichen Moldauufer in aller Ausführlichkeit in sich aufsaugen zu können, empfiehlt es sich, den **Smetana-Kai** ein Weilchen entlangzuflanieren (s. Lieblingsort S. 170).

Von der Moldau nach Osten

Irgendwann hat man sich selbst an einem Traumpanorama wie jenem vom Smetana-Kai fürs Erste sattgesehen und lenkt die Schritte vom Fluss weg, Richtung Osten. Spätestens hier wäre es an der Zeit, sich einmal dem Charme des mittelalterlichen Raumgefüges hinzugeben, sich von Gefühl und Neugier treiben zu lassen. Konviktská, Jilská, Husova, Lilová, Anenská … das Gassenlabyrinth ist überschaubar und an jeder Ecke warten Überraschungen: In der Řetězová etwa liegt das **Haus der Herren von Kunštát und Podiebrad** 10, in dessen Kellergeschoss sich noch ein schönes Gewölbe eines romanischen Palais erhalten hat. Um die Ecke, in der Husova, ragt die gotische **St.-Ägidius-Kirche** 11 mit ihrem ungleichen Turmpaar und dem dreischiffigen, seltsam chorlosen, um 1733 festlich barockisierten Hallenraum auf (herrliche Deckenfresken von Wenzel Lorenz Reiner!). Und in der Bartolomějská (Nr. 9) stößt man auf ein ehemaliges Nonnen- und späteres **Jesuitenkloster** 12 mit besonderer Geschichte. Nach der josephinischen Reform wurde es in einen Ausstellungs- und Konzertsaal umgewandelt, in dem Beethoven und Wagner konzertierten und Dvořák das Orgelspielen studierte. Hier fand 1840 auch der erste tschechische Ball statt. Nach 1948 missbrauchte die kommunistische Geheimpolizei die Mönchszellen für Verhöre. Auch Václav Havel verbrachte hier als Polithäftling so manche Nacht. Mittlerweile werden die ehemaligen Zellen von dem originellen Art Prison Hotel (s. S. 31) als Zimmer genutzt.

Bethlehemsplatz und Umgebung

Bethlehemskapelle 13

Di–So 10–18.30, Nov.–März bis 17.30 Uhr, 50 Kč

Zentraler Platz des Viertels ist der Betlémské náměstí. Die Bethlehemskapelle, deren weiß getünchter Doppelgiebel alle Blicke auf sich zieht, wurde 1391 von Prager Patriziern unter der Auflage gestiftet, dass man hier nur auf Tschechisch predigen dürfe. Gut zehn Jahre später machte Jan Hus (s. S. 95) das Gotteshaus, das an die 3000 Gläubige fasste, zum Epizentrum der Reformationsbewegung. Nach seinem Tod auf dem Scheiterhaufen zu Konstanz (1415) wurde es zum Nationalheiligtum. 1521 wetterte der protestantische Revolutionär Thomas Münzer von der hiesigen Kanzel gegen »die Gottlosen« und brachte sein »Prager Manifest« zu Papier. Zur Zeit der Gegenreformation gehörte die Kapelle den Jesuiten. Nach Auflösung des Ordens (1773) wurde sie geschlossen, wenig später demoliert und erst um 1950 nach alten Plänen und Stichen originalgetreu wieder aufgebaut.

Náprstek-Museum 14

www.nm.cz, Di–So 10–18 Uhr, 80 Kč

Das Haus U Halánků war ursprünglich eine bekannte Brauerei und Weinbrennerei. Mitte des 19. Jh. kam es in

Mein Tipp

Jeder nach seinem Gusto: drei kleine Themensammlungen

Einige kleinere Museen bieten gerade durch ihre räumliche und thematische Begrenztheit die Möglichkeit sich mit Muße je nach Gusto einem Interessensgebiet zu widmen: Das **Kepler-Museum** 19 (Karlova 4, Di–So 10–18 Uhr, 30 Kč, www.keplerovomuzeum.cz) wurde 2009, im »Internationalen Jahr der Astronomie« eingerichtet und informiert mit Repliken und Schautafeln über Leben und Werk des berühmten Astronomen Friedrich Johannes Kepler, der 1600–12 in Prag arbeitete und als ›deutscher Galilei‹ gilt.

Václav Havel zu Ehren wurde in der **Galerie Montmartre** 20 (Řetězová 7, Di–So 12–18 Uhr, 50 Kč, www.vaclavhavel-knihovna.org; angeschlossen: Havel-Bibliothek und -Studienzentrum) eine **Dauerausstellung** eingerichtet. Sie zeichnet anhand zahlreicher Fotos, Dokumente und originaler Schriftstücke den faszinierenden Weg vom dissidenten Dichter zum Staatsoberhaupt nach.

Süßzähne sollten in das **Schokoladenmuseum** 21 (Celetná 10, tgl. 10–19 Uhr, 140 Kč, mit Gratis-Verkostung, www.choco-story-praha.cz) pilgern. Über 1000 historische Exponate, zahlreiche Schautafeln und vier Dokumentarfilme erläutern dort die 2600-jährige Geschichte der Verarbeitung von Kakao.

die Hände Vojta Náprsteks, der darin zunächst einen Club samt Vortragsraum und Bibliothek installierte. Später eröffnete er eine **völkerkundliche Sammlung,** deren Exponate er aus den Beständen diverser tschechischer Weltreisender und Forscher zusammengetragen hatte. Heute präsentiert das Náprstek-Museum sowohl indianische und präkolumbianische Kunst Nord-, Süd- und Mittelamerikas (im 1. Stock) als auch eine stattliche Kollektion von Skulpturen und Masken aus Afrika und dem pazifisch-ozeanischen Raum (im 3. Stock). Stets sehenswert sind außerdem die temporären Themenschauen.

Hl.-Kreuz-Rotunde 15

Voranmeldung unter Tel. 224 319 528
Ein Abstecher in die Konviktská, nochmals Richtung Moldau, führt zu einer von nur noch drei erhaltenen romanischen Rundkapellen Prags. Sie wurde um 1100 errichtet und in den 1860er-Jahren dank der Initiative eines Künstlervereins vor dem Abbruch bewahrt. Ihr Inneres mit den Fragmenten gotischer Wandmalereien ist leider nur zu Zeiten der seltenen Messen oder nach Voranmeldung zugänglich.

St. Martin in der Mauer 16

In der Na Perštýně, der früheren Bergsteingasse, befand sich im Vorgängerbau von Haus Nr. 11 das bekannte Künstlercafé Union, in dem u. a. Karel Čapek und Jaroslav Hašek ein und aus gingen. Von hier sind es nur ein paar Schritte zu einem weiteren Sakraljuwel aus der Romanik: St. Martin in der Mauer wurde 1130 als Pfarrkirche der Siedlung Újezd gegründet und stand unmittelbar an der Altstädter Wehrmauer. Auf ihrem Friedhof fanden der Barockbildhauer F. M. Brokoff und etliche seiner Angehörigen ihre letzte Ruhe, woran ein Reliefporträt an der Chorwand erinnert. In die böhmische Religionsgeschichte ging die Kirche ein, weil hier im Oktober 1414 erstmals den Forderungen der Hussiten gemäß das Abendmahl in beiderlei Gestalt, als Brot und Wein, gereicht wurde.

Galli-Stadt

St.-Gallus-Kirche 17

Das gesamte Gebiet in nordöstlicher Richtung bis zum Pulverturm hatte Wenzel I. im 13. Jh. weitgehend den deutschen Kaufleuten überlassen. Geistiges Zentrum dieser sogenannten Galli-Stadt, die den ganzen Süden der Altstadt einnahm und anfangs sogar über eine eigene Rechtsordnung verfügte, war die St.-Gallus-Kirche. Ihr Name geht auf jenen irischen Mönch zurück, der sich um Europas erste Missionierung verdient gemacht und dessen Schädelreliquie Karl IV. aus dem Schweizer Kloster St. Gallen bekommen hatte. Im Zuge ihrer Barockisierung setzte Giovanni Santini-Aichel der Kirche eine damals stilistisch revolutionäre, weil gewölbte Fassade samt statuenbesetzter Balustrade vor. An der reichen Innenausstattung haben Karel Škréta und F. M. Brokoff (Kalvariengruppe mit den vier Evangelisten in der Nordkapelle!) mitgewirkt.

Rund um die St.-Gallus-Kirche

Den weltlichen Mittelpunkt der Galli-Stadt bildete ein lang gestreckter Markt, der vom Kohlenmarkt (Uhelný trh) bis zum Obstmarkt (Ovocný trh) reichte. Noch zu Zeiten Karls IV. errichtete man westlich der Kirche eine ca. 200 m lange Markthalle. Sie wurde kurz vor 1800 abgerissen und durch Bürgerhäuser ersetzt, die seither das Terrain in drei Straßen – Havelská, Rytířská und V Kotcích – gliedern. Letztere erinnert mit ihrem Namen noch an die früheren Marktbuden (tschech.:

Vom ›Goldenen Tiger‹ beäugt geht das böhmische Bier über den Tresen: U Zlatého tygra

kotce). Der teilweise von gotischen Laubengängen gesäumte heutige **Lebensmittel- und Souvenirmarkt** auf der Havelská, der Gallus-Gasse, ist nur ein blasser Abglanz des emsigen merkantilen Treibens von anno dazumal, als man hier alle nur erdenklichen Güter, von Bauholz über Textilien und Pelze bis zu Kohle und Früchten, feilbot.

Bevor man wieder den Altstädter Ring erreicht, gilt ein letzter Halt dem **Haus Zu den zwei goldenen Bären** 18. Es steht mit seinem schönen Renaissanceportal, dem Arkadenhof und den gotischen Kellern an der Ecke Melantrichova und Kožná (Ledergasse) Nr. 1 und ist das Geburtshaus des berühmten ›rasenden Reporters‹ Egon Erwin Kisch (1885–1948).

Essen & Trinken

Heimelig und gut – **Café Indigo** 1: Platnéřská 11, Tel. 731 216 035, Metro A Staroměstská, tgl. 9–24 Uhr, Kaffee und Kuchen und kleine Speisen 80–130 Kč. In diesem stillen, stilvollen Café kann man ein leichtes Frühstück, einen Snack zwischendurch aber auch ein gepflegtes Dinner genießen – unprätentiös, behaglich, preisgünstig.

Herzhafter Koffeinschub – **Café Ebel** 2: Retezová 9, Tel. 222 222 018, www.ebelcoffee.cz, Metro A, Staroměstská oder Můstek, tgl. 8–20 Uhr, Snacks 60–160 Kč. Ratsam als morgendliche Alternative zum bisweilen dünnen Filtergebräu im Hotel oder als Energiebooster beim Sightseeing: der frisch geröstete Kaffee, begleitet von knusprigen Croissants, Bagels, Sandwiches u. Ä.

Für exzentrische Feinschmecker – **Gabriele** 3: Husova 5, s. S. 38.

Südostasien lässt grüßen – **Ethno** 4: Husova 10, Tel. 223 213 713, Metro B, Národní třída, Straßenbahn 17, 18, tgl. 10–24 Uhr, kleine Speisen ab 100 Kč. Frisch gepresste Säfte, exotische Cocktails, diverse Kleinigkeiten, vom Krabbentoast bis zum Clubsalat, und exotisch-schmeichelnde Musik, genossen zwischen exotischen Schnitzmasken, -statuen und hölzernen Krokodilen.

Pivo-Paradies – **U Zlatého tygra 5**: Husova 17, Tel. 222 221 111, www.uzlatehotygra.cz, Straßenbahn 17, 18, tgl. 15–23 Uhr, Bier ca. 30 Kč. Urböhmischer als der ›Goldene Tiger‹ kann eine Bierkneipe kaum sein: das Ambiente Marke Linoleum und Resopal, die Kellner mit viel Witz, jedoch bar aller Fremdsprachenkenntnisse, das Essen so deftig wie gut, das Preisniveau niedrig, und das Bier selbstverständlich ausgezeichnet. Kein Wunder, dass sich hier sogar Havel und Clinton ein Bier mit dem Dichter Bohumil Hrabal (1914–97) genehmigten, dessen Stammlokal das Tygra war.

Authentisch – **U Jelinka 6**: Betlémské náměstí 11, Tel. 222 221 027, Metro B, Národní třída, Straßenbahn 6, 9, 18, 21, 22, 23 u. a., tgl. 9–22 Uhr, Hauptgerichte 200–350 Kč. Hier gibt's böhmische Elixiere und Hausmannskost in rustikalem Ambiente, bei schönem Wetter draußen mit Blick auf die Bethlehemskapelle. Aus dem Speisenangebot: Wild, Gulasch mit Knödel oder Gemüseplatte.

Stärkung an historischem Ort – **Klub architektů 7**: Betlémské náměstí 3, Tel. 224 248 595, www.klubarchitektu.com, Metro A, B Můstek, Straßenbahn 6, 9, 18, 21, 22, 23, tgl. 11.30–24 Uhr, Gerichte ab 170 Kč. In den mittelalterlichen Gewölben neben der Betlémská kaple kredenzt man zu moderaten Preisen gute, vornehmlich einheimische Gerichte, u. a. viel Vegetarisches. Im Stock darüber gibt's Ausstellungen zu Themen moderner Baukunst und einen exzellent sortierten Spezialbuchladen. Gleich nebenan, im Open-Air-Café bekommt man leichte Snacks.

Gourmetküche meets bildende Kunst – **V Zátiší 8**: Liliovà 1, Betlémské nám., s. S. 36.

Fleischlose Kost mit Orient-Touch – **Lehká Hlava 9**: Boršov 2, Tel. 222 220 665, www.lehkahlava.cz, Straßenbahn 17, 18, Mo–Fr 11.30–23.30, Sa, So ab 12 Uhr, Hauptgerichte ab 130 Kč. In diesem luftigen Restaurant fühlen sich Vegetarier und Veganer perfekt betreut. Die Küche bietet ein großes Angebot an Salaten, Suppen und orientalischen Spezialitäten. Günstiges Mittagsmenü! Achtung: nachmittags nur kalte Snacks.

Kleinbrauerei – **U Medvídku 10**: Na Perštýne 7, Tel. 224 211 916, www.umedvidku.cz, Metro B Národní Třída, tgl. 11.30–23 Uhr, ab 130 Kč. Im Haus Zu den Bärchen produzierte man schon im Jahr 1466 Bier. Nach langer Pause wurde die Tradition 2004 mit Erfolg wiederbelebt. Das Ergebnis, ein bittersüßes Lager mit 11,8 % Alkohol, verdient probiert zu werden – am besten im hauseigenen (Hotel-)Restaurant.

Internationaler Promi-Treff – **Café Café 11**: Rytířská 10, s. S. 41.

Informell und gesund – **Country Life 12**: Melantrichova 15, s. S. 39.

Fitness tanken – **Freshlife Bar 13**: Melantrichova 11, Metro A, B Můstek, Mo–Sa 9.21 Uhr. Zwischen all den Souvenir- und Ramschläden auf einer der meist frequentierten Touristenfallen findet sich ein kleiner Stand, der gleichsam vor Gesundheit strotzt. Frisch gepresste Säfte (40–90 Kč), Kaffeespezialitäten, Milk-Smoothies (ca. 70 Kč) und delikate Baguettes (45–60 Kč) – allesamt ideale Kalorien- und Vitaminbooster für unterwegs.

Schick, aber uneitel – **Café Platýz 14**: Národní 37, s. S. 42 und 177.

Einkaufen

Originelles vom Nachwuchs – **Parazit 1**: Karlova 25, www.parazit.cz, Metro A, Staroměstská, Mo–Fr 11–20, Sa 11–19 Uhr. In diesem neuen Laden zeigen junge Modedesigner und Studenten, was sie drauf haben: Zu entdecken gibt's äußerst originelle Klamotten – Streetware, aber auch Haute Couture, Retro-Style und kunterbunte, witzig-wilde Pop-Art für Sie und Ihn. Fazit: reinschauen und stöbern!

Spielen wie anno dazumal – **Manufaktura** 2: Karlova 26, s. S. 47.

Musikinstrumente secondhand – **U Zlatého Kohouta** 3: Michalská 3, Tel. 224 221 999, www.guzk.cz, Metro B, Národní třída, Mo–Sa 12–18 Uhr. Auch anschauen lohnt: Jakub Lis' Sortiment gebrauchter, z. T. antiquarischer Geigen, Celli, Akkordeons und anderer Tonwerkzeuge sucht seinesgleichen.

Hauswein zum Mitnehmen – **Blatnička** 4: Michalská 6, s. S. 45.

Wohninterieur – **Herrero** 5: Železná 4, s. S. 46.

Mein Tipp

Schick und behaglich

In dem klassizistischen Gebäudekomplex Platýz, durch dessen großen Hof man vom Uhelný trh in die Nationalstraße (Národní) gelangt, befand sich ein bekannter Konzertsaal, in dem u. a. Liszt und Paganini auftraten. Das **Café Platýz** 14 (sein Name ›Plattfisch‹ spiegelt sich in dem Hauszeichen über dem südlichen Fußgängerdurchgang wider) ist ein angenehmer Rastplatz für Shopper und Flaneure im Nahbereich von Altstadt und Wenzelsplatz – jugendlich urban, mit leckeren Snacks zu moderaten Preisen und reichhaltiger Cocktailkarte (Zugang: Národní 37 bzw. Uhelný trh 10; Mo–Fr 10–23, Sa, So 11–23 Uhr).

Abends & Nachts

Oper en miniature – **Marionettentheater** 1: Karlova 12, Tickets: Tel. 222 220 913 od. www.ticketpro.cz, Metro A Staroměstská, Aufführungen tgl. 17 und 20 Uhr. Mozarts »Don Giovanni« als charmantes Puppenspektakel in bereits über 2500 Aufführungen. Empfehlenswert auch für Kinder.

Ein Stück Spanien an der Moldau – **Papas** 2: Betlémské náměstí 8, Metro B, Národní třída, Mo, Do 12–1, Fr 12–3, Sa 16–2, So 16–24 Uhr. Die Iberische Halbinsel lässt grüßen: weinrote Wände, Ziegelgewölbe, entspannende Musik, leichte, pikante Küche mit Salaten, Nudeln, Fisch und eine bestens bestückte Getränkekarte. Fazit: eine stilvolle Bar-Lounge, die die Sinne verwöhnt und die Geldbörse schont.

Gehobener Anspruch für mittlere Jahrgänge – **La Fabrique** 3: Uhelný trh 2, Tel. 224 233 137, www.lafabrique.cz, Metro A, B, Můstek, Mo–Do 11–3, Fr 11–4, Sa 17–4, So 17–3 Uhr. In geräumigen Kellergewölben trifft man bevorzugt tanzwillige Angehörige der Ausländer-Communities, gepflegte Musik in ebensolchem Ambiente, oft Sportübertragungen auf Großbildschirmen.

Hier geht die Post ab – **Double Trouble** 4: Melantrichova 17, s. S. 51.

Für Stilgourmets – **U Staré Paní** 5: Michalská 9, Prag 1, www.jazzlounge.cz, Metro A Můstek, B Národní třida, tgl. 19–2, Konzerte ab 21 Uhr. Schnörkellose Lounge, Modern, Latin und Gegenwartsjazz, dazu Dinner – gute, leichte Fusionküche, CD-Shop.

Prags größter und schillerndster Tanztempel – **Karlovy Lázně** 6: Smetanovo nábřeží 198, s. S. 52.

Top-professionell, mit Open-Air-Tanzparkett – **Lávka** 7: Novotného Lávka, s. S. 52.

Lieblingsort des Autors – **Reduta Jazz Club** 8: Národní 20, s. S. 54 und 178.

Lieblingsort

Prag für die Ohren – im Reduta Jazz Club 8

Es war wohl die Sternstunde in der langen Geschichte dieses ältesten Jazzclubs von Prag: als Bill Clinton bei seiner Staatsvisite 1994 spätabends hier den Swing-Standard »My funny Valentine« ins Tenorsaxophon blies und sein Gastgeber, Václav Havel, dazu mit der Rumbakugel den Rhythmus schüttelte. Weit über die Stadtgrenzen berühmt war die Experimentalbühne in der Nationalstraße freilich schon bald nach ihrer Gründung 1958. Scharfzüngiges literarisches Kabarett und Auftritte von Stars wie Jan Hammer, Tomasz Stanko oder Cecil Taylor machten sie zum In-Treff für intellektuelle Nonkonformisten. Mittlerweile dominieren merklich traditionellere Töne Marke Dixie, Swing und Jazzrock. Doch die Qualität der Musik ist weiterhin hoch und das 70er-Jahre-Ambiente trotz kürzlich erfolgter Renovierung authentisch. Die Jam Session der beiden Präsidenten übrigens ist, auf CD gebrannt, an der Kasse für ein paar Kronen erhältlich. (www.redutajazzclub.cz, s. a. S. 54).

REDUT
JAZZ
CLUB

Das Beste auf einen Blick

Malá Strana und Prags Südwesten

Highlight !

Karlsbrücke: Ihre steinernen Bögen verbinden seit mehr als 600 Jahren die Altstadt mit der Kleinseite. Mitsamt ihren gotischen, wunderbar verzierten Brückentürmen symbolisiert sie wie wohl kein zweites Bauwerk die romantische Moldau-Stadt. 1 S. 182

Auf Entdeckungstour

Barocke Pracht – Kloster Strahov: Prags zweitältestes Mönchskloster ist dank seiner Bibliothekssäle, der Kirche und der Bildergalerie ein Barockjuwel allererster Güte und besticht zudem durch seine erhabene Lage hoch über Stadt und Fluss. 27 S. 196

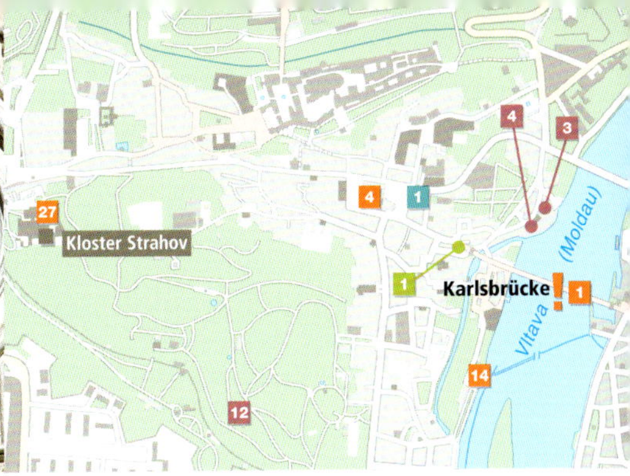

Kultur & Sehenswertes

St.-Nikolaus-Kirche: Das auf dem Kleinseitner Ring thronende Gotteshaus ist ein Symbolbau nicht nur für die um 1700 forcierte Rekatholisierung, sondern dank der schwelgerischen Formensprache von Vater und Sohn Dientzenhofer auch für den Prager Hochbarock. 4 S. 188

Kampa-Museum: Die ehemaligen Mühlen am Westufer der Moldau wurden in einen – auch architektonisch spannenden – Hotspot der Gegenwartskunst verwandelt, dessen Kernstück die Kunstsammlung eines exiltschechischen Sammlerpaars ist. 14 S. 193

Aktiv & Kreativ

Stadtrundfahrten mit dem Segway: Statt in langen Fußmärschen oder schweißtreibenden Radpartien kann man Malá Strana auf den futuristisch anmutenden Zweirad-Gefährten stehend besichtigen. 1 S. 201

Genießen & Atmosphäre

Hergetova Cihelna und Čertovka: Zwei Uferrestaurants in unmittelbarer Nähe der Karlsbrücke, die – das eine gutbürgerlich, das andere deutlich schicker – unvergessliche Blicke auf den Fluss und sein Wahrzeichen eröffnen. 3 4 S. 198

Nebozízek: Wo schon Mozart seinen Komponistenkopf durchlüftete, isst und trinkt sich's auch heute noch vorzüglich – gar nicht zu reden, von dem famosen Stadtblick, den man von der Terrasse des legendären Ausflugslokals genießt. 12 S. 199

Abends & Nachts

Malostranská beseda: Eine quirlige Café-Bar und, auf mehrere Etagen verteilt, ein innovatives Veranstaltungszentrum – das ehemalige Kleinseitner Rathaus ist zum nicht nur für junge Leute attraktiven Kulturtreff mutiert. 1 S. 201

Idylle am westlichen Moldauufer

Ein Meer aus rostroten, verschachtelten Giebeldächern, daraus herausragend Türme und Kuppeln von Kirchen, dazwischen ein Wirrwarr aus kopfsteingepflasterten Gassen und Plätzen, Durchgängen, Höfen, Treppen, üppigem Grün … Ein Spaziergang durch die Kleinseite, Malá Strana, dieses barocke Gesamtkunstwerk vom Fluss Richtung Burg und weiter auf den Petřín-Hügel ist an Charme kaum zu überbieten. Der an das Westufer geschmiegte Bezirk war seit alters das Wohngebiet sowohl der kleinen Leute als auch des Hochadels. Anfänglich, im 8./9. Jh., ein Marktfleck, bekam das Gebiet Mitte des 13. Jh. von Ottokar II. das Stadtrecht verliehen, woraufhin sich viele Kaufleute und Handwerker ansiedelten.

Nach den Religionskriegen wurde die Kleinseite zum Refugium für die adeligen Profiteure der Rekatholisierung, die sich hier, in Sichtweite der Burg, kolossale Wohnsitze bauen ließen. Die Mostecká (Brückenstraße) hingegen war von Geschäften gesäumt, denen der ununterbrochene Passantenstrom gute Verdienstmöglichkeiten bot. Das einstige kleinbürgerliche Getriebe findet in der heutigen Ballung von Souvenirläden, Imbissstuben und kleinen Dienstleistungsbetrieben einen Nachhall.

Infobox

Reisekarte: ► Karte 1, D–G 4–9

Startpunkt und Routenlänge
Der Rundgang beginnt an der Karlsbrücke und führt kreuz und quer durch den Bezirk Malá Strana, schließlich per Standseilbahn auf den Aussichtsberg Petřín und zuletzt eventuell noch in den südlich angrenzenden Bezirk Smíchov. Wer den – zugegeben langen – Fußweg als zu mühsam empfindet, kann Petřín und Smíchov gesondert ein andermal mit der Straßenbahn ansteuern. Selbst für die kürzere Variante sollte man ohne ausführliche Besichtigungen mindestens einen halben Tag einplanen.

Touristeninformation
Im Kleinseitner Brückenturm (Malostranská mostecká věž), unterhält der Prager Informationsdienst (PIS) eine Außenstelle (nur April–Okt. tgl. 10–18 Uhr, s. a. S. 16).

Von der Altstadt über den Fluss

Karlsbrücke ! 1

Als Tourist erreicht man die Kleinseite zumindest das erste Mal gewöhnlich aus der Altstadt kommend zu Fuß über die Karlsbrücke (Karlův most). Wohl kein zweites Bauwerk verkörpert das romantische Prag so sehr und ist dementsprechend viel fotografiert und begangen worden wie dieses 520 m lange und 10 m breite, auf 16 Pfeilern

Lange die einzige Verbindung zwischen beiden Moldauufern: die Karlsbrücke

Malá Strana

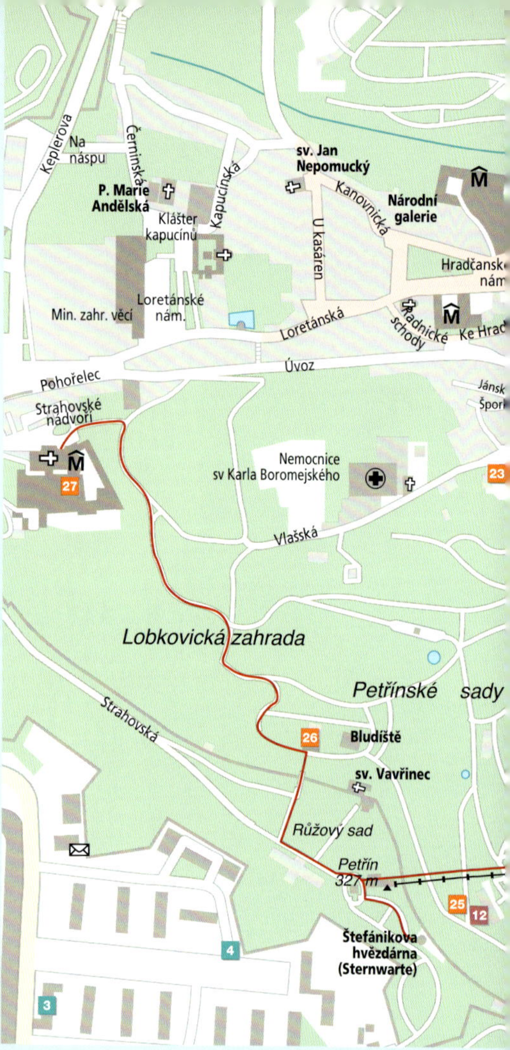

Sehenswert

1 Karlsbrücke
2 Karlsbrückenmuseum
3 Kleinseitner Brückentürme
4 St.-Nikolaus-Kirche
5 Palais Liechtenstein
6 Kleinseitner Rathaus
7 St.-Thomas-Kirche
8 Zum goldenen Hirsch
9 Thun-Palais
10 Palais Waldstein
11 Vojan-Park
12 Franz-Kafka-Museum
13 Palais Liechtenstein (Kampa-Insel)
14 Kampa-Museum
15 Palais Buquoy
16 Palast des Großpriors der Johanniter
17 John-Lennon-Mauer
18 St. Maria unter der Kette
19 Palais Nostitz
20 Kirche Maria vom Siege
21 Palais Vrtba
22 Palais Schönborn
23 Palais Lobkowitz
24 Palais Morzin
25 Galerie Magická jeskyně
26 Aussichtswarte auf dem Petřín
27 Kloster Strahov

Essen & Trinken

1 J. J. Murphy's
2 U Tří zlatých hvězd
3 Hergetova Cihelna
4 Čertovka
5 Sovovy Mlýny
6 C'est la Vie
7 Cowboys
8 U tří housliček
9 U Kocoura
10 Pivnice U Hrocha
11 Cantina
12 Nebozízek

Einkaufen

1 Český Dárek
2 Via Musica
3 Kata Kissoczy
4 Pavla & Olga
5 Signet
6 U Zlaté Číše

Aktiv & Kreativ

1 Segway-Touren, Abfahrt

Abends & Nachts

1 Malostranská beseda
2 U Malého Glena
3 Klub 007 Strahov
4 Futurum

ruhende und aus Sandsteinquadern geschichtete Prachtstück aus der Zeit der Gotik. Es wurde 1357 auf Geheiß Karls IV. von Peter Parler begonnen, jedoch erst nach dessen Tod Anfang des 14. Jh. vollendet. Mehrmals beschädigte Hochwasser die Brücke, 1890 brachen sogar drei Bögen ein. Doch eingestürzt ist sie nie, obwohl jahrzehntelang Autos und vor dem Ersten Weltkrieg sogar die Straßenbahn über sie fuhren. Es wird überliefert, die ursprüngliche Beimischung von Eiweiß im Mörtel habe ihr zusätzliche Standkraft verliehen. Nichtsdestotrotz wurde sie in den letzten Jahren Stück für Stück restauriert.

Die Karlsbrücke, die erst seit 1870 so heißt und bis 1836 den einzigen Fluss-

Moldau und Kleinseite von oben

Die **Brückentürme** zu beiden Seiten der Karlsbrücke wie auch der Turm der **St.-Nikolaus-Kirche** 4 und die **Aussichtswarte auf dem Petřín** 26 können tagsüber und bis spätabends erklommen werden. Der Lohn für die Mühe des Aufstiegs sind phänomenale 360°-Panoramen. Öffnungszeiten für alle vier: April–Sept. tgl. 10–22, März, Okt. bis 20, Nov.–Feb. bis 18 Uhr, Altstädter Turm auch März, Okt. bis 22 Uhr; Eintrittspreise: tagsüber 70 Kč, abends 110 Kč; St. Nikolaus abends 140 Kč, Petřín tagsüber 100 Kč, abends 160 Kč. Gelegentlich Nachtführungen ab 22 Uhr mit Fernrohren unter Führung eines Astronomen – auf dem Petřín zeitweise auch zu Sonnenaufgang (!). Infos zu allen Türmen: Tel. 724 706 941, www.prazskeveze.cz, bzw. über Jiří Barták, j.bartak@abl.eu.

übergang darstellte, hatte eine steinerne Vorgängerin: Diese wurde – eine damals kühne technische Leistung! – um 1160 unter König Vladislav I. anstelle einer Holzbrücke erbaut und nach dessen Gattin Judith benannt. 1342 fiel sie einer Flut zum Opfer.

Der Grundstein der Karlsbrücke, die in ihrer leicht geschwungenen Form dem Verlauf der Judithbrücke folgt, wurde ganz bewusst am 9. Juli 1357 um 5 Uhr 31 Minuten gelegt. 1357 9 7 5 31 – Die mittelalterlichen Bauherren pflegten mittels Zahlenmystik gerne eine höhere göttliche Ordnung und damit zugleich eine höhere Sicherheit für ihre Werke zu beschwören.

Altstädter Brückenturm

Öffnungszeiten und Preise s. o.

Die heute esoterisch anmutende, für die anno dazumal zahlreichen Analphabeten jedoch leicht begreifbare Symbolsprache wurde auch bei der Ausschmückung der Brückentürme angewandt: Jener auf der Altstädter Seite wird häufig als ›der schönste in Europa‹ bezeichnet. Sein plastischer Schmuck, der vermutlich von der Parlerhütte stammt, ist ein Meisterwerk gotischer Bildhauerkunst. Er spiegelt die damalige Idee eines in verschiedene Sphären gegliederten Universums wider. Dem Menschen am nächsten, d. h. vom Boden bis zum verzierten Vorsprung des Bogens, steht der irdische Bereich, versinnbildlicht durch Liebespaare sowie Adler und Löwe, die ihre Beute halten. Die Sphäre der Hölle, also der Strafe, die auf die Sünde folgt, ist durch ein Gefängnis im Brückenpfeiler symbolisiert. Für die Sphäre des Mondes und die 28 Tage des lunaren Monats stehen die 28 den Bogen schmückenden Krabben.

Darüber befinden sich die Wappen aller von den Luxemburgern regierten Länder, außerdem das Wappen des Löwen und des Adlers, also des böhmischen und des Römischen Reichs, sowie Statuen Karls IV., Wenzels IV. und, etwas erhöht in der Mitte, des hl. Veit. Der all dies einfassende Dreiecksgiebel mit seinen zweimal zwölf Krabben markiert die Sphäre der Sonne bzw. die Zahl der Tagesstunden, Monate und Tierkreiszeichen. In der obersten Sphäre, jener der Sterne, wachen Adalbert und Sigismund als Schutzheilige über Böhmen.

Im Turm, von dessen oberstem Geschoss sich ein herrlicher Rundblick eröffnet, informiert eine Dauerschau samt 18-minütigem Film über die astronomisch-astrologischen Zusammenhänge beim Bau der Brücke.

Die Heiligenstatuen

Unter dem Turm hindurch (Parlers Netzrippen im Gewölbe beachten!) betritt man die Brücke und erkennt, was ihren besonderen Zauber ausmacht: Ein Spalier von über 30 kostbaren Heiligenstatuen – deren vom sauren Regen angegriffene Originale aus Sandstein mittlerweile freilich fast alle Kopien weichen mussten – säumen den Weg, der Fußgängern vorbehalten ist. Das Gros wurde Anfang des 18. Jh. von berühmten Barockkünstlern, u. a. Matthias Bernhard Braun und Johann Brokoff mit seinen Söhnen, geschaffen. Fünf Skulpturen wurden der steinernen Allee Mitte des 19. Jh. und eine, die Gruppe der hll. Kyrill und Method, 1938 hinzugefügt. Die älteste Statue – sie zeigt den hl. Johannes von Nepomuk (1683; nordseitig in der Mitte) – ist auch insofern eine Ausnahme, als sie die einzige in Bronze gegossene ist. Unterhalb der vergleichsweise schlichten, in sich gekehrten Figur, deren Modell der Wiener Bildhauer Matthias Rauchmüller schuf, illustriert ein Relief den Brückensturz des Märtyrers. Den angeblich exakten Ort des Mordes markiert wenige Meter weiter Richtung Altstadt ein in die Steinbalustrade eingelassenes, doppelarmiges Metallkreuz.

Die Brücke heute

Die Karlsbrücke war Teil des historischen Krönungswegs, auf dem jahrhundertelang Thronfolger in vollem Ornat vom Osttor über den Altstädter Ring, durch die Karlova und über den Fluss auf den Hradschin zogen. Wie die gesamte altehrwürdige Route leidet auch die Brücke unter grassierender ›Verdisneysierung‹. Während sich in den Gassen Fast-Food- und kitschige Souvenirläden dicht an dicht reihen, wird die Brücke scharenweise von Stegreifzeichnern und ambulanten Händlern fernöstlicher oder selbst gefertigter Ware, von Gauklern und Gitarrenhelden bevölkert. Zwischen ihnen schieben sich unablässig in beide Richtungen dichte Ströme von Schaulustigen, die das Spektakel und die Traumkulisse genießen. Nicht ohne Grund meint eine alttschechische Redensart im Falle extremen Menschengedränges, »es gehe zu wie auf der Prager Brücke«. So groß war kurz nach der Wende das Tohuwabohu, dass sich die Behörden gezwungen sahen, eine Vereinigung der Künstler auf der Karlsbrücke und der Burgstiege zu konstituieren, die seither Lizenzen für Standorte sowie Mitgliedskarten ausgibt und das neue Reglement von einer privaten Schutztruppe überwachen lässt.

Karlsbrückenmuseum 2

www.charlesbridgemuseum.com, Mai–Sept. tgl. 10–20, Okt.–April bis 18 Uhr, 150 Kč

Gegenüber dem Altstädter Brückenturm, im ehemaligen Hauptquartier der Kreuzherren mit dem Roten Stern, einem im 13. Jh. gegründeten, besonders der Krankenpflege verpflichteten Männerorden, ist seit 2007 das Karlsbrückenmuseum untergebracht. Es dokumentiert mittelalterliche Bautechniken, zeigt u. a. Modelle des mehr als 600 Jahre alten Wahrzeichens und seiner Vorgängerin, der Judithbrücke, sowie Fotos der Flutkatastrophe von 1890, als die Moldau drei Bögen wegschwemmte. Wer ins Kellergeschoss hinabsteigt, kann dort uralte Brückenfundamente inspizieren.

Kleinseitner Brückentürme 3

Öffnungszeiten und Preise s. S. 186

Die größte Chance, das Wunderwerk Karlsbrücke in aller Ruhe zu erleben, besteht spätnachts oder am frühen Morgen. Egal wann, wer zwischen den Heiligen über die träge dahinfließende Moldau und unter den beiden Brückentürmen am Westende hindurch – deren kleinerer noch von der Judithbrücke stammt – die Kleinseite erreicht hat, wähnt sich in einem städtebaulichen Wunderland: Ein Kunterbunt aus

Gassen, Plätzen, Treppen und Palastgärten, das in seiner Beschaulichkeit wie aus dem 19., ja 18. Jh. konserviert scheint, harrt hier der Erkundung.

Der höhere der beiden Brückentürme (1464) birgt übrigens eine Ausstellung zur Geschichte der Karlsbrücke.

Malá Strana

Kleinseitner Ring

St.-Nikolaus-Kirche 4 und Umgebung

Kirche: tgl. 9–17, im Winter bis 16 Uhr, 70 Kč Eintritt; abends Konzerte; Details zur Turmbesteigung s. S. 186

Das Zentrum des flussnahen Bezirks bildet seit jeher der Kleinseitner Ring (Malostranské náměstí). Der von einer Tramlinie durchquerte, heute nicht über die Maßen heimelige Platz wird von der St.-Nikolaus-Kirche beherrscht und in zwei Bereiche geteilt. Das im Laufe der ersten Hälfte des 18. Jh. errichtete, von den Jesuiten finanzierte und von Vater und Sohn Dientzenhofer gestaltete Gotteshaus ist ein Symbolbau der Gegenreformation und mehr noch des Prager Hochbarock. Mit seiner gewölbten Fassade, der 80 m hohen Kuppel und dem nicht minder mächtigen Glockenturm prägt es die Silhouette der Kleinseite.

Das Deckenfresko von Johann Lukas Kracker im Inneren zeigt Stationen im Leben des Kirchenpatrons und zählt mit seiner Fläche von 1500 m^2 zu den europaweit größten Fresken. Auf der mit 2500 Pfeifen ausstaffierten Orgel zog schon W. A. Mozart alle Register.

Der 1756 nach Plänen Anselmo Luragos fertiggestellte **Glockenturm,** den man heute besteigen kann (s. S. 186), diente zu kommunistischer Zeit der Geheimpolizei als Horchposten. Aus luftiger Höhe ließen sich mit Feldstechern und Peilsendern die westlichen Botschaftsgebäude in den umliegenden Gassen wunderbar bespitzeln.

In dem östlich der Kirche angebauten **Rokokohaus Zum steinernen Tisch** (U kamenného stolů) befand sich früher das legendäre Kleinseitner Café, in dem in den 1920er-Jahren Kafka, Werfel, Brod und ihre Kollegen vom Prager Kreis verkehrten (heute: Bar & Restaurant Square). An der Nordseite grenzt das riesige ehemalige **Jesuiten-Gymnasium** im Stil des Frühbarock an die Kirche. Die Fassaden aus der Zeit der Renaissance, des Barock und Empire rund um den Platz dürfen nicht darüber hinwegtäuschen, dass der Baukern nahezu aller Gebäude aus dem Mittelalter stammt.

Palais Liechtenstein 5

Der Obere Ring, früher Welscher (Italienischer) Platz, in dessen Mitte eine barocke, von Giovanni Alliprandi entworfene **Pestsäule** samt Dreifaltigkeitsgruppe steht, wird dominiert vom Palais Liechtenstein. Hinter seiner klassizistischen, die Westseite einnehmenden Fassade residierte einst der königliche Statthalter Karl von Liechtenstein, der sich als ein Hauptverantwortlicher für die Exekution der 27 adeligen Aufständischen auf dem Altstädter Ring 1621 einen alles andere als ehrenvollen Platz in der Geschichte sicherte. Heute dient der Palast der **Prager Musikakademie** als Heimstatt. Gassenseitig liegt der exzellente CD- und Ticket-Laden **Via Musica** 2.

Südseite des Kleinseitner Rings

An der von Laubengängen gesäumten Südseite des Kleinseitner Rings sind das rekonstruierte barocke **Haus Zur goldenen Traube** (Nr. 4, Ecke Karmelitská) hervorzuheben und an der Ostseite das Anfang der 1980er-Jahre

Gut mit der Straßenbahn zu erreichen: der Kleinseitner Ring mit der St.-Nikolaus-Kirche

ebenfalls wiedererbaute **Palais Kaiserstein** (Nr. 23), das heute Abteilungen der Handelskammer beherbergt. Beachtung verdient auch das sehr geschichtsträchtige ehemalige **Kleinseitner Rathaus** 6 (Nr. 21), in dem sich die Restaurant-Bar **Beseda** 1 befindet.

St.-Thomas-Kirche 7

Zugang von der Josefská

Die St.-Thomas-Kirche, die sich um die Ecke, in der Letenská erhebt, hat gotische Wurzeln, wurde aber von K. I. Dientzenhofer mit Verve barockisiert. Die Crème de la crème der damaligen Künstler zeichnet auch für ihre Ausstattung verantwortlich: W. L. Reiner für die Deckenfresken mit Szenen aus der Vita des hl. Augustinus, F. M. Brokoff für die Statuen der Landespatrone am Altar und Karel Škréta für mehrere Altarblätter. Im dazugehörigen Kloster wurde über 550 Jahre lang, bis ins 20. Jh. hinein, ein berühmtes dunkles Bier gebraut.

Einen Blick lohnt auch die nahe **St.-Josephs-Kirche.** Highlights im zentralen Kuppelraum dieses Juwels im Stil des flämischen Barock sind die beiden Altarblätter von Johann Peter Brandl.

Rund um Waldsteinplatz und Waldsteingasse

An Tomášská und Sněmovní

In der vom Verkehr geplagten Tomášská steht eines der prächtigsten Barockhäuser der Stadt: **Zum goldenen Hirsch** 8 (U zlatého jelena; Nr. 4), ein weiteres Werk Dientzenhofers, besitzt ein wunderschönes, von F. M. Brokoff 1726 gestaltetes Hauszeichen mit dem hl. Hubertus, dem Schutzpatron der Jäger. In der stilleren Sněmovní erhebt sich das **Thun-Palais** 9, in ▷ S. 192

IMAG
GRAZIE PER OGNI SPERANZA CHE CI HAI LASCIATO
Lauren
'08
PEACE
Free
Palestine
ANYA

Lieblingsort

Die Farben der Freiheit – an der John-Lennon-Mauer 17

Am Großprioratsplatz erinnert ein berühmtes Hippie-Graffiti an den in den 1980er-Jahren tobenden Kampf um Symbole der Freiheit. Ursprünglich eine Erinnerungsstätte für den pazifistischen Popstar, entwickelte sich der Ort zu einem Forum der Klagen gegen die Obrigkeit. Regelmäßig wurden damals die Künstler von der Polizei verhaftet, ihre Bilder übertüncht. Die heutige Bemalung ist ein Remake nach der Flutkatastrophe von 2002.

dem heute Tschechiens Parlament zusammentritt. An ihrem Ende liegt ein besonders entzückender Winkel: das biedermeierliche Sackgässchen **Zum goldenen Bründl** (U zlaté studné). Von hier sind es nur wenige Schritte Richtung Osten zum Valdštejnský palác (Palais Waldstein).

Palais Waldstein 10

Sa, So 10–17, Nov.–März bis 16 Uhr
Albrecht von Waldstein (Wallenstein), der berühmt-berüchtigte Herzog von Friedland und Heerführer der Habsburger im Dreißigjährigen Krieg, den Ferdinand II. 1634 als Reaktion auf seine extreme Skrupellosigkeit und Profitgier in Eger ermorden ließ, schuf sich 1623–30 einen Repräsentationsbau von exzessiven Ausmaßen, den wohl monumentalsten Barockpalast der Stadt. Das Areal samt 26 Häusern hatte der zum Katholizismus konvertierte Generalissimus nach der Schlacht am Weißen Berg von protestantischen Adeligen zum Spottpreis aufgekauft. Von dem Palast, in dem der Senat tagt, sind nur wenige Räume zu besichtigen. Zur Gänze zugänglich ist dagegen der überaus prunkvolle **Garten** (s. Entdeckungstour S. 214).

Umgebung des Palais Waldstein

Auf dem Waldsteinplatz und entlang der Valdštejnská finden sich wie Perlen aneinander gereiht schöne Palastbauten, u. a. (von Westen nach Osten) das **Palais Auersperg,** vormals Clary-Aldringen, das **Palais Ledebour,** ferner die **Palais Pálffy**, **Kolowrat** und **Fürstenberg.** Interessanter als deren mehrheitlich barocke Fassaden und eine Labsal für die vom intensiven Architektur- und Kunstgenuss strapazierten Sinne obendrein sind freilich die zugehörigen **Gärten** (s. Entdeckungstour S. 214).

Nur eine Gasse näher zur Moldau, in der U lužického semináře, liegt der Eingang in einen weiteren wunderschönen Garten, den ältesten Prags: Der Mitte des 13. Jh. als Teil des damaligen Bischofshofs angelegte **Vojan-Park** 11 wurde im 17. Jh. dem Konvent der Karmeliterinnen angegliedert, im frühen 19. Jh. zu einem englischen Landschaftsgarten umgestaltet und 1919 verstaatlicht. Im Schatten seiner Obstbäume und Weiden stehen moderne Skulpturen über die Wiese verstreut.

Von hier sind es nur einige Schritte zum nördlichen Kopf der Karlsbrücke und, an der Statue des sagenhaften Ritters Bruncvík mit seinem gezückten Wunderschwert vorbei, über steile Stiegen hinab auf die sogenannte Kampa. Vorher freilich verdient noch das vor einigen Jahren in den historischen Räumen der Hergets-Ziegelei eingerichtete **Franz-Kafka-Museum** 12 einen Besuch (s. S. 68 sowie Entdeckungstour S. 156).

Kampa-Insel

Die von Moldau und Čertovka, dem **Teufelsbach,** umflossene, früher häufig überschwemmte Insel hat ihren Namen von den Gemüsefeldern (lat. *campus* = Feld), die sie im Mittelalter bedeckten. Ihr brückennaher Bereich wurde im 15. Jh. bebaut. Dominierendes Gebäude ist hier das **Palais Liechtenstein** 13, ein direkt am Fluss thronender Frühbarockbau, den man heute für Staatsempfänge nutzt.

Auf dem linsenförmigen Hauptplatz (Na Kampě), der nach wie vor an einen Dorfanger erinnert, werden wieder, wie schon im Mittelalter, Töpfermärkte abgehalten. Die beiden direkt aus dem Wasser der Čertovka ragenden Häuserzeilen, im Volksmund **›Klein-Venedig‹** genannt, bildeten vor ihrer Restaurierung den Inbegriff eines reizvoll-morbiden Ensembles. Ein letztes Relikt der früher hier zahlreichen Mühlen ist die **Großprioratsmühle.** Sie geht, ihr Renaissancegiebel täuscht darüber hinweg, auf die Zeit um 1400 zurück.

Vortrefflich flanieren lässt es sich im Südteil der Insel, einem öffentlichen Park. Auf den Bänken am Moldauufer saßen im Frühjahr unter den duftenden Kastanienbäumen schon die Herren Gymnasiasten namens Kafka, Werfel und Kisch mit ihren Angebeteten und genossen die Aussicht auf die erleuchteten Türme der Altstadt und den schäumenden Fluss.

Keinesfalls versäumen sollte man einen Besuch im **Kampa-Museum** 14. In der umgebauten Sova-Mühle hat die Sammlung moderner Kunst aus Zentraleuropa von Jan und Meda Mládek, Exil-Tschechen aus den USA, ein architektonisch famoses Zuhause gefunden (s. S. 106).

Auf dem Rückweg ist kurz vor Verlassen der Kampa-Insel links noch das entzückende **Hummelsche Haus** (Hroznová 7) beachtenswert.

Rund um Großpriorats- und Malteserplatz

Jenseits des Teufelsbachs liegt der Velkopřevorské náměstí mit dem **Palais Buquoy** 15, in dem heute die französische Botschaft logiert, und der ehemalige **Palast des Großpriors der Johanniter** 16, ein Prachtbeispiel für den Prager Hochbarock. Sehenswert ist an der Ostseite die mit psychedelischen Graffiti bemalte **John-Lennon-Mauer** 17 (s. Lieblingsort S. 190).

St. Maria unter der Kette 18

Eingang von der Lázeňská

Die Kirche St. Maria unter der Kette (Kostel Panny Marie pod řetežem) erinnert an den Johanniterorden, für den König Vladislav I. hier im 12. Jh. ein Kloster gründete. Der 1169 begonnene Bau der Kirche wurde durch die Hussitenstürme unterbrochen. Im 17. Jh. verpasste Carlo Lurago dem dreischiffigen Torso sein barockes Kleid. Von der Größe und Wuchtigkeit des frühgotischen Plans zeugen die beiden gegen 1400 errichteten Turmstümpfe. Highlights der Ausstattung sind das Altarblatt von Karel Škréta (Sieg der Ordensritter bei Lepanto) und die Kanzel von J. G. Bendl.

Am **Haus Zum goldenen Einhorn** (Lázeňská Nr. 11), einst ein führendes Hotel der Stadt, erinnert eine Tafel an den Aufenthalt Ludwig van Beethovens.

Palais Nostitz 19

Ein entzückendes Häuserensemble bietet der benachbarte Malteserplatz (Maltézské náměstí). Seine Südseite nimmt das kolossale frühbarocke, heute mehrheitlich von den Niederlanden als Botschaft genutzte Palais Nostitz ein. Seine Mitte schmückt eine 1715 von F. M. Brokoff erschaffene Statuengruppe Johannes' des Täufers.

Kirche Maria vom Siege 20

Mo–Sa 8.30–19, So 8.30–20 Uhr

Zweimal um die Ecke, in der Karmelitská, steht die Kirche Maria vom Siege. Dieser erste Barockbau Prags birgt mehrere schöne Altarbilder von P. J. Brandl. Seine Hauptattraktion hängt aber an der rechten Seitenwand: das Prager Jesuskind, eine 60 cm hohe, angeblich wundertätige Wachsfigur, die den Karmelitern im frühen 17. Jh. gestiftet wurde und bis heute scharenweise Pilger anzieht.

Palais in Tržiště und Vlašská

Auch in der Tržiště (Marktgasse) und ihrer Verlängerung, der Welschen Gasse (Vlašská), deren Name von den einst hier angesiedelten italienischen

Mein Tipp

Lustwandeln im Barockgarten
Hinter der eher unscheinbaren Renaissancefassade des **Palais Vrtba** 21 (Karmelitská 25) zieht sich über drei durch Treppen verbundene Terrassen ein Garten den steilen Hang hinauf, der zu den schönsten barocken Anlagen in ganz Mitteleuropa zählt. Seine bildhauerische Ausstattung schuf Matthias Bernhard Braun, die Wandmalereien für die Sala terrena Wenzel Lorenz Reiner (April–Okt. 10–18 Uhr).

Kaufleuten und Wanderkünstlern herrührt, stößt man auf eine Reihe prunkvoller Adelspaläste: Das **Palais Schönborn** 22 (Tržiště 15), ein hochbarocker Bau von Giovanni Santini-Aichel mit einem grandiosen Garten, beherbergt heute die US-Botschaft und ist entsprechend weiträumig abgeschottet.

Im **Palais Lobkowitz** 23 (Vlašská 19), einer Barockschöpfung des Wahlwieners Giovanni Battista Alliprandi mit einer besonders wirkungsvollen Gartenfront, hat die Deutsche Botschaft ihren Sitz. Hier suchten im Herbst 1989 mehrere Tausend DDR-Bürger, von der prügelnden Geheimpolizei vergeblich am Überklettern des Zauns gehindert, vor den Kameras der Weltöffentlichkeit Zuflucht – ein Meilenstein am Beginn der Wende.

Nerudova

Überaus stimmungsvoll und kurzweilig ist auch der Rückweg bergab durch die Nerudova: Als einstiger Hauptverbindungsweg zwischen Stadt und Burg ist sie überwiegend von barocken Bürgerhäusern gesäumt, in denen zahlreiche Hauszeichen noch vom Beruf der ursprünglichen Bewohner zeugen, heute aber vorwiegend Cafés, Restaurants, Galerien und Souvenirläden um touristische Laufkundschaft buhlen. An der Fassade des **Hauses Zu den zwei Sonnen** (Nr. 47) erinnert ein Relief daran, dass hier um 1850 etliche Jahre lang Jan Neruda, der Verfasser der berühmten »Kleinseitner Geschichten« und Namenspatron der Gasse, wohnte.

Im **Palais Bretfeld** (Nr. 33) sollen einander auf einem Ball Mozart und Casanova über den Weg gelaufen sein. Einziger Sakralbau ist hier die **Kirche der Jungfrau Maria zu den Kajetanern,** deren endgültige Form Santini-Aichel zugeschrieben wird. Der Schöpfer und Meister der sogenannten Barockgotik schuf auch das **Palais Thun-Hohenstein** (Nr. 20; heute Italienische Botschaft) und, vis-à-vis, das **Palais Morzin** 24 (Nr. 5). Letzteres ist Sitz der rumänischen Botschaft und lohnt wegen des allegorischen Skulpturenschmucks von F. M. Brokoff nähere Betrachtung.

Ein gutes Beispiel für den Charme alter Hauszeichen bilden die drei Geigen auf dem gleichnamigen Haus (Nr. 12, **U tří housliček** 8), das ursprünglich die Werkstatt einer prominenten Geigenbauerfamilie anzeigte.

Per Seilbahn auf den Petřín

Standseilbahn: tgl. 9–23.20 Uhr alle 10–15 Min., einfache Fahrt 20 Kč; Aussichtswarte und Spiegellabyrinth: April–Sept. tgl. 10–22, März, Okt. 10–20, Nov.–Feb. 10–18 Uhr, je 70 Kč (Aussichtswarte abends teurer, s. S. 186); Sternwarte: April–Aug. Di–Fr 14–19, 21–23, Sa, So 11–19, 21–23, März, Okt. tgl. 19–21, Sa, So auch 11–18,

Nov.–Feb. Di–Fr 18–20, Sa, So 11–20 Uhr, 65 Kč
Zurück am Kleinseitner Ring, wandert man die Karmelitská und deren Verlängerung, Újezd, südwärts und besteigt im Seitengässchen U Lanové dráhy die berühmte **Lanovka,** die Standseilbahn, – und kurz darauf steht man oben auf dem Petřín und atmet erst mal tief durch.

Der Laurenziberg, wie der kühne, 318 m hohe Waldrücken auf Deutsch seit alters heißt, ist ein beliebtes Spazierrevier der Prager, wenn sie im Sommer der Hitze oder dem im Stadtzentrum gar nicht so seltenen Smog entfliehen wollen.

Zunächst empfiehlt sich eventuell die Einkehr im berühmten Ausflugslokal **Nebozízek** 12, um auf dessen Terrasse oder im neuen Wintergarten die fantastische Aussicht auf das Potpourri aus Kirchtürmen, Kuppeln, Schindeldächern gebührlich zu genießen und sich mit Kaffee und Kuchen oder auch einem gepflegten Drei-Gänge-Menü für das nun folgende Auf und Ab des Weges zu stärken.

Sehenswertes auf dem Petřín

Nördlich der ›Berg‹-Station der Lanovka baute man 1891 anlässlich der Prager Industrieausstellung mitten im Grünen als **Aussichtswarte** 26 (Rozhledna) eine 60 m hohe Miniaturausgabe des Eiffelturms. Auf dem Weg dorthin passiert man die **Štefánik-Volkssternwarte** (Hvězdárna), das barocke, blaue Laurentiuskirchlein, einen Rosengarten, ein kleines **Spiegellabyrinth** (Bludiště) sowie jene **Hungermauer** (Hladová zed), die Karl IV. vor gut 640 Jahren bauen ließ, um den Armen Arbeit zu verschaffen. Von hier wandert man entweder bis zum **Kloster Strahov** 27 weiter (s. Entdeckungstour S. 196 sowie S. 222) oder nimmt denselben Weg per pedes oder Funicular zurück ins Tal.

In Prags Südwesten

Smíchov ▶ C–E 7–9

Wer noch über ausreichend Energie verfügt, kann weiter südwärts nach Smíchov wandern. Der vis-à-vis von Vyšehrad, am westlichen Moldauufer gelegene Bezirk steht im Ruf eines eher schmuddeligen, smoggeplagten Industriereviers mit ausgedehnten Arbeiterwohnquartieren. In der Tat ist das Erbe aus grauen Zeiten, die hier bereits im frühen 19. Jh. begannen, nicht zu übersehen, so die riesige Staropramen-Brauerei. Dennoch haben nach der Wende Immobilienentwickler und Yuppies den Stadtteil für sich entdeckt.

Rund um die Metrostation Anděl – ein Sowjetkitschtempel, der früher Moskveská hieß (und in Moskau ein Gegenstück namens Prashkaya hatte) – hält die Hypermoderne Einzug. Diesbezügliche Leitprojekte sind ▷ S. 198

Mein Tipp

Mystische Bilderwelten
Nach der Einkehr im berühmten Ausflugslokal Nebozízek auf dem Laurenziberg liegt es nahe, dem nur wenige Schritte entfernten Atelier des Malers Reon Argondian einen Besuch abzustatten. In dem villenartigen, im Inneren reichlich exzentrisch gestalteten Gebäude, das der kauzige Visionär, ein gebürtiger Tscheche, **Galerie Magická jeskyně** 25 (Magische Höhle) getauft hat, kann man viele seiner dem Stil des Phantastischen Realismus verpflichteten Gemälde begutachten – und auch käuflich erwerben (tgl. 11–22 Uhr).

Auf Entdeckungstour

Barocke Pracht – Kloster Strahov

Den Weg hügelan zu Prags zweitältestem Mönchskloster sollte man aus zweierlei Gründen keinesfalls scheuen: Da ist zum einen der herrliche Blick über die Gärten und Dächer der Kleinseite, zum anderen lockt natürlich die Anlage selbst mit ihren grandiosen Sälen und Kunstschätzen.

Zeit: mit Einkehr 3–4 Std.

Start: zu Fuß vom Petřín (s. S. 194) oder über die Brandstätte (s. S. 222)

Kloster Strahov 27: praktische Informationen s. S. 222

Einkehr: Klosterrestaurant (Klášterní Restaurace) s. S. 41; Peklo (tgl. 12–23 Uhr, Tel. 220 516 652, www.peklo.com); Bellavista (tgl. 11–24 Uhr, Tel. 220 517 274, www.bella-vista.cz, ab 240 Kč)

Übernachten im Klosterareal: www.crowneplaza.com; www.hotelq.cz (Hotel Questenberg); Gästehaus: Tel. 257 013 450

Die lexikalischen Eckdaten sind rasch aufgeführt: Das Strahovský klášter wurde unter Vladislav II. im Jahr 1143 von den Prämonstratensern gegründet, in deren Besitz es nach fast 50-jähriger Unterbrechung seit 1989 wieder ist. Mehrfach wurde es zerstört: 1258 durch einen Großbrand, später durch die Hussiten, am Ende des Dreißigjährigen Kriegs durch die schwedische Soldateska und 1741 im Zuge des Österreichischen Erbfolgekrieges. Jedesmal erstrahlte es hernach prachtvoller denn je: im späten 13. Jh. als hochgotischer Komplex, eine Generation nach dem Westfälischen Frieden (1648) überschwänglich barockisiert und im späteren 18. Jh. klassizistisch erweitert.

Vielfältige Attraktionen

So turbulent die Vergangenheit dieses Horts des Glaubens, der Wissenschaften und Künste von europäischem Rang war, so vielfältig sind die Attraktionen, mit denen er heutige Besucher empfängt: Wer das Barockportal an der Nordwestecke des Areals durchschreitet, sieht gleich links im Hof die **St.-Rochus-Kapelle** stehen, einen Anfang des 17. Jh. von Rudolf II. gestifteten, stilistisch im Stil der ›Nachgotik‹ mit Renaissanceelementen gehaltenen Bau. Er beherbergt heute die private **Galerie Miró** (www.galeriemiro.cz, 10–17 Uhr).

Gegenüber, hinter der Pestsäule mit der Statue des hl. Norbert von Xanten, des Ahnherrn der Prämonstratenser, erhebt sich die **Abteikirche Mariä Himmelfahrt.** Das Gotteshaus, dessen weiße Zwillingstürme weithin ins Land grüßen, wurde um 1750 nachhaltig barockisiert. Sein dreischiffiges Inneres überschwemmt den Sehsinn mit opulentem Stuck und nicht minder üppigen Wand- und Deckenmalereien. Besonders beachtenswert sind die Gräber des Ordensgründers und des aus Schillers Wallenstein-Tragödie sprichwörtlich bekannten Grafen Pappenheim.

Mit dem Ticket (s. S. 222) kann man Kreuzgang, Kapitelhof, Sommer- und Winterrefektorium besichtigen sowie Blicke in die beiden berühmten Bibliothekssäle werfen. Teil des Rundgangs ist außerdem die Bildergalerie im Obergeschoss des Kreuzgangs mit kostbaren Werken des Manierismus, Barock und Rokoko, aber auch der Zeit der böhmischen Gotik (Höhepunkte u. a.: Meister von Hohenfurth, Altar von Leitmeritz und das Přemyslidenkreuz aus Iglau).

Bücher von unschätzbarem Wert

Die erwähnten **Bibliothekssäle** bergen das Gros der berühmten, etwa 200 000 Bände sowie überaus wertvolle Handschriften und Wiegendrucke umfassenden Büchersammlung von Strahov. Kostbarstes Stück ist die juwelengeschmückte Strahov-Bibel (9. Jh.), die natürlich als Faksimile präsentiert wird.

Der ältere Theologische Bibliothekssaal entstand 1671–79 nach Plänen von Giovanni Domenico Orsi. Er wurde 1721 erweitert, sein reich stuckiertes Tonnengewölbe von dem Ordensbruder František Nosecký freskiert. Ein gutes Jahrhundert später folgte als grandiose Manifestation des Prager Spätbarock der Philosophische Bibliothekssaal. Er erstrahlt nach aufwendiger Restaurierung seit 2010 in neuem Glanz und fasziniert mit seinen doppelstöckigen, 15 m hohen, mit kunstvollem Schnitzwerk versehenen Bücherschränken und, mehr noch, mit dem von Franz Anton Maulpertsch geschaffenen Deckenfresko, einem Potpourri allegorischer Szenen aus der Geistesgeschichte der Menschheit. Seit 2010 neu, sehr sehenswert und in den Rundgang integriert ist die Dauerschau zur Klostergeschichte und Vita des hl. Norbert in den romanischen Räumen im Erdgeschoss.

der kolossale Büro- und Shoppingkomplex **Zlatý Anděl** (▶ E 8; ›Goldener Engel‹) des französischen Stararchitekten Jean Nouvel in der Plzeňská und das Designer-Hotel Andel's (Stroupežnického Nr. 21). Reizvoll macht die Erkundung von Smíchov freilich das Nebeneinander von Alt und Neu: Zwischen den Mietskasernen und vereinzelten postmodernen Glasbauten haben sich auch einige sehenswerte Palais aus dem 18. Jh. erhalten: neben der Villa Kinský (s. u.) die **Villa Bertramka** (▶ D 8; Mozartova 2, s. a. S. 138), die viele Jahre ein erstklassiges Mozartmuseum beherbergte, das Ende 2009 überraschend geschlossen wurde.

Villa Kinský ▶ E 7

Ethnografisches Museum: www.nm.cz, Di–So 10–18 Uhr, 70 Kč, 1. Do im Monat 14–18 Uhr Eintritt frei

Ein weiteres Beispiel eines Adelspalais in Smíchov ist die elegante Empirevilla der Fürsten Kinský am südlichen Abhang des Laurenzibergs. In ihrem um 1830 angelegten Garten (Eingang: Ecke Újezd/Holečkova) verbirgt sich eine schöne karpatho-ukrainische Holzkirche. Das Sommerpalais selbst beherbergt die sehenswerte **ethnografische Sammlung** des Nationalmuseums.

Kinskýplatz ▶ E/F 6/7

Auf dem nahen Kinskýplatz, wo heute ein runder Brunnen vor sich hin plätschert, stand jahrzehntelang jener berühmte Sowjetpanzer, der an die Befreiung Prags im Mai 1945 erinnerte und 1991, kurz vor seiner Entfernung, von dem Kunstprovokateur David Černý in einer spektakulären Aktion hellrosa bemalt worden war.

Villa Portheim ▶ E 7

Galerie: www.galerie-portheimka.cz

Besuchenswert ist auch diese Villa auf dem Náměstí 14. října: Das entzückende Barockschlösschen, das sich Kilian Ignaz Dientzenhofer um 1725 als Familiendomizil erbaute, ist nach späteren Besitzern, einer bekannten Fabrikantenfamilie, benannt und dient heute einer Kunstgalerie als Heimstatt. Die Decke seines ovalen Hauptsaals ziert ein Bacchus-Fresko von Wenzel Lorenz Reiner. Sein Südflügel wurde um 1880 abgerissen, um der **St.-Wenzels-Kirche,** einem imposanten Neorenaissancebau, Platz zu machen.

Essen & Trinken

Irische Enklave – **J. J. Murphy's** **1**: Tržiště 4, s. S. 38.
Anspruchsvoll & preisgünstig – **U Tří zlatých hvězd** **2**: Malostranské náměstí 8, s. S. 41.
Spektakuläre Lage am Fluss – **Hergetova Cihelna** **3**: Cihelná 2b, Prag 1, Tel. 296 826 103, www.kampagroup.com, Metro A, Malostranská, Straßenbahn 12, 18, 20, 22, 23, 57, 58, tgl. 11.30–16, 18–1 Uhr, Hauptgerichte 365–550 Kč. Ein weiterer Spross der Kampa Group (s. u.) und ein Zwillingsbruder des Pionierlokals Kampa Park. Direkt an der Moldau gelegen, bietet es einen spektakulären Blick auf die einen Steinwurf entfernte Karlsbrücke. Urbaner Schick, tschechische und internationale Spezialitäten sowie Pizza alla neapolitana. Tische mit Aussicht telefonisch buchen!
Uferlokal mit Traumblick – **Čertovka** **4**: U Lužického Semináře 24, s. S. 39.
Fein essen im Kampa-Museum – **Sovovy Mlýny** **5**: U Sovových Mlýnů 2, s. S. 39.
Schlemmen wie Gott in Frankreich – **C'est la Vie** **6**: Říční 1, s. S. 39.
Steakhouse, qualitätvoll und schräg – **Cowboys** **7**: Nerudova 40, s. S. 38.
Gehoben speisen – **U tří housliček** **8**: Nerudova 12, s. S. 37.

Das Relief verrät es: Im Haus U tří housliček wohnte einst eine Geigenbauerfamilie

Insider-Tipp – **U Kocoura** 9: Nerudova 2, Tel. 257 530 107, Metro A, Malostranská, tgl. 11–24 Uhr, Hauptgerichte ab 150 Kč. Wen auf halbem Weg hinauf zur Burg oder zurück Durst und Hunger plagen, der kehre hier ein! Urböhmischer kann eine Kneipe schwerlich sein. Man sitzt, erstaunlich in einer solchen Touristenschneise, vorrangig unter Einheimischen, schmaust Knödel oder den Olmützer Quargel und schlürft dazu ein Goldhelles vom Fass, pro Glas um sage und schreibe 31 Kč.

Authentisch – **Pivnice U Hrocha** 10: Thunovská 10, Tel. 257 533 389, Metro A, Malostranská, Mo–Sa 11.30–22 Uhr, Hauptgerichte 100 Kč. Ein kleiner Raum voller Ur-Prager Atmosphäre, in dem sich die Nachbarn zum Schwatz treffen und Deftiges wie z. B. *Utopenec* (in Essig mit Zwiebeln eingelegte Speckwurst) oder *Tlacenka* (Presskopf) gabeln. Für Kleinseitner Verhältnisse unglaublich niedrige Preise (Bier ca. 33 Kč).

Vorzüglicher Mexikaner – **Cantina** 11: Újezd 38, Tel. 257 317 173, www.restauracecantina.cz, Metro A, Malostranská, Straßenbahn 9, 12, 20, 22, 23, Mo–Sa 11.30–24 Uhr Hauptgerichte 100–380 Kč. 1997 als erster Mexikaner der Stadt eröffnet, hat sich dieses gemütlich-rustikale Lokal einen Fixplatz an Prags kulinarischem Latino-Himmel erobert. Die Küche ist erwartungsgemäß auf feurige Spezialitäten wie Fajitas, Quesadillas, Tex-Mex etc. fokussiert. Klar: Der Tequila rinnt in Strömen.

Rast mit Traumblick – **Nebozízek** 12: Petřínské sady 411, Tel. 257 315 329, www.nebozizek.cz, Straßenbahn 12, 22, 23, danach Standseilbahn, tgl. 11–23 Uhr, Hauptgerichte 250–560 Kč. Weithin bekanntes Ausflugslokal auf dem Petřín-Hügel, von dessen Terrasse im Grünen schon Mozart himself vor 230 Jahren seinen Blick über die Traumkulisse aus Dächern, Türmen und Fluss hat schweifen lassen.

Einkaufen

Entzückende Kleinigkeiten – **Český Dárek** 1: Mostecká 26, www.ceskydarek.cz, Metro A, Malostranská, tgl. 9.30–20.30 Uhr. Porzellan-Miniaturen von Prager Häuserensembles, Puppen, Kaffeetassen aus Emaille u. v. m.
Tschechische Tonträger – **Via Musica** 2: Malostranské náměstí 13, s. S. 44.
Handgefertigte Geduldsspiele – **Kata Kissoczy** 3: Tržiště 3, s. S. 47.
Casual mit Witz – **Pavla & Olga** 4: Vlašska 13, www.fashion-gallery.cz, Metro A, Malostranská, Mo–Sa 14–19 Uhr, Sa, So nur gelegentlich. Das Geschwisterpaar Michálková hat sich mit körperbetonten, farbenfrohen Entwürfen, vor allem aus Wolle und Leinen, auch international einen Namen gemacht. In der kleinen Boutique gibt's u. a. schräge Kleider, Mäntel, Hüte.
Feines, deutschsprachiges Sortiment – **Signet** 5: Vlašská 15, Metro A, Malostranská, Mo–Fr 9.30–18.30, Sa 10–17 Uhr. Kleine, aber edle Adresse für Literatur und Sachbücher über Prag und Tschechien in deutscher Sprache.
Bibliophile Insel im Strom der Zeit – **U Zlaté Číše** 6: Nerudova 16, s. S. 44.

Aktiv & Kreativ

Rollendes Sightseeing – **Segway-Tour** 1: Einmal Metro, Bus, Schusters Rappen und das Fahrrad vergessen und für eine Besichtigungstour auf das flotte, elektrisch betriebene Zweirad namens Segway umsteigen. Die dreistündigen Touren entlang einer Vielzahl von Sehenswürdigkeiten werden jeweils von einem englischsprachigen Guide begleitet und deutschsprachige Erläuterungen synchron via Audioguide geliefert. Abfahrt nahe den Kleinseitner Brückentürmen, auf der Mostecká, 1500 Kč/Pers., Abfahrten tgl. um 11 und um 15 Uhr, Tel. 731 238 264, www.segwayfun.eu.

Eine geradezu ländliche Beschaulichkeit liegt über dem Teufelsbach (s. S. 192)

Abends & Nachts

Fixstern der Clubszene – **Malostranská beseda** 1: Malostranské náměstí 21, Prag 1, Tel. 257 532 092, www.malostranska-beseda.cz, Metro A, Malostranská, Straßenbahn 12, 20, 22, 23, 57, Café 9–23, Restaurant ab 11, Pub 15–24 Uhr. Weiträumige Café-Bar, eingerichtet im ehemaligen Kleinseitner Rathaus, mit regelmäßigen Live-Gigs von Hard Rock bis Jazz-Folk für ein mehrheitlich junges Publikum; auf zwei weiteren Stockwerken: Galerie, Videocafé, Restaurant und Pub.
Vielfalt als Programm – **U Malého Glena** 2: Karmelitská 23, Prag 1, Tel. 257 531 717, www.malyglen.cz, Metro A, Malostranská, (Snack)Bar Mo–Fr 10–2, Sa, So bis 2.30 Uhr; im oberen Stock ab 8 Uhr früh gutes Frühstück, mittags Lunch und auch abends bis Mitternacht (Sa, So bis 1 Uhr) warme Küche. Im Music Club darunter allabendlich 21.30 bis mind. 0.30 Uhr Live-Jazz, von Blues, Afrokubanisch, Swing und Soul bis Latin, Bebop oder Modern, sonntags Jamsessions für jedermann zum Mitmachen.
Studentisch und dezibelstark – **Klub 007 Strahov** 3: Vaníčkova 7, Block 7, Tel. 775 260 071, www.klub007strahov.cz, Metro A, Dejvická, dann Bus 143, 149 oder 217, Fr, Sa 19–1, So–Do 19–24 Uhr. In diesem preiswerten Club, der auf einem Studenten-Campus in Sichtweite des Spartakiade-Stadions liegt, bebt allabendlich bei Hip-Hop, Reggae, AC/DC und Punk das Trommelfell.
Abtanzen in Smíchov – **Futurum** 4: Zborovská 7, s. S. 52.

Das Beste auf einen Blick

Hradschin

Highlight !

Prager Burg: Der Herrschersitz auf dem Hradschin ist das Herz der 1000-jährigen Stadtgeschichte. Das 45 ha große Gelände ist gespickt mit hochkarätigen Sehenswürdigkeiten, von denen Veitsdom, Georgsbasilika und Alter Königspalast nur die spektakulärsten sind. S. 204

Auf Entdeckungstour

St.-Veits-Dom – Krönungskirche böhmischer Herrscher: Der Prachtbau bildet den baulichen und geistigen Mittelpunkt des Burgareals. Eine ausführliche Besichtigung dieses Schatzhauses gotischer Kunst von europäischem Rang ist für jeden Prag-Besucher geradezu Pflicht. 4 S. 208

Die Gärten rund um die Burg: Ledebour, Pálffy, Kolowrat, Fürstenberg, Waldstein ... Jedes Adelsgeschlecht, das in der Barockzeit auf sich hielt, schuf neben seinem Palais auch einen kunstvollen Garten. Heute erstrahlen diese Gärten in neuer Pracht und bilden im Verbund mit den Grünanlagen oben am Hradschin perfekt gepflegte und jedermann frei zugängliche Reviere des Müßiggangs. S. 214

Kultur & Sehenswertes

Vladislav-Saal: Unter den kunstvollen Netzrippen dieses zentralen Raums im Alten Königspalast fanden seit der Spätgotik alle bedeutenden Versammlungen, aber auch Bälle, Märkte und Ritterturniere statt. 5 S. 206

St.-Georgs-Basilika: Der älteste Sakralbau auf dem Hradschin verströmt in seinem schlichten Inneren noch den reinen Geist der Romanik. 8 S. 213

Loretoheiligum: Die berühmteste Marienwallfahrtsstätte der Stadt ist ein Juwel des Prager Barock. Höhepunkte sind die Dientzenhofersche Fassade, das Glockenspiel und die Casa Santa. 20 S. 221

Aktiv & Kreativ

Besteigung des Südturms von St. Veit: Wer die knapp 300 Stufen erklimmt, wird mit faszinierenden Blicken in das über 400 Jahre alte Uhrwerk und über ganz Prag belohnt. 4 S. 208

Genießen & Atmosphäre

Villa Richter: Auf der Terrasse dieses klassizistischen Anwesens sitzt man inmitten neu gepflanzter Weingärten und genießt – edle Tropfen verkostend – den Traumblick über die Alte Schlossstiege hinweg auf Stadt und Fluss. 5 S. 223

Abends & Nachts

U Císařů: Im ritterlich-rustikalen Ambiente kann man bei Kerzenlicht Fondue oder Fleischspezialitäten sowie mährische und internationale Weine genießen. 8 S. 223

Prager Burg und Hradschin-Vorstadt

Die Erkundung der Prager Burg auf dem Hradschin führt in das Innerste der über 1000-jährigen Stadtgeschichte. Mit dem St.-Veits-Dom, der St.-Georgs-Basilika, dem Alten Königspalast, dem Goldenen Gässchen und etlichen erstklassigen Museen besitzt das 45 ha große Areal eine ganze Reihe von Fünf-Sterne-Wahrzeichen. Ein Spaziergang durch die weitläufigen Gärten und das Prachtpanorama auf Stadt und Fluss runden das Programm ab, das bei eingehenden Besichtigungen einen ganzen Tag in Anspruch nehmen kann.

Westlich der Burg führt ein Spaziergang abseits großer Touristenströme über den Hradschiner Platz durch die Neue Welt zum Loretoheiligtum und über die Brandstätte bis zum Strahov-Kloster. Grandiose Kunst und beschauliche Vorstadtidylle bilden einen reizvollen Stimmungsmix. Krönendes Finale: der Panoramablick hinüber zur Burg und hinab auf die Stadt.

Prager Burg !

Der *hrad,* wie die Prager ihre Burg gerne verkürzend nennen, ist nicht nur eine touristische Hauptattraktion, sondern seit alters die Machtzentrale des Landes schlechthin. Die Anfänge reichen ins späte 9. Jh. zurück. Damals verlegte Herzog Bořivoj den Herrschersitz der Přemysliden von Levý Hradec, einem 10 km nördlich gelegenen Uferhügel, auf die Hradschin-Hochebene. Die neue Festung namens Praha sicherte das linke Moldauufer und auch eine wichtige Fernhandelsstraße zwischen deutschem und russischem Raum. Mit Lehmwällen und Palisaden geschützt, glich sie zunächst einer besseren Blockhütte. Doch schon Mitte des 11. Jh. erhielt die Anlage eine Ringmauer samt Wehrtürmen. 1135 veranlasste Fürst Soběslav I. den massiven Ausbau zum fürstlichen Palast im romanischen Stil mit steinernen Befestigungen. Nach Phasen des Verfalls bauten auch König Přemysl Ottokar II., später Kaiser Karl IV. und der Jagiellonenkönig Vladislav die Burg zwecks Erhöhung der Wehrkraft, des Prestiges und Komforts weiter um und aus.

Eine massive Erneuerung, nun schon im Renaissancestil, erfolgte nach dem Burgbrand (1541) unter dem späteren Kaiser Ferdinand I. Sein heutiges Aussehen erhielt der Burgkomplex auf Geheiß Kaiserin Maria Theresias. Nikolaus von Pacassi, ihr Hofarchitekt, ›verpasste‹ den bis dato sehr verschiedenartigen Gebäuden jene vornehm-homogenen, wenngleich etwas strengen Fassaden, die für die Übergangszeit vom Spätbarock zum Frühklassizismus charakteristisch sind.

Die bislang letzten umfassenden Änderungen nahm nach 1918 der slowenische Meisterarchitekt Jože Plečnik vor. Er baute die Innenräume zum repräsentativen Amts- und Wohnsitz des Präsidenten um, ließ die Höfe einheitlich pflastern und widmete auch manchem Gestaltungsdetail in den Burggärten gebührende Aufmerksamkeit. Unter kommunistischer Herrschaft wirkte die Burg wie eine unzugängliche Festung totalitärer Macht. Es bedurfte eines Freigeistes vom Format Václav Havels, um sie im Sinne der neu errungenen Demokratie wieder in eine symbolkräftige Stätte der Begegnung zu verwandeln, wo regelmäßig Kunstausstellungen, Konzerte, Theaterabende stattfinden und jeder Gast willkommen ist.

Vom Hradschiner Platz zum St.-Veits-Dom

Erster Burghof

Für gewöhnlich betritt man das Burgareal, vom Hradschiner Platz kommend, an seiner Westseite. Vorbei an der **Statue Tomáš Garrigue Masaryks,** des ersten Präsidenten der unabhängigen Tschechoslowakei (1918), gelangt man durch das von ›Kämpfenden Giganten‹ bekrönte Prunkgitter in den Ersten Burghof oder **Ehrenhof.** Hier findet jeweils zur vollen Stunde – und täglich um Punkt 12 Uhr mit besonderem Pomp – die zeremonielle Ablöse der in fröhlichem Blau uniformierten Burgwache statt.

Zweiter Burghof

Durch das **Matthiastor** 1, das ursprünglich, einen römischen Triumphbogen nachahmend, frei auf dem Burgwall stand und als eines der ersten frühbarocken Bauwerke Prags gilt, wandert man weiter in den Zweiten Burghof. Wie der Erste Hof wird auch

Infobox

Reisekarte: ▶ Karte 1, D–F 3–5

Praktisches zur Prager Burg

Zugang/Anfahrt: Zu Fuß von der Metrostation Malostranská (Linie A) über die Alte Schlossstiege bzw. die Nerudova. Alternativ: mit Straßenbahn 22/23 bis Station Jelení/Pražský hrad, von dort über die Pulverbrücke, oder bis Pohořelec und bergab durch die Loretánská.

Infos im Internet: www.hrad.cz

Öffnungszeiten und Eintrittspreise: April–Okt. 5–24, Nov.–März 6–23 Uhr, historische Baudenkmäler 9–18, im Winter bis 16 Uhr; Ausnahmen: St.-Georgs-Kloster (s. S. 213), Pulverturm (s. S. 213), Spielzeugmuseum (s. S. 217); Palais Lobkowitz (s. S. 217); **Wachablösung** zu jeder vollen Stunde. Details zu den Gärten s. S. 214. **Sammeltickets** je nach Zahl der Sehenswürdigkeiten 250–350 Kč, Ausstellung »Geschichte der Burg« 140 Kč; Studenten und Kinder (6–16 Jahre) zahlen die Hälfte.

Infozentrum im Dritten Burghof: April–Okt. tgl. 9–18, sonst bis 16 Uhr, Tel. 224 372 423; **Infos und Tickets** für die historischen Objekte, die Kulturveranstaltungen auf dem Burggelände und für ca. 1-stündige **geführte Rundgänge** (mehrmals tgl. auch auf Deutsch); außerdem Führer für individuelle Besichtigungen und Spezialthemen sowie tragbare **Audioguides.** Eintrittskarten sind tgl. 9–18, im Winter bis 16 Uhr auch im Zweiten Burghof neben der Hl.-Kreuz-Kapelle erhältlich.

Kulturprogramm auf der Burg: Ende Mai–Mitte Sept. jeweils Sa 10 Uhr **Promenadenkonzerte** im Wallgarten (freier Eintritt); im Burggrafenamt **Shakespeare-Sommertheater-Festival,** Ende Juni–Mitte Sept., teilweise auf Englisch, www.shakespeare.cz; **Kunstausstellungen** in der Reitschule, in den Stallungen und im Ballhaus; im Ballhaus und im Spanischen Saal neben der Burggalerie gelegentlich **Konzerte.**

er von Pacassischen Fassaden eingefasst. Ein frühbarocker Zierbrunnen (1686; von Francesco della Torre, Götterfiguren und Löwen von Hieronymus Kohl) und ein 14 m tiefer, mit schönem Schmiedeeisen bekrönter Ziehbrunnen lockern das strenge Geviert auf. Die **Hl.-Kreuz-Kapelle** 2 in der Südostecke entstammt ebenfalls Plänen von Pacassi, wurde später neobarock verändert und barg bis vor einigen Jahren den Domschatz von St. Veit.

Im Südflügel des Neuen Palasts sind die präsidialen Prunkräume untergebracht. Sie sind für das gemeine Publikum nur zweimal jährlich, an den Tagen der offenen Tür, zugänglich. Weht die Standarte auf dem Dach auf Halbmast, weilt das Staatsoberhaupt im Ausland. Im Großteil des Nordflügels, den einstigen Stallungen und Kutschengaragen, befindet sich die Burggalerie (s. S. 217). Im linken Bereich liegt der unter Rudolf II. erbaute **Spanische Saal** 3, ein glanzvoller Raum mit gewaltigen Ausmaßen (48 x 24 m, Höhe: 12 m), der für Staatsanlässe und gelegentlich für Konzerte genutzt wird.

Dritter Burghof

Im Dritten Burghof wartet nicht nur das **Info- und Ticketzentrum der Burgverwaltung** (s. S. 205), hier steht man unversehens auch vor dem baulichen und geistigen Mittelpunkt des Burgareals, dem St.-Veits-Dom, genauer: vor seiner von den zwei 82 m hohen Türmen und dem riesigen Rosettenfenster dominierten Westfassade.

St.-Veits-Dom 4

Details s. Entdeckungstour S. 208; www.mekapha.cz, April–Okt. Mo–Sa 9–18, So 12–17, Nov.–März Mo–Sa 9–16, So 12–16 Uhr

Alter Königspalast 5

Ein absolutes Muss ist der Gang durch den Alten Königspalast. Ähnlich wie am Dom lässt sich auch an diesem Komplex, der die Ostseite des Dritten Burghofs einnimmt, die historische Bauentwicklung gut ablesen. Die Urzelle dieses Epizentrums der Macht, in dem die böhmischen Prinzen und Könige aus den Häusern der Přemysliden, der Luxemburger und der Jagiellonen residierten, bildete ein romanischer Palast aus dem 11. Jh. Er war an der Stelle eines ersten, 200 Jahre früher erbauten Fürstenhofs entstanden und wurde ab 1135 im Zuge des Gesamtumbaus der Burg neu gestaltet. Als Herrscherresidenz diente er bis in die zweite Hälfte des 16. Jh., als die Habsburger diese in den westlichen Teil der Burg verlegten. Danach waren in ihm hauptsächlich Behörden und Ämter untergebracht.

Vladislav-Saal

Hauptattraktion jedes Rundgangs ist der Vladislav-Saal. Der 62 m lange und 16 m breite Raum wurde um 1500 nach Plänen Benedikt Rieds erbaut und ist ein Meisterstück spätgotischer Baukunst. Unter seinem 13 m hohen, mit ungemein kunstvoll verschlungenen Netzrippen geschmückten Gewölbe pflegten alle bedeutenden Versammlungen, Landtagssitzungen, aber auch Bälle und Bankette, Märkte für Luxuswaren und, bei schlechtem Wetter, Ritterturniere stattzufinden. Seit 1934 werden hier die Präsidenten der Republik gewählt. Den Eingang in diesen zur Zeit seiner Entstehung größten überwölbten Profanraum Mitteleuropas bildete ursprünglich die Reitertreppe, über die man bequem hoch zu Pferd in den Saal gelangte. Heute betritt man den Königspalast an seiner Westfassade unterhalb des in der Ära Maria Theresias angebrachten Balkons.

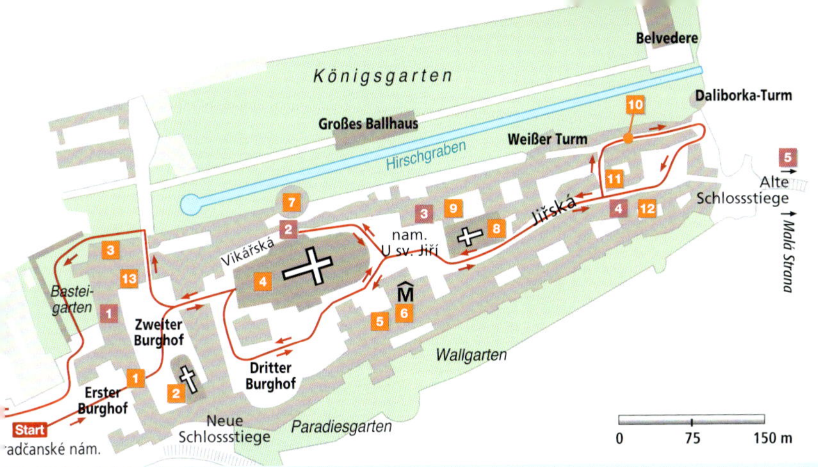

Prager Burg

Sehenswert
1 Matthiastor
2 Hl.-Kreuz-Kapelle
3 Spanischer Saal
4 St.-Veits-Dom
5 Alter Königspalast
6 Burgmuseum
7 Pulverturm
8 St.-Georgs-Basilika
9 St.-Georgs-Kloster
10 Goldenes Gässchen
11 Spielzeugmuseum
12 Palais Lobkowitz
13 Burggalerie
14–24 s. S. 220

Essen & Trinken
1 Na Baště
2 Vikárka
3 U Kanovníků
4 Lobkowitz Palace Café
5 Villa Richter
6–9 s. S. 220

Ludwigsflügel

Durch einen Vorraum kommt man linker Hand in die Grüne Stube, in der einst Ferdinand I. Audienzen gab und jetzt Souvenirs verkauft werden. Rechter Hand gelangt man in den Vladislav-Saal und von dessen südwestlicher Ecke in den sogenannten Ludwigsflügel. Auch diesen ursprünglich als Wohnresidenz konzipierten Trakt schuf – wovon u.a. die schönen Deckenrippen zeugen – Benedikt Ried.

Man betritt zunächst die Räume der **Böhmischen Kanzlei,** in denen 200 Jahre lang die Vertreter Habsburgs ihres Amtes walteten. Aus deren östlichem Fenster warfen am 23. Mai 1618 Aufständische zwei königliche Statthalter und deren Sekretär kurzerhand in den 15 m tiefen Schlossgraben. Wo diese, nur geringfügig verletzt, aufprallten, erinnern heute zwei Obelisken an jenen berühmten Zweiten Prager Fenstersturz, der den Beginn des Dreißigjährigen Krieges markierte.

Über eine Wendeltreppe erreicht man die leider nur selten zugängliche **Reichshofratsstube.** Hier, wo unter Rudolf II. die höchsten Würdenträger die Angelegenheiten des Römischen Reichs Deutscher Nation regelten, wurde am 19. Juni 1621, ein halbes Jahr nach der Schlacht am Weißen Berg, das Todesurteil über die 27 Anführer der böhmischen Adelsrevolte verlesen; zwei Tage später wurden sie hingerichtet.

Allerheiligenkapelle

An der östlichen Stirnseite des Vladislav-Saals gelangt man ▷ S. 212

Auf Entdeckungstour

St.-Veits-Dom – Krönungskirche böhmischer Herrscher

Der dem frühchristlichen Märtyrer Vitus geweihte Dom 4 ist nicht nur der geistige, sondern auch der bau- und kunstgeschichtliche Mittelpunkt des Burgareals – ein glanzvolles Zeugnis aus der glanzvollsten Zeit Prags und europaweit eine der bedeutendsten Kirchen der Gotik überhaupt. Eine ausführliche Besichtigung ist deshalb unverzichtbar.

Karte: S. 210

Zeit: 1–2 Std.

Besuchszeiten: April–Okt. Mo–Sa 9–18, So 12–17, Nov.–März Mo–Sa 9–16, So 12–16 Uhr; Details s. S. 205

Tipp: Lohnend ist der Aufstieg auf den Südturm (ca. 300 Stufen). Oben wartet ein traumhaftes Panorama und der Blick in das über 400 Jahre alte Uhrwerk (März–Okt. 12–16.15, Nov.–Feb. 12–15.15 Uhr, nur bei gutem Wetter).

Wandert man als Besucher vom Hradschiner Platz kommend über den Ehrenhof, durch das Matthiastor und den Zweiten Burghof, steht man am Ende eines weiteren Durchgangs unversehens vor ihm. Und schon auf den ersten Blick lässt die Westfassade mit ihren beiden 82 m hohen Türmen und dem riesigen Rosettenfenster keinen Zweifel daran, dass es sich bei dem St.-Veits-Dom um eine grandiose bauliche Schöpfung handelt. Bereits um 925 hatte Herzog Václav hier oben dem hl. Vitus zu Ehren, einem Märtyrer aus Sizilien, eine Rundkapelle errichtet. Sie wurde rasch zur Kult- und Pilgerstätte, da ihr Gründer, der bald nach der Ermordung durch seinen Bruder Boleslav (929) zum Schutzherrn Böhmens aufgestiegen war, in ihr begraben lag. 973 wurde das Bistum Prag gegründet und die bisherige Hofkirche zur Hauptkirche der Bischöfe der neuen Diözese. 100 Jahre später wich die Rotunde einer romanischen Basilika mit drei Schiffen, Flachdecke und Doppelchor. Und 1344 legte König Karl, der spätere Kaiser Karl IV., den Grundstein für jene gotische Kathedrale, die bis heute die Silhouette der Burg bestimmt.

Früher Anfang, späte Fertigstellung

Als erster Baumeister schuf der Franzose Matthias von Arras den Ostteil mit dem 47 m langen, 39 m hohen Chor. Nach seinem Tod übernahmen Peter Parler und später dessen drei Söhne die Arbeit. 1420 erzwangen die Hussitenkriege eine Unterbrechung des Baus. Zu diesem Zeitpunkt standen neben dem fertigen Chor nur Teile von Querschiff, Langhaus und Hauptturm. Eine provisorische Mauer ›versiegelte‹ den Torso. Im 16. Jh. baute man weiter. Doch erst 1873–1929 wurde Prags prachtvollstem und mit seinen Außenmaßen von 124 x 60 m und dem 33 m hohen Mittelschiff auch größtem Gotteshaus das dreischiffige Langhaus sowie die Westfassade mit den zwei Türmen und drei Portalen angefügt.

Eine Schatztruhe

Der St.-Veits-Dom war Schauplatz von über 30 Krönungen böhmischer Könige und Königinnen. 15 von ihnen sind in ihm bestattet. Sein Äußeres besticht durch das reiche, feingliedrige Maßwerk und Strebesystem. Ein beherrschendes Element ist der 96 m hohe, in seinem Kern gotische **Südturm (1).** Er ist mit einem Renaissancehelm bekrönt, auf dem ein 3,5 m hoher, vergoldeter tschechischer Löwe sitzt.

Im Kircheninneren zieht zunächst unweigerlich der Chor die Blicke auf sich: Durch die großflächigen, farbigen Fenster in ein mystisches Licht getaucht und, wie das Hauptschiff auch, von herrlichen Netzrippen überwölbt, ist er ein Meisterwerk hochgotischer Architektur. Eine Besonderheit stellt das **Triforium** dar, der Laufgang im ersten Stock: In seinen Nischen ließ Karl IV. 21 Büsten, Porträts von Angehörigen der kaiserlichen Familie, aber auch von Erzbischöfen und Dombaumeistern, darunter ein Selbstporträt Peter Parlers, aufstellen.

Das **Habsburger-Mausoleum (2)** im Zentrum des Chors ist ein Werk des niederländischen Bildhauers Alexander Collin (1569–89) und birgt die Gebeine von Ferdinand I., seiner polnischen Gemahlin Anna und ihrem gemeinsamen Sohn, Kaiser Maximilian II. Alle drei sind auf der marmornen Deckplatte liegend dargestellt. Das Barockgrabmal des Grafen Leopold Schlick entwarf J. E. Fischer von Erlach (Büste von M. B. Braun). Von dem Wiener Hofarchitekten stammt auch das beeindruckendste Kunstwerk des Chorumgangs: der silberne **Reli-**

quienaltar des hl. Johannes von Nepomuk (3). Diesen ließ Karl VI. anlässlich der Kanonisation des Brückenheiligen (1733) von einem Wiener Kunstschmied anfertigen. Den roten, von vier silbernen Engeln gehaltenen Damastbaldachin stiftete Maria Theresia.

Besonderes Augenmerk verdienen auch die angrenzenden Chorkapellen: Die **Maria-Magdalena-Kapelle (4)** etwa enthält die Grabplatten der Dombaumeister von Arras und Parler. Gegenüber ist auf einem großen Holzrelief die Verwüstung des Doms durch calvinistische Bilderstürmer im Jahr 1619 dargestellt (das Pendant an der nördlichen Innenwand des Chorumgangs zeigt die Flucht des ›Winterkönigs‹, Friedrichs V. von der Pfalz, nach der Schlacht am Weißen Berg). Das **Vladislavsche Oratorium (5),** eine über eine gedeckte Brücke direkt vom Alten Königspalast aus zugängliche Empore, wurde Ende des 15. Jh. von Hans Spiess nach Plänen Benedikt Rieds errichtet. Es birgt ein spätgotisches Gewölbe in Form naturalistisch verflochtenen Astwerks und, auf dessen Schlussstein, ein wunderschönes Monogramm des jagiellonischen Bauherrn Vladislav II.

Königliche Ruhestätte

Unbedingt sollte man in die **Königsgruft** hinabsteigen. Von der westlich angrenzenden **Hl.-Kreuz-Kapelle (6)** führen Stufen, vorbei an archäologischen Relikten der beiden Vorgängerkirchen, hinunter in jenen um 1930 neu und eher nüchtern gestalteten Raum, in dem u. a. Wenzel IV., Rudolf II., Georg von Podiebrad, Ladislaus Posthumus sowie Karl IV. und seine vier Frauen ihre letzte Ruhe fanden. Wieder oben in der Kirche, sollte man in den Kapellen hinter dem Hauptaltar die diversen Přemysliden-Gräber anschauen. Beachtung verdient auch die **Alte Sakristei (7)** am Nordende des Chors mit ihren herrlichen Gewölben.

Den Schluss- und Höhepunkt jeder Dombesichtigung bildet der Blick in die **Wenzelskapelle (8).** Peter Parler hat sie 1358–67 im Auftrag Karls IV. als Aufbewahrungsort für die sterblichen Überreste des hl. Wenzel, des böhmischen Fürsten und Landespatrons, geschaffen. Die Grab- und Reliquienkapelle ist, was ihre religiös-politische Bedeutung und ihre künstlerische Ausstattung betrifft, das Gegenstück zur Hl.-Kreuz-Kapelle auf Burg Karlštejn

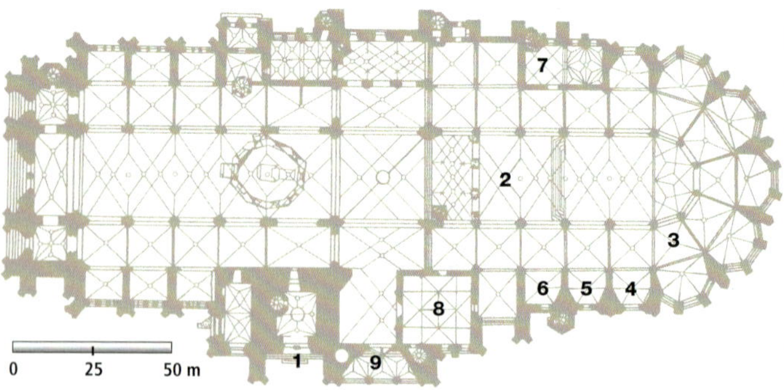

Kunstvolle Ergänzung an Parlers Königspforte: das Mosaik »Jüngstes Gericht«

(s. S. 278). Amethyste, Achate, Karneole, Jaspisse, Chrysoprase – insgesamt mehr als 1300, mit unzähligen Goldplättchen eingerahmte Halbedelsteine schimmern auf dem unteren Teil der Wände mit dem Sterngewölbe an der Decke um die Wette. Dazwischen und darüber sind Gemäldezyklen mit Szenen aus der Passion Christi und dem Leben des hl. Wenzel zu sehen. Das Grabmal und eine kostbare Statue des Heiligen, beide aus dem späten 14. Jh., komplettieren den grandiosen Gesamteindruck. Die oberhalb der Kapelle gelegene **Kronkammer** birgt die böhmischen Krönungsinsignien, darunter die Wenzelskrone aus der Zeit Karls IV., Zepter und Apfel Rudolfs II. und den Krönungsmantel Karls VI. Sie ist durch sieben Schlösser gesichert und wird nur sehr selten geöffnet.

Eingangstor der Könige

Durch das bronzene Hauptportal an der Westseite geht es wieder nach draußen. Von fratzenhaften Wasserspeiern beäugt wandert man Richtung Südwesten. Während man sich von dem steinernen Wald aus Trag- und Strebepfeilern, aus Giebeln und mit Krabben und Kreuzblumen verzierten Fialen den Kopf verdrehen lässt, passiert man zunächst die **Alte Propstei.** Ihre Ecke ziert eine barocke **Statue des hl. Wenzel** (1662, Johann Georg Bendl). An ihrer Ostseite kann man noch Mauer- und Fensterreste des romanischen Bischofspalasts erkennen. An dem von Jože Plečnik zum Gedenken an die Opfer des Ersten Weltkrieges errichteten Granitobelisken und der gotischen **Reiterstatue des hl. Georg** (1373, G. u. M. von Klausenburg) vorbei gelangt man vor das Südportal, zur berühmten **Goldenen Pforte (9)** (Zlatá brána). Durch ihre dreibogige Arkade pflegten die Könige auf ihrem Krönungsweg aus der Altstadt kommend den Dom zu betreten. Das Glasmosaik darüber, ein noch deutlich byzantinisch beeinflusstes Werk venezianischer Meister von 1370, misst 85 m^2. Es stellt das Jüngste Gericht und oberhalb, in einer Mandorla, flankiert von Maria und Johannes dem Täufer sowie sechs Landespatronen, Christus als Weltenrichter dar.

durch ein Renaissanceportal auf die Empore der Allerheiligenkapelle. Peter Parler hat sie in den Jahren 1370–87 nach dem Vorbild der Pariser Sainte-Chapelle geschaffen. Das Hochaltarbild stammt von dem Barockmaler Wenzel Lorenz Reiner. Von der Südostecke führt ein kurzer Gang auf eine Aussichtsterrasse. Vis-à-vis, an der Nordseite, geht es über eine Wendeltreppe hinauf in die aus dem 17. Jh. originalmöblierte Stube der **Neuen Landtafeln,** deren Wände mit Wappen der hohen Beamten bedeckt sind.

Landtagssaal

Eine Etage darunter, neben der Reitertreppe, liegt der Landtagssaal, in dem bis Mitte des 19. Jh. die böhmischen Stände tagten und heute der Nationalrat bei feierlichen Anlässen Sitzungen abhält. Er wurde ebenfalls von Benedikt Ried erbaut, beim Burgbrand 1541 völlig vernichtet und wenig später im Stil der Spätgotik rekonstruiert. Zur Ausstattung zählen Wandbilder habsburgischer Herrscher sowie, beide neogotisch, der Königsthron und ein Kachelofen.

Keinesfalls versäumen sollte man das im mittelalterlichen Untergeschoss eingerichtete, weitläufige **Burgmuseum** 6. Es dokumentiert mithilfe modernster Didaktik, multimedial und auch auf Englisch, die Geschichte der Prager Burg.

Spätgotisches Raumgefühl – nachzuerleben im Vladislav-Saal des Alten Königspalasts

Nördlich und östlich des Doms

Pulverturm 7

April–Sept. tgl. 10–22, März, Okt. bis 20, Nov.–Feb. bis 18 Uhr, 70 Kč

Nördlich des St.-Veits-Doms, jenseits der Vikargasse, steht die Alte Dechanei, links davon liegt das **Restaurant Vikárka** 2 und dahinter thront der auch Mihulka genannte Pulverturm. Die mächtige Bastion war der erste Bau, den Benedikt Ried Ende des 15. Jh. im Auftrag des Jagiellonenkönigs Vladislav II. schuf. Nach dem Verlust seiner fortifikatorischen Funktion diente er zunächst als Glockengießerei. Später suchten hinter den mächtigen Mauern im Auftrag Rudolfs II. Alchemisten nach dem Stein der Weisen. Heute birgt der Turm in seinem zweiten Geschoss eine hochinteressante Ausstellung über die Geschichte des Hussitentums, im ersten eine Verkaufsausstellung zeitgenössischer Waffen.

St.-Georgs-Basilika 8

Östlich des Doms, dem Chor gegenüber, erhebt sich der älteste Sakralbau auf dem Hradschin, die St.-Georgs-Basilika. Hinter ihrer in der Barockzeit vorgesetzten, rot-gelben Fassade verbirgt sich ein dreischiffiger, wunderbar schlichter Innenraum. Dieser entstand, nachdem ein bereits um 920 gestifteter Vorgängerbau durch ein Feuer zerstört worden war, gegen Mitte des 12. Jh. Mit seinen Rundfenstern und der flachen Holzdecke wie auch den beiden weißen, schlanken Kirchtürmen verströmt er noch den reinen Geist der Romanik. Eines der wenigen Einsprengsel aus späterer Zeit bildet die barocke Doppeltreppe. Sie führt auf den erhöhten Chor, in dem sich Reste von Wand- und Deckenmalereien aus dem frühen 13. Jh. erhalten haben. Zentrales Motiv ist das Himmlische Jerusalem. An der Südseite schließt die Kapelle der hl. Ludmila an. Sie wurde im 14. Jh. angefügt. Der steinerne Sarkophag, in dem die sterblichen Überreste der 921 ermordeten Landesheiligen und Großmutter von Wenzel I. bis heute ruhen, ist ein Meisterwerk der Parlerschen Bauhütte.

St.-Georgs-Kloster 9

Tgl. 10–18 Uhr

An die Kirche grenzt das St.-Georgs-Kloster. Im Jahr 973 unter der Ägide von Benediktinerinnen gegründet, ist es der älteste Klosterbau Böhmens. Sein ottonischer, also vorromanischer Kern wurde in der Folge mehrmals umgestaltet, erweitert, schließlich barockisiert und im Zuge der josephinischen Reformen 1782 aufgehoben. Heute ist im Obergeschoss des Komplexes und in seinem Kreuzgang eine von der Prager Nationalgalerie verwaltete hochkarätige Sammlung böhmischer Malerei und Bildhauerkunst aus dem 19. Jh. untergebracht. Gezeigt werden neben rund 350 Gemälden und über 50 Skulpturen auch Modelle und Skizzen und vor allem Objekte dekorativer Kunst wie Möbel, Gläser, Porzellan, Silberarbeiten, Textilien u. v. m.

Goldenes Gässchen 10

Achtung: Das Goldene Gässchen wurde im Mai 2010 zwecks umfassender Restaurierung vorübergehend gesperrt; voraussichtliche Wiedereröffnung im Frühsommer 2011

Im nordöstlichsten Winkel des Burgareals lockt das legendäre Goldene Gässchen (Zlatá ulička) Touristenscharen an. Die schmale, mit Kopfsteinen gepflasterte Gasse ist eine Ikone des mittelalterlichen und ach so mystischen Prag. Die Legende ▷ S. 217

Auf Entdeckungstour

Die Gärten rund um die Burg

Einen interessanten Kontrapunkt zu den steinernen Sehenswürdigkeiten auf dem Hradschin bilden die Grünanlagen. In den Burg- und den Palastgärten lässt es sich wunderbar durchatmen. Erhöht wird ihr Reiz durch die raffinierte Landschaftsarchitektur.

Karte: S. 216

Zeit: 1–3 Std.

Start: an der Westseite der Burg

Burggärten: Juni, Juli tgl. 10–21, Aug. bis 20, Mai, Sept. bis 19, April, Okt. bis 18 Uhr; **Palastgärten:** www.palacove zahrady.cz, geöffnet wie Burggärten, 80 Kč, Zugang: Valdštejnská 12–14, Valdštejnské nám. 3 oder via Wallgarten; **Fürstenberggarten:** Juni, Juli 9–21 Uhr, sonst wie Burggärten, ca. 50 Kč; **Waldstein-Garten:** Juni–Sept. Mo–Fr 7.30–19, Sa, So 10–19, April, Mai, Okt. bis 18 Uhr, Eintritt frei, Eingang: Letenská; **Reitschule:** Di–So 10–18 Uhr, 150 Kč

Durch den Königsgarten

Als Ausgleich zu der geballten Ladung Geschichte und Kunst, die während der Burgbesichtigung auf einen niedergeprasselt ist, empfiehlt sich ein Spaziergang durch die umliegenden Grünanlagen. Die ausgedehnteste Möglichkeit zum Flanieren bietet an der Nordseite der **Königsgarten (1)** (Královská zahrada). Der Weg dorthin führt aus dem Zweiten Burghof auf der Pulverbrücke (Prašný most) über den **Hirschgraben (2)** (Brusnice), in dem die Habsburger einst Jagdwild züchteten.

Linker Hand erhebt sich die **ehemalige Reitschule (3)** (Jízdárna Pražského hradu), ein stattlicher Barockbau, in dem heute Kunst der tschechischen Moderne und sehenswerte Wechselausstellungen untergebracht sind. Im **Löwenhof (4)** (Lví dvůr), an der Ecke schräg gegenüber, heute ein Restaurant, ließ Rudolf II. Raubkatzen und Bären halten. Rechts davon liegt der Eingang in jenen Garten, der bereits zur Zeit seiner Entstehung (um 1540 unter Ferdinand I.) ob seiner exotischen Bepflanzung Aufsehen erregte. Hier zog man u. a. in Gewächshäusern Pomeranzen, Limonen und Granatäpfel und, lange bevor die Niederländer mit ihnen in ganz Europa Furore machten, sogar Tulpen aus Istanbul. Etwa in der Mitte der im 19. Jh. zu einem Englischen Park umgestalteten Anlage passiert man das **Große Ballhaus (5)** (Zámek Míčovna). Der Renaissancebau, der in seiner klaren Gliederung den Einfluss palladianischer Stilideale verrät und einst »der körperlichen Bewegung der Adeligen« diente, brannte im Mai 1945 aus, wurde wenig später aber wieder aufgebaut. Die kunstvollen Sgraffiti auf seiner Fassade zeigen Sinnbilder der Wissenschaften, Tugenden und Elemente sowie – eine kuriose Hinterlassenschaft der Restauratoren aus den 1950er-Jahren – eine Allegorie des sozialistischen Fünf-Jahres-Plans mit Hammer und Sichel. Die Skulpturengruppe davor symbolisiert »Die Nacht« und stammt aus der Werkstatt Matthias Bernhard Brauns (1734).

Als architektonischer Höhepunkt wartet ganz im Osten das **Belvedere (6)**, das Lustschloss Königin Annas, der Gemahlin Ferdinands I. (s. Lieblingsort S. 224). Typisch für den damals aus Italien importierten Manierismus ist der **Singende Brunnen** an der Westseite des Schlosses. Er verdankt seinen Namen dem leisen Ton, den das von Tierköpfen und Masken ausgespiene Wasser in den bronzenen Becken erzeugt.

Gärten statt Festungsbauten

Auch stadtseitig, zu Füßen der Südfassade der Burg, laden wunderschöne Grünanlagen zum Flanieren ein: der **Paradiesgarten (7)** (Rajská zahrada) mit dem Matthias- und einem Musikpavillon, der **Hartiggarten (8)** (Hartigovská zahrada) und der schon erwähnte **Wallgarten (9)** (Zahrada Na Valech). Sie alle entstanden Anfang des 16. Jh. anstelle der damals militärisch überflüssig gewordenen Wälle und wurden in den 1920er-Jahren vom erwähnten Jože Plečnik umgestaltet. Ebenfalls die Handschrift des slowenischen Architekten trägt übrigens der **Basteigarten (10)** in der äußersten Nordwestecke des Burgareals.

Von Václav Havel und Prinz Charles wiederbelebt

Gartenarchitektonisch spannender sind die angrenzenden **Palastgärten.** Ihre Besichtigung führt von der Höhe des Hradschin auf mäandrierenden Wegen und Treppen talwärts in Richtung Kleinseite und Moldau.

Schon zur Renaissancezeit hatten sich die reichen Adelsfamilien an den

Abhängen des Burgbergs, hinter ihren Winterpalais, unten an Waldsteingasse und -platz, Gärten angelegt. Nach deren Verwüstung 1648 durch die Schweden wurden sie komplett neu gestaltet – diesmal von mehrheitlich italienischen Architekten im nun fashionablen, recht manieristischen Barockstil auf steilen Terrassen mit Treppen, Bögen, Galerien, Brunnen, Balustraden, Pavillons, Orangerien, Glorietten und reichem Skulpturenschmuck. Seit dem 19. Jh. verfielen auch diese Anlagen, am Ende des Kommunismus waren sie völlig desolat. 1990 gründeten Václav Havel und Prinz Charles gemeinsam eine Stiftung, die alle Gärten getreu alten Stichen rekonstruieren und den barocken Originalen gemäß exotisch bepflanzen ließ. So wandert man heute staunend vom **Ledebour-Garten (11)** (Ledeburská zahrada) in den **Kleinen** und **Großen Pálffy-Garten (12)** (Velká Pálffyovská zahrada) und treppauf treppab weiter durch den **Kolowratgarten (13)** (Kolowratská zahrada) in den **Fürstenberggarten (14)** (Fürstenberská zahrada) und genießt dabei immer wieder die fulminanten Blicke hinab auf die Stadt. Apropos Stadtblick: Um sich in aller Ruhe an seiner Schönheit zu weiden, empfiehlt sich am Ende dieses Spaziergangs die Einkehr in der **Villa Richter** 5 (s. a. S. 223).

Wallensteins grüne Oase

Wem der Sinn noch nach einem letzten Spaziergang im Grünen steht: Nähere Besichtigung lohnt auch, unten im Tal, der prunkvolle **Waldstein-Garten (15)** (Valdśtejnská zahrada). Ihn ließ Herzog Albrecht von Wallenstein, der berühmt-berüchtigte Generalissimus des Dreißigjährigen Krieges, 1623–29 als Ergänzung zu seiner kolossalen Residenz (s. S. 192) anlegen. Aus dem Labyrinth von strikt geometrischen Hecken, Kieswegen und Blumenbeeten ragen eine künstliche Grotte, ein Venusbrunnen und eine Reihe von Bronzestatuen griechischer Götter heraus. In der mit Szenen aus dem Trojanischen Krieg freskierten Sala terrena finden im Sommer Konzerte statt. Sehenswert ist auch das zugehörige **Reitschulgebäude (16)** (Valdštejnská jízdárna), in dem der mächtige Bauherr einst 300 Rösser hielt und heute die Nationalgalerie von Zeit zu Zeit Sonderausstellungen präsentiert.

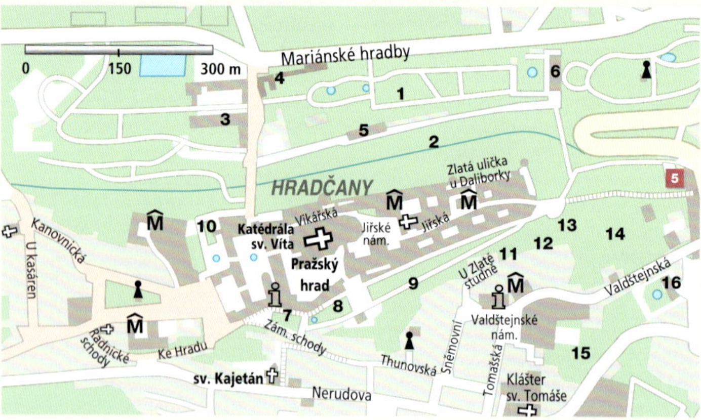

will, dass in den sich malerisch unter den Wehrmauern duckenden Häuschen einst Alchemisten lebten, die sich an der Umwandlung von Blei in Gold versuchten. Die prosaische Wahrheit jedoch ist, dass Rudolf II. hier seine Burgwache einquartierte und dass diese Schützen ihren mageren Sold mit dem Verkauf eigener Handwerksarbeiten aufbesserten. In der Folge zogen verarmte Handwerker zu, denen unten in der Stadt die Zünfte verwehrten, ihr Gewerbe auszuüben, unter ihnen mehrere Goldschmiede. Ergo der Name, der sich, wäre man ironisch, auch auf die heute in dem Gässchen erzielten Profite beziehen ließe. Denn viele der bunt getünchten Häuschen beherbergen mittlerweile Souvenirläden und der Kommerz, von dem ihre früheren Bewohner nur träumen konnten, blüht.

Die Romantisierung der engen und damals sehr unhygienischen Häuserzeile setzte im 19. Jh. ein. Sie gipfelte während des Ersten Weltkrieges in der Tatsache, dass im Haus Nr. 22 für kurze Zeit Franz Kafka sein Arbeitszimmer hatte und hier später berühmte Texte wie den »Bericht für eine Akademie« und »Ein Landarzt« schrieb. Auch Gustav Meyrink trug das Seine zum Nimbus des Gässchens bei, indem er ihm in seinem 1915 veröffentlichten Roman »Der Golem« ein literarisches Denkmal setzte.

Daliborka-Turm

Sagenumwoben sind übrigens auch die beiden angrenzenden, einst als Verliese genutzten Wehrtürme: Im östlichen, dem Daliborka-Turm, schmachtete um 1500 der aufständische Ritter gleichen Namens, dessen wehmütiges Geigenspiel angeblich die Prager verzauberte und dessen tragisches Schicksal Friedrich Smetana in seiner Oper »Dalibor« verarbeitete.

Museen im Burgareal

Spielzeugmuseum 11

www.barbiemuseum.cz,
tgl. 9.30–17.30 Uhr, 40/20 Kč

Hat man das im Goldenen Gässchen häufig herrschende Gedränge glücklich überstanden, spült einen der Menschenstrom, vorbei an der modernen Bronzeskulptur »Parabel mit Schädel«, zurück in die Jiřská, die Georgsgasse, vor das Burggrafenamt. In diesem ehemaligen Sitz des höchsten böhmischen Beamten schlagen heute die Herzen von Kindern und Kind gebliebenen Erwachsenen höher: Das Spielzeugmuseum präsentiert hier, in sieben Sälen, aufgeteilt auf 60 Vitrinen, vom Modellauto, dem Baukasten und der Barbiepuppe bis zum Blechroboter und alten Teddybären, die 150-jährige Geschichte des Spielzeugs.

Richtung Osten würde es eigentlich – am Schwarzen Turm vorbei, einem vom Stadtbrand rußgeschwärzten Relikt der romanischen Befestigungsanlage – über die Alte Schlossstiege hinunter in die Stadt gehen. Doch ein weiteres Verweilen auf der Burg lohnt.

Palais Lobkowitz 12

www.lobkowiczevents.cz,
tgl. 10.30–18 Uhr, 275 Kč

Der gut 300 Jahre alte Adelspalast in der Jiřská Nr. 3 (nicht zu verwechseln mit seinem Namensvetter unten an der Vlašská), der ursprünglich nach seinem Erbauer Jaroslav von Pernštejn benannt war, beherbergt hinter seiner sgraffitoverzierten Fassade eine vom Nationalmuseum mitverwaltete Ausstellung mit hochkarätigen Kunstwerken aus der Familiensammlung.

Burggalerie 13

Spektakulärer noch sind die Bestände der im Nordflügel des zweiten Burghofs untergebrachten Burggalerie. Sie

präsentiert die Reste der nach dem Dreißigjährigen Krieg in alle Winde verstreuten bzw. nach Wien und Madrid verfrachteten Gemäldesammlung Rudolfs II. In den Italienischen, Deutschen, Flämischen und Niederländischen Abteilungen sind viele Meister, von Tizian, Tintoretto und Veronese über Cranach und Holbein bis Rubens, mit Werken vertreten.

Hradschin-Vorstadt

Bis Anfang des 14. Jh. begann westlich der Burg ein Wald, in dem die Mitglieder des Königshauses gerne auf Jagd gingen. Nur auf dem Boden des heutigen Hradschiner Platzes bestand eine kleine Ansammlung von Häusern, in der vorwiegend Bedienstete des Hofs wohnten. 1320 erhob der damalige Burggraf die Untertanen-Siedlung zur Stadt – der vierten und, historisch betrachtet, unbedeutendsten unter den Prager Städten. Sie dehnte sich nach Westen rasch bis zum Strahover Kloster aus und wurde zur Zeit Karls IV. mit der berühmten ›Hungermauer‹ gesichert, durch die der Kaiser ab 1360 den Stadtteil links der Moldau weiträumig befestigte und den Armen Arbeit und Brot verschaffte. Die Feuersbrunst von 1541 äscherte auch den, damals gotischen Baubestand fast vollständig ein. An seiner statt entstanden schmucke Bürgerhäuser und – für den Stadtflaneur von heute eine Augenweide – eine Reihe prachtvoller Adelspaläste. Kurz vor 1600 stieg das nunmehr stattliche Gemeinwesen zur königlichen Stadt auf. Knapp 200 Jahre später verschmolz die Burgstadt Hradčany, deren architektonisches Gesicht sich seit dem Spätbarock kaum mehr verändert hat, mit den übrigen Prager Städten zur königlichen Hauptstadt.

Gegenwart trifft auf Vergangenheit: am Portal des Palais Sternberg

Hradschiner Platz

Am Beginn des Spaziergangs könnte der traumhafte Blick von der Aussichtsterrasse vor der Burg über das Dächermeer der Kleinseite hinab auf Fluss und Altstadt stehen. Von dort sind es nur wenige Schritte auf den Hradschiner Platz (Hradčanské náměstí), das repräsentative Herzstück der Burgstadt. Rechter Hand zeugt das **Erzbischöfliche Palais** 14 mit seiner spätbarocken Fassade vom herrschaftlichen Geist und Reichtum seiner Bauherren.

Palais Sternberg 15

www.ngprague.cz, Di–So 10–18 Uhr, 150 Kč, jeden 1. Mi 15–20 Uhr Eintritt frei

An der linken Seite des Erzbischöflichen Palais führt ein Durchgang zu dem deutlich zurückversetzten Palais Sternberg. Der vierflügelige Barockbau beherbergt eine exquisite, von der Prager Nationalgalerie mitverwaltete Sammlung Alter Meister. Vertreten ist, wenn auch nur selten mit Hauptwerken, die Elite der europäischen Malerei, vor allem der deutschen, italienischen und niederländischen des 14. bis 17. Jh. – Holbein, Cranach, Tintoretto, Brueghel, Rembrandt, Rubens u. v. m.; ein besonderes Glanzstück: Albrecht Dürers »Rosenkranzfest«.

Palais Schwarzenberg 16

www.ngprague.cz, Di–So 10–18 Uhr, 150 Kč, jeden 1. Mi 15–20 Uhr Eintritt frei

Die mächtige Dreiflügelanlage, die fast die ganze Südseite des Platzes einnimmt, ist eine der frühesten Renaissanceschöpfungen Prags und erinnert mit ihrer wuchtigen Strenge und ihrem

Hradschin-Vorstadt

Sehenswert

1–13 s. S. 207
14 Erzbischöfliches Palais
15 Palais Sternberg
16 Palais Schwarzenberg
17 Palais Martinic
18 Palais Toscana
19 Kapuzinerkloster
20 Loretoheiligtum
21 Palais Czernín
22 Kloster Strahov
23 Villa Müller
24 Belvedere

Essen & Trinken

1–5 s. S. 207
6 U zlaté hrušky
7 U Černého Vola
8 U Císařů
9 Malý Buddha

Einkaufen

1 Gambra

Fassadenschmuck – nachgeahmte Diamantquader, in Sgraffitotechnik aufgebracht – an einen florentinischen Patrizierpalast. Hier ist die Sammlung »Barock in Böhmen« der Nationalgalerie zu Hause mit Schlüsselwerken von Meistern wie Jan Kupecký, W. L. Reiner, J. C. Liška, J. B. Brandl und J. G. Bendl. Ergänzt werden die Bestände durch manieristische Werke der Spätrenaissance von Künstlern wie H. von Aachen, B. Spranger oder A. de Vries, die Rudolf II. an den Hof geholt hatte.

Weitere Sehenswürdigkeiten

In der Mitte des weitläufigen Platzes, dessen dreieckiger Grundriss noch die mittelalterliche Herkunft verrät, steht die 1726, am Ende einer Pestepidemie von Ferdinand Maximilian Brokoff gestaltete **Mariensäule.** Darüber hinaus verdienen das ›renaissanceartige‹ **Palais Martinic** 17 (www.martinickypalac.cz) Beachtung, in dessen Sälen oft interessante Konzerte und Ausstellungen stattfinden, sowie das frühbarocke **Palais Toscana** 18.

Nový Svět (Neue Welt)

Vom Hradschiner Platz führt die Domherrengasse (Kanovnická) aus aristokratischem Ambiente auf kurzem Weg vorbei an der vom Barockmeister Kilian Ignaz Dientzenhofer erbauten, dem hl. Nepomuk geweihten Ursulinenkirche in eine gänzlich andere Atmosphäre: Nový Svět, die ›Neue Welt‹, ist erst im 16. Jh. direkt an der Stadtmauer entstanden und bis heute ein verträumter Winkel geblieben. In den geduckten Häusern lebten damals vornehmlich Mittellose. Franz Werfel siedelte hier Szenen seines Romans »Der veruntreute Himmel« an. In Haus Nr. 1 wohnte um 1600 der dänische Astronom Tycho Brahe. Das einstige Armenviertel mit seinen kopfsteingepflasterten Gassen, den poetischen Höfen und Gärtchen hat sich in den letzten Jahren gewandelt: In den mittlerweile sanierten, teils bunt getünchten Häusern haben sich Künstler, Bohemiens und Studenten einquartiert.

Loretoplatz

In unmittelbarer Nähe öffnet sich nach Norden hin einer der eindrucksvollsten Plätze Prags, der Loretoplatz (Loretánské náměstí). An seinem Nordrand lohnt das um 1600 entstandene **Kapuzinerkloster** 19 (Klášter kapucínů) mit seiner Marienkirche, immerhin seinerzeit der erste Stützpunkt dieses Ordens auf böhmischem Boden, einen Blick.

Loretoheiligtum 20

Loreto-Schatzkammer: Di–So 9–12.15, 13–16.30 Uhr, 110 Kč

Kunst- und glaubensgeschichtlich ungleich bedeutsamer als das Kloster ist das östlich benachbarte Loretoheiligtum. Als prominenteste Marienwallfahrtsstätte der Stadt ist es ein typisches Produkt der nach dem katholischen Sieg auf dem Weißen Berg mit Vehemenz einsetzenden Gegenreformation und ein Juwel des Prager Barock. Es wurde 1626 von einer Gräfin Lobkowitz gestiftet und wegen der rasant wachsenden Zahl von Pilgern bis 1750 nach und nach ausgebaut.

Die üppigst ausgestattete **Christi-Geburt-Kirche** ist, wie die Barockfassade der Gesamtanlage, ein Werk von Vater und Sohn Dientzenhofer. Das pastellfarbene Deckengemälde »Christus im Tempel« schuf Wenzel Lorenz Reiner. Im Turm lässt ein berühmtes, aus 27 Glocken bestehendes Glockenspiel tagsüber jede volle Stunde ein Marienlied erklingen.

Das Herz der vierflügeligen Anlage bildet die **Casa Santa,** eine Nachbildung jenes ›Heiligen Hauses‹, in dem der Erzengel Gabriel der Legende nach Maria von Nazareth die Geburt des Erlösers verkündete. Die Außenwände dieser 1631 von Giovanni Battista Orsi vollendeten Kapelle waren zunächst eher schlicht verziert. Eine Generation später jedoch wurden sie nach dem Vorbild im italienischen Städtchen Loreto – wohin Engel im späten 13. Jh. eines Nachts das Haus der hl. Familie aus Palästina gebracht haben sollen – mit marmornen Säulen, Skulpturen und Stuckreliefs üppig verkleidet. Das Innere der Casa Santa, ein Betraum, ist mit Wandmalereien verziert, die Episoden aus dem Leben Mariä erzählen.

Der doppelstöckige **Arkadengang,** der den Innenhof samt dem Heiligen Haus und zwei Barockbrunnen umläuft, stammt aus zwei Epochen: der untere aus der Mitte des 17. Jh. Den oberen, schwungvoller geformten schufen mitsamt den sechs, teilweise kostbar ausgestatteten Kapellen hundert Jahre später die Dientzenhofers.

Einzigartig sind die Bestände der im Westflügel des oberen Umgangs be-

Mein Tipp

Ikone der modernen Architektur
Nordwestlich des Hradschin (zu Fuß 15 Min., mit dem Auto 3 Min.) liegt die **Villa Müller** 23. Adolf Loos errichtete sie um 1930 für den Großunternehmer František Müller: ein weißer Kubus, den Prinzipien des Architekturpioniers entsprechend extrem schnörkellos, innen von bestechend klarer Raumwirkung und mit Marmor, Walnuss und Mahagoni aufs Edelste ausgestattet. Bis 1990 hatte in dem Pionierbau das Institut für Marxismus-Leninismus seine Büros. Heute ist er wieder zu besichtigen: Prag 6, Nad hradním vodojemem 14, Di, Do, Sa, So, April–Okt. 9–18, Führungen 9, 11, 13, 15, 17, Nov.–März 10–17, Führungen 10, 12, 14, 16 Uhr; 300 Kč; engl./dt. Führungen nach Vereinbarung (plus 100 Kč), Tel. 224 31 20 12. Metro A bis Hradčanská, von dort Tram 1/18 bis Station Ořechovka; zu Fuß von Nový Svět (Beschilderung folgen).

heimateten **Schatzkammer.** Glanzstück der Messgewänder, Monstranzen und andere liturgische Gegenstände aus dem 16. bis 18. Jh. umfassenden Sammlung ist die mit über 6000 Edelsteinen besetzte Diamanten-Monstranz.

Palais Czernín 21

Der Monumentalbau, der die gesamte Vis-à-vis-Seite des Loretoplatzes einnimmt, wurde im späten 17. Jh. von Johann Humprecht Graf Czernín von Chudenitz finanziert, der als kaiserlicher Botschafter in Venedig offensichtlich zu nicht wenig Geld gekommen war. Hinter der 150 m (!) langen Fassade, die angeblich von keinem Geringeren als dem römischen Barockbaumeister Gian Lorenzo Bernini entworfen wurde und in Anlehnung an die Architekturprinzipien Andrea Palladios mit 29 Fensterachsen und Kolossalsäulen gegliedert ist, hat seit den 1930er-Jahren das tschechische Außenministerium seine Heimstatt.

Platz der Brandstätte

Wo der Hohlweg (Úvoz) auf die Loretogasse (Loretánská) trifft, beginnt der lang gestreckte Platz der Brandstätte (Pohořelec). Er erinnert an die Siedlung gleichen Namens, die hier 1375 gegründet wurde und – nomen est omen – im Vorfeld der Burg diverse Male niederbrannte. In seiner Mitte prangt eine Statuengruppe mit dem hl. Johann von Nepomuk.

Kloster Strahov 22

Details s. Entdeckungstour S. 196; www.strahovskyklaster.cz, Kloster Di–So 9–12, 13–17 Uhr, Miniaturenmuseum und Galerie Miró tgl. 10–17 Uhr, Kloster 30 Kč, mit Galerie 60 Kč
Vom westlichen Ende des Platzes sind es nur ein paar Schritte zu jenem Barocktor, das den Eingang zum Kloster Strahov markiert, einem Baudenkmal, dessen Besichtigung für Prag-Besucher geradezu Pflichtcharakter hat. Ihn erwarten in der von Kanonikern des Prämonstratenser-Ordens betriebenen Abtei eine reich stuckierte Kirche, eine beachtlich bestückte Gemäldegalerie und zwei grandiose Bibliotheksräume. Doch ebenso sehr wie die Pracht der Architektur und die Ausstattung begeistert hier wohl jeden die erhabene Lage des weitläufigen Komplexes mit Blick hinüber zur Burg und auf die Gärten und Dächer der Kleinseite.

Essen & Trinken

Ruheoase – **Na Baště** 1: Hrad (Burg), Tel. 224 373 599, www.zlatecasy.cz, Metro A, Malostranská, Straßenbahn 22, 23, tgl. 10–18 Uhr, kleine Speisen ab 100 Kč. Der ideale Ort zum Verschnaufen am Ende des Rundgangs über den Hradschin: in in einer schattigen Ecke des im Jahr 1920 von Sloweniens Starchitekten Jože Plečnik umgestalteten Basteigartens. Auf der Karte u. a. Steaks und Salate.

Gehoben rustikal – **Vikárka** 2: Vikářská 6 (Burg) Tel. 233 311 962, http://vikarka.cz, Metro A, Malostranská, Straßenbahn 22, 23, tgl. 11–20, Bistro bis 17.30 Uhr, Hauptgerichte 200–290 Kč. In diesem Traditionsrestaurant im Hof an der Nordseite des St.-Veits-Doms serviert man vorrangig böhmische Spezialitäten, von Gänsekeule mit Kraut und Knödeln bis zu Roastbeef und Forellenfilet. Vorab reservieren!

Preiswert – **U Kanovníků** 3: Náměstí U sv. Jiří (Burg), tgl. 10–18 Uhr, kleine Speisen ab 100 Kč. In dem kleinen, links vom Eingang in die St.-Georgs-Basilika gelegenen Bistro, kann man sich zwischendurch mit Fast-Food-Snacks, aber auch Salaten und Rindergulasch bzw. Kaffee oder Softdrinks stärken.

Aristokratischer Rastplatz – **Lobkowitz Palace Café** 4: Jiřská 3 (Burg), Tel. 233 312 925, www.lobkowiczevents.cz, Metro A, Malostranská, tgl. 10–18 Uhr, kleine Speisen: 120–200 Kč. Atem holen unweit des Goldenen Gässchens – im Innenhof oder auf der Terrasse des Palais mit Traumblick über die Stadt, bei Salaten, Quiches und leckerem Eis sowie Weinen und Bieren aus den hauseigenen Traditionsbetrieben.

Finale mit Stadtpanorama – **Villa Richter** 5: Staré zámecké schody 6 (Alte Schlossstiege), Tel. 257 219 079, www.villarichter.cz, Metro A Malostranská, tgl. 10–23 Uhr. Idealer Rastplatz am Weg zur Burg bzw. nach Besichtigung der Palastgärten. In dem am östlichen Abhang des Hradschin auf einer Landschaftsterrasse thronenden Anwesen ist ein exquisites Gourmetrestaurant untergebracht. Gepflegt speist man auch auf der Piano Terra nebenan. Ein, zwei Gehminuten hügelan bietet ein Wein-Bistro unter einer Open-Air-Pergola Snacks und Wein (Glas 45 Kč) sowie Kaffee und Kuchen (99 Kč) und als Zugabe einen famosen Blick über die Stadt.

Vorstadtidyll – **U zlaté hrušky** 6: Nový Svět 3, s. S. 37.

Uriges Relikt von annodazumal – **U Černého Vola** 7: Loretánské náměstí 1, s. S. 42.

Renommierte, böhmische Küche – **U Císařů** 8: Loretánska 5 (Hradschin), Tel. 220 518 484, www.ucisaru.cz, Straßenbahn 12, 20, 22, 91, tgl. 9–1 Uhr, Hauptgerichte ab 350 Kč. Fleischspezialitäten (u. a. Ente, Fasan, Wild), auch guter Fisch, Fondues; ritterlich-rustikales Ambiente mit viel Holz, Schmiedeeisen, Lederstühlen und Kerzenlicht, März–Okt. Terrasse mit herrlichem Blick auf die Burg.

Fernöstlich – **Malý Buddha** 9: Úvoz 46 (Hradschin), Tel. 220 513 894, www.malybuddha.cz, Straßenbahn 22, 23, Di–So 12–22.30 Uhr, Hauptgerichte 100–200 Kč, keine Kreditkarten. Der Ferne Osten beginnt gleich unterhalb der Burg. Kerzenschimmer, Flötentöne und Sandelduft versüßen den – sehr preiswerten! – Genuss von Glasnudeln, Pilzen, Bambus und anderen exotischen, meist vegetarischen Gerichten. Kleiner Orientshop.

Einkaufen

Surrealistisches von Jan Švankmajer & Co. – **Gambra** 1: Černínská 5 (Neue Welt), s. S. 46, 103.

Lieblingsort

Wo schon Königin Anna Erholung suchte – Belvedere 24

Ganz im Osten des Königsgartens (s. S. 215) erhebt sich das Lustschloss Königin Annas. Der kürzlich auf Hochglanz renovierte Pavillon, genannt Belvedere, gilt mit seinem geschweiften Dach, den schlanksäuligen Arkadengängen und dem feinen Reliefschmuck als erster reiner Renaissancebau in Prag und einer der schönsten nördlich der Alpen überhaupt. Seine mediterrane Luftigkeit bedeutete Mitte des 16. Jh. für die mittelalterlich geprägte Stadt eine stilistische Revolution. Ein weiterer Grund, weshalb ich ihn immer wieder gerne aufsuche, ist der grandiose Blick von seiner Terrasse hinab auf Altstadt und Fluss.

Das Beste auf einen Blick

Rund um den Wenzelsplatz

Highlights !

Wenzelsplatz: Das Nervenzentrum der Prager Neustadt bezirzt zwar nicht durch extreme Eleganz. Doch seine reiche Geschichte, die spannende Architektur rundum und das quirlige Alltagsleben zu Füßen des in Bronze gegossenen Nationalheiligen Böhmens lohnen das ausgiebige Flanieren. S. 229

Museum der Hauptstadt Prag: Der etwas abseits der Touristenströme gelegene Bau birgt vielerlei Interessantes zu Politik, Wirtschaft, Kunst und zur urbanen Entwicklung. Absolutes Highlight ist das riesige Stadtmodell, das Antonín Langweil vor über 200 Jahren angefertigt hat. 14 S. 239

Auf Entdeckungstour

Prager Jugendstil – eine Leistungsschau: Secese heißt die an der Moldau entwickelte Variante des Art Nouveau. Sie manifestiert sich in diversen Prachtbauten, vor allem dem Gemeindehaus. Dem Hauptmeister dieser Zeit auf dem Gebiet der Malerei und Plakatkunst, Alfons Mucha, ist ein eigenes Museum gewidmet. 8 9 11 15 S. 236

Kunst der Moderne in einem grandiosen Architekturdenkmal: Sträflich wenig besucht wird das Museum für Kunst des 19.–21. Jh. im Bezirk Holešovice. Dabei ermöglichen seine immensen Bestände an einheimischen Meisterwerken und solchen aus aller Welt stundenlanges Staunen. 22 S. 244

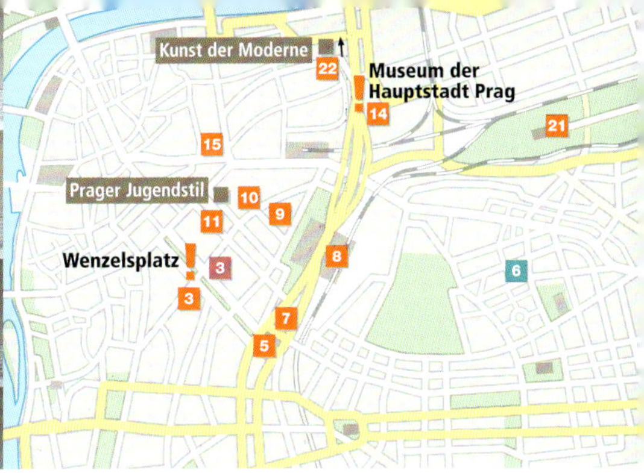

Kultur & Sehenswertes

Nationalmuseum: Der Monumentalbau am Südostende des Wenzelsplatzes ist eine Schatztruhe für alle naturwissenschaftlich Interessierten. Zoologie, Botanik, Mineralogie – die Zahl der Exponate geht in die Millionen. 5 S. 238

Nationale Gedenkstätte: Der kolossale Granitkubus auf dem Vítkov-Hügel barg bis 1990 die Urnen der KP-Führer und enthält heute eine Dauerschau zur tschechischen Zeitgeschichte. Das Reiterdenkmal davor ist das größte der Welt. 21 S. 243, 248

Aktiv & Kreativ

Heinrichsturm: Der Glockenturm der gleichnamigen Kirche ist für jedermann besteigbar und bietet eine tolle Aussicht und ein stimmungsvolles Restaurant. 10 S. 239, 247

Genießen & Atmosphäre

Lucerna-Passage: Ein Shoppingbummel durch diese ›Kathedrale des Konsums‹ zeugt vom hoch entwickelten Stilempfinden der frühen Moderne. Eine Freude ist auch ein Abend im Konzertsaal oder Kino. 3 S. 234

Café Evropa: Lampen, Vasen, Spiegel, dazu viele Pflanzen, Schmiedeeisen und Tropenholz – im Café des berühmten Hotel Evropa kann man wunderbar im üppigen Dekor des Art Nouveau schwelgen. 3 S. 243

Abends & Nachts

Staatsoper: Ob Rusalka, Dalibor oder Schwanensee, Prags führende – Oper und Ballett vorbehaltene – Bühne garantiert ein außerordentlich hohes Aufführungsniveau. 7 S. 247

Palác Akropolis: Konzerthalle, Theater, Kino und Ausstellungsareal in einem – als Experimentallabor eine der spannendsten Adressen der Stadt. 6 S. 247

Die untere Neustadt und ihr Nabel

Der Name kann leicht in die Irre führen: Nové Město (Neustadt), jener als ›neu‹ bezeichnete Stadtteil (s. a. S. 252), der sich östlich und südlich des historischen Kerns bis zur Moldau bzw. zum Vysehrad erstreckt, blickt auf eine mehr als 650-jährige Geschichte zurück. Es war Karl IV., der hier 1348, fest entschlossen, seine Geburts- und Residenzstadt zu einem politischen, geistigen und wirtschaftlichen Zentrum Europas auszubauen, ein gut 2 km² großes Gebiet mit einer Mauer einfasste und darin eine Reißbrettstadt gründete. Nachdem Hradschin, Kleinseite und Altstadt von Adel und Klerus beherrscht waren, sollte durch diese vierte, ebenfalls selbstständige und mit allen Privilegien samt eigenem Rat versehene Stadt die sich als dritte Kraft etablierende Bürgerschaft gestärkt werden. Die aus ganz Böhmen herbeiströmenden, vorwiegend armen Handwerker sollten hier ein Zuhause finden.

Anlage der ›Neuen Stadt‹

Für die neue Siedlung wurden die Lage der Straßenzüge, Marktplätze und Pri-

Infobox

Reisekarte: ▶ Karte 1, H–K 5–8

Verkehrsmittel
Wenzelsplatz und untere Neustadt durchwandert man am besten zu Fuß. Will man die Sehenswürdigkeiten in Vinohrady und Žižkov besuchen, sollte man, um Energie zu sparen, zumindest für eine Strecke die Metro nehmen (Linie A, Jiřího z Poděbrad, Flora bzw. Želivského).

Route und Zeitrahmen
Der hier vorgeschlagene Rundgang beginnt an der Metro-Station Můstek (A, B) am Nordwestende des Wenzelsplatzes, führt an diesem entlang bis zum Nationalmuseum und dann im Zickzack durch die untere Neustadt, vorbei am Masaryk-Bahnhof, zum Museum der Hauptstadt Prag. Zu Beginn kann man ausgiebig der Lust am Einkaufen frönen. Auch die gastronomische Infrastruktur ist am Wenzelsplatz dicht. Charakteristisch für den gesamten Verlauf ist die Vielzahl an hochkarätigen Gebäuden im Stil des frühen Funktionalismus und des Art Nouveau, hierzulande Secese genannt. Ohne Museumsbesuche sind für diese ›Rumpfroute‹ etwa zwei Stunden, mit Besichtigungen mindestens vier einzuplanen.

Die Erkundung der Bezirke Vinohrady und Žižkov kann man wahlweise vom Südende des Wenzelsplatzes oder im Anschluss an den Besuch des Hauptstadt-Museums unternehmen. So oder so benötigt man dafür, wenn man auch den Fernsehturm, die Nationale Gedenkstätte und den Olšany-Friedhof besichtigt, noch einmal zwei bis drei Stunden.

vatgrundstücke, die Standorte der Kirchen und Klöster, ja selbst Höhe und Baumaterial der Häuser genau festgelegt. Dabei spielten spirituelle Grundsätze eine wichtige Rolle: So sorgte man für einen kreuzweisen Verlauf der Straßen mit geweihten Eckhäusern sowie der Verbindungslinien zwischen den wichtigsten Sakralbauten. Die Altstadtmauer, nun ohne Funktion, wurde demoliert. Anstelle des Grabens entstanden die heute breiten Geschäftsstraßen Na Příkopě (Am Graben), 28. října (28. Okt.) und Národní třída, die Nationalstraße.

Zentrum des neuzeitlichen Prag

Zum urbanen Mittelpunkt und zentralen Warenumschlagplatz der neuen Stadt erkor der König ein mehr als 4 ha großes, anfangs matschiges Gelände, das man wegen der hier abgehaltenen Versteigerungen von Pferden ›Rossmarkt‹ taufte. Erst im 19. Jh. erhielt es den Namen Wenzelsplatz (Václavské náměstí).

Beschützt von seinem geheiligten Namenspatron hoch zu Ross, genießt man als Flaneur heute die weltstädtische Weite des Platzes mit seinen berühmten Büropalästen, Kauf- und Kaffeehäusern aus der Zeit der klassischen Moderne. Zugleich begegnet man auf dem Geviert zu Füßen des Nationalmuseums der jüngeren Geschichte des Landes, deren Sternstunden und Katastrophen sich hier vor allem im Laufe des 20. Jh. mehrfach symbolisch verdichteten und nicht selten auch entschieden.

Nordöstlich des Wenzelsplatzes wandert man durch ein Kerngebiet der ›alten‹ Neustadt und kann dabei zahlreiche Prachtbauten des Prager Jugendstils bewundern.

Wenzelsplatz !

Im Laufe seiner Geschichte hat der Wenzelsplatz viele Wandlungen erlebt. Nach seiner Entstehung im 14. Jh. (s. o.) entwickelte er sich rasch zum gesellschaftlichen Treffpunkt. Kneipen, Herbergen und Bordelle wuchsen wie Pilze aus dem Boden und Jahrmärkte wurden auf ihm abgehalten. Am unteren Platzende, nahe dem ›Brückl‹ (Můstek), lockten Richtstatt und Pranger zum makabren Schauspiel. Später stand in der Platzmitte die berühmte ›Bude‹, eine Holzbaracke mit Wänden aus Leinen und Stroh auf dem Boden, in der man erstmals in Prag auf Tschechisch Theater spielte.

Der Platz im 19. und 20. Jh.

Bis ins 19. Jh. hinein fanden im unteren Platzbereich jeden Donnerstag Pferde neue Besitzer. Im Revolutionsjahr 1848 schlug Karl Havlíček Borovský, der berühmteste Journalist und Dissident seiner Zeit, vor, den längst solide gepflasterten Marktplatz nach Böhmens Landesheiligem Wenzel zu benennen. In der Folge entwickelte sich das 750 mal 60 m große, nach Norden abfallende Geviert – eher ein überbreiter Boulevard denn ein Platz – zu Prags Nobelmeile. An seiner Nordseite trug man das gotische Pferdetor ab und errichtete 1885–90 stattdessen als Symbol für die kraftvolle nationale Wiedergeburt einen Kolossalbau: das Nationalmuseum.

Die Blüte um die Wende zum 20. Jh. und der Boom der Zwischenkriegszeit veränderten das Antlitz des Platzes: Lange Fassadenfronten aus Gründerzeit und Jugendstil, durchbrochen von funktionalistischen Formen aus den späteren 20er-Jahren säumen bis heute seine Längsseiten. Stilsünden des ›sozialistischen Realismus‹ sind zum Glück nur sehr wenige zwischengemischt.

CAFÉ
KAVARNA

Lieblingsort

Geschichte ironisch betrachtet – in der Lucerna-Passage 3

Er parkte kurz nach der Wende im Garten der Deutschen Botschaft einen ›Trabi auf Füßen‹, ließ gesichtslose Babys den TV-Turm von Žižkov emporkrabbeln, schuf jene an Sigmund Freud gemahnende Figur, die hoch über der Husova an einem Galgen baumelt, sowie die beiden schamlosen Kerle, die im Hof von Hergetova Cíhelná computergesteuert die Umrisse des Landes auf den Boden pinkeln. Als besonders witzig empfinde ich die bronzene Persiflage auf das Wenzelsdenkmal, die David Černý, Prags prominentester Provokationskünstler, 1999 in der Lucerna-Passage installierte und die den Heiligen auf einem verkehrt herum aufgehängten Pferd reitend ironisiert (Infos: www.davidcerny.cz).

Gegenwart und Zukunft

Heute rümpfen Stadtplaner ob der schnöden Kommerzialisierung des Platzes und des, wie sie meinen, Verlusts jeglicher Eleganz die Nase und fordern eine Umgestaltung. Angesichts der Blumenbeete in Betontöpfen, der Souvenir- und Würstelbuden, Billigläden und Fast-Food-Lokale sind die Klagen nachvollziehbar. Es soll Pläne geben, den Autoverkehr auf dem Platz zu verbieten, die Stadtautobahn an der Nordseite unter die Erde zu verbannen und die altehrwürdige Tramlinie 11 wieder zu installieren. Doch bis es so weit ist, kann nichts darüber hinwegtäuschen,

Rund um den Wenzelsplatz

Sehenswert
1 Koruna-Palast
2 Grand Hotel Evropa
3 Lucerna-Palast mit der Lucerna-Passage
4 Wenzelsdenkmal
5 Nationalmuseum
6 Gebäude der ehemaligen Föderalversammlung
7 Staatsoper
8 Hauptbahnhof
9 Jubiläumssynagoge
10 Heinrichsturm
11 Mucha-Museum
12 Ehemaliges Café Arco
13 Masaryk-Bahnhof
14 Museum der Hauptstadt Prag
Entdeckungstour S. 236
15 Gemeindehaus (Obecní dům)
16–22 s. S. 243

Essen & Trinken
1 Freshland
2 Fornetti
3 Café Evropa
4 Titanic
5 Zvonice
6 Café Imperial
7–11 s. S. 243

Einkaufen
1 Bontonland
2 Bat'a
3 Cukrárna Simona
4 Kanzelsberger
5 Neo Luxor
6 Cellarius
7 Helena Fejková
8 Myslbek Centre
9 Senior Bazar
10 Bílá labut
11 s. S. 243

Abends & Nachts
1 Animato
2 Duplex
3 Regula Pragensis
4 Divadlo Archa
5–7 s. S. 243

dass es sich auf dem Václavské náměstí nach wie vor bestens einkaufen und flanieren lässt und hier das Leben wogt. Die Prager jedenfalls haben den Wenzelsplatz ins Herz geschlossen.

Sehenswürdigkeiten am Wenzelsplatz

Vom Koruna-Palast zum Grand Hotel Evropa

Wer sich für Baukunst des Fin de Siècle und der klassischen Moderne interessiert, stößt am Wenzelsplatz auf etliche Juwele: Ganz unten, an der Ecke zu Na Příkopě, erhebt sich der berühmte **Koruna-Palast** 1 (Nr. 1–3). Der von Antonín Pfeiffer entworfene, im geometrisierenden Jugendstil dekorierte Komplex mit seinem bekrönten Eckturm war einer der ersten Stahlbetonbauten der Stadt (1914). Als eine Art Kathedrale des Konsums umfasst er eine L-förmige Passage mit Läden, darüber Wohnungen und Büros. Im Erdgeschoss befand sich ursprünglich das erste Fast-Food-Restaurant des Kontinents.

Gleich gegenüber beachtenswert sind die beiden Glasfassaden des Schuhgeschäfts **Bat'a** 2 und des Kaufhauses **Lindt,** heute ein Promod-Geschäft, beide aus den späten 1920er-Jahren (Nr. 6 und 4), sowie die **Adams-Apotheke** (Nr. 8) im späten Jugendstil. Das **Peterka-Haus** (Nr. 12) ist eine Jugendstil-Schöpfung Jan Kotěras, jenes Otto-Wagner-Schülers und späteren Professors an der Prager Kunstakademie, der als Begründer der modernen tschechischen Baukunst gilt, der Historismus wie auch Jugendstil überwand und dank seines konsequenten Trachtens nach funktionaler Zweckmäßigkeit, nach neuen, transparenten Materialien und Konstruktionsweisen in enger geistiger Verwandtschaft mit Wagner, Loos und Berlage steht.

Eine Augenweide ist auch das **Wiehl-Haus** (Nr. 34) mit seiner u. a. von Mikoláš Aleš reich bemalten Fassade, interessant das an der Ostseite zu stalinistischen Zeiten mit viel Travertin hingeklotzte **Jalta-Hotel** (Nr. 45). Das berühmteste und wohl auch schönste Gebäude ist jedoch das 1905 eröffnete

Grand Hotel Evropa 2 (Nr. 25). Fassade und Interieur schwelgen in üppigem, goldverbrämtem Art-Nouveau-Schmuck.

Lucerna-Palast 3

Er gilt als Ikone der Kommerzarchitektur und erstes modernes Mehrzweckgebäude der Stadt: der an der Westseite des Wenzelsplatzes gelegene, von den Straßen Vodičkova und Štěpánská eingefasste Lucerna-Palast. Der riesige, siebenstöckige Komplex wurde 1907–21 unter maßgeblicher Beteiligung von Václav Havels Großvater erbaut. Die Appartements und Büros in den Obergeschossen wurden vor einigen Jahren von Grund auf renoviert. Darunter liegt der ebenso pompöse wie geschichtsträchtige Konzertsaal, in dem viele Musikerlegenden, von Louis Armstrong und Ella Fitzgerald bis Karel Gott, aufgetreten sind und die Prager Abiturklassen bis heute ihre Abschlussbälle feiern.

Hauptanziehungspunkt ist die **Pasáž Lucerna,** eine wunderschöne Shopping-Arkade mit einer Reihe exquisiter Läden (s. S. 247) und einem absolut sehenswerten Werk des tschechischen Bildhauers David Černý (s. Lieblingsort S. 230). Zu einer Pause lädt im ersten Stock neben dem ebenso legendären wie prächtigen **Kino Lucerna Palace**

Lang gestreckt wie ein Boulevard: der geschichtsträchtige Wenzelsplatz

das gleichnamige, authentisch rauchige **Café Regula Pragensis** 3 ein.

Wenzelsdenkmal 4

Als Schauplatz der Politik hat sich der Wenzelsplatz den Pragern tief ins Gedächtnis geprägt: 1918 feierten sie hier die Unabhängigkeit der Republik, 1937 gaben sie Tomáš Garrigue Masaryk, dem verstorbenen ersten Präsidenten, hier das letzte Geleit. Nur 18 Monate danach, im März 1939, formten sie für die einrückenden deutschen Soldaten auf dem Platz ein zorniges Spalier. Im Februar 1948 war er wieder zum Bersten voll: Eine Viertelmillion bejubelte Klement Gottwald, KP-Chef und neuer Premierminister. 20 Jahre später, am 21. August 1968, rollen auf ihm russische Panzer. Und zwei weitere Jahrzehnte später, im November 1989, erschienen auf dem Balkon des Melantrich-Hauses (Nr. 36) zwei schmächtige Herren, um der euphorisierten Menschenmenge ihre baldige Freiheit zu prophezeien. Ihre Namen: Václav Havel und Alexander Dubček.

Symbolträchtiger Sammelpunkt war bei all diesen Massenzusammenkünften das Wenzelsdenkmal (Pomník svatého Václava), jenes kurz vor dem Ersten Weltkrieg von Josef Václav Myslbek geschaffene Standbild, das den 935 von seinem Bruder ▷ S. 238

Auf Entdeckungstour

Prager Jugendstil – eine Leistungsschau

Prags Zentrum ist nicht nur ein grandioses Freilichtmuseum für Architektur aus der Zeit der Gotik, der Renaissance und des Barock. Auch der Jugendstil trieb hier schillernde Blüten – was ein Spaziergang vom Mucha-Museum zum Gemeindehaus eindrücklich belegt.

Zeit: inklusive Innenbesichtigungen ca. 4 Std.

Mucha-Museum: s. S. 68; **Jubiläumssynagoge:** s. S. 239; **Gemeindehaus:** Führungen (1 Std.), Anmeldung unter Tel. 222 002 101, www.obecnidum.cz oder an der Kasse, tgl. 10–19 Uhr

Einkehr im Gemeindehaus: Café im Westflügel, tgl. 7.30–23 Uhr; Restaurant Francouzska im Ostflügel, tgl. 12–16, 18–23 Uhr; Pilsner Restaurant im Souterrain, tgl. 11.30–23 Uhr

Am Beginn dieses Rundgangs steht eine Verbeugung vor einem der ganz Großen aus der Blütezeit um 1900: **Alfons Mucha** (1860–1939), der nach bescheidenen Anfängen in München und Wien 1894 in Paris mit seinen Plakaten und Theaterkostümen für Sarah Bernhardt den Durchbruch schaffte und in der Folge maßgeblich den Jugendstil mitteleuropäischer Prägung formte, ist in der Panská ein **Museum** 11 gewidmet. An die 100 Zeichnungen, Drucke, Gemälde und Pastelle des weltberühmten Malers und Grafikers versetzen Besucher in die symbolverliebte, schwülstige Welt des Pariser und Prager Fin de Siècle. Highlight inmitten blumenumkränzter Maiden und symbolistisch erhöhter Heroen sind Muchas Entwürfe für seinen monumentalen Bilderzyklus »Slawisches Epos«. Ausgesprochen sehenswert ist die ca. 30-minütige Filmbiografie über den Künstler.

Jugendstil für Reisende

Nun führt der Weg zur **Jubiläumssynagoge** 9. Ihre 1905 entstandene Fassade ist von einer neomaurischen Orgie aus grünen Säulen, goldenen Friesen und blauen Hufeisenbögen bedeckt.

Nur ein Katzensprung ist es bis zum **Hauptbahnhof** 8, Hlavní nádraží. Man darf sich von dem gesichtslosen Vorbau aus den Sechzigern nicht abschrecken lassen – dahinter harrt eine famose Jugendstilkuppel der Bewunderung: »Praga. Mater Urbinum« (Mutter der Städte), prangt auf einer Tafel über dem in den ersten Jahren des 20. Jh. nach Plänen Josef Fantas gestalteten Halbrund, das als Café genutzt wird.

Prags Jugendstil-Juwel

Zurück über den Heuwagsplatz (Senovážné namesti) und durch die gleichnamige Gasse erreicht man das **Gemeindehaus** 15 (Obecní dům).

Nachdem Prag gegen Ende des 19. Jh. eine der radikalsten Modernisierungsphasen seiner Geschichte durchlebt hatte, u. a. seine Stadtmauern geschleift und die Bahnlinien nach Wien und Berlin samt prachtvollen Bahnhöfen gebaut waren, beschlossen die Stadtväter den Bau eines »Repräsentationshauses der Hauptstadt Prag«. Zum Bauplatz erkoren sie jene Parzelle nördlich des Pulverturms, auf der vom Ende des 14. Jh. an für gut 100 Jahre der Königshof gestanden hatte.

Zwischen 1906 und 1911 wurde das Bauwerk nach Plänen von Antonín Balšánek und Osvald Polívka fertiggestellt. Hinter seiner ausladenden, mit viel Stuck, symbolträchtigen Plastiken und Karel Špillars großem Mosaikbild »Huldigung an Prag« verzierten Fassade verbergen sich ein wunderschönes Restaurant, ein Café und eine Reihe repräsentativer Ausstellungs- und Veranstaltungsräume. An der Ausgestaltung waren die seinerzeit namhaftesten Maler und Bildhauer des Landes beteiligt, darunter Alfons Mucha, Karel Novák, Ladislav Šaloun, Max Švabinský und Josef Václav Myslbek.

Herzstück des vor wenigen Jahren aufwendig restaurierten, vom Volksmund auch ›Repre‹ (für Reprezentační dům) genannten Komplexes ist der 1500 Besucher fassende, für seine ausgezeichnete Akustik gerühmte Smetana-Saal, in dem alljährlich am 12. Mai, dem Sterbetag seines Namenspatrons, der »Prager Frühling« (s. S. 58) eröffnet wird. Ihn und die angrenzenden Pausenräume im ersten Stock sollte man unbedingt im Rahmen einer Führung besichtigen. Ob ihrer prachtvollen Ausstattung besonders hervorhebenswert sind die sogenannte Konditorei, der Slowakische und der Orientalische Salon sowie Palacký-, Rieger- und Primator-Saal.

erschlagenen Landespatron hoch zu Pferd in heroischer Pose und ihm zu Füßen vier weitere Nationalheilige, nämlich Adalbert, Agnes, Ludmila und Prokop, zeigt.

Wenige Meter vor dem Wenzelsdenkmal markiert ein betont schlichtes, stets mit frischen Blumen geschmücktes **Ehrenmal** jene Stelle, an der sich am 16. Januar 1969 der 20-jährige Philosophiestudent **Jan Palach** aus Protest gegen die Präsenz der Truppen des Warschauer Pakts mit Benzin übergoss und verbrannte (s. a. Lieblingsort S. 240).

Nationalmuseum 5

www.nm.cz, Mai–Sept. tgl. 10–18, Okt.–April 9–17 Uhr, jeden 1. Mi im Monat bis 20 Uhr, jeden 1. Di geschl., 150 Kč, jeden 1. Do im Monat nachmittags freier Eintritt; voraussichtlich ab Sommer 2011 wegen Generalrenovierung längere Zeit geschl.

Den im vaterländisch-repräsentativen Sinne zum hl. Wenzel passenden Hintergrund bildet das schon erwähnte Nationalmuseum (Národní Muzeum). Der dreigeschossige, von Josef Schulz entworfene Neorenaissancebau misst im Grundriss 104 x 76 m und bildet das Haupthaus des bereits 1818 gegründeten Museums, das – seine 13 Außenstellen eingerechnet – unglaubliche 14 Mio. Objekte beherbergt.

In der Haupthalle unter der vergoldeten, 70 m hohen Kuppel vergegenwärtigen Bronzestandbilder und -büsten wichtige Persönlichkeiten der Nation. Die größten Bildhauer des Landes, von Myslbek über Ladislav Šaloun und Jan Štura bis Karel Dvořák, griffen seinerzeit zu Hammer und Meißel, um sie zu schaffen. In den Raumfluchten dahinter sind die naturwissenschaftliche und die historische Sammlung sowie die Bibliothek des Nationalmuseums untergebracht. Vor allem wer sich für Frühgeschichte, Zoologie, Botanik, Mineralogie oder auch Münzkunde interessiert, kommt in dem, etwas verstaubten, Ambiente auf seine Kosten. Der Brunnen vor der üppig mit Skulpturenschmuck besetzten Fassade hat allegorischen Charakter: Die zentrale Figur stellt Böhmen dar, Mann und Frau zu ihrer Seite stehen für Elbe und Moldau, die beiden äußeren Figuren für Mähren und (Österreichisch-)Schlesien.

Gebäude der ehemaligen Föderalversammlung 6

Öffnungszeiten wie Nationalmuseum, 100 Kč

Dem Nationalmuseum benachbart ist das Gebäude der ehemaligen Föderalversammlung. Die recht unansehnliche Stahlkonstruktion wurde der in der Zwischenkriegszeit errichteten Börse um 1970 aufgesetzt, war bis 1992 Sitz

Mein Tipp

Mehr als nur eine Metro-Passage

Auf zwei gastronomische Überraschungen stößt man in der U-Bahn-Passage der Station Můstek (Metro A, B). In dem kleinen Ausschank-Laden **Freshland** 1 kann man sich ohne viel Zeitverlust mit frischen Salaten, Baguettes, Säften und Milk-Smoothies auf denkbar gesunde Weise stärken. Eine Alternative ist **Fornetti** 2. Die Kette kleiner Läden dieses Namens mit Filialen in den Metrostationen Florenc, Nádraží Holešovice und Náměstí Míru ist für eine besondere Leckerei bekannt: Teigtäschchen. In ihrer salzigen Variante sind sie z. B. mit Käse, Salami, Spinat und Brokkoli gefüllt, in der süßen mit Powidl, Kirschen, Äpfeln, Mohn, Schokolade u. v. m. Unbedingt probieren!

des tschechoslowakischen Parlaments und danach, bis 2009, die Zentrale von Radio Liberty/Free Europe. Neuerdings gehört der Komplex zum Nationalmuseum, das hier regelmäßig spannende Sonderausstellungen zeigt.

Untere Neustadt

Staatsoper 7

Die 1886/87 errichtete Staatsoper ist seit Längerem auch unter dem Namen Smetana-Theater bekannt. Der außen klassizistische, innen in üppigem Neorokoko glänzende Bau, eine Schöpfung des nimmermüden k.u.k.-Architektenduos Fellner & Helmer, ist heute zweite Bühne des Nationaltheaters und u. a. Heimstatt des jeden Spätsommer abgehaltenen Verdi-Festivals.

Hauptbahnhof und Jubiläumssynagoge

Details s. Entdeckungstour S. 236; Jubiläums- bzw. Jerusalemsynagoge: April–Okt. So–Fr, außer jüdische Feiertage, 13–17 Uhr, Kombiticket mit der Altneusynagoge (s. S. 153), 200 Kč

Folgt man der Wilsonova, einer sechsspurigen, längst über Gebühr strapazierten Stadtautobahn, ostwärts, gelangt man zum **Hauptbahnhof** 8 (Hlavní nádraží), hinter dessen schnödem Vorbau sich eine famose Jugendstilkuppel verbirgt. In der nahen Jeruzalémská steht man staunend vor der reich verzierten, exotisch anmutenden Fassade der **Jubiläumssynagoge** 9.

Heinrichsturm 10

Museum: Mo–Fr 9–19, Sa, So 10–19 Uhr, 80 Kč

Ecke Jindřišská/Senovážné náměstí ragt auf den Fundamenten eines hölzernen Vorgängers seit 1600 der steinerne Glockenturm der Kirche St. Heinrich in den Himmel. 2002 wurde er nach aufwendigen Umbauten als Mehrzweckgebäude Touristen zugänglich gemacht. Per Expresslift oder über Treppen gelangt man bis zum 10. Stock, wo man ein herrliches Stadtpanorama genießt und stündlich einer von über tausend Melodien aus dem Repertoire eines alten Glockenspiels lauschen kann. Die Geschosse darunter beherbergen das **Restaurant Zvonice** 5 und ein sehenswertes Museum über die ›hundert‹ Türme von Prag samt Shop und Café.

Mucha-Museum 11

Details s. Entdeckungstour S. 236; www.mucha.cz, tgl. 10–18 Uhr, Eintritt 120 Kč

Ehemaliges Café Arco und Masaryk-Bahnhof

Hat man den ehemaligen Heumarkt (Senovážné náměstí) hinter sich gelassen, sorgt Ecke Dláïžděná und Hybernská der Blick durch die verstaubten Fenster des **ehemaligen Café Arco** 12 für einen melancholischen Moment. Der dank seiner langjährigen Stammgäste Franz Kafka und Max Brod, aber auch Egon Erwin Kisch und Franz Werfel legendäre Literatentreff war in den 1980er-Jahren schon einmal lange geschlossen, wurde dann reanimiert, 2008 machte er jedoch endgültig zu. Im Schaufenster hat man zum Gedenken an die glorreichen Tage ein paar rührende ›Devotionalien‹ arrangiert. Gegenüber liegt der 1845 eröffnete **Masaryk-Bahnhof** 13 (Masarykovo nádraží), Prags ältester Bahnhof.

Museum der Hauptstadt Prag ! 14

www.muzeumprahy.cz, Di–Fr, So 9–18, Sa 9–21 Uhr, 120 Kč

Ein absolutes Muss ist der Besuch des Museums der Hauptstadt Prag (Muzeum hlavního města Prahy) in der Na Poříčí, der Flusslände (Nr. 52). Der von der Schnellstraße ein wenig über-

Lieblingsort

Den Märtyrern Reverenz erweisen – am Jan-Palach-Grab

Im äußersten Osten von Vinohrady liegt der 1680 für die Hekatomben von Pestopfern gegründete **Olšany-Friedhof** 18. Auf ihm befindet sich, viel besucht und stets mit Blumen geschmückt, das Grab des Studenten Jan Palach. Er hatte sich am 16. Januar 1969 in einem das Weltgewissen erschütternden Akt auf dem Wenzelsplatz aus Protest gegen die Besatzung der ČSSR selbst verbrannt. Rasch wurde sein Grab zum Brennpunkt für Demonstrationen gegen das KP-Regime, das die sterblichen Überreste des unliebsamen Helden daraufhin 1974 in dessen Heimatdorf überführte. Doch auch dorthin pilgerten Oppositionelle in Scharen. Seit 1990 ruht Palach wieder an seinem angestammten Ort. Für ihn hier eine Kerze zu entzünden bedeutet, stellvertretend all jenen Märtyrern die Reverenz zu erweisen, die ihr Leben für die mittlerweile europaweit herrschende und oft für allzu selbstverständlich genommene Freiheit opferten (Infos s. S. 243).

JAN PALACH
Narozen v Praze jako druhý syn Josefa a Libuše Palachových
Žák ZŠ ve Všetatech
Student Gymnasia v Mělníku
Posluchač Vysoké školy ekonomické v Praze
Přestup na Filozofickou fakultu UK v Praze
V 16.00 vzplála živá pochodeň
V 15.30 hod zemřel
Pohřben v Praze do tohoto hrobu
Jana Palacha byly Státní
zpopelněny
urny do rodinného hrobu v
urny a
Všetatech
hrobu

schattete Neorenaissancebau bietet Interessantes zu Politik, Wirtschaft, Kunst(handwerk), bürgerlicher Alltagskultur sowie der urbanen Entwicklung der Goldenen Stadt bis ins späte 18. Jh. Hauptattraktion ist das berühmte Stadtmodell des Antonín Langweil: Der gelernte Lithograf hat in elfjähriger Arbeit – zwischen 1826 und 1837 – auf 20 m^2 seine Heimatstadt aus Papier und Holz en miniature nachgebaut. Und zwar bis ins allerkleinste Detail – den Baum im Hinterhof, das Turmkreuz, die zerbrochene Fensterscheibe! Eine Sensation.

Östliche Bezirke

Vinohrady

Eine Welt für sich bildet Vinohrady, der Bezirk südöstlich des Wenzelsplatzes, Sein äußeres Kennzeichen sind die langen, schachbrettartigen Straßen. Dank der vielen, eleganten Miets- und Bürohäuser aus der Zeit um die Jahrhundertwende war der Stadtteil bis zum Zweiten Weltkrieg ein bevorzugtes Wohnrevier des Bürgertums. Dementsprechend verkam die Baubsustanz unter den Kommunisten. Seit 1989 hat sich die Gegend, deren Name an die Weingärten erinnert, die sich hier noch Mitte des 19. Jh. erstreckten, zum In-Bezirk für junge Mittelklasse-Prager und die Ausländer-Community gemausert. Vergleichsweise reine Luft, erschwingliche Mieten und eine Vielzahl charmanter Restaurants und Bars bescheren Vinohrady hohe Lebensqualität.

St.-Ludmila-Kirche und Herz-Jesu-Kirche

Einzige nennenswerte Sehenswürdigkeiten sind, abgesehen von den beiden Friedhöfen (s. u.), zwei Kirchen: Die neogotische **St.-Ludmila-Kirche** 16 (nur auf Anfrage zu besichtigen, Tel. 222 521 558) auf dem Náměstí Míru mit ihren beiden hohen, achteckigen Türmen wurde 1888–93 nach Plänen von Josef Mocker errichtet. Bedeutender ist Jože Plečniks um 1930 erbaute **Herz-Jesu-Kirche** 17 auf dem Náměstí Jiřího z Poděbrad, eine geradezu postmodern anmutende, eklektische Kombination aus frühchristlicher Basilika und altägyptischem Tempel mit einer Fassade aus dunklen, glasierten Ziegeln und hellem Granit sowie einem 42 m hohen, von einer riesigen Uhr dominierten Turm.

Olšany-Friedhof 18

Details s. Lieblingsort S. 240; Vinohradská 153, Mai–Sept. 8–19, März, April, Okt. 8–18, Nov.–Feb. 9–17 Uhr

Neuer Jüdischer Friedhof 19

S. a. Entdeckungstour S. 156; Vinohradská, April–Sept. So–Do 9–17, Fr bis 14, Winter So–Do bis 16 Uhr, Sa und feiertags geschl.

Hauptanziehungspunkt auf dem beeindruckenden Friedhof ist Franz Kafkas Grab.

Žižkov

Das weithin sichtbare Wahrzeichen von Žižkov, dem nördlich angrenzenden, in den letzten Jahren vom Arbeiter- zum Mittelschichtrevier aufgerückten Bezirk, ist der 216 m hohe **Fernsehturm** 20 (tgl. 10–23 Uhr, 120 Kč). Den Ende der 1980er-Jahre errichteten, ziemlich futuristischen Televizní Vysílač schön zu nennen, verbietet das Wahrheitsgebot. Doch David Černýs die Außenwand emporkrabbelnde Riesenbabys, eine Installation namens »Miminka« (dt. Babys), setzen einen heiter-bizarren Kontrapunkt. Und von der knapp 100 m

Östliche Bezirke

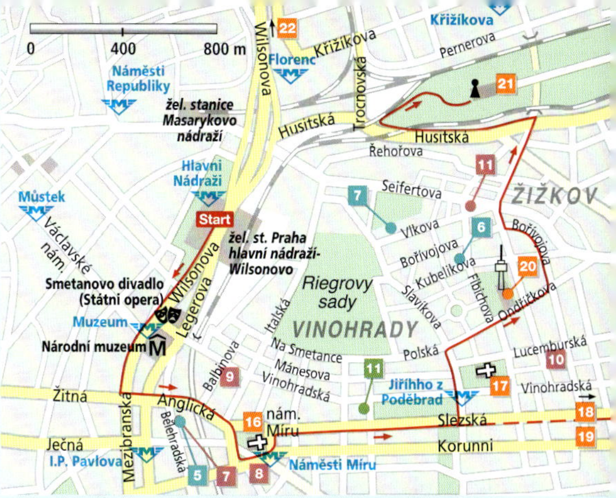

Sehenswert

- 1–15 s. S. 233
- 16 St.-Ludmilla-Kirche
- 17 Herz-Jesu-Kirche
- 18 Olšany-Friedhof
- 19 Neuer Jüdischer Friedhof
- 20 Fernsehturm
- 21 Nationale Gedenkstätte
- 22 Veletržní palác

Essen & Trinken

- 1–6 s. S. 233
- 7 Radost FX
- 8 Grosseto
- 9 Ztráty a Nálezy
- 10 Balarama
- 11 Kure v hodinkach

Einkaufen

- 1–10 s. S. 233
- 11 Pavilon

Abends & Nachts

- 1–4 s. S. 233
- 5 Radost FX
- 6 Palác Akropolis
- 7 Sedm Vlků

hohen, mittels Expresslifte im Nu erreichbaren Aussichtsplattform reicht das Panorama an klaren Tagen über die Stadt hinaus 100 km weit.

Nationale Gedenkstätte 21

S. a. Lieblingsort S. 248

Zu Füßen des ›Monsterfingers‹, auf dem Veitsberg (Vítkov), befindet sich die Nationale Gedenkstätte (Národní památník). Auf der vorgelagerten Terrasse blickt hoch zu Ross der hussitische Feldherr Jan Žižka von Trocnov über die Stadt. Das von Bohumil Kafka gestaltete und 1950 gegossene Denkmal ist mit 9 m Höhe und 16,5 t Gewicht, glaubt man dem Guinness-Buch der Rekorde, das größte bronzene **Reiterstandbild** der Welt. Es markiert jenen strategisch seit alters bedeutsamen Ort, an dem 1420 eine von Žižka angeführte kleine, aber todesmutige Streitmacht der Hussiten die zahlenmäßig überlegenen Truppen von König Sigismund besiegte.

Essen & Trinken

Frisches und Gesundes – **Freshland 1**: U-Bahn-Passage Můstek. S. 238.

Leckere Teigtaschen – **Fornetti 2**: U-Bahn-Passage Můstek, s. S. 238.

Jugendstil-Tempel – **Café Evropa 3**: Václavské náměstí 25, Tel. 224 215 387, www.evropahotel.cz, Metro A, B Můstek, tgl. 10–23 Uhr, Kaffee und Kuchen ca. 180 Kč. Vasen, Lampen und Spiegel in üppigen Formen, dazu viele Pflanzen, Schmiedeeisen und Tropenholz: Dieses wohl berühmteste Hotelcafé mag zwar einigermaßen überteuert sein, angesichts des Ambientes lohnt eine Stippvisite aber allemal. Nur bedingt zu empfehlen ist dagegen eine Übernachtung im zwar pittoresken, aber recht unzeitgemäß ausgestatteten und geführten Hotel.

Nett und sättigend – **Titanic 4**: Štěpánská 24, Tel. 296 226 282, www.restauracetitanic.cz, Metro A, B Můstek, Mo–Sa 11–23, So 15– ▷ S. 246

Auf Entdeckungstour

Kunst der Moderne in einem grandiosen Architekturdenkmal

Der Veletržní palác 22, der Messepalast, in Holešovice gilt als Meilenstein funktionalistischen Bauens. Seit seiner Umwidmung in das landesweit führende Museum für Kunst des 19. bis 21. Jh. ist er zudem eine Pflichtstation für alle Freunde moderner Malerei und Bildhauerei.

Reisekarte: ► Karte 1, J/K 2/3

Zeit: mindestens 3 Std.

Veletržní palác: 7, Dukelských hrdinů 47, www.ngprague.cz, Di–So 10–18 Uhr, 200 Kč, jeden 1. Mi. 15–20 Uhr Eintritt frei; **Lapidarium:** Stromovka-Park, Di–Fr 12–18, Sa, So 10–18 Uhr

Einkehr: Bohemia Bagel, s. S. 70; Vozovna, Stromovka, ca. 200 m westlich des Planetariums, tgl. 10–22 Uhr

Das Gebäude ist der Traum jedes Museumskurators: 13 500 m^2 Ausstellungsfläche, verteilt auf sechs Etagen umfasst der von dem Architektenduo Oldřich Tyl und Josef Fuchs entworfene, 1928 eröffnete Bau. Er galt seinerzeit als größter Messepalast der Welt und als ein Pionierwerk funktionalistischen Bauens, dem nicht zufällig Großmeister Le Corbusier höchstderoselbst beim Lokalaugenschein das Prädikat »vorzüglich« verlieh.

Allein die Außenfassade der Stahlbetonkonstruktion muss fortschrittlich gesinnten Ästheten in ihrer radikalen Ornamentlosigkeit als Offenbarung erschienen sein. Und erst der Innenraum! Blickt man vom obersten Stock hinab in das dank großflächigem Glasdach in mattweiße Helligkeit getauchte Atrium, kann man sich des Gefühls nicht erwehren, an der Reling eines hocheleganten Ozeandampfers zu lehnen. Die frei in den Raum kragenden Etagen sind durch einen gläsernen Aufzug verbunden und von stromlinienförmigen Geländern eingefasst, sämtliche Wände in purem Weiß getüncht. Jedes Exponat – an die 2300 weist die Museumshomepage insgesamt aus – hat so wunderbar Raum zum Atmen.

Bis 1951 war das Gebäude Schauplatz internationaler Handelsmessen, später Zentrale diverser staatlicher Import-Export-Firmen. 1974 wurde es durch eine Feuersbrunst weitgehend zerstört. 1995, nach langwierigem Wiederaufbau, zog die Nationalgalerie mit ihren Sammlungen moderner und zeitgenössischer Kunst ein, 2000 folgte die Kollektion von Kunst des 19. Jh.

Ein weit gespannter Bogen

Erstbesucher sollten sich in diesem Schrein der tschechischen und internationalen Moderne zunächst den dritten und vierten Stock vornehmen. Denn ob Malerei, Grafik, Baukunst und Bildhauerei oder Keramiken, Gläser, Möbel und Mode: Nirgendwo sonst bekommt man ähnlich geballt die immense Kreativität und stilistische Vielfalt der böhmischen und mährischen Kunstszene vom 19. Jh. bis in die Jetztzeit vermittelt. Von Art Nouveau und Kubismus über Surrealismus, Aktionskunst und sozialistischen Realismus bis hin zu gegenwärtigen Strömungen reicht der Bogen. Man begegnet zahlreichen Hauptwerken von Größen wie Alfons Mucha, František Kupka und Emil Filla, Josef Čapek, Bohumil Kubišta und Otto Gutfreund, aber auch von Fotografenlegenden wie Josef Sudek und František Drtikol sowie virtuosen, im Ausland wenig bekannten Einzelgängern.

Als ebenso spektakulär erweisen sich die Bestände der benachbarten Abteilung für Französische Kunst. Da zieren gleich reihenweise Schlüsselwerke eines Monet, Braque, Rousseau, aber auch Picasso und Van Gogh die Wände. Gleichrangig ist die Auswahl im ersten Geschoss, in der sich so illustre Namen wie Klimt, Kokoschka und Schiele, Miró, Munch, Rodin und Joseph Beuys vertreten finden. Die zweite und fünfte Etage sind in erster Linie für heimische Maler und Bildhauer der Gegenwart reserviert. Die übrigen Räumlichkeiten werden für oft erlesene Wechselausstellungen genutzt.

Ausklang im Park

Nach dem Kunstgenuss (oder dem Besuch des Technischen Museums, das 2011 in der Nähe eröffnet, www.ntm.cz) empfiehlt sich ein Gang durch den Stromovka, Prags größten und wohl auch schönsten Park (Highlight: das Lustschloss Letohrádek). Dort lohnen u. a. das Ausstellungsgelände Výstaviště und die Skulpturensammlung im Lapidarium nähere Betrachtung.

Prachtvoll wie ehedem: das vor wenigen Jahren aufwendig restaurierte Café Imperial

23 Uhr, Fleischgerichte 130–300 Kč. Hier bekommt man, ohne viel Zeit zu verlieren, tadellose Steaks, aber auch gute Crêpes, Pastagerichte und Salate.

Tafeln im Turmgebälk – **Zvonice** 5: Jindřišská, Heinrichsturm, s. S. 247.

Art-déco-Designjuwel – **Café Imperial** 6: Na Poříčí 15, s. S. 41.

Fleischlos im Tanztempel – **Radost FX** 7: Bělehradská 120, s. S. 39.

Authentischer Italiener – **Grosseto** 8: Francouzská 2, s. S. 38.

Rustikal-Ambiente – **Ztráty a Nálezy** 9: Vinohradská 14, s. S. 41.

Toller Inder – **Balarama** 10: Orlická 9, Vinohrady, Tel. 222 947 365, www.balarama.cz, Metro A, Jiřího z Poděbrad, Mo–Fr 11–20 Uhr, Menü ab 70 Kč. Über diesem sympathischen Lokal schwebt der Geist Hare Krishnas. Doch keine Sorge, Gäste werden nicht missioniert, vielmehr verwöhnt mit einer ungeheuren Vielfalt ausschließlich vegetarischer Köstlichkeiten, großzügige Portionen, sehr günstige Preise, vom Stadtzentrum leicht erreichbar.

Schwungvoll und unkompliziert – **Kure v hodinkach** 11: Seifertova 26, Žížkov, Tel. 222 734 212, www.kurevhodinkach.cz, Straßenbahn 5, 9, 26, Mo–Fr 11–23, Sa ab 12, So ab 18 Uhr, Hauptgerichte ab 100 Kč. Das in alten Ziegelgewölben beheimatete Lokal punktet bei überwiegend jüngerem Publikum mit entspannter Atmosphäre, zeitgemäßer Küche und moderaten Preisen. Suppen, Salate, Pasta, Fisch und Steaks kommen auf den Tisch. Sonntag ist Schnitzeltag. Mindestens einmal wöchentlich Club Nights mit Live-Gigs von Prager Bands. Zusatzplus: die vielen Grünanlagen im Nahbereich zum Spazierengehen.

Einkaufen

CD- & DVD-Megastore – **Bontonland** 1: Václavské náměstí 1, s. S. 44.
Fußbekleidung für jeden Geschmack – **Bat'a** 2: Václavské náměstí 6, s. S. 48.
Achtung, Suchtgefahr! – **Cukrárna Simona** 3: Václavské náměstí 14, Metro A, B, Můstek, www.cukrarnasimona.cz, Mo–Fr 9–18 Uhr. Prags noch junge Antwort auf Wiens Sachertorte: der Prager Taler aus handgemachter, dunkler Schokolade mit Pflaumenfüllung. Nur hier zu haben.
Reiseliteratur auf Deutsch – **Kanzelsberger** 4: Václavské náměstí 42, Tel. 224 219 214, www.kanzelsberger.cz, Metro A, B, Můstek, tgl. 9–20 Uhr. Große Auswahl an – auch deutschsprachigen – Bildbänden, Reiseführern und (kunst)historischen Sachbüchern über Prag im Untergeschoss.
Riesenauswahl an Pragensia – **Neo Luxor** 5: Václavské náměstí 41, s. S. 44.
In- und ausländische Weine – **Cellarius** 6: Štěpánská 61, Pasáž Lucerna, s. S. 45.
Hochwertige Mode für Sie – **Helena Fejková** 7: Štěpánská 61, Pasáž Lucerna, s. S. 49.
Schicke Mall – **Myslbek Centre** 8: Na Příkopě 19/21, s. S. 48.
Gebrauchte, aber gediegene Mode – **Senior Bazar** 9: Senovážné náměstí 18, s. S. 49.
Charmante Zeitreise im Kaufhaus – **Bílá labut** 10: Na poříčí 23, s. S. 47.
Markthalle goes Shopping Mall – **Pavilon** 11: Vinohradská 50, s. S. 48.

Abends & Nachts

Renommiertes Schwarzes Theater – **Animato** 1: Na Příkopě 10, s. S. 57.
Über den Dächern – **Duplex** 2: Václavské náměstí 21, Tel. 732 221 111, www.duplex.cz, Metro A, B Můstek, Clubbetrieb Mi–Sa 22–6 Uhr. In dieser futuristisch gestylten, zweistöckigen Disco geben sich tanzwütige Prominente gerne ein Stelldichein. An den Reglern sitzen oft international renommierte DJs. Themenabende – von Dirty Dancing bis hin zu R'n'B. Angeschlossen ist das schicke Restaurant Kogo.
Für Konzert- und Kinogeher – **Regula Pragensis** 3: Štěpánská 61 (Lucerna-Passage), Tel. 224 215 495, Metro A, B Můstek, Straßenbahn 3, 9, 14, 24, tgl. 10–1 Uhr. Nicht sehr gemütlich, aber authentisch, passend zur gleichnamigen Passage. Ratsam für einen Kaffeinschub als Shoppingpause, vor dem Konzert oder der Kinovorstellung.
Experimentalbühne, auch für Tschechisch-Unkundige – **Divadlo Archa** 4: Na Poříčí 26, s. S. 56.
Lieblingsplatz für Hochglanz-Helden – **Radost FX** 5: Bělehradská 120, s. S. 53.
Multifunktionales Zentrum – **Palác Akropolis** 6: Kubelíkova 27, s. S. 52.
Coole Club-Café-Bar – **Sedm Vlků** 7: Vlkova 7, s. S. 54.
Prags musikdramatisches Mekka – **Staatsoper** 7: Legerova 75/Wilsonova 4, s. S. 56, 239.

Mein Tipp

Im Turmgebälk tafeln

Immer wieder gerne kehre ich im **Restaurant Zvonice** 5 im siebten und achten Stock des Jindřišská-Turms (Heinrichsturm) ein, wo man in stimmungsvollem Ambiente – zwischen historischen Glocken und Holzbalken – sitzend gut tafeln und den Blick über die Prager Dächer genießen kann (Jindřišská, Tel. 224 220 009, www.restaurantzvonice.cz, tgl. 11.30–24 Uhr, Mittagsmenü 290 Kč, Hauptgerichte ab 500 Kč).

Lieblingsort

Surreale Atmosphäre – im Keller der Nationalen Gedenkstätte 21

Wäre der historische Hintergrund nicht so tragisch, man könnte beinahe lachen: Die in den Jahren 1929–38 errichtete Nationale Gedenkstätte auf dem Vítkov barg nach 1948 u. a. die leiblichen Überreste der KP-Führer Gottwald, Zápotocký und Svoboda. Ersterer war eine Zeit lang, nach Lenin-Manier einbalsamiert, in einem Glassarkophag ausgestellt. Nach 1990 hat man in den mit Marmor und Mosaiken opulent ausstaffierten Haupträumen eine interessante Dauerschau zur Zeitgeschichte der Republik installiert. Der Keller des gigantischen Kubus, in dem die erhabenen Leichname einst über Nacht gekühlt lagerten, bei Bedarf auch geflickt wurden und seinerzeit 120 Spezialisten in drei Schichten an Bakelittelefonen und allerlei Messgeräten Dienst taten, blieb im Originalzustand erhalten. An seine weiß gekachelten Wände werden heute Schwarz-Weiß-Fotos der mumifizierten Parteigranden projiziert – ein wegen der surrealen Atmosphäre sehr erlebenswertes Memento an jene Zeit, da man linientreue Apparatschiks mit groteskem Pathos zu Pseudoheiligen erhob (Infos s. S. 243).

Das Beste auf einen Blick

Obere Neustadt

Auf Entdeckungstour

Vyšehrad – wo Prags Wiege stand: Der sagenumwobene Burgfels am rechten Moldauufer ist gespickt mit Zeugnissen mittelalterlicher Baukunst: einer Ruine, Kirchen, Wehrmauern und -toren. Höhepunkt ist der in eine Parklandschaft gebettete Friedhof, die Ruhestatt zahlreicher Prominenter. S. 256

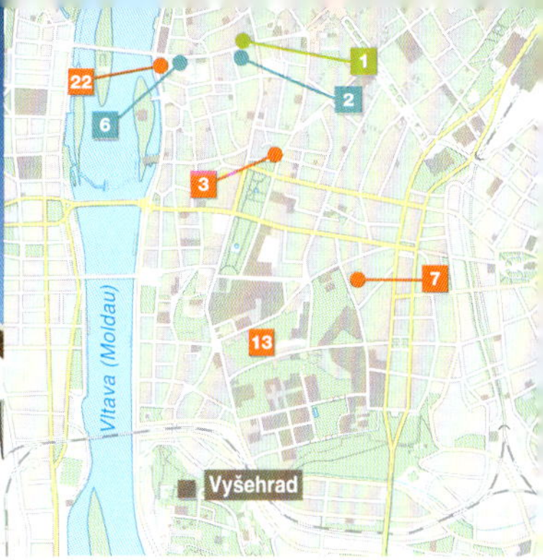

Kultur & Sehenswertes

Neustädter Rathaus: Der Anfang des 15. Jh. errichtete gotische Prachtbau ging als Schauplatz des Ersten Prager Fenstersturzes in die Geschichte ein. 3 S. 253

Antonín-Dvořák-Museum: Partituren, Nachschriften, Fotos und viele andere Memorabilien erinnern an Leben und Werk des neben Smetana zweiten großen Nationalkomponisten. 7 S. 259

Aktiv & Kreativ

Tanzcafé Jam: Paare wie auch Singles können auf dem Parkett einen Tango oder Swing oder eine Salsa hinlegen und sich in der Kunst des Tanzes sogar unterrichten lassen. 1 S. 264

Genießen & Atmosphäre

Botanischer Garten: Beim Spaziergang durch den ältesten Botanischen Garten des Landes kann man herrlich auftanken und zahlreiche seltene Gewächse aus Mitteleuropa betrachten. 13 S. 261

Abends & Nachts

Reduta: In Prags ältestem Jazzclub, in dem Bill Clinton einst zum Saxophon griff, kann man bis heute allabendlich qualitätvolle Gigs erleben. 2 S. 264

Laterna Magika: Ein theatralisches Gesamtkunstwerk aus Film, Musik, Tanz, Pantomime und raffinierter Lichtregie – in den 1950er-Jahren in Prag erfunden, damals mit einem Schlag weltberühmt und bis heute für jeden Zuschauer ein Erlebnis. 6 S. 264

Nationaltheater: Der Prunkbau an der Moldau bildet den angemessenen Rahmen für einen in jeder Hinsicht glanzvollen Opernabend. 22 S. 264

Der zentrale Süden

Der südliche Teil von Nové Město – das Gebiet südwestlich von Wenzelsplatz und Národní-Straße – strotzt nicht vor Fünf-Sterne-Attraktionen. Doch zahlreiche interessante Kirchen, der Schauplatz des Ersten Fenstersturzes und mehrere schöne Gärten lohnen rund um den zentral gelegenen Karlsplatz und auch in den peripheren Gegenden eine nähere Betrachtung. Als Finale lockt die Promenade entlang der Moldau mit einem Traumblick auf Kleinseite und Hradschin (zur Geschichte der Neustadt s. a. S. 228).

Ein Ausflugsziel für sich bildet jener so malerische wie sagenumwobene Fels Vyšehrad am rechten Moldauufer, der untrennbar mit Prags Frühgeschichte verbunden ist.

Vom Wenzelsplatz nach Süden

Zur Erkundung der Oberen Neustadt bietet sich als Startpunkt das sogenannte **Goldene Kreuz** an. Als solches wird jene großflächige Kreuzung von Na Příkopě, 28. října und dem nördlichen Ende des Václavské náměstí genannt, die verkehrstechnisch seit alters das Scharnier zwischen Nové und Staré Město (Alt- und Neustadt) und heute ein Hauptrevier der Shopper und Müßiggänger bildet.

Rund um den Jungmannplatz

Kirche Maria Schnee 1

Nur wenige Schritte vom Goldenen Kreuz entfernt erhebt sich auf dem Jungmannovo náměstí die Kirche Maria Schnee. Sie wurde 1347 von Karl IV. anlässlich des Todes seiner ersten Gattin als Wahrzeichen der Neustadt gestiftet und dominierte mit ihrem riesigen Baukörper noch im 19. Jh. den Wenzelsplatz. Ihr Schiff ist imposante 35 m hoch. Mit 100 m Länge hätte sie sogar den Veitsdom übertreffen sollen, doch vereitelten die Religionskriege ihre Fertigstellung. Nachdem das Gotteshaus einen Brennpunkt der hussitischen Revolution gebildet hatte (u. a. hielt in ihr Jan Želivský jahrelang seine Predigten), verfiel es mitsamt dem zugehörigen Kloster. 1603 ging es an die Franziskaner, die es im Renaissancestil erneuerten.

Nach dem Orden des Heiligen aus Assisi ist auch der angrenzende **Garten** benannt, ein wohltuend ruhiges Refugium inmitten der Großstadt, das man ebenfalls vom Jungmannplatz aus betritt.

Bauten der Moderne

Rund um den Platz, dessen Namenspatron, der Übersetzer und Erneuerer der tschechischen Sprache Josef Jungmann, als Bronzegestalt in seiner Mitte thront, finden sich mehrere Paradebeispiele moderner Baukunst versammelt: mit der Nr. 30 Jan Kotěras **Haus Urbanek** alias **Mozarteum,** in dessen zentraler Halle 1925 Gropius, Loos, Le Corbusier und andere Größen eine Reihe von Vorträgen über ›Neue Architektur‹ hielten; mit der Nr. 29 Pavel Janáks **Gebäude der Skodawerke,** und daneben, mit der Nr. 31, das kolossale **Palais der Adria-Versicherung** 2. In dieser eigenwilligen Kombination aus Kubismus und Neorenaissance, die Le Corbusier ironisch als ›assyrisch‹ bezeichnete, hatte ursprünglich die Laterna Magika ihre Heimstatt und 1989 das von Václav Havel geleitete Bürgerforum sein Hauptquartier.

Am gegenüberliegenden, dem östlichen Ende des Jungmannplatzes, ragt ein weltweit wohl einzigartiges Objekt aus dem Straßenpflaster: eine im lupenreinen Stil des Kubismus gestaltete **Straßenlaterne.**

Ein kurzer Bummel entlang der Národní mit ihren schicken Läden und Cafés, dann geht es links auf der Spálená, vorbei an der barocken **Dreifaltigkeitskirche** und dem kubistischen **Haus Diamant** (1912/13; s. Entdeckungstour S. 130), auf den Karlsplatz.

Karlsplatz

Der Karlovo náměstí ist aus dem zweiten großen Platz der Neustadt, dem Viehmarkt, hervorgegangen, den man Mitte des 19. Jh. als Park gestaltete. In seiner Mitte wurden dem Volk seit der Zeit Karls IV. alljährlich zu Fronleichnam die auf Burg Karlštejn verwahrten Reliquien und Reichskleinodien gezeigt, ein Ritual, um das sich bald ein reges Jahrmarktstreiben mit Wallfahrtscharakter entwickelte – Devotionalienhandel inklusive.

Neustädter Rathaus 3

Säle: Ende April–Mitte Okt. tgl., Turm 10–18, Ende April–Mitte Okt. Di–So 10–18 Uhr, 30 Kč

Der beherrschende Bau an der Nordseite entstand als Symbol der weitgehenden politischen Eigenständigkeit der Neustadt (s. S. 228) schon bald nach deren Gründung im 14. Jh. Seine gotische Grundform wurde 1411–18 zu einem vierflügeligen Bau mit Arkadenhof erweitert. Bereits eine Generation später kam jener wuchtige Eckturm hinzu, dessen 221 Stufen bis zur Aussichtsgalerie man heute als Tourist erklimmen kann. Mitte des 16. Jh. erfolgte eine Umgestaltung im Renaissancestil. Damals erhielt die platzseitige Fassade ihre drei markanten Giebel, die in ihrer heutigen Form freilich,

Infobox

Reisekarte: ► Karte 1, G–J 6–10

Start

Am nördlichen (unteren) Ende des Wenzelsplatzes, bei der Metrostation Můstek (Linien A, B).

Zeitrahmen

Absolviert man diesen Rundgang in seiner kompletten Länge, muss man einen guten halben Tag einplanen und tunlichst ausgeruht sein. Unterwegs wartet zwar nur ein einziges Museum – das für Antonín Dvořák –, doch die schiere Distanz, die man als Fußgänger zu bewältigen hat, ist beachtlich. Übrigens: Die **Kirchen** entlang der Strecke, bei denen im Text nicht eigens Öffnungszeiten angeführt sind, haben ihre Pforten an allen sieben Tagen der Woche mehr oder weniger von der Früh bis zum Abend geöffnet.

Informationen

Wer für den Rundgang noch Info-Broschüren oder eine ergänzende Auskunft benötigt, kann beides ganz in der Nähe des Ausgangspunkts einholen: In der Rytířská 31 unterhält der Prager Informationsdienst (PIS) eine Infostelle (April–Okt. tgl. 9–19, Nov.–März 9–18 Uhr).

Obere Neustadt

Sehenswert
1 Kirche Maria Schnee
2 Palais der Adria-Versicherung
3 Neustädter Rathaus
4 St.-Ignatius-Kirche
5 Stephanskirche
6 Longinus-Rotunde
7 Antonín-Dvořák-Museum
8 St.-Katharinen-Kirche
9 Karlshof
10 Kirche Maria auf dem Anger
11 Apollinariskirche
12 Marienkirche der Elisabethinerinnen
13 Botanischer Garten
14 Emmauskloster
15 St. Johann am Felsen
16 Fausthaus
17 St.-Kyrill-und-Method-Kirche
18 St. Wenzel am Zderaz
19 Tanzendes Haus
20 Mánes-Haus
21 Palais Žofin
22 Nationaltheater
23 Passage Světozor

Essen & Trinken
1 Modrá zahrada
2 Hájek
3 Posezení u čiriny
4 Pivovarský dům
5 Celeste
6 U Fleků
7 U Kalicha
8 Mánes
9 Slávia
10 Louvre
11 Cicala

Einkaufen
1 Galerie Můstek
2 Julius Fashion Shop
3 Belda
4 U Scherlocka Holmese
5 Vltavín

Aktiv & Kreativ
1 Jam

Abends & Nachts
1 Rock Café
2 Reduta Jazz Club
3 Vagon
4 U sudu
5 Lucerna Music Bar
6 Laterna Magika

wie die gesamte Schaufront, eine Rekonstruktion aus den Jahren 1905/06 sind. 400 Jahre lang, bis zur Verschmelzung der vier Prager Städte, war das Novoměstská radnice das Verwaltungszentrum für die Neustadt. Später diente es als Gefängnis, Gerichtsgebäude und Standesamt. Heute werden seine prächtigen Säle für Ausstellungen genutzt.

In die Geschichte ging der Bau als Schauplatz des Ersten Prager Fenstersturzes ein. Am 30. Juni 1419 zogen mehrere Tausend radikale Religionsreformer unter Führung des oben erwähnten Jan Želivský von der Kirche Maria Schnee zum Rathaus, um die Freilassung eingesperrter Gesinnungsgenossen zu fordern. Als sie von den katholischen Ratsherren nichts als Spott ernteten, warfen sie diese kurzerhand hinab auf die Straße, wo Demonstranten sie erschlugen. Der blutige Zwischenfall gab das Startsignal für die hussitische Revolution.

St.-Ignatius-Kirche 4

An der Ostseite des Karlsplatzes zieht das ehemalige Kollegiengebäude der Jesuiten mit der St.-Ignatius-Kirche die Blicke auf sich. Das Schulgebäude wurde 1773 nach der Auflösung des Ordens in ein Krankenhaus umfunktioniert und wird heute von der Medizinischen Fakultät der Karlsuniversität genutzt. Die Formen und Proportionen der Kirche, ein Werk Carlo Luragos (1665–87), werden Romkenner an Il Gesù, die dortige Hauptkirche des Ordens, erinnern. Sehenswert sind die aus der Zeit der Wende zum Rokoko stammenden Stuckdekorationen, die Wände und Decke geradezu überwuchern.

Stephanskirche und Longinus-Rotunde

Einen kurzen Abstecher lohnt die – allerdings häufig geschlossene – **Stephanskirche** 5. Auch diese dreischiffige Basilika verdankt ihre ▷ S. 259

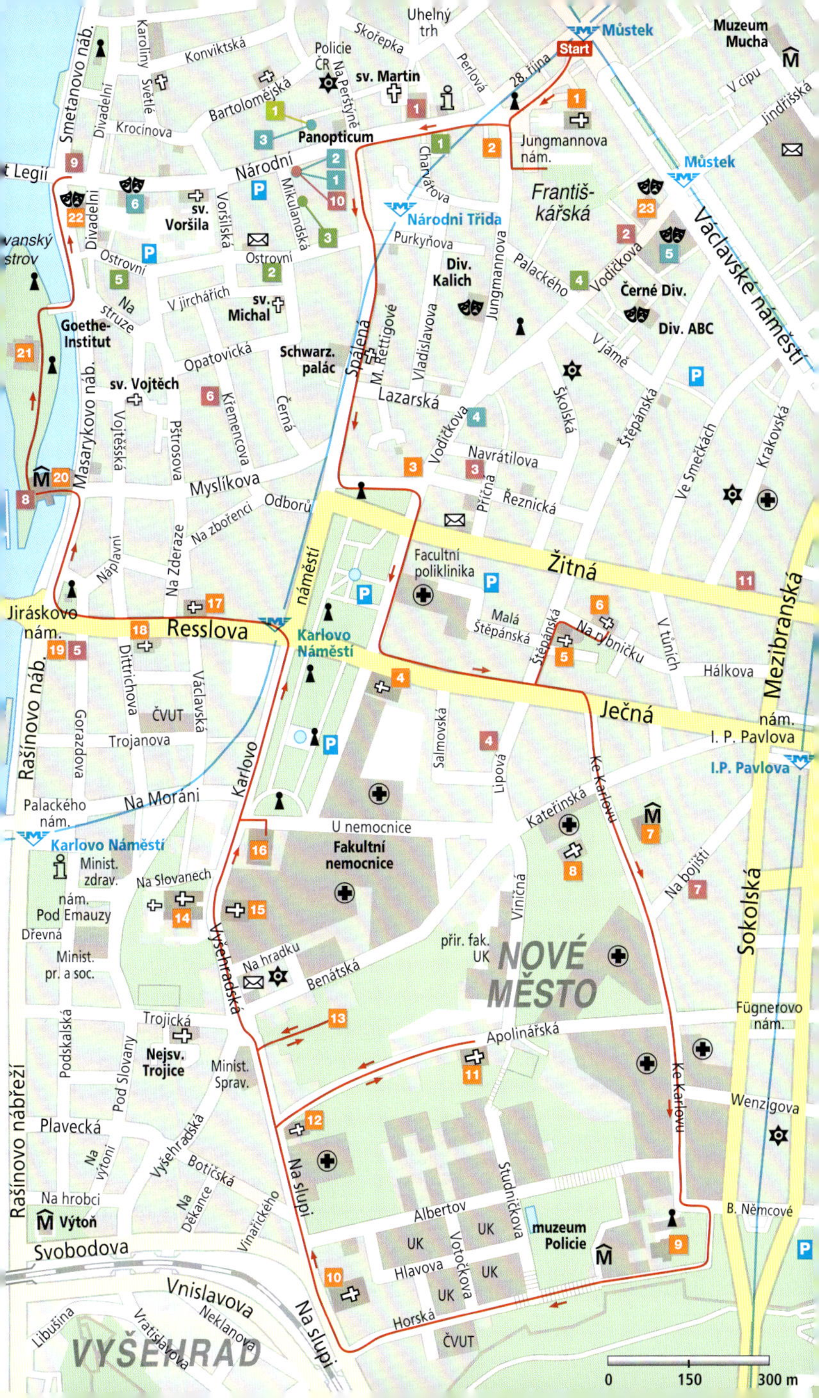

Uhelný trh
Můstek
Start
Muzeum Mucha
Skořepka
Policie ČR
Na Perštýně
sv. Martin
Perlová
28. října
Konviktská
Karoliny Světlé
Bartolomějská
Smetanovo nábř.
Divadelní
Krocínova
Panopticum
Jungmannovo nám.
V cípu
Jindřišská
Legií
Národní
Charvátova
Františkářská
Můstek
sv. Voršila
Voršilská
Mikulandská
Národní Třída
Václavské náměstí
Ostrovní
Purkyňova
Vodičkova
Palackého
Div. Kalich
Černé Div.
Div. ABC
Goethe-Institut
Na struze
V jirchářích
sv. Michal
Opatovická
Spálená
M. Rettigové
Vladislavova
Jungmannova
V jámě
Schwarz. palác
sv. Vojtěch
Masarykovo nábř.
Vojtěšská
Pštrosova
Křemencova
Černá
Lazarská
Školská
Štěpánská
Ve Smečkách
Krakovská
Myslíkova
Navrátilova
Příčná
Řeznická
Odborů
Na zbořenci
Náplavní
Na Zderaze
náměstí
Facultní poliklinika
Žitná
Jiráskovo nám.
Resslova
Karlovo Náměstí
Malá Štěpánská
Na rybníčku
V tůních
Hálkova
Mezibranská
Dittrichova
Václavská
ČVUT
Trojanova
Rašínovo nábř.
Gorazdova
Karlovo
Salmovská
Lipová
Ječná
nám. I. P. Pavlova
I.P. Pavlova
Ke Karlovu
Palackého nám.
Na Moráni
Karlovo Náměstí
U nemocnice
Kateřinská
Minist. zdrav.
Fakultní nemocnice
Na Slovanech
nám. Pod Emauzy
Dřevná
Minist. pr. a soc.
Na bojišti
Sokolská
Viničná
přír. fak. UK
NOVÉ MĚSTO
Vyšehradská
Na hradku
Benátská
Trojická
Nejsv. Trojice
Apolinářská
Fügnerovo nám.
Podskalská
Pod Slovany
Minist. Sprav.
Wenzigova
Plavecká
Na výtoni
Vyšehradská
Botičská
Na slupi
Rašínovo nábřeží
Na hrobci
Na Děkance
Albertov
UK
Studničkova
Votočkova
muzeum Policie
B. Němcové
Výtoň
Vinařického
Svobodova
Hlavova
Vnislavova
Neklanova
Libušina
Vratislavova
Horská
ČVUT
VYŠEHRAD
Na slupi
0
150
300 m

Auf Entdeckungstour

Vyšehrad – wo Prags Wiege stand

Der malerische Fels am rechten Moldauufer ist als sagenhafter Sitz des frühesten Herrschergeschlechts quasi mythologisches Urgestein. Die Legenden sind längst als solche entlarvt, doch die Baudenkmäler, das viele Grün und der schöne Blick über den Fluss lohnen den Ausflug allemal.

Zeit: 4–5 Std.

Planung: Metro (Linie C), Vyšehrad

Burg: April–Okt. tgl. 9.30–18, Nov.–März bis 17 Uhr; Kasematten: mit Führung 30 Kč, Ziegeltor und Galerie: je 10 Kč, www.praha-vysehrad.cz

Einkehr: U Vyšehradské Rotundy, K rotundě 3, tgl. 11–23 Uhr; Rio's Vyšehrad, Štulcova 102/2, tgl. 10–24 Uhr; U Neklana, Neklanova 30, tgl. 11–24 Uhr

Zeitreise ins 10. Jh.

Will man den sagenhaften Anfängen der Stadt auf den Grund gehen, muss man mit der Metro (Linie C) ein paar Stationen Richtung Süden fahren. Dort, am Ostufer der Moldau und am Südrand der Neustadt nahe Botič-Bach und Nusle-Tal, ragt jene Felsklippe steil empor, auf der gemäß uralter Legenden die erste Siedlung der böhmischen Fürsten stand und Libussa ihre berühmte Prophezeiung von Prags glanzvoller Zukunft sprach.

Archäologen und Historiker sind sich mittlerweile einig, dass Vyšehrad, die ›Hohe Burg‹, nicht vor dem frühen 10. Jh. einen Wall erhielt, als Befestigung also erst etwa zwei Generationen nach dem Hradschin in die Geschichte eintrat. Tatsache ist, dass der Herzog und spätere König Vratislav II. (1061–92) die Residenz der Přemysliden offiziell vom Hradschin auf den Vyšehrad transferierte. Doch bereits Soběslav I. (1125–40) entschied sich für die Rückverlegung. Karl IV. immerhin erneuerte Mitte des 14. Jh. im Bestreben, sich und sein Haus in historischem Glanz erstrahlen zu lassen, die Bausubstanz und bestimmte, dass der Krönungsweg der böhmischen Könige hinauf zum Veitsdom seinen Ausgang künftig auf dem Vyšehrad nehmen sollte.

Während der Hussitenkriege wurde der Burgbezirk weitgehend zerstört. Mitte des 17. Jh. verwandelten die Habsburger den strategisch wertvollen Fels in eine mächtige Barockfestung. Im Lauf des 19. Jh. stieg der Vyšehrad im Zuge der nationalen Wiedergeburt, parallel zum Verlust seiner militärischen Bedeutung, zu einer Art heiligem Berg des Tschechentums auf. Zum Symbol einer ruhmreichen Vergangenheit, das Maler, Dichter und Komponisten zu patriotischen Höhenflügen inspirierte.

Überbleibsel eines Städtchens

Zu erreichen ist der Vyšehrad am besten zu Fuß von der gleichnamigen Metrostation. Über die Terrasse des Kongresszentrums, durch eine kahle Betonlandschaft, folgt man den gut platzierten Wegweisern und gelangt durch zwei barocke Portale, das äußere **Tabortor (1)** und das innere **Leopoldstor (2),** in den inneren Festungsbereich. Zwischen beiden rechter Hand gut sichtbar sind die Reste des gotischen Špička-Tors und der Mauern aus der Zeit Karls IV.

Die **St.-Martins-Rotunde (3)** (s. Abb. S. 256) datiert aus den Jahren vor 1100, bekam aber bei einer Restaurierung Ende des 19. Jh. ein neues Hauptportal verpasst. Nur noch schwer vorstellbar ist, dass der romanische Rundbau, der später als Lager für Schießpulver diente, vom 15. bis ins 17. Jh. hinein gemeinsam mit einem Rathaus und einem Marktplatz den Mittelpunkt eines regelrechten Städtchens bildete.

Ein paar Schritte nördlich stehen eine Pestsäule, die **Barockkapelle Maria auf den Schanzen (4)** und die Reste

der gotischen **Kirche »Zur Enthauptung Johannes des Täufers«.**

Die Kirche – ein Wahrzeichen

Vorbei an der Neuen Dekanei führt der Weg durch eine stimmungsvolle Parklandschaft westwärts geradewegs auf die **Kirche St. Peter und Paul (5)** zu. An der Stelle des doppeltürmigen, neogotischen Baus erhob sich bereits um 1080 eine romanische Basilika. Karl IV. initiierte an ihrer statt den Bau einer fünfschiffigen Hallenkirche, die in der Folge mehrmals umgestaltet wurde. Höhepunkte ihrer von üppigen Jugendstil-Ornamenten umrankten Ausstattung sind der romanische Steinsarkophag (in der ersten Kapelle des südlichen Seitenschiffs) und die sogenannte Regenmadonna aus dem 14. Jh. (drei Kapellen weiter).

Die Rasenfläche rechts des Kirchenportals zieren hinter einem Barockportal monumentale Skulpturen, Gestalten aus dem tschechischen Sagenkreis, von Libussa und ihrem Přemysl bis hin zu Šárka und Ctirad. Sie wurden von Josef Václav Myslbek geschaffen und schmückten ursprünglich, bis zum Jahr 1948, unten im Tal die Pylone der Palacký-Brücke. Dahinter, in der Südwestecke des Festungsareals, haben Relikte des Palastbezirks Karls IV., das **Burggrafenhaus (6)** und ein **gotischer Keller (7)** die Zeiten überdauert. In Letzterem informiert eine permanente Schau über »Historische Gestalten des Vyšehrad«. Ein Stück östlich davon kann man gegen einen kleinen Obolus die Fundamente der romanischen **St.-Laurentius-Basilika (8)** inspizieren (den Schlüssel bekommt man in der benachbarten Imbissbar).

Gräberhain für Geistesgrößen

Links der Kirche liegt der Eingang zum **ehemaligen Friedhof (9)** des Vyšehrader Kapitels, der seit den 70er-Jahren des 19. Jh. als nationale Begräbnisstätte dient. Rund 600 bedeutende tschechische Persönlichkeiten fanden hier ihre letzte Ruhe, unter ihnen Dichter(innen) wie Karel Čapek, Jan Neruda, Karel Hynek Mácha und Božena Němcová, bildende Künstler wie die Maler Alfons Mucha und Mikoláš Aleš oder die Bildhauer Myslbek, Jan Štursa und Ladislav Šaloun; nicht zu vergessen die Komponisten-Heroen Antonín Dvořák (unter den Arkaden an der Nordseite) und Friedrich Smetana (zu Füßen des Obelisken, etwa in der Mitte). Einen monumentalen Blickfang bildet der im Jahr 1887 errichtete Slavín, ein Grabmal für all jene Männer, »die sich um die tschechische Nation verdient gemacht haben«. Am Friedhofseingang ist ein Register der prominenten Namen ausgehängt.

Finale mit Ausblick

Ehe man, vorbei an der Alten und der Neuen Propstei, dem nördlichen Ziegeltor und hernach über die Vratislavova dem Tal zustrebt, sollte man noch ein wenig über die schattigen Wege flanieren. Auch empfiehlt es sich, von den ehemaligen Wehranlagen am Rande des Steilabfalls aus den Blick über die Moldau und hinab auf die Felswand mit der als **Libussas Bad (10)** bezeichneten gotischen Ruine zu genießen.

In erwähntem **Ziegeltor (11)** übrigens, nahe dem Ausgang, wurde eine weitere Dauerausstellung zur örtlichen Geschichte installiert. Von dort aus kann man, im äußersten Nordostzipfel des Areals, die alten **Kasematten (12)** besichtigen, in deren Hauptraum, dem Saal Gorlice, heute mehrere originale Barockstatuen von der Karlsbrücke aufbewahrt werden.

Existenz dem Bedürfnis Karls IV., Bleibendes zu stiften. Sie wurde zwar im Lauf der Jahrhunderte mehrfach umgebaut, hat ihren gotischen Grundcharakter aber erhalten. An der Ausstattung hervorhebenswert sind: das spätgotische, in seinem Originalrahmen erhaltene Tafelbild der »Muttergottes von St. Stephan«, mehrere Altarblätter des Barockmeisters Karel Škréta und die letzte Ruhestätte des Bildhauers Matthias Bernhard Braun. Noch interessanter ist der benachbarte, nur auf Anfrage (Tel. 222 222 172) zu besichtigende Vorgängerbau: die **Longinus-Rotunde** 6. Er ist eine der drei auf Prager Boden erhaltenen romanischen Rundbauten und diente dem hier liegenden Weiler Rybniček (›Fischteiche‹) schon im 12. Jh. als Pfarrkirchlein.

An der Ke Karlovu

Antonín-Dvořák-Museum 7

www.nm.cz, Eingang Ke Karlovu 20, April–Sept. Di, Mi, Fr–So 10–13.30, 14–17.30, Do 11–15.30, 16–19, Okt.–März Di–So 10–13.30, 14–17 Uhr, 50 Kč

Man geht nur zweimal um die Ecke und steht, umgeben von gesichtsloser Architektur des 20. Jh., vor einem entzückenden Sommerschlösschen. Kilian Ignaz Dientzenhofer schuf es, sein allererstes Werk in Prag, 1720 für einen Grafen Michna. Im 19. Jh. wurde es nach einer nahen Gaststätte in **Villa Amerika** umgetauft. Heute dient der ockerfarben und weinrot getünchte Bau als Antonín-Dvořák-Museum und beherbergt Partituren, Handschriften, Fotos und andere Memorabilien, die an Leben und Werk des Komponisten erinnern.

St.-Katharinen-Kirche 8

In der angrenzenden Quergasse, der Kateřinská, erhebt sich auf den Fundamenten eines gotischen Gotteshauses die barocke, von K. I. Dientzenhofer erbaute St.-Katharinen-Kirche mit Wandmalereien von W. L. Reiner. Der achteckige Turm stammt vom Vorgängerbau.

Karlshof 9

Schlendert man mäandrierend Richtung Südwesten, gelangt man zu weiteren sehenswerten Sakralbauten. So lohnt etwa der Gang bis ans Ende der Ke Karlovu zum sogenannten Karlshof (Karlov). Der wie so viele geistliche Institutionen von Karl IV. gestiftete Klosterkomplex über dem Steilabfall zum Botič-Bach wurde lange Zeit von Augustiner-Chorherren aus Frankreich geführt. Seine eigentliche Sehenswürdigkeit ist die der Himmelfahrt Mariä sowie Karl dem Großen geweihte Kirche. Die Wahl des 800 gekrönten und 1156 heiliggesprochenen Kaisers zum Schutzpatron ist kein Zufall, vielmehr ein demonstrativer Akt Karls IV., an Glanz und Glorie des Herrschers über das Heilige Römische Reich wieder anzuknüpfen. In diesem Sinne ließ er die Kirche denn auch über dem achteckigen Grundriss der Aachener Pfalzkapelle, in der Carolus Magnus seine letzte Ruhe fand, errichten. 1575 bekam der in den Hussitenkriegen arg beschädigte Bau sein wunderbares Sternrippengewölbe – ohne die frühere Mittelstütze – wiederhergestellt.

Im frühen 18. Jh. fügte Giovanni Santini-Aichel, der Schöpfer und zugleich Meister der sogenannten barocken Gotik, im Zuge der Barockisierung eine Heilige Stiege hinzu. Die Nachbildung der Scala Santa aus der Lateranbasilika in Rom trug wesentlich dazu bei, dass der Karlshof zur volkstümlichen Pilgerstätte aufstieg. Von der Terrasse hinter der Kirche lohnt der Blick auf die Reste der ursprünglichen Neustädter Wehrmauern und weiter, über Nusle-Tal und -Brücke, zum Vyšehrad.

Nach Norden

Entlang der Na slupi und der Vyšehradská

Kirchen an der Na slupi

Hat man über die Horsá die Straße Na slupi erreicht, lassen sich noch weitere Sakralbauten besichtigen, so die **Kirche Maria auf dem Anger** 10, bei der es sich – ebenso wie bei der **Apollinariskirche** 11 in der gleichnamigen Straße, zu der ein Abstecher führt – um gotische Schöpfungen aus dem späten 14. Jh. handelt. Nähere Beachtung verdient auch die **Marienkirche der Elisabethinerinnen** 12, ein barockes Werk von K. I. Dientzenhofer.

Botanischer Garten 13

Zutritt durch die beiden Eingänge in der Vinicná und der Vyšehradská, Nov.–Mitte März 10–16.30, Mitte März–Okt. 10–18 Uhr, 50 Kč

Eine Atempause für die Sinne nach so viel Kirchen und Kunst bringt ein Spaziergang durch den Botanischen Garten der Karlsuniversität. Bereits im Jahr 1775 gegründet und seit 1898 auf seinem jetzigen Gelände, ist er der älteste seiner Art im Land und berühmt für seine Vielfalt seltener Gewächse aus Mitteleuropa.

Emmauskloster 14

www.emauzy.cz, Juni–Sept. Mo–Sa, Okt.–Mai Mo–Fr 11–17 Uhr

Weithin sichtbar sind, ebenfalls in der Vyšehradská, die zwei sich durchdringenden Betonflügel des Emmausklosters (Klášter Emauzy). Bereits 1347 hatte Karl IV. an dieser Stelle ein Kloster gegründet. Seine Aufgabe bestand in der Pflege der slawischen Liturgie und der von Kyrillos und Methodios ein halbes Jahrtausend zuvor geschaffenen glagolitischen Schrift. Der Komplex mit dem tschechischen Namen Na Slovanech (›Bei den Slawen‹) wurde von Benediktinern im 17. Jh. barockisiert, Ende des 19. Jh. regotisiert und 1945 bei der Bombardierung Prags durch US-Streitkräfte zerstört. In den 1950er-Jahren entstanden auf dem Klosterareal mehrere Forschungsinstitute der Akademie der Wissenschaften. Während des Wiederaufbaus der Kirche in dieser Zeit verschmolz man alte und moderne Elemente. Ein besonderes Relikt aus der Frühzeit sind die gotischen Wandmalereien im Kreuzgang. Sie zeigen im Stil einer Armenbibel Szenen aus dem Alten und Neuen Testament und zählen zu den kostbarsten ihrer Art in ganz Böhmen.

Gegenüber vom Kloster begegnet man erneut einem Werk von K. I. Dientzenhofer, der Kirche **St. Johann am Felsen** 15.

Mit dem Tančící dům, dem ›Tanzenden Haus‹, fand Prag Anschluss an die moderne europäische Architektur

Fausthaus 16

Zurück am Karlsplatz, gilt es an dessen Südseite das Fausthaus (Faustův dům) zu beachten: Das im Kern gotische, später barockisierte Palais, geriet im 16. Jh. durch die Experimente Edward Kelleys, des Alchemisten in Diensten Rudolfs II., so sehr in Verruf, dass der Volksmund es kurzerhand zum Schauplatz der Begegnung Dr. Fausts mit Mephisto erklärte.

Durch die Resslova an die Moldau

St.-Kyrill-und-Method-Kirche 17

Ein sehr reales und tragisches Kapitel der Geschichte trug sich in der nahen St.-Kyrill-und-Method-Kirche zu: In ihrer Krypta hielten sich im Frühsommer 1942 mehrere Widerstandskämpfer versteckt, die an dem von der Londoner Exilregierung organisierten Attentat auf Reinhard Heydrich, den stellvertretenden Reichsprotektor für Böhmen und Mähren, beteiligt gewesen waren. Eine von Einschusslöchern flankierte Gedenktafel und eine kleine Ausstellung erinnern an ihren Tod im Kampf mit den deutschen Soldaten, von denen sie hier am 18. Juni aufgespürt wurden.

Ein Blick noch auf die Kirche **St. Wenzel am Zderaz** 18 vis-à-vis, in deren Westteil man noch Überbleibsel der romanischen Vorgängerin entdecken kann, dann geht es an den Fluss.

Tanzendes Haus 19

Am Ende der Resslova wartet eine der ganz wenigen Ikonen zeitgenössischer Baukunst Prags: der 1996 von Vlado Milunič und dem US-Architekten Frank O. Gehry, einem Vater des Dekonstruktivismus, erbaute Bürokomplex des Tančící dum, des ›Tanzenden Hauses‹. Wegen seiner geschwungenen Linien und des eng taillierten Glasturms, der sich an sein kerzengerades Gegenüber schmiegt, bekam der viel fotografierte Bau in Anlehnung an das legendäre Tanzduo Rogers-Astaire den Spitznamen ›Ginger-&-Fred-Gebäude‹. In seinem Dachgeschoss verwöhnt übrigens das Luxusrestaurant **Celeste** 5 mit französischen Kochkünsten und fantastischem Stadtpanorama die Sinne.

Ein Stück moldauaufwärts, in der **Rašínovo nábřeží Nr. 77,** steht das Wohnhaus, in dem Václav Havel nach seinem ersten Gefängnisaufenthalt in den 1980er-Jahren lange Zeit unter ständiger Beobachtung der Geheimpolizei lebte.

Auf der Slawischen Insel

Wandert man am Moldauufer in Gegenrichtung, gelangt man zur Slovanský ostrov, der Slawischen Insel. Bei dem weißen, funktionalistischen Gebäude hinter dem alten Wasserturm mit seiner barocken Zwiebel, der einst zu einer Mühle gehörte, handelt es sich um das **Mánes-Haus** 20. Es wurde in den 1920er-Jahren von Reformkünstlern als Gegenpol zur traditionsbewussten Tschechischen Akademie der Künste begründet und zählt bis heute zu den führenden Adressen für Ausstellungen zu zeitgenössischer Malerei und Grafik (s. a. S. 109).

Das große Neorenaissancegebäude in der Inselmitte wurde 1838 errichtet und besaß seinerzeit den größten Veranstaltungssaal der Stadt. Nach der Mutter Kaiser Franz Josephs II. **Palais Žofín** 21 (Sophie) genannt, war es Schauplatz legendärer Konzerte. Im Revolutionsjahr 1848 fand hier unter Führung František Palackýs der Slawenkongresses statt. Heute wird der Saal für Bälle und Konzerte genutzt.

Nationaltheater 22

www.narodni-divadlo.cz

Das festliche Finale des Rundgangs markiert das Nationaltheater (Národní divadlo, s. S. 57), ein Neorenaissancebau, mit dessen Errichtung 1868 begonnen wurde. Mit dem Bauwerk wollte man tschechischerseits den Österreichern und Deutschen, die in der Stadt erfolgreich etliche Kulturinstitutionen betrieben, Paroli bieten. Über dem Eingang erinnern die Worte »Der Nation für sich selbst« daran, dass der Bau durch Spenden der tschechischen Bevölkerung ermöglicht wurde.

1881 wurde die ›kleine Goldkapelle‹ *(zlatá kaplička),* wie man das im Licht gleißende Gebäude stolz und liebevoll nannte, mit Friedrich Smetanas Oper »Libussa« (Libuše) eröffnet. Doch nur zwei Monate später brannte der Prachtbau komplett aus. Sofort begann man mit seiner Wiederherstellung und 1883 erfolgte seine neuerliche Eröffnung. An der Gestaltung der Fassade und Innenräume waren, wie beim ersten Mal, führende Künstler beteiligt, unter ihnen J. V. Myslbek, Mikoláš Aleš, Vojtěch Hynais und Bohuslav Schnirch, beteiligt. Ende der 1970er-Jahre bekam das Nationaltheater, das seinerzeit als ein Symbol der nationalen Wiedergeburt maßgeblich zur nachhaltigen Etablierung der tschechischen Sprache und Bühnenkunst beitrug und heute die große, staatstragende Drei-Sparten-Bühne für Drama, Oper und Ballett darstellt, drei miteinander verbundene Stahlskelettbauten beigestellt. Hinter der Marmor-Glas-Fassade dieser sogenannten **Neuen Szene** (Nová Scéna) ist u. a. die 1958 von J. Svoboda begründete **Laterna Magika** 6 (s. S. 57) zu Hause.

Mein Tipp

Für alles ist gesorgt
In der westlich des Wenzelsplatzes vis-à-vis vom Lucerna-Palast gelegenen **Passage Světozor** 23 mit dem ausgezeichneten gleichnamigen Programmkino kann man seinen Hunger im phänomenal bestückten Imbisslokal **Hájek** 2 (s. u.) oder in einer Sushi-Bar stillen. Außerdem findet man hier Fundgruben für textile Mitbringsel: Boutiquen für junge Mode oder Skateboarder-Outfits und Shops mit witzigen T-Shirts oder modischen Pyjamas.

Essen & Trinken

Nette Pizzeria – **Modrá zahrada** 1: Narodní 37, Tel. 224 239 055, Metro B Národní třída, tgl. 11–23 Uhr, Pizzen 120–150, Hauptgerichte 130–300 Kč. Praktische Kalorientankstelle, viel frequentiert von Pragern und Touristen wegen der zentralen Lage sowie der leckeren und zudem günstigen Pizzen und Pastagerichte.

Kleine pikante und süße Schätze – **Hájek** 2: Passage Svetozor, Vodičkova 39, Metro A, B Můstek, Mo–Sa 8–21 Uhr, Brötchen 40–80 Kč. Beim Blick durch das große Schaufenster bekommt man schon einen Vorgeschmack auf die Köstlichkeiten, die in diesem Imbisslokal der hungrigen Kunden harren: eine schier unendliche Auswahl bunt belegter Brötchen, wie man sie so nur in Tschechien bekommt, außerdem eine verführerische Riesenauswahl an Torten und Mehlspeisen; außerdem jede Menge frisch gepresster Säfte, Milchshakes und Kaffeevarianten. Sitzplätze sind rar, aber das Warten lohnt sich.

Wo Havels Ex-Leibköchin den Löffel schwingt – **Posezení u čiriny** 3: Navrátilova 6, Tel. 222 231 709, Metro B Národní Třída, tgl. 11–23 Uhr, Hauptgerichte ab 100 Kč. Zwei Jahre lang war Irena Kozíková Václav Havels private Köchin. Doch das ist lange her. Heute versorgt sie in ihrem kleinen, behaglichen, in einer Nebenstraße versteckten Lokal Gäste mit kreativ verfeinerten böhmischen, aber auch ungarischen und slowakischen Köstlichkeiten. Nett sitzt sich's im kleinen Garten.

7. Himmel für Bier-Aficionados – **Pivovarský dům** 4: Lipová 15, s. S. 42.

Kreativen-Treff – **Celeste** 5: Rašínovo nábřeží 80 (›Tanzendes Haus‹), s. S. 39.

Eine Institution – **U Fleků** 6: Křemencova 11, s. S. 118.

Legendär – **U Kalicha** 7: Na bojišti 12, s. S. 118.

Künstlerambiente – **Mánes** 8: Masarykovo nábřeží 250, s. S. 41.

Berühmtes Künstlercafé – **Slávia** 9: Smetanovo nábrezí 2, s. S. 42.

Urbaner Kaffeehaus-Treff – **Louvre** 10: Národní 20, s. S. 42.
Trattoria der Sonderklasse – **Cicala** 11: Žitná 43, s. S. 37.

Einkaufen

Antiquarische Bücher – **Galerie Můstek** 1: Národní třída 40, s. S. 44.
Zeitgeist-Fashion – **Julius Fashion Shop** 2: Ostrovní 20, Ecke Voršilská, Tel. 731 419 953, www.juliusfashion.com, Mo–Fr 11–19, Sa 11–18 Uhr, Metro B, Národní Třída. Von ihrer schrägen, pinkbunten Boutique aus versorgt Julia Novak die hippe Jugend der Stadt – DJs, Models, Künstler und Studenten – mit extravaganter Designerkleidung.
Schmuckatelier der Extraklasse – **Belda** 3: Mikulandská 10, s. S. 48.
Für Raucher – **U Scherlocka Holmese** 4: Vodičkova 23, Tel. 224 231 288, Metro A, B, Můstek, Mo–Fr 6–23, Sa, So 9–23 Uhr. Ein Tabakwarenladen, dessen Sortiment jede nur erdenkliche Sehnsucht eines Zigaretten-, Zigarren- oder Pfeifenrauchers erfüllt. Ihm angeschlossen sind eine Vinothek, ein Fotogeschäft und ein Internetcafé, alle: Mo–Fr 8–23, Sa, So 9–23 Uhr.
Prager klassische Moderne – **Vltavín** 5: Ostrovní 6, s. S. 46.

Aktiv & Kreativ

Tanzgelegenheit für jedermann – **Jam** 1: Národní 25, Tel. 602 375 173, www.jamcasting.cz, Metro B Národní Třída, Lokal: tgl. 10–24, Kursbeginn jeweils 18, Mini-Party 20.30 Uhr. Das von einer renommierten Casting-Agentur betriebene Tanzcafé bietet an mehreren Abenden pro Woche Unterrichtseinheiten in Swing, Salsa und Tango, zeitweise DJ-Auftritte, gute Drinks und kleine Küche.

Abends & Nachts

Preiswerter Klassiker – **Rock Café** 1: Národní 20, Tel. 224 933 947, www.rockcafe.cz, Metro B, Národní třída, Straßenbahn 6, 9, 18, 21, 22, 23, Mo–Fr 10–3, Sa 17–3, So 17–1 Uhr. Ein Klassiker der Rockszene, mit Café, Club, Konzertsaal, Internetcafé und Galerie. Moderate Preise. Nach Live-Auftritten gute DJs von 23.30 bis 2.30 Uhr.
Prags ältester Jazzclub – **Reduta Jazz Club** 2: Národní 20, s. S. 54 und Lieblingsort S. 178.
Hardcore-Livemusik – **Vagon** 3: Národní 25, Tel. 733 737 301, www.vagon.cz, Metro B, Národni třída, Mo–Do 19–5, Fr, Sa bis 6, So bis 1 Uhr. Hier fühlen sich Fans härterer Beats zu Hause. Hauptsächlich Live-Rock mit Hang zur 70er- und 80er-Jahre-Nostalgie. Die Biere und anderen Drinks sind gut und günstig.
Geheimtipp für Nachteulen – **U sudu** 4: Vodičkova 10, Tel. 222 232 207, www.usudu.cz, Metro B, Karlovo náměstí, Straßenbahn 9, 14, Mo–Do 9–4, Fr 9–5, Sa 10–5, So 10–3 Uhr. Das auch Katakomben-Weinstube genannte Lokal, lockt vorrangig junges Publikum mit guten Weinen, Bieren sowie Tischfußball, Flipper und Gratis-WiFi an.
Anregender Stil-Mix – **Lucerna Music Bar** 5: Vodičkova 36, Tel. 224 217 108, www.musicbar.cz, tgl. 20–3 Uhr, Metro A, C, Muzeum. Auf dieser kleinen Bühne geben populäre Prager Bands wie auch kleine Ensembles von auswärts häufig ihre Kunst zum Besten. Publikumsmagneten sind jeden Fr und Sa die Revival-Videopartys.
Multimediales »Wundertheater« – **Laterna Magika** (Nová Scéna) 6: Národní 4, s. S. 57.
Glanzvolle Repräsentationsbühne – **Nationaltheater** 22: Národní 2, s. S. 57.

Der Abend ist gesichert – im Rock Café

Das Beste auf einen Blick

Ausflüge in die Umgebung

Highlight !

Schloss Troja: Die böhmische Variante einer verspielten römischen Landvilla. Schwelgerischer Barock, eingebettet in kunstvolle Parkterrassen. S. 268

Auf Entdeckungstour

Ein Ausflug ins Grüne und auf historisches Terrain: Ein halbtägiger Abstecher an den nordwestlichen Stadtrand führt auf den Schauplatz der folgenreichen Schlacht am Weißen Berg, zu einem wundersamen Lustschloss und durch ein wildromantisches Flusstal – ein schönes Naturerlebnis samt reichlich Frischluftzufuhr. S. 270

Kultur & Sehenswertes

Kloster Břevnov: Böhmens ältestes Benediktinerkloster ist eine Wiege der Prager Kultur. Im Mittelpunkt der Anlage steht die Dientzenhofersche Barockkirche. S. 269

Kutná Hora: Die altehrwürdige Silberstadt gleicht in ihrem Kern einem Freilichtmuseum. S. 272

Karlštejn: Die wohl berühmteste und schönste Burg im Land – im 14. Jh. von Karl IV. für seine Schätze errichtet. S. 278

Aktiv & Kreativ

Zoo: Eine der attraktivsten Anlagen auf dem Kontinent. Exemplare von fast 400 Tierarten lassen sich hier beobachten; ideal für Familien. S. 268

Genießen & Atmosphäre

Mělník: Ein feines Mittag- oder Abendessen auf der Terrasse des Lobkowitzschen Schlosses mit Blick über die Weinberge auf die Moldau, und anschließend im historischen Keller unter kundiger Führung edle Tropfen verkosten – da frohlockt der Gaumen. S. 276, 277

Abends & Nachts

Musikfestival in Nelahozeves: Auf dem Prachtschloss in Antonín Dvořáks Geburtsort erklingen allsommerlich böhmische Klänge, dargebracht von Spitzenmusikern aus aller Welt. S. 276

Peripherie und grünes Umland

Um den Eindruck von Prag abzurunden, empfiehlt es sich, eine oder mehrere Touren an den Stadtrand und in die nähere Umgebung zu unternehmen. Dort trifft man auf sehenswerte Schlösser ebenso wie auf das älteste Benediktinerkloster und die spektakulärste Burg Böhmens. Legendär ist die Silbermetropole Kutná Hora. Einen Eindruck von den Grauen der Nazizeit vermittelt ein Besuch der KZ-Gedenkstätte Theresienstadt.

Am Stadtrand

Troja

Reisekarte: ▶ Karte 3, D 2

Nur ca. 2 km Luftlinie nördlich des Letná (s. S. 159) liegt am Ende der großen Moldauschleife Troja, ein Wohn- und Villenviertel, dessen Hauptattraktion, das prächtige Barockschloss gleichen Namens, mit gutem Grund Touristen anzieht. Die angemessene Art, sich dieser böhmischen Variante einer verspielten römischen Landvilla anzunähern, ist ein Spaziergang (ca. 30 Min.). Er führt vom Ausstellungsgelände (Výstaviště) am Westrand Holešovices durch den Stromovka-Park und von dort nordwärts über einen Nebenarm der Moldau, die Kaiserinsel (Císařský ostrov) und den Hauptstrom nach Troja (Alternative per Bus s. Infobox).

Schloss Troja !

Schloss: Prag 7, U Trojského Zámku 1, April–Okt. Di–Do, Sa, So 10–19, Fr bis 13–19 Uhr, 120 Kč; Galerie: Tel. 233 325 330, www.ghmp.cz

Das prächtige Schloss ließ sich Graf Wenzel Adalbert von Sternberg um 1680 auf dem Gelände seines damaligen Weinguts errichten. Es gilt als ein Hauptwerk des böhmischen Barock. Der Architekt, Jean Baptiste Mathey, schuf eine ›Villa suburbana‹ im römischen Stil. Eingebettet ist sie in einen französischen Garten, einem der ersten seiner Art in Böhmen.

Blickfang der auf einer künstlichen Terrasse mit Sicht auf den Hradschin thronenden Schlossanlage ist die monumentale, ovale Freitreppe. Sie ist mit Büsten, Terrakottavasen und allerlei dramatisch bewegten Skulpturen verziert. Letztere sind Werke der Brüder Herrmann aus Dresden sowie der Brüder Brokoff und schildern den ›Kampf der Giganten‹, also der Olympischen Götter, gegen die riesenhaften Söhne der Erdmutter Gaia, eine Allegorie des Triumphs von Recht und Ordnung über die Anarchie der Urwesen. Sie spielt auf den Sieg des Hauses Österreich über den osmanischen Feind an. Dieses Thema führen die Fresken im Kaisersaal fort, gemalt von dem flämischen Brüderpaar Isaak und Abraham Godyn.

Das nach originalem Vorbild wieder rot-weiß getünchte Schloss beherbergt eine aus den Beständen zahlreicher böhmischer Adelssitze zusammengestellte Sammlung historischer Tiergemälde. Empfehlenswert ist ein Streifzug durch den Schlosspark.

Zoo

Prag 7, U Trojského Zámku 3, www.zoopraha.cz, Juni–Aug. 9–19, April, Mai, Sept., Okt. bis 18, März bis 17, Nov.–Feb. bis 16 Uhr, 150 Kč.

Der benachbarte Zoo, der sich z. T. von einem Sessellift aus besichtigen lässt, zählt zu den attraktivsten Europas und genießt auch dank seiner Zuchtprogramme in Fachkreisen einen exzellenten Ruf. Auf einem rund 60 ha großen Areal an der Moldau ermöglicht er die Begegnung mit fast 400 Tierarten. Zu den Highlights des Zoos gehören der indonesische Regenwald, der Gorillapavillon, die Komodowarane und die Przewalski-Pferde sowie Kinderzoo und Spielplatz.

Sehr sehenswert ist auch der angrenzende, weitläufige **Botanische Garten** (Botanická zahrada; Öffnungszeiten wie Zoo).

Kloster Břevnov

Reisekarte: ▶ Karte 3, C 2
Prag 6, Markétská 1, Tel. 220 406 270, www.brevnov.cz, ganzjährig nur Sa, So, Einlass um 10 und 14, April–Okt. auch um 16 Uhr, nur mit Führung (i. d. R. auf Tschechisch, nach Voranmeldung auch auf Englisch), 50 Kč
Folgt man der Patočkova vom Hradschin westwärts, gelangt man hinter Střešovice nach Břevnov. ▷ S. 272

Infobox

Reisekarte: ▶ Karte 3 und 5

Zeitrahmen

Für die drei **Ziele am Stadtrand** reichen jeweils drei, vier Stunden. Sie lassen sich auch gut zu einem Ganztagesausflug kombinieren. **Kutná Hora** und **Litoměřice mit Terezín** verlangen jeweils mindestens einen Tag. **Mělník, Karlštejn** und **Konopiště** sind jeweils bequem in einem guten halben Tag zu schaffen.

Anfahrt

Troja: Bus Nr. 112 ab Metro C, Nádraží Holešovice; zu Fuß in ca. 30 Min. vom Stromovka-Park über Moldau und Kaiserinsel. **Kloster Břevnov:** wie Bílá hora (s. S. 270), aber auch ab Metro C, Hradčanská, Tram-Linien 15 und 25 bis Station Břevnovský klášter. **Kutná Hora:** Direktverbindung per Bahn ab Hauptbhf. (ca. 1 Std.); per Pkw auf Staatsstr. 12 via Kolín oder, schöner, auf der Landstraße 2 via Kostelec). **Mělník:** Bus von Busbhf. Nádraží Holešovice (ca. 1 Std.); per Pkw s. S. 274. **Karlštejn:** Zug nahezu stündl. vom Bhf. Smíchov (ca. 40 Min.), von der Station ca. 2 km bis zur Burg; per Pkw Autobahn D 5 Richtung Pilsen, Abfahrt Beroun-Centrum, oder auf der Landstraße an der Berounka entlang, vom Parkplatz ca. 20-minütiger Anstieg bzw. kurze Fahrt im Minibus oder Pferdewagen. **Konopiště:** Zug von Prag Hauptbhf. nach Benešov; Bus stdl. von Metrostation Roztyly (Linie C); per Pkw Autobahn A 1, Abfahrt Mirošovice, von dort Landstraße 3. **Terezín und Litoměřice:** stdl. Busse ab Station Florenc; per Pkw Autobahn D 8, Ausfahrt Doksany, dann Landstraße 8 (Schildern nach Terezín und weiter nach Litoměřice folgen). **Schiffstour:** auf Moldau und Elbe nach Mělník bzw. Litoměřice (und weiter bis nach Ústí nad Labem, Děčín und in die Sächsische Schweiz). Infos: Tel. 777 037 379, www.labskaplavebni.cz.

Informationen

www.czechtourism.com; **Kutná Hora:** Sankturinovský dům, Palackého nám. 377, Tel. 327 512 387, www.kutnahora.cz (auch Buchung von Guides); **Mělník:** Legionářů Č. 51, Tel. 315 627 503, www.melnik.info. **Litoměřice:** Mírové nám. 15/7, Tel. 416 732 440, www.litomerice.cz; **Terezín:** Nám. Čsa 179, Tel. 416 782 616, www.terezin.cz. Infos zu den übrigen Orten s. Beschreibungen.

Auf Entdeckungstour

Ein Ausflug ins Grüne und auf historisches Terrain

Bílá hora, Schloss Stern und Šárka-Tal: Eine Tour an den nordwestlichen Stadtrand führt zum Schauplatz der folgenreichen Schlacht am Weißen Berg, zu einem wundersamen Lustschloss und durch ein wildromantisches Flusstal.

Reisekarte: ► Karte 3, C 2

Zeit: 5–6 Std.

Anfahrt: Tram 22 ab Metrostation Malostranská bis Endstation Bílá hora; nach Hvězda auch Linien 15 und 25 ab Metro A, Hradčanská. **Rückfahrt:** Tram 20 oder 26 ab Endstation Divoká Šárka bzw. Bus ab Podbaba oder Tram 8 von der Station beim Hotel Crowne Plaza; dazwischen ca. 3 Std. zu Fuß

Schloss Stern: Mai–Sept. Di–So 10–18, April, Okt. bis 17 Uhr, 30 Kč

Station um Station rollt die Tram auf der Bělohorská an grauen Miets- und Reihenhäusern vorbei. Doch steigt man an der Endhaltestelle aus, steht man nach wenigen Gehminuten auf unverbautem Gelände, mit Blick gen Westen, weit ins grüne Land. Auf dem 380 m hohen Kalkhügel, dem für Tschechen berühmten-berüchtigten **Weißen Berg,** zerschlugen am 8. November 1620 die Truppen des Kaisers und der katholischen Liga, angeführt von Maximilian von Bayern, mit ihrem Sieg über das Heer der böhmischen Protestanten unter Graf Matthias von Thun deren Hoffnung auf einen tschechischen Nationalstaat. Der von den Ständen auf Basis einer neuen Verfassung zum König gewählte Kurfürst Friedrich V. von der Pfalz musste fliehen, die von nun an 300 Jahre währende Herrschaft der Habsburger war besiegelt.

Unmittelbar nach dem Zusammenprall, der nur rund eine Stunde dauerte, errichteten die Kaiserlichen nahe dem Schlachtfeld eine der siegreichen Jungfrau Maria geweihte Dankeskapelle. Anfang des 18. Jh. wurde sie zu einer **Wallfahrtskirche** samt Kreuzgang ausgebaut. Falls die Kapelle offen steht, was allerdings nur selten der Fall ist, kann man im Inneren u. a. Deckenfresken von W. L. Reiner bewundern. An das blutige Geschehen erinnert 300 m entfernt auf der Hügelkuppe außerdem eine winzige Steinpyramide.

Des Erzherzogs Lustschloss

Schaut man, auf dem **Bílá hora** stehend, nach Nordosten, sieht man ca. 1 km entfernt ein Spitzdach aus den Baumwipfeln ragen. Es gehört zu **Schloss Stern (Letohrádek Hvězda).** Bauherr dieses ungewöhnlichen Gebäudes auf sechszackigem Grundriss war Mitte des 16. Jh. Erzherzog Ferdinand von Tirol, der höchstpersönlich die Rohpläne entwarf. Sein Vater, der böhmische König und spätere Kaiser Ferdinand I., hatte hier im Wald Malejov bereits 1530 ein weitläufiges Wildgehege ummauern lassen. Sein Sohn ließ eine schnurgerade Allee und an deren Ende für seine künftige Gemahlin, die Patriziertochter Philippine Welser aus Augsburg, von italienischen Baumeistern besagtes, manieristisches Schloss errichten. Im Inneren des schlichten Renaissancebaus finden sich delikate Stuckaturen. Sie illustrieren auf über 330 Gewölbefeldern Szenen aus der römischen Geschichte und der griechischen Mythologie. Nach seiner sorgfältigen Restaurierung beherbergt das Schloss eine kleine Dauerausstellung zur Schlacht auf dem Weißen Berg sowie Sonderschauen zur Gegenwartskunst und zur tschechischen Literatur.

Ein malerisches Tal

Lohnend ist im Anschluss eine Wanderung vom Džbán-Stausee (im Sommer schöne Bademöglichkeit) im 2 km nördlich gelegenen Stadtteil Vokovice die Šárka entlang bis zu ihrer Mündung in die Moldau bei Podbaba (ca. 7 km). Das malerische Flusstal ist nach einer Kampfgefährtin Libussas (s. S. 128) benannt. Als Lockvogel feindlichen Truppen entgegengesandt, hatte sich Šárka in deren Anführer Ctirad verliebt und sich nach dessen Tod hier von einem Felsen gestürzt.

Dank seiner Wälder, Wiesen, Kirschbäume und der früher als Gaststätten genutzten Mühlen ist das Šárka-Tal bis heute ein beliebtes Ausflugsziel. Der canyonartige Oberlauf, Divoká (›Wilde‹) Šárka, wurde wegen seiner seltenen Flora und Fauna 1964 zum Naturschutzgebiet erklärt. Das Tal birgt auch wichtige archäologische Fundstätten. Seit über 5000 Jahren bewohnt, ist es Prags älteste Siedlungszone.

Inmitten des eher grauen Randbezirks kommt, wo die Staatsstraße Nr. 6 Richtung Pilsen in die Bělohorská mündet, rechts Kloster Břevnov in Sicht. Die heute von einer Parklandschaft samt Teichen eingefasste Anlage wurde 993 von Fürst Boleslav II. und Vojtěch (Adalbert), Prags zweitem Bischof, als erstes Männerkloster Böhmens gegründet. Seine Benediktinermönche kamen direkt vom Montecassino, dem süditalienischen, 529 von Benedikt von Nursia gegründeten Mutterkloster des abendländischen Mönchstums.

Bereits gegen 1040 war die zugehörige, der hl. Margarete geweihte **Kirche** fertig. Anfang des 18. Jh. verliehen Vater und Sohn Dientzenhofer dem Gebäudekomplex sein barockes Kleid. Der Senior, Christoph, plante den Neubau der Kirche, unter der eine frühromanische Krypta erhalten blieb. Der Junior, Kilian Ignaz, vollendete den Chor und zeichnete auch für die Klostertrakte und das Säulenportal verantwortlich, durch das man das Areal betritt. In dem einschiffigen, auf dem Grundriss von vier verschlungenen Ovalen errichteten Kirchenraum sind die Gewölbefresken (J.J. Steinfels), diverse Plastiken (M. W. Jäckel) und die Altargemälde von Peter Brandl bemerkenswert. In kommunistischer Zeit diente das Kloster der Geheimpolizei als Archiv. Auf dem zugehörigen Friedhof ist der Philosoph und Bürgerrechtskämpfer Jan Patočka, der 1977 nach einem Polizeiverhör verstarb, begraben.

Übernachten

Auf dem Klostergelände – **Hotel Adalbert:** Markétská 1, Tel. 220 406 170, www.hoteladalbert.cz, DZ 1800 Kč. Das in einem schön renovierten, barocken Konventstrakt untergebrachte, kleine, aber feine 3-Sterne-Haus war bei seiner Eröffnung 2006 Tschechiens erster mit einem Ökosiegel ausgezeichnete Beherbergungsbetrieb.

Essen & Trinken

Rustikal und herzhaft – **Klášterní šenk** (Klosterschenke): Kloster Břevnov, Tel. 220 406 294, www.klasternisenk.cz, tgl. 11.30–23 Uhr, Hauptgerichte ab 140 Kč. Klinkerboden, Holzdecke, offener Kamin, ausgezeichnete Hausmannskost Marke Schweinsbraten, Huhn, Rinder- oder auch Straußensteaks, dazu gute Biere und Weine.

Im Umland

Kutná Hora (Kuttenberg)

Reisekarte: ▶ Karte 5, D/E 3

Wer nur Zeit für einen einzigen Tagesausflug hat, sollte unbedingt Kutná Hora ansteuern. Der knapp 70 km östlich von Prag gelegene Ort wurde mit gutem Grund 1995 von der UNESCO zum Weltkulturerbe geadelt. Unweit der Elbe in malerisches Hügelland gebettet, verdankt er seinen vergangenen Reichtum und Ruhm extrem ergiebigen Silberminen und dem Umstand, dass des Öfteren böhmische Könige in ihm residierten.

Erstmals im großen Stil gefördert wurde das edle Metall um 1300. Wenig später prägten die Kuttenberger den wegen seines hohen Silbergehalts in ganz Europa geschätzten ›Prager Groschen‹. Zur Blütezeit im 14. Jh. war Kutná Hora mit 100 000 Bürgern die nach Prag zweitwichtigste Stadt des Landes. Rund 10 000 Knappen förderten aus bis zu 700 m tiefen Schächten pro Jahr 3 Mio. kg Silber zutage – rund ein Drittel der in der gesamten Alten Welt gewonnenen Menge. Heute zählt Kutná Hora nurmehr 22 000 Einwohner. Doch sein mit hochkarätigen Baudenkmälern gespickter Kern verströmt immer noch mittelalterliches Flair.

Palackého náměstí

Das Herz der Altstadt schlägt auf dem von schönen Renaissancehäusern gesäumten Hauptplatz (Palackého náměstí). Von ihm führt eine schmale Gasse zu der von einem 82 m hohen Turm dominierten gotischen **St.-Jakobs-Kirche.** Das Innere birgt schöne Altarblätter der Barockmaler Peter Brandl und Karel Škréta, ist aber nur während der Messen zugänglich. Nebenan steht der **Welsche Hof** (Vlašský dvůr). Sein Name rührt von jenen Finanzexperten aus Florenz her, die einst die hiesige Münzpräge überwachten. Der Gebäudekomplex diente später zeitweise als königliche Residenz und wurde mehrmals um- und ausgebaut, am tiefgreifendsten unter Wenzel IV. kurz vor 1400. Damals entstand u. a. die Wenzelskapelle, eine herrliche Schöpfung der böhmischen Gotik, die mit ihren vier Kreuzrippengewölben, dem vieleckigen Chorerker, den drei Flügelaltären und den um 1900 geschaffenen Jugendstil-Wandbildern im Zentrum jedes Rundgangs steht.

Kastell

Di–So Juli, Aug. 10–18, Mai, Juni, Sept. 9–18, April, Okt. 9–17, Nov. nur Sa, So 10–16 Uhr, 110 Kč

Weiter westlich erhebt sich das Kastell (Hrádek). Diese über 500 Jahre alte, in der Renaissance zum eleganten Adelssitz erweiterte Festung beherbergt ein sehenswertes **Museum zum Bergbau und Münzwesen** der Stadt. Hervorhebenswert sind der mittelalterliche Schaustollen und das gut 400-jährige hölzerne Göpelwerk.

St.-Barbara-Kathedrale

April–Okt. tgl. 9–18, Nov.–März tgl. 10–16 Uhr

Auf der Baborská, vorbei an der schier endlosen Barockfassade des einstigen Jesuitenkollegs und einer langen Reihe barocker Statuen, gelangt man zum Höhepunkt der Stadtbesichtigung: der St.-Barbara-Kathedrale. Bereits aus der Ferne lässt das dreiteilige Zeltdach erahnen, um welch ungewöhnlichen Bau es sich handelt. Je näher man ihm kommt, desto beeindruckender tritt die besondere Feingliedrigkeit der Fassade zutage. Vollends begeistert ist man, wenn man das Bauwerk betreten hat: Die Raumwirkung der fünf unterschiedlich breiten und hohen Schiffe, der kunstvollen Netzgewölbe und des nach dem Vorbild französischer Kathedralen von einem Kapellenkranz abgeschlossenen Chors ist unvergleichlich. Von kunsthistorisch großem Reiz sind die spätgotischen Wandmalereien, die u. a. den Alltag der Bergleute illustrieren. Finanziert wurde der Bau von den Minenbesitzern, geleitet anfangs von Peter Parler, dem Baumeister des St.-Veits-Doms in Prag. Nach einer durch die Hussitenkriege erzwungenen Unterbrechung setzten ein gewisser Meister Hanuš, später Matthias Rejsek und Benedikt Rieth das Werk fort. 1558 war es weitgehend vollendet.

Weitere Sehenswürdigkeiten

Über eine nördliche Schleife führt der Fußweg zurück ins Stadtzentrum, vorbei am spätgotischen **Steinbrunnen** (Kamenná kašna, Rejsekplatz), der barocken **St.-Nepomuk-Kirche** (Husova) und dem herrlich verzierten **Steinernen Haus** (Kamenný dům, Wenzelsplatz) bis zum **Ursulinenkloster** (Poděbradova), einer Schöpfung von Kilian Ignaz Dientzenhofer.

Keinesfalls versäumen sollte man zudem einen Abstecher in den nord-

Lieblingsort

Auf gräflichem Terrain wandeln – Schloss Kačina ▶ Karte 5, E 3
Rund 7 km nordöstlich von Kutná Hora, an der Straße nach Pardubice, erhebt sich in einem weitläufigen Park Schloss Kačina, der wohl schönste klassizistische Bau Böhmens. Die Anlage wurde 1806–22 von Graf Jan Rudolf von Chotek als Sommerresidenz erbaut und vor wenigen Jahren generalrenoviert. Sie besteht aus einem zentralen Trakt, den zwei einstöckige Flügel halbkreisförmig einrahmen. Ein Bild vom gräflichen Leben gewinnt man im Schlossinneren, das komplett im Empirestil möbliert ist. Besonders beeindruckend sind der Tanzsaal, die historische Apotheke, das Schlosstheater und die 40 000 Bände umfassende Bibliothek. Innerhalb der Schlossanlage kann man zudem ein Landwirtschaftsmuseum sowie Aussstellungen zur Geschichte Böhmens und Mährens und deren kulinarischen Traditionen besuchen (April–Okt. tgl. 9–17 Uhr, 60–120 Kč, jeden 1. Mi im Monat nachmittags freier Eintritt).

östlichen Vorort Sedlec: zum einen wegen der monumentalen, um 1700 von Architekt Giovanni Santini-Aichel im Auftrag des Zisterzienserordens mit vollendeter Meisterschaft im Stil der böhmischen Barockgotik gestalteten **Kathedrale Mariä Himmelfahrt** (April–Okt. Mo–Sa 9–12, 13–17 Uhr, 30 Kč), zum anderen wegen des so berühmten wie kuriosen, ja makabren **Beinhauses** (April–Sept. 8–18, Okt., März 9–17, Nov.–Feb. 9–16 Uhr, 50 Kč), einer doppelstöckigen, ebenfalls von Santini-Aichel umgebauten Kapelle, deren gesamtes Mobiliar – Altar, Lüster, Wappen u. v. m. – überaus fantasievoll aus den Knochen Abertausender Pest- und Kriegsopfer gefügt sind.

Mein Tipp

Kleine Schlössertour ▶ Karte 5, C 2
Auf der Rückfahrt von Mělník bietet sich ein kurzer Umweg nach **Veltrusy** (nahe der Autobahn D 8) an, wo sich Graf Chotek Mitte des 18. Jh. einen Sommersitz im Stil des Barock erbauen ließ (www.zamek-veltrusy.cz). Empfehlenswert sind ein Rundgang durch Ehrenhof (April–Okt. Di–So 8.30–17 Uhr), Glashaus und Orangerie (Juli, Aug. Di–So 9–12, 13–16 Uhr) sowie ein Spaziergang im Park. In **Nelahozeves** erblickte 1841 Antonín Dvořák das Licht der Welt. Alljährlich findet hier ihm zu Ehren ein kleines, aber feines Musikfestival mit Spitzensolisten und -ensembles aus aller Welt statt. Weithin sichtbar thront über dem Ort das gleichnamige Schloss (www.lobkowicz events.cz, April–Okt. Di–So 9–17 Uhr, nur mit Führung, 200 Kč), ein mit Alten Meistern bestückter Renaissancebau.

Übernachten & Essen

Zentrales 4-Sterne-Haus – **Hotel Zlatá Stoupa:** Tylova 426, Tel. 327 511 540-3, www.zlatastoupa.cz, DZ ca. 2000 Kč, feine Adresse in historischem Rahmen.

Schloss Mělník und Umgebung

Reisekarte: ▶ Karte 5, C 2
Schloss: Tel. 315 622 121, www.lobkowicz-melnik.cz, ganzjährig außer Weihnachten tgl. 10–17 Uhr, 90 Kč, Kellertour bzw. geführte Weinverkostung 40 bzw. 90 Kč
Eine beliebte Tagesfahrt führt nordwärts über die Autobahn D 8 (Abfahrt Nová Ves, dann Landstraße 16) oder – landschaftlich reizvoller – auf der 9 über Neratovice an die Gestade der Elbe (Labe). An deren Zusammenfluss mit der Moldau (Vltava), gut 30 km von der Hauptstadt entfernt, thront auf markantem Hügel ein Renaissanceschloss. Die Vorgängerburg, die ab dem 10. Jh. an seiner Stelle stand, diente den Witwen der böhmischen Könige über Jahrhunderte als Alterssitz. Nach dem Neubau ging der strategisch wertvolle Platz nacheinander in die Hände namhafter Adelsfamilien wie der Waldsteins, Kolowrats, Černins und der Lobkowitz über. Letztere statteten die Räumlichkeiten nach 1753 mit jenen kostbaren Gemälden und Möbeln aus, die man heute besichtigen kann.

Sehr zu empfehlen ist die Einkehr im Schlossrestaurant. Der Blick von seiner Terrasse auf die recht unberührte Flusslandschaft ist überaus malerisch, der Wein Marke Eigenbau vorzüglich. Über die Geschichte des örtlichen Weinbaus – auf den angrenzenden Hügeln werden seit der Zeit Karls IV. burgundische Reben gezogen – informiert im **Schlosskeller** ein Museum.

Nähere Betrachtung lohnen auch die benachbarte hochgotische **Kirche St. Peter und Paul** sowie das im Schatten des Schlosses gewachsene **Städtchen Mělník** mit seinem von hübschen Bürgerhäusern gesäumten Marktplatz.

Übernachten & Essen

Komfortabel und zentral – **Hotel Paganini:** Fibichova 3728, Tel. 315 695 278, www.hotelpaganini.cz. 4-Sterne-Haus in schmuckem Neubau im Stadtzentrum; gutes Restaurant.

Essen & Trinken

Flussblick – **Schloss Lobkowitz:** Di–So 11–18 Uhr, 3-Gänge-Menüs ab 250 Kč, Cafeteria und Panoramarestaurant, weitere Infos s. S. 276.

Terezín (Theresienstadt)

Reisekarte: ▶ Karte 5, B 1

Gedenkstätte Terezín: Tel. 416 782 225, www.pamatnik-terezin.cz; Kleine Festung: April–Okt. 8–18, Nov.–März 8–16.30 Uhr; Ghettomuseum: 9–18, 9–17.30 Uhr; Krematorium: 10–18, 10–16 Uhr; Urnen- & Zeremonienhalle: 9–18, 9–17.30 Uhr; Gedenkstätte: 160 Kč, Kombiticket: 200 Kč

Nahe dem Zusammenfluss von Eger (Ohře) und Elbe (Labe) liegt die Festungsstadt Terezín. Ihr Besuch bedeutet eine Zeitreise in die düstersten Jahre des 20. Jh. Die Ende des 18. Jh. von den Habsburgern als Bollwerk gegen den Erzfeind Preußen errichtete Anlage wurde bald zum Staatsgefängnis umfunktioniert. Die deutschen Besatzer machten aus der Stadt während des Zweiten Weltkrieges das größte Konzentrationslager im Protektorat Böhmen und Mähren und missbrauchten sie in ihrer ruchlosen Propaganda als eine Art Vorzeige-KZ. Schätzungsweise 35000 Juden kamen darin um. Für mehr als doppelt so viele war es Durchgangsstation auf dem Weg in die Vernichtungslager. Der Gang durch die strikt rechtwinkeligen Straßen und das Ghettomuseum prägt sich ebenso unvergesslich ins Gedächtnis, wie die Besichtigung der zehn Gehminuten östlich gelegenen, als Mahnstätte gestalteten Kleinen Festung.

Litoměřice (Leitmeritz)

Reisekarte: ▶ Karte 5, B 1

Das Städtchen, in dem 1877 der expressionistische Zeichner und Schriftsteller Alfred Kubin das Licht der Welt erblickte, war schon im Hochmittelalter ein zentraler Warenumschlagplatz. Aus seiner überaus fruchtbaren Umgebung gingen Agrarprodukte bis nach Norddeutschland und Frankreich in den Export. Im Gegenzug wurden seine Jahrmärkte von Händlern aus Prag, Nürnberg und Sachsen beschickt. Berühmt sind die örtlichen Weine.

Der denkmalgeschützte Kern von Leitmeritz zählt zu den schönsten Altstädten in Böhmen. Insbesondere der ausgedehnte Marktplatz zieht die Aufmerksamkeit der Besucher auf sich. Beachtenswert sind das **Haus Zum Schwarzen Adler,** das **Kelch-** und das **Rathaus.**

Nur wenige Gehminuten entfernt erhebt sich der Domhügel, auf dem bereits vor 1000 Jahren eine mächtige Přemyslidenburg stand, seit dem 17. Jh. aber ein dem hl. Stephan geweihter **Dom** über die Stadt wacht. Neben diesem, im Inneren auffallend homogen gestalteten Barockbau erhebt sich, frei stehend, jedoch durch eine Arkadenbrücke mit dem Dom verbunden, ein

1889 im Neorenaissancestil gebauter Glockenturm.

Eine gute Adresse für Liebhaber Alter Meister wie auch jüngerer Kunst ist die **Nordböhmische Galerie der bildenden Künste** (Michalská Nr. 24, 29, www.galerie-ltm.cz) mit Werken aus Gotik, Renaissance und Barock, u. a. von Peter Brandl, Jan Preisler, Lucas Cranach sowie tschechischen und flämischen Malern. Eine charmante Ergänzung bildet die umfangreiche Sammlung Naiver Kunst aus Böhmen und Mähren.

Sakrale Kostbarkeiten präsentiert das **Diözesanmuseum** (Galerie a museum diecéze, Mírové náměstí 24).

Übernachten & Essen

Qualitätsadresse in toller Lage – **Hotel Salva Guarda:** Mírové nám. 12, Tel. 416 732 506, www.salva-guarda.cz. Familiär geführter 4-Sterne-Traditionsbetrieb im Renaissancepalast am Marktplatz; Restaurant mit ausgezeichneter Küche in stilvollem Rahmen.

Karlštejn besichtigen

Das Innere der ›Burg der Burgen‹ kann man nur im Rahmen von Führungen besichtigen: Die übliche Tour umfasst den Kaiserpalast und die Untergeschosse des Marienturms mit ihrer Ausstattung aus dem 14.–19. Jh. (auf Deutsch 250 Kč, Studenten und Kinder über 6 Jahre 150 Kč, Kinder bis 6 Jahre 20 Kč, Dauer: ca. 50 Min.). Die Besichtigung der Heilig-Kreuz-Kapelle muss frühzeitig in Prag reserviert werden: Tel. 274 008 154–6, rezervace@stc.npu.cz (nur Juni–Okt, max. 15 Pers. pro Std., 300 Kč/Pers., erm. 200 Kč, Dauer ca. 100 Min.). Geöffnet jeweils Di–So: im Juli, Aug. 9–18, Mai, Juni, Sept. bis 17, April, Okt. bis 16, Nov.–März bis 15 Uhr, im Dez. nur Sa, So, 25.–31. Jan. erst ab 10 Uhr geöffnet. Infos: Tel. 311 681 617, www.hradkarlstejn.cz

Burg Karlštejn (Karlstein)

Reisekarte: ▶ Karte 3, B 5

Knapp 30 km südwestlich von Prag thront inmitten waldiger Hügel auf einem Kalkfelsen über dem Flüsschen Berounka Karlštejn, die wohl berühmteste und schönste Burg Böhmens. Mitte des 14. Jh. hatte sich Karl IV. die mächtige Festung von Matthias von Arras, einem der bedeutendsten Baumeister der Gotik, errichten lassen. Ihr Äußeres lässt auf eine militärische Funktion schließen, doch in Wahrheit schuf sich der Herrscher mit dem Bau eine Stätte der Einkehr und einen sicheren Hort für seine kostbare Reliquiensammlung sowie die Reichskleinodien.

Die Anlage, die mehrmals umgestaltet wurde und Ende des 19. Jh. wieder ihr ursprüngliches Aussehen erhielt, steht auf trapezförmigem Grundriss. Ihre wuchtigen Mauern umfassen ein aus drei zentralen Gebäuden bestehendes Ensemble: Durch die Untere und die Obere Vorburg gelangt man, vorbei am Haus des Burggrafen und durch den Haupteingang der Inneren Burg, zum **Kaiserpalast.** Dieser schmale, längliche Bau, der ein kostbares Altarbild und Statuen aus gotischer Zeit birgt, repräsentiert gemäß der Symbolik des Bauherrn die unterste Stufe der geistigen Entwicklung, den Bereich der irdischen Macht. Im doppelten Sinne höher steht gegenüber der **Marienturm,** dessen Kapelle wertvolle Wandmalereien zieren. Die angrenzende **Katharinenkapelle** war der Bet- und Meditationsraum des Kaisers. Den Höhepunkt bildet in topografischer, künstlerischer und geistiger Hinsicht der **Große Turm,** ein 60 m hoher Bergfried mit der berühmten Hei-

Burg Karlštejn war nicht in erster Linie Festung, sondern ein Ort der Kontemplation

lig-Kreuz-Kapelle. Über 2400 (Halb-) Edelsteine, ein funkelndes künstliches Firmament aus Aberhunderten Glassternen und 129 Tafelbilder des Meisters Theoderich (14. Jh.) schmücken diese sagenhafte Schatzkammer.

Konopište (Konopischt)

Reisekarte: ▶ Karte 5, C 3
Tel. 274 008 154, www.zamek-konopiste.cz, April, Okt. 9–15, Sa, So bis 16, Mai–Aug. 9–17, Sept. 9–16, Sa, So bis 17, Nov. Sa, So 9–15 Uhr; drei verschiedene Touren, 190–300 Kč
Die ehemalige Sommerresidenz des österreichischen Thronfolgers Franz Ferdinand d'Este liegt gut 35 km südöstlich von Prag an der Straße nach Tábor und Budweis (E 55). 1887, 25 Jahre vor seinem gewaltsamen Tod in Sarajewo, hatte er die Ende des 13. Jh. errichtete Burg gekauft und in ein repräsentatives Schloss im Stil der Neorenaissance verwandelt. Die Räumlichkeiten, in denen zahlreiche bedeutende diplomatische Begegnungen stattfanden, sind gespickt mit wertvollen Stilmöbeln und Kunstwerken. Besonderes Augenmerk verdienen die kostbare Sammlung historischer Waffen, die mehr als tausend Bilder und Statuen mit dem Motiv des hl. Georg und – der Erzherzog war ein manischer Jäger – Abertausende Krickel, Geweihe und ausgestopfter Tierköpfe. Ungleich lieblicher ist der zugehörige, 225 ha große englische Park mit seinem schönen Rosengarten.

Sprachführer

Aussprache

Im Tschechischen werden alle Wörter stets auf der ersten Silbe betont. Die Akzente über den Vokalen á, é, í, ý, ó, und ú entsprechen dem deutschen Dehnungs-h (wie z. B. in Kuh). Lang wird auch das ů ausgesprochen.

c wie ts	ň wie nj
č wie tsch	ř wie rsch
d' wie dj	š wie sch
ě wie je	t' wie tj

Begrüßung und Allgemeines

Guten Tag!	Dobrý den!
Auf Wiedersehen!	Na shledanou!
Tschüss!	Ahoj!
Bitte./Danke.	Prosím./Děkuji.
Ja./Nein.	Ano./Ne.
Entschuldigung!	Promiňte!
Das tut mir leid.	Je mi líto.
Wie bitte?	Prosím?
Wann?	Kdy?
(Et)was?	Co?
Was für ein?/Welcher?	Jaký?
Wer?	Kdo?
Wo?	Kde?

Unterwegs

Abfahrt, Abflug	odjezd
Achtung, Gefahr!	Pozor!
Ankunft	příjezd
Ausgang	východ
Auskunft	informace
Ausstellung	výstava
Bahnhof	nádraží
Berg	hora
Brücke	most
Burg	hrad
Denkmal	památník
Eingang	vchod
Eintrittskarte	vstupenka
Flughafen	letiště
Fluss	řeka
Gasse	ulice
Garten	zahrada
geöffnet	otevřeno
geschlossen	zavřeno
Grenze	hranice
Haltestelle	stanice
Haus	dům
Kai	nábřeží
Kapelle	kaple
Kirche	kostel
Kloster	klášter
links/rechts	vlevo/vpravo
Platz	náměstí (nám.)
Palast	palác
Park	sady
Parkplatz	parkoviště
Schloss	zámek
See	jezero
Stadt	město
Straße	třída
Tankstelle	benzinová stanice
Theater	divadlo
Toiletten	toalety/záchod
(Männer/Herren)	(muži/páni)
(Frauen/Damen)	(ženy/dámy)
Tor	brána
Turm	věž
verboten	zakázáno
Wechselstube	směnárna

Zeit

Zeit	čas
Stunde	hodina
Tag	den
Woche	týden
Monat	měsíc
Jahr	rok
gestern	včera
heute	dneska
morgen	zítra
Montag	pondělí
Dienstag	úterý
Mittwoch	středa
Donnerstag	čtvrtek
Freitag	pátek
Samstag	sobota
Sonntag	neděle

Einkaufen

Bäckerei	pekařství
Buchhandlung	knihkupectví
Flasche	flaška
Geld	peníze
Kasse	pokladna
Kaufhaus	obchodní dům
Kleidung	šaty
Laden	obchod
Lebensmittel	potraviny
Markt	trh
Metzgerei	řeznictví
Post	pošta

Essen und Trinken

Abendessen	večeřet
Bierkneipe	pivnice
Café	kavárna
Gasthaus	hostinec
Getränk	nápoj
Glas	sklenice
Hunger	hlad
Kellner	číšník
Mittagessen	obědvat
Rechnung	účet

Übernachten

Bett	postel
Doppelzimmer	dvoulůžkový pokoj
Dusche	sprcha
Einzelzimmer	jednolůžkovy pokoj
Frühstück	snídaně
Handtuch	ručník
Pension	penzion
Schlüssel	klíč
Unterkunft	ubytování
Zimmer mit Bad	pokoj s koupelnou-
Haben Sie noch ein Zimmer frei?	Máte ještě volné pokoje?

Notfall

Apotheke	lékárna
Arzt	lékář
Botschaft	velvyslanectví, ambasáda
Hilfe!	pomoc!
Krankenhaus	nemocnice
Panne	porucha
Polizei	policie
Unfall	nehoda

Zahlen

1	jeden, jedna, jedno	16	šestnáct
		17	sedmnáct
2	dva, dvě	18	osmnáct
3	tři	19	devatenáct
4	čtyři	20	dvacet
5	pět	21	jedenadvacet
6	šest	30	třicet
7	sedm	40	čtyřicet
8	osm	50	padesát
9	devět	60	šedesát
10	deset	70	sedmdesát
11	jedenáct	80	osmdesát
12	dvanáct	90	devadesát
13	třináct	100	sto
14	čtrnáct	1000	tisíc
15	patnáct	5000	pět tisíc

Die wichtigsten Sätze

Mein Name ist …	Jmenuji se …
(Ich) verstehe nicht.	Nerozumím.
Sprechen Sie Deutsch/ Englisch?	Mluvíte německý/ anglicky?
Können Sie mir bitte helfen?	Prosím, můžete mi pomoci?
Bitte, rufen Sie die Polizei!	Prosím, zavolajte polícíu!
Wo ist der/die/das nächste (Zahn-)Arzt	Kde je nejblížší (zubní) lékář
… Apotheke?	…lékárna?
… Krankenhaus/	…nemocnice
… Polizeirevier?	… policejní stanice?
Welche Metro fährt nach …?	Které metro jede do …?
Wie geht es Ihnen?	Jak se máte?
Wie viel kostet das?	Kolik to stojí?

Kulinarisches Lexikon

Frühstück

chléb	Brot
džem	Konfitüre
máslo	Butter
med	Honig
míchaná vejce	Rührei
omeleta	Omelette
salám	Wurst
sázené vejce	Spiegelei
sýr	Käse
vejce (na měkko/ na tvrdo)	Ei (weich/ hart)

Vorspeisen

bílá polévka	weiße (gebundene) Suppe
bramborová polévka	Kartoffelsuppe
česnecka polévka	Knoblauchsuppe
chlebíčky	belegte Brötchen
cibulová	Zwiebelsuppe
dršťková (polévka)	Kuttelflecksuppe
karbanátek	Hamburger
klobása	Wurst
polévka	Suppe
Pražská šunka	Prager Schinken
uzený jazy	geräucherte Zunge
vývar s játrovýrni knedlíčky	Bouillon mit Leberknödeln
zeleninová	Gemüsekrautsuppe

Hauptgerichte

bažant	Fasan
biftek	Steak
candát	Flussbarsch
drůbež	Geflügel
(hovězí-) gulaš	(Rinder-) Gulasch
husa	Gans
játra	Leber
jelení	Hirsch
jelení pečeně	Hirschbraten
kachna	Ente
kapr	Karpfen
kapr, na kmíně, na česneku	Karpfen, auf Kümmel oder auf Knoblauch gebraten
králík	Kaninchen
krocan	Pute
kuře	Huhn
ledvinka	Niere
maso	Fleisch
moravský vrabec	Mährische Spatzen (gebratene Stücke Schweinefleisch)
pečeně	Braten
pečená husa	Gänsebraten
pečená kachna	Entenbraten
platýs	Scholle
pstruh	Forelle
řízek	Schnitzel
roštěnka	Rostbraten
ryba	Fisch
selská pečeně	Bauernbraten (Schweinefleisch mit viel Knoblauch)
smažený kapr	panierter Karpfen
smažený řízek	paniertes Schnitzel
španělský ptáček	Rindsroulade
srnčí pečeně	Rehkeule, -rücken
telecí	Kalbfleisch
uzeniny	Wurst
vepřový	Schweine-
vepřová pečeně s knedlíkem a kyselým zelím	Schweinebraten mit Knödeln und Sauerkraut
znojemská pečeně	Znaimer Braten (Rindfleisch, gespickt, garniert mit Gewürzgurke
zvěřina	Wild

Beilagen/Gemüse

bezmasá jídla	Vegetarische Gerichte
brambory	Kartoffeln
bramborové šišky	Kartoffelnudeln
bramborové knedlíky	Kartoffelknödel
česnek	Knoblauch
chřest	Spargel
cibuly	Zwiebeln

čočka nakyselo	saure Linsen	ořechy	Nüsse
fazolky	Bohnen	pomeranč	Orange
houby	Pilze	švestky	Pflaumen
houskové knedlíky	Semmelknödel	třešně	Kirschen
hrachová kaše	Erbsenpüree		
hranolky	Pommes frites	**Nachspeisen**	
hrášky	Erbsen	koláč	Kuchen
knedlíky	Knödel/Klöße	kompot	Kompott
křen	Meerrettich	lívance	Liwanzen (Hefeplätzchen aus Hefeteig)
květák	Blumenkohl		
kyselé zelí	Sauerkraut	ovocné knedlíky	Obstknödel
mrkev	Karotten	palačinky	Pfannkuchen
okurka	Gurken	šlehačka	Schlagsahne
paštička	Pastete	tvarohové knedlíky s ovocem	Quarkknödel mit Obst
rajčata	Tomate	zmrzlina	Eiscreme
rýže	Reis		
salát	Salat	**Getränke**	
špekové knedlíky	Speckknödel	čaj	Tee
špenát	Spinat	džus	Fruchtsaft
tuřín	Rübe	horká čokoláda	heiße Schokolade
těstoviny	Nudeln, Teigwaren	káva (s mlékem/ espreso)	Kaffee (mit Milch/ schwarz)
čampion	Champignon	limonáda	Limonade
zelí	Kohl	minerálka	Mineralwasser
Obst		mléko	Milch
banán	Banane	pivo	Bier
broskev	Pfirsich	víno (bílé/růžové/ červené, suché/sladké)	Wein (weiß/rosé/ rot, trocken/süß)
hroznové víno	Weintrauben	voda	Wasser
hruška	Birne		
jablko	Apfel		
jahoda	Erdbeere		
merunka	Aprikose		

Im Restaurant

Ist hier frei?	Je tu volno?	Hauptgericht	hlavní jídlo
Guten Appetit!	Dobrou chut'!	Beilagen	přílohy
Die Speisekarte, bitte.	Prosím jídelní lístek.	Gemüse	zelenina
Ich möchte …	Chtěl bych …	Obst	ovoce
Ich möchte gerne bezahlen.	Prosím zaplatit. Oder: Účet.	Nachspeise	moučníky
Wo sind die Toiletten?	Kde je toaleta?	Tagesgericht	nabídka dne
Vorspeise	předkrm	cukr	Zucker
Suppe	polévka	sůl	Salz
		pepř	Pfeffer
		ocet	Essig
		olej	Öl

Abbildungsnachweis

DuMont Bildarchiv, Ostfildern: S. 146 li., 152 (Gerber); 93, 94, 122 li., 123 li., 136, 139, 142, 147 li., 163 li., 175, 180 re., 181 li., 183, 199, 202 li., 202 re., 214, 218, Umschlagrückseite (Specht)

F1online, Frankfurt/M.: S. 11 o. re., 224/225 (Romero/AGE)

istockphoto, Calgary/Kanada: S. 256 (Hickling); 211 (Lindström); 74/75 (Magelssen); 203 li., 208 (Maun); 81 (Palis)

laif, Köln: S. 196 (Barea); 49, 108 (Le Figaro Magazine/de Russe); 20/21, 40, 64, 122 re., 134/135, 212, 250 li., 251 li., 260 (Gerber); Umschlagklappe vorn, 12/13, 86/87, 125 (Gonzalez); 96/97 (hemis.fr), 162 re., 168/169 (hemis.fr/Rabouan); 89 (Hoa-Qui); 9, 120/121, 180 li., 200 (Modrow); 119 (The New York Times/Redux/Schlager); 11 u. li., 162 li., 178/179 (Zanettini)

LOOK, München: S. 11 o. li., 36/37, 116/117, 132, 154/155, 161, 190/191 (age fotostock); Titelbild, 52/53, 189 (Fleisher)

Mauritius Images, Mittenwald: S. 11 u. re., 170/171 (age); 130, 266 re., 270 (Profimedia); 250 re., 265 (Mattes)

Picture Alliance, Frankfurt/M.: S. 102 (CTK/Beran); 99 (CTK); 115 (Simon/Lauter); 103 (Merola); 113 (Singer); 90 (Volfik); 110 (Wieseler)

Thomas Stankiewicz, München: S. 10 o. re., 28/29, 33, 46, 71, 226 re., 230/231, 266 li., 279

Transit, Leipzig: S. 85 (Hirth)

Visum, Hamburg: S. 234/235 (Büllesbach)

Walter M. Weiss, Wien: S. 8, 10 o. li., 10 u. li., 10 u. re., 101, 146 re., 156, 226 li., 227 li., 236, 240/241, 244, 246, 248/249, 267 li., 274/275

Wir danken:

© Athanor s.r.o, Film production company Jaromir Kallista & Jan Švankmajer, www.athanor.cz: S. 104/105

Museum Kampa – Nadace Jana a Medy Mládkových, Prag: S. 106/107

Kartografie

DuMont Reisekartografie, Fürstenfeldbruck

© DuMont Reiseverlag, Ostfildern

Umschlagfotos

Titelbild: Blick auf den Altstädter Ring

Umschlagklappe vorn: Radfahrer in einer Gasse auf der Kleinseite (Malá Strana)

Hinweis: Autor und Verlag haben alle Informationen mit größtmöglicher Sorgfalt geprüft. Gleichwohl sind Fehler nicht vollständig auszuschließen. Alle Angaben erfolgen ohne Gewähr. Bitte, schreiben Sie uns! Über Ihre Rückmeldung zum Buch und über Verbesserungsvorschläge freuen sich Autor und Verlag:

DuMont Reiseverlag, Postfach 3151, 73751 Ostfildern,
info@dumontreise.de, www.dumontreise.de

1. Auflage 2011

Redaktion/Lektorat: Eva Erika Schmitz

Grafisches Konzept: Groschwitz/Blachnierek, Hamburg
Printed in Germany